Jesus Viveu na Índia

Sua Vida Desconhecida Antes e Depois da Crucificação

HOLGER KERSTEN

Jesus Viveu na Índia

Sua Vida Desconhecida Antes e Depois da Crucificação

Tradução:
Fulvio Lubisco

Publicado originalmente em inglês sob o título *Jesus Lived in India*: His Unknown Life Before and After the Crucifixion.
© The ratio-pro-religio Foundation (Holger Kersten), 1981, 2001, 2010.
Direitos de edição e tradução para todos os países de língua portuguesa.
Tradução autorizada do inglês.
© 2018, Madras Editora Ltda.

Editor:
Wagner Veneziani Costa

Produção e Capa:
Equipe Técnica Madras

Imagem da Capa:
Karl Kaefer

Tradução:
Fulvio Lubisco

Revisão da Tradução:
Rosalia Munhoz

Revisão:
Ana Paula Luccisano
Maria Cristina Scomparini
Jerônimo Feitosa

Dados Internacionais de Catalogação na Publicação (CIP)
(Câmara Brasileira do Livro, SP, Brasil)

Kersten, Holger, 1951- Jesus viveu na Índia: sua vida desconhecida antes e depois da crucificação/Holger Kersten; tradução Fulvio Lubisco. – São Paulo: Madras, 2018. Título em inglês: Jesus lived in India: his unknown life before and after the crucifixion
Bibliografia.

ISBN 978-85-370-1127-0

1. Índia – História – Aspectos religiosos – Cristianismo 2. Jesus Cristo – Biografia – Literatura apócrifa e lendária 3. Jesus Cristo – Interpretações racionalistas I. Título.

18-13676 CDD-232.901

Índices para catálogo sistemático:
1. Vida de Jesus: Cristologia 232.901

É proibida a reprodução total ou parcial desta obra, de qualquer forma ou por qualquer meio eletrônico, mecânico, inclusive por meio de processos xerográficos, incluindo ainda o uso da internet, sem a permissão expressa da Madras Editora, na pessoa de seu editor (Lei nº 9.610, de 19/2/1998).

Todos os direitos desta edição, em língua portuguesa, reservados pela

MADRAS EDITORA LTDA.
Rua Paulo Gonçalves, 88 – Santana
CEP: 02403-020 – São Paulo/SP
Caixa Postal: 12183 – CEP: 02013-970
Tel.: (11) 2281-5555 – Fax: (11) 2959-3090
www.madras.com.br

Índice

Agradecimentos... 9
Prefácio à Edição Indiana... 11
Prefácio 13
Introdução... 15

1. A VIDA DESCONHECIDA DE JESUS................................. 21
    A descoberta de Nicolai Notovitch 21
    Quem foi Notovitch?... 28
    Cristianismo e os críticos.. 31
    A Viagem de Notovitch a Ladakh 36
    Uma ordem misteriosa 38

2. QUEM FOI JESUS? 41
    As fontes seculares... 41
    Os Evangelhos.. 44
    Paulo, a testemunha 49
    Conclusões... 52
    Minhas viagens pelas montanhas himalaias 53

3. MOISÉS E OS FILHOS DE DEUS....................................... 63
    As origens dos hebreus 63
    Quem foi Moisés?... 67
    O túmulo de Moisés na Caxemira................................... 74

Da conquista ao exílio 80
O Dilúvio na Caxemira 84
Caxemira, a "Terra Prometida" 88
As dez tribos perdidas de Israel 89

4. A INFÂNCIA DE JESUS... 97
A estrela dos homens sábios... 97
Quem eram os três homens sábios? 100
Como localizar uma reencarnação? 101
A fuga para o Egito 107

5. SABEDORIA ORIENTAL NO OCIDENTE............................. 111
A expansão do Budismo 111
Terapeutas, essênios e nazarenos 117
Jesus, o Nazareno 123
Os essênios: Cristianismo antes de Jesus.................................. 128
Os ensinamentos dos essênios em Qumran 137
Buda e Jesus: uma comparação 143
Pensamento budista nos ensinamentos de Jesus..................... 149
Jesus era um judeu ortodoxo? 152
Sucessores dos essênios e dos nazarenos.................................. 155

6. O SEGREDO DE JESUS 161
"Que tipo de homem é este?" 161
Reencarnação no Novo Testamento 164
Cristianismo e os gnósticos 169
O anátema de Justiniano 173
Milagres: de Jesus, e na Índia 177
Krishna e Cristo 184

7. O SUDÁRIO – UM LEGADO DE JESUS 187
Acusação e julgamento 187
O Santo Sudário de Turim 196
O retrato de Edessa.. 201
Os misteriosos Templários... 210

Análise científica do Sudário...214
Será que Jesus foi enterrado vivo?.......................................218
A datação por radiocarbono de 1988....................................224

8. "MORTE" E "RESSURREIÇÃO"...227
Dois enterros no Evangelho de João.....................................227
Na tumba do Senhor...230
As misteriosas substâncias aromáticas................................237
Crucificação: os fatos médicos...239
A ferida lateral e a bebida potente..247
Vestígios no Sudário...254
A tumba da pedra aberta..264
"Ressuscitado" ou "Ressurgido"?...269

9. DEPOIS DA CRUCIFICAÇÃO..275
Paulo encontra Jesus em Damasco.....................................275
A jornada para o Paraíso..278
O "verdadeiro" Jesus no Islã...293
Jesus na Caxemira...296
A tumba de Jesus em Srinagar..305
Jesus ou Paulo?...316

APÊNDICE..319
Tabela cronológica...319
Os *Neophils*(Neófilos)...323

Bibliografia..327
Crédito das Ilustrações...343
Índice Remissivo...345
Índice de Lugares...357

Agradecimentos

Durante os anos que passaram desde a primeira edição e publicação deste livro, centenas de leitores de todo o mundo enviaram-me cartas, cuja maioria era em termos muito positivos. Quero agradecer a todos aqueles que me deram acesso a importantes referências, informações adicionais interessantes e material de valor.

Também gostaria de agradecer àqueles que, por meio de suas críticas construtivas, contribuíram para a correção de erros que cometi.

Meus agradecimentos particulares a meu colega Thomas Gotterbarm, que tornou possível meu aproveitamento de seu profundo conhecimento de idiomas e da mitologia da Índia antiga. E um muito obrigado vai também para meu coautor do livro A Conspiração Jesus, dr. Elmar R. Gruber, e ao editor Ria Schulte.

Prefácio à Edição Indiana

Em 1983, há mais de 30 anos, quando o livro *Jesus Viveu na Índia* foi publicado pela primeira vez, na Alemanha, a ideia de Jesus ter estado na Índia era tão nova e estranha para os leitores cristãos da Europa que provocou uma enorme surpresa e foi recebida com escárnio e desdém. Naquela época, essa ideia era impensável para as pessoas de culturas cristãs ocidentais. Entretanto, apesar dessa rejeição, o interesse pela figura histórica de Jesus cresceu bem rapidamente e este livro foi, até agora, traduzido em 42 idiomas diferentes, com mais de 4 milhões de cópias vendidas no mundo todo. Existem atualmente mais de 30 livros diferentes seguindo o mesmo tema; mais de dez documentários foram encomendados por renomados canais de TV, tais como a BBC, a National Geographic e o Discovery Channel; e meia dúzia de filmes do gênero, pois até Hollywood começou a interessar-se também. A opinião pública mudou tanto, hoje, que até teólogos cristãos admitem em debates de TV que "olhando pelo ponto de vista histórico, uma possível estada de Jesus na Índia é totalmente concebível".

É claro que não parei de pesquisar desde aquele tempo. Pelo contrário, a minha pesquisa sobre a figura histórica de Jesus foi intensificada, o que produziu novos, inesperados e surpreendentes *insights*. Por meio de pesquisa e questionamento dedicados, cheguei a um grande interesse com o aparecimento do chamado Sudário de Turim (*A Conspiração Jesus*, 1994), a influência do Budismo nos ensinamentos de

Jesus (*The Original Jesus,* 1996), o conhecimento do que foi destruído em tempos mais recentes de uma forma interessantemente comparável à mais importante divindade em toda a Europa, desde o primeiro até o quarto século, o Deus do Sol, Mitras (Mitra, Maitri), cujos rastros foram quase perfeitamente destruídos pelas Igrejas Cristãs. A origem de quase todo o conteúdo do Cristianismo pode ser atribuída ao culto de Mitras. Essa correlação fica clara no Natal quando não é, de fato, o nascimento do Cristo-criança que se comemora, mas, na realidade, o do invencível Deus Sol (*Sol Invictus*), Mitras!

Dois resultados significativos dos estudos realizados em toda a minha vida, a respeito do Jesus histórico, são tão fundamentais que o leitor deveria constantemente chamá-los à memória:

1. De fato não há nenhuma evidência científica da existência da figura histórica chamada Jesus no mundo real. Os testemunhos piedosos e tendenciosos do Novo Testamento descrevem (se as lendas não históricas sobre o nascimento e vida até os 12 anos de um menino no Templo fossem omitidas) apenas uma visita à Judeia relativamente curta por pouco mais de 12 meses.
2. Devemos necessariamente aprender a entender que o suposto nome "Jesus" baseia-se nas raízes da palavra Yshua (YHWH), que tem sua origem na palavra sânscrita Ishva/Isha – uma forma abreviada do título Ishvara, que significa simplesmente "Senhor". Só quando traduzimos esse título para os idiomas e dialetos dos povos visitados por esse andarilho incansável, monge ascético durante o decorrer de sua vida (da Ásia Menor por toda a Europa Ocidental e até mesmo na Etiópia, Inglaterra e Índia), que, de repente, encontramos centenas de novos e distintos vestígios deixados pelo caminho por esse mestre altamente reverenciado em quase todos os países em todo o mundo conhecido de sua época.

Holger Kersten

Prefácio

Foi em 1973, e por uma feliz coincidência, que entrei em contato com a teoria de que Jesus viveu na Índia, onde, por fim, ele teria morrido. Cético, ainda que desinteressado sobre o tema, decidi tentar retraçar todo o percurso da vida de Jesus. Logo me deparei com o primeiro obstáculo: nenhuma fonte contemporânea podia apresentar uma investigação acadêmica à altura de dar os pormenores necessários sobre o Jesus histórico. Quem *foi* esse homem? De onde ele era? Para onde ele foi? Por que ele parecia tão estranho e misterioso para os seus contemporâneos? Qual era seu verdadeiro objetivo?

Prosseguindo com minhas investigações, finalmente, cheguei à Índia, onde conheci várias pessoas que haviam dedicado grande parte de seu tempo e esforços pesquisando sobre o tema Jesus na Índia. Consegui importantes e surpreendentes informações dessas pessoas, bem como um grande incentivo e um apoio valioso.

Depois da primeira publicação deste livro, na Alemanha, em 1983, recebi centenas de cartas de leitores entusiasmados que não só expressaram sua admiração e encanto, como também fizeram uma série de comentários e de sugestões valiosas. Porém, sou particularmente grato aos críticos com maior discernimento que se deram ao trabalho de examinar minhas alegações, o que me possibilitou corrigir algumas imprecisões do original. Assim, no decorrer de dez anos, desenvolveu-se um trabalho melhorado com a capacidade de indicar até a referência mais especializada e ínfima sobre as origens indianas dos ensinamentos de Jesus.

Também, nesses dez anos, o livro foi traduzido para mais de 15 idiomas (inclusive croata, polonês, coreano e chinês – só no Brasil foram publicadas dez edições). A história da sobrevivência de Jesus e a de sua vida na Índia conseguiram, merecidamente, chamar a atenção mundial.

Algumas das afirmações que apresentei podem parecer audaciosas, algumas até improváveis, mas tentei fornecer evidências sólidas para todas as minhas alegações e apoiá-las com referência a fontes genuinamente confiáveis. Ainda resta considerável terreno para futuras pesquisas nas várias disciplinas individuais.

Nunca foi meu propósito solapar a opinião de ninguém a respeito da Cristianismo e muito menos deixar qualquer leitor abatido com os cacos de uma fé destroçada. Trata-se apenas de uma questão de grande importância, atualmente, encontrar novamente o caminho de volta às origens – para a verdade central e universal da mensagem de Cristo, que foi distorcida até quase não ser mais reconhecível pelas ambições profanas de instituições mais ou menos seculares que se arrogaram autoridade religiosa desde os primeiros séculos da assim chamada "Era Cristã".

Este livro não é nenhuma proclamação de uma nova fé, portanto: ele é uma mera tentativa de abrir o caminho para um novo futuro, firmemente aterrado em verdadeiras autoridades espirituais e religiosas do passado.

Não pense que eu esteja tecendo mentiras:
Levante-se e prove o contrário!
Toda a história eclesiástica
É um emaranhado de erros e de coerção.

– Johann Wolfgang von Goethe

Holger Kersten
Freiburg im Breisgau
Março de 1993

Introdução

A ascensão da ciência e da tecnologia durante os três últimos séculos foi acompanhada por uma rápida secularização do nosso mundo (ocidental) e de uma consequente e simultânea crise na fé religiosa. A glorificação do racionalismo materialista e o esforço para explicar cada faceta da existência humana levaram inexoravelmente a sérios e sucessivos depauperamentos na vida espiritual, religiosa e emocional, e, por fim, até mesmo a uma perda de fé na humanidade. O comportamento das Igrejas há muito tempo estabelecidas tem sido a não menos significativa entre as causas da lacuna crescente entre religião e ciência – entre crença e conhecimento. Por medo de perder sua proeminência nas esferas seculares, elas reclamaram autoridade onde não tinham absolutamente nenhuma: no campo do conhecimento empírico. Isso apenas enfatizou a necessidade de uma maior diferenciação entre autoridades.

O cisma resultante entre o pensamento científico e a crença religiosa apresentou a cada ser pensante um dilema aparentemente sem solução. Os sentimentos espirituais tornam-se cada vez mais proibitivos à medida que as fileiras dos que duvidam publicamente da veracidade da mensagem do Cristo crescem a cada dia, e a doutrina cristã tem se tornado cada vez mais uma questão de debate. Até os princípios centrais ancorados na tradição eclesiástica – tal como a natureza de Deus, de Cristo, da Igreja e da revelação divina – transformaram-se em meros tópicos para discussões entusiásticas tanto entre teólogos quanto entre leigos.

Quando os ensinamentos mais centrais e fundamentais de uma Igreja Cristã não são mais aceitos como verdade absoluta, nem entre a própria hierarquia e administradores da Igreja, o fim dessa Igreja está inegavelmente próximo. Os bancos vazios são uma mensagem bastante clara. De acordo com uma pesquisa estatística realizada na Alemanha em 1992, apenas um entre quatro cidadãos concordava com os ensinamentos das Igrejas mais antigas sobre Jesus, enquanto pouco menos de 77% das pessoas, perguntadas se era possível ser um cristão sem pertencer a uma igreja, responderam que sim. E em nenhuma faixa da população (como categorizado pela pesquisa) a maioria acredita no dogma cristão de que Jesus foi enviado por Deus. Por sua insistência estridente de que a crença tradicional dogmaticamente estabelecida tinha aplicações genéricas (liberais), as próprias Igrejas apressaram a rejeição da ortodoxia cristã.

Ainda assim, o que hoje é chamado de Cristianismo, em todo caso, não é tanto a Palavra de Cristo, mas outra coisa chamada "Paulinismo", pois a doutrina como agora a conhecemos baseia seus pontos principais não na mensagem de Jesus, mas nos ensinamentos totalmente diferentes de Paulo. O Cristianismo moderno só se desenvolveu quando o Paulinismo foi proclamado como religião do Estado.

Manfred Mezger cita o teólogo suíço protestante Emil Brunner sobre o tema:

> Emil Brunner chamou a Igreja de um equívoco. A partir de um chamado, uma doutrina foi construída; a partir da livre comunhão, uma corporação jurídica; a partir de uma livre associação, uma máquina hierárquica. Você poderia dizer que se tornou, em todos os seus elementos e em toda a sua disposição, o exato oposto do que se pretendia."

Uma pessoa surge em um tempo sombrio trazendo uma mensagem cheia de esperança, uma mensagem de amor e de bondade – e o que as pessoas fazem com ela? Elas a transformam em uma documentação, discussão, contenção e comercialismo! Será que Jesus desejou tudo o que mais tarde aconteceu em seu nome? Dificilmente. Durante sua vida na Palestina, Jesus, na realidade, tornou bem evidente seu descontentamento com a Igreja oficial judaica, distanciando-se das leis da Igreja e das autoridades bíblicas, da insistência delas em preservar a verbosidade com interpretações conflitantes, dependendo da necessidade, e da hierarquia complexa e da adoração ao culto e idolatria associados a essa complexidade.

Jesus almejou criar um elo imediato entre Deus e a humanidade, não estabelecer canais burocráticos para chegar a Ele.

Porém, a voz de Jesus não nos chega mais de forma tão natural e direta. O acesso aos seus ensinamentos só é conseguido pela mediunidade de uma hierarquia privilegiada. Jesus foi gerenciado, monopolizado, codificado. A fé verdadeira e viva desapareceu, para ser substituída por crenças rígidas dogmáticas e mentalidades excessivamente limitadas; o amor pelo próximo e a tolerância que Jesus ensinou foram trocados pelo fanatismo arrogante. A luta sobre o que é definido como a fé "correta" deixou uma enorme onda de penúria, contenção e derramamento de sangue pela linha do tempo das Igrejas Cristãs. A controvérsia perdura sem trégua desde o tempo dos apóstolos até os nossos dias e, ainda, continua sendo o obstáculo mais problemático para a reconciliação entre as várias denominações cristãs.

O teólogo protestante Heinz Zahrnt escreveu:

> Sofri um profundo trauma em minha carreira de teólogo. Sinto-me desonrado, humilhado, insultado e envergonhado – não por ateus, aqueles que negam Deus, zombadores e céticos, os quais, embora sem Deus, são muitas vezes bastante humanos – não, mas por dogmáticos: por aqueles que vivem pela letra dos ensinamentos, pensando que isso lhes dá a única visão de Deus. Fui ferido no coração, na única coisa que me proporciona vida apesar de minha tristeza: minha crença em Deus...

Embora o sentimento religioso faça parte do processo de crescimento na sociedade moderna, em geral ele é relegado à categoria do irracional e pode então ser considerado improvável e, portanto, irreal. Somente o pensamento lógico e a ação se apresentam para determinar a realidade. O transcendente, de forma gradativa, diminui de importância porque nunca é experimentado pessoalmente. E o principal motivo para isso é um mal-entendido fundamental sobre a natureza de Deus. A Divindade não está a uma distância misticamente infinita de nós, mas dentro de cada um. Esse fato deveria inspirar-nos a viver as nossas vidas em harmonia com o Infinito, a fim de reconhecer a nossa curta existência na Terra como uma parte do Eterno Todo.

Por séculos, o pensamento ocidental viu o indivíduo de modo falso, separado de Deus. No século XX "esclarecido", o pensamento ocidental moderno parece ter menos certeza do que nunca quanto a possíveis respostas às mais antigas questões humanas sobre Deus e o significado da vida. Novos centros espirituais surgiram em todo o mundo tentando responder a essas questões – as quais os preceitos rigidamente mantidos pela Igreja oficial não podem responder. Uma espécie de religião ecumênica mundial do futuro está em ascensão. Ela está se orientando para a autorrealização, para a busca da Iluminação, para uma visão mística e consumada do contexto cósmico da existência individual do ser, e tudo isso por meio da contemplação, do autoconhecimento e da meditação.

O ímpeto mais enérgico para promover essa internalização da religião sempre veio, e continua vindo, do Oriente, principalmente da Índia. Agora, o Homem Ocidental deve *reorientar-se* no sentido mais literal da palavra – orientar-se para a alvorada oriental. O Oriente é a origem e a fonte de nossa experiência do reino interior.

Não devemos esperar a nossa crença em Deus ser totalmente erradicada, nem devemos temer a decadência espiritual e moral. De fato, podemos esperar a germinação da semente do Espírito, o florescimento da vida interior. A eliminação não gradual, mas completa da fé religiosa nos espera. Ao contrário, um desabrochar de consciência espiritual está à mão, e não é só privilégio para os "eleitos", mas para todos no ecumenismo universal das religiões mundiais. Além disso, a meta não é o mundo transitório das aparências superficiais, mas representa um grande despertar espiritual, uma virada para um foco nos valores transcendentais, o verdadeiro caminho da "libertação do mal".

> Por meio do conhecimento (da verdade)
> Todos os males são eliminados.
> O verdadeiro iluminado é como uma rocha
> Dispersando as nuvens da alucinação,
> Como o sol Que brilha no céu sem nuvens.
> – Buda

A Vida Desconhecida de Jesus

A descoberta de Nicolai Notovitch

Ao final do ano 1887, o historiador russo e acadêmico itinerante Nicolai Notovitch chegou ao estado de Caxemira no Himalaia, ao norte da Índia, em uma de suas muitas viagens ao Oriente. Ele planejava participar de uma expedição de Srinagar, capital da Caxemira, para Ladakh, uma das regiões do Grande Himalaia. Tinha consigo fundos suficientes para equipar-se adequadamente e contratar um intérprete e dez carregadores para acompanhá-lo juntamente com seu empregado. Depois de um trecho um tanto arriscado, tendo passado com sucesso por vários desafios e dificuldades, a caravana finalmente chegou ao desfiladeiro Zoji-la, a 3.500 metros de altitude, na fronteira natural entre o "Happy Valley" (o Vale Feliz) da Caxemira e a árida paisagem "lunar" de Ladakh.

A passagem pelo Zoji-la só é possível durante alguns meses do ano, na época, era a única rota de acesso da Caxemira para aquela remota e estranha região.[1] Notovitch escreveu em seu diário: "Que grande contraste experimentei ao deixar o campo natural alegre aberto e o belo povo da Caxemira para entrar na terra hostil, árida e montanhosa de Ladakh, com seus habitantes robustos e sem barba!". Logo, os ladakis de conformação vigorosa provaram ser amistosos e "extremamente abertos".

---

[1] Uma segunda estrada para Ladakh foi aberta agora para estrangeiros, levando além de Rohtang Pass, na cidade montanhosa de Manali, no estado de Himachal Pradesh.

Por fim, Notovitch chegou a um monastério budista onde, como europeu que era, recebeu uma acolhida muito mais cordial do que qualquer muçulmano asiático poderia esperar. Perguntou a um lama o motivo de ele ser favorecido dessa forma e iniciou-se o seguinte diálogo:

– Os muçulmanos têm pouco em comum com a nossa religião. De fato, há pouco tempo, eles travaram uma campanha bem-sucedida para converter à força membros do Budismo ao Islamismo. Causou-nos imensa dificuldade reconverter esses ex-budistas muçulmanos ao caminho do Deus verdadeiro. Agora, os europeus são totalmente diferentes. Não apenas professam os princípios essenciais do monoteísmo, mas também têm o direito de ser considerados veneradores de Buda, tal como os próprios lamas do Tibete. A única diferença entre os cristãos e nós é que, depois de ter adotado as grandes doutrinas de Buda, os cristãos se separaram completamente dele ao criarem para si mesmos um Dalai Lama diferente. Somente o nosso Dalai Lama preservou o dom divino de enxergar a majestade de Buda e o poder de agir como intermediário entre a Terra e o Céu.

– Quem é esse Dalai Lama cristão a quem você se refere? – perguntou Notovitch. – Nós temos um Filho de Deus a quem dirigimos as nossas preces fervorosas e a quem pedimos, em tempos de necessidade, que interceda para nós junto ao nosso Deus único e indivisível...

– Não é dele que estou falando, Sahib! Nós também respeitamos aquele que vocês reconhecem como o Filho do único Deus – não que o enxerguemos como o único Filho, mas como um Ser perfeito entre todos os eleitos. O espírito de Buda estava, de fato, encarnado na pessoa sagrada de Issa que, sem a ajuda do fogo e da espada, espalhou o conhecimento de nossa religião grande e verdadeira por todo o mundo. Falo de seu Dalai Lama terreno, aquele que vocês chamam de "Pai da Igreja". Esse é um grande pecado; possam os rebanhos que se desviaram por esse pecado serem perdoados.

E assim dizendo, o Lama apressou-se em girar sua roda de oração.

Compreendendo que o Lama estava se referindo ao papa, Notovitch continuou sondando.

– Você está me dizendo que um filho de Buda, Issa, espalhou sua religião pela Terra? Quem é ele, então?

A essa pergunta, o Lama abriu bem os olhos e olhou para o visitante com surpresa. Depois de pronunciar algumas palavras que o intérprete não conseguiu entender, ele explicou:

– Issa é um grande profeta, um dos primeiros depois dos 22 Budas. É maior do que qualquer Dalai Lama, pois ele faz parte da essência espiritual de nosso Senhor. Foi ele quem iluminou você, quem trouxe de volta para o rebanho da religião as almas dos pecadores e que permite a cada ser humano distinguir entre o bem e o mal. Seu nome e seus feitos estão registrados em nossas escrituras sagradas.

A essa altura, Notovitch estava sentindo-se um tanto atônito com as palavras do lama, pois o profeta Issa, seus ensinamentos, seu martírio e a referência ao Dalai Lama cristão lembravam-no cada vez mais de Jesus Cristo.

Ele pediu ao intérprete para não deixar de transmitir cada palavra que o lama dizia.

– Onde estão agora essas escrituras? E quem as escreveu originalmente? – ele, finalmente, perguntou ao lama.

– As escrituras principais, feitas no decorrer dos séculos na Índia e no Nepal, de acordo com várias fontes históricas, encontram-se em Lhasa em um número de vários milhares. Existem cópias em alguns dos principais alicerces monásticos feitas por lamas durante suas visitas a Lhasa, em épocas diferentes, entregues depois por eles aos seus próprios monastérios como recordação de suas peregrinações ao lar de seu grande mestre, o nosso Dalai Lama.

– Mas vocês não têm nenhuma cópia que se relacione ao profeta Issa?

– Não, nós não temos nenhuma. O nosso monastério não é importante e, desde sua fundação, a linhagem de nossos lamas só teve algumas centenas de manuscritos confiados à sua guarda. Os grandes monastérios têm milhares de manuscritos. Mas esses são objetos sagrados e não para serem vistos por você.

Notovitch resolveu tentar examinar essas escrituras durante o resto de sua viagem. Mais tarde, ele chegou a Leh, a capital de Ladakh; de lá foi para Hemis (*Byang-cchubbsam-gling* em tibetano, "ilha da contemplação para o perfeito"), "um dos monastérios mais importantes do país".

Ali, ele testemunhou um dos festivais religiosos tradicionais que acontecem várias vezes a cada ano e, como convidado de honra do lama principal, teve oportunidade de descobrir muita coisa a respeito dos hábitos e da vida diária dos monges lamaístas. E, finalmente, ele conseguiu conduzir a conversa para o tema que mais o interessava e, para sua grande satisfação, descobriu que havia no monastério, de fato, escrituras sobre o misterioso profeta Issa, cuja vida parecia guardar semelhanças impressionantes com as histórias de Jesus de Nazaré.

Contudo, na ocasião, o convidado foi obrigado a adiar a continuação de suas investigações, pois, só para encontrar esses livros entre milhares de outros, levaria um tempo considerável.

Ao voltar para Leh, Notovich enviou para o chefe do monastério de Hemis alguns presentes valiosos, na esperança de ter permissão para voltar em um futuro próximo e, assim, talvez dar uma espiada nos preciosos manuscritos.

Por acaso, quando cavalgava nas proximidades de Hemis, pouco tempo depois, ele caiu do cavalo de mau jeito e acabou fraturando a perna; dessa forma, ele teve de se submeter aos cuidados dos monges. Recuperando-se acamado, ele enviou um apelo veemente ao lama principal e dois grandes volumes de páginas soltas, amareladas pela idade e amarradas, foram levados a ele. O próprio reverendo abade assumiu o encargo de ler em voz alta o documento extraordinário, na maior parte escrito em versículos, sem que um tivesse relação com o seguinte. Notovitch tomou nota detalhada da tradução do intérprete em seu diário de viagem. Mais tarde, algum tempo depois de sua expedição terminar, ele organizou os versos em ordem cronológica e juntou os muitos textos separados para conseguir uma narrativa contínua.[2]

O conteúdo pode ser sucintamente delineado (usando a tradução francesa como base):

---

2. Nikolas Notovich, *Tye Unknown Life of Jesus Christ*, traduzido da edição francesa de 1894, revisada, e com um prefácio agregado de Notovitch, Londres, 1895.

Uma curta parte introdutória precede uma breve descrição do início da história do povo de Israel e da vida de Moisés. Em seguida, um relato de como o Espírito Eterno resolve assumir a forma humana "para que pudesse demonstrar, por meio de seu próprio exemplo, como a pureza moral pode ser obtida, e, pela libertação da alma de sua rude mortalidade, alcançar o grau de perfeição exigido para entrar no reino do Céu, que é imutável e regido pela felicidade eterna". E, assim, uma criança divina nasce na distante Israel, e elhe é dado o nome de Issa.[3]

Em algum momento, durante o 14º ano de sua vida, o menino chega à região do Sind (do Rio Indo) em companhia de mercadores "e se fixou entre os Arianos, na terra amada por Deus, com a intenção de se aperfeiçoar e de aprender as leis do grande Buda". O jovem Issa viaja pela terra dos cinco rios (o Punjab),[4] fica algum tempo com os "jains extraviados"[5] e, depois, segue para Jagannath, "onde os sacerdotes brancos de Brahma o honraram com uma alegre recepção". Em Jagannath, Issa/Jesus aprende a ler e a compreender o *Veda*. Contudo, depois, ao ensinar os *Sudras* para as castas inferiores, incorre no desagrado dos brâmanes que sentem sua posição e poder ameaçados. Depois de viver seis anos em Jagganath, Raiagriha, Benares e outras cidades santas, é forçado a fugir dos brâmanes que estão indignados por ele continuar a ensinar que não é da vontade de Deus os seres humanos serem julgados por sua casta.

Há uma extraordinária correlação entre os relatos nos textos encontrados por Notovitch e os dos Evangelhos, a qual pode revelar mais informações sobre a própria personalidade de Jesus – especialmente no que ele disse. O Issa de Notovitch se opõe aos abusos do sistema de castas, que roubam das castas inferiores seus direitos humanos básicos, dizendo: "Deus, o nosso Pai, não faz nenhuma distinção entre qualquer uma de suas crianças, a todas ele ama de igual forma". E, mais tarde, em suas viagens, ele se contrapõe à rigidez e ao apego desumano à letra da lei, dizendo: "A Lei foi feita para o homem

---

3. Issa é o nome árabe muçulmano para Jesus.
4. Em persa, *panj* "cinco" é *ab*, "água". Portanto, é literalmente "cinco águas".
5. Jainismo, uma religião monástica indiana muito antiga, intimamente relacionada com o Budismo, porém mais ascética. Ela foi estabelecida em sua presente forma por Mahavira, um contemporâneo de Buda.

a fim de mostrar-lhe o caminho. E consola os fracos: "O Juiz eterno, o Espírito Eterno, que formam a única e indivisível Alma do Mundo (...) agirão severamente contra os que se arrogam os Seus direitos para si mesmos". Quando os sacerdotes desafiam Issa a realizar milagres para provar a onipotência do seu Deus, ele responde: "Os milagres do nosso Deus foram e são realizados desde o primeiro dia da criação do Universo; eles acontecem todos os dias e a todo momento. Aqueles que não conseguem percebê-los carecem de um dos mais maravilhosos dons da vida". E, quando desafia a autoridade dos sacerdotes, ele torna sua posição bem clara: "Enquanto os povos não tinham sacerdotes, eles eram regidos pela lei natural e eles preservavam a pureza de suas almas. Suas almas estavam na presença de Deus e, para estar em comunhão com o Pai, não era necessário recorrer à intermediação de um ídolo, animal ou fogo, como é praticado aqui. Vocês dizem que é preciso adorar o sol, os demônios do Bem e do Mal. Eu, no entanto, lhes digo: seus ensinamentos são totalmente falsos, porque o sol não age por si mesmo, mas pela vontade do Criador invisível, que o fez nascer e quis que essa estrela iluminasse o dia e esquentasse o trabalho e a semente-tempo do Homem".

O texto de Notovitch continua descrevendo como Issa adentra as montanhas do Himalaia e chega ao Nepal, onde ele fica durante seis anos, dedicando-se ao estudo das escrituras de Buda. As doutrinas que ele ensina amplamente ali são simples e claras, e estão particularmente destinadas a levantar os ânimos dos oprimidos e dos fracos, abrindo-lhes os olhos para a falsidade dos sacerdotes. Por fim, ele segue para o Ocidente, passando por vários países, como um pregador itinerante, precedido antecipadamente por uma celebrada reputação. Ele também confronta os sacerdotes da Pérsia que o expulsam certa noite esperando que as feras o devorassem. Mas a providência permite ao santo Issa chegar são e salvo à Palestina, onde os sábios lhe perguntam: "Quem é você e de qual país veio? Nós nunca ouvimos falar de você, nem sequer conhecemos seu nome".

E Issa responde: "Eu sou israelita e, no dia de meu nascimento, vi os muros de Jerusalém e ouvi os soluços de meus irmãos em sua escravidão e os lamentos de minhas irmãs condenadas a viver entre os pagãos. E minha alma ficou profundamente aflita ao saber que meus irmãos haviam se esquecido do Deus verdadeiro. Ainda criança, deixei a casa dos meus pais para viver entre outros povos. Mas, quando ouvi dizer sobre o grande sofrimento de meus irmãos, voltei à terra onde meus pais viveram para reconverter meus irmãos à fé de nossos ancestrais, uma fé que nos incentiva a ser pacientes na Terra para que possamos alcançar a felicidade consumada e mais elevada no Além".

É notável como esse último texto concorda em seus pontos principais com as informações constantes dos Evangelhos bíblicos.

Nos dois manuscritos, os quais o lama havia lido para Notovitch no monastério de Hemis, todos os trechos que se referiam a Jesus eram coleções de vários escritos tibetanos. Os originais haviam sido compilados na antiga língua indiana, o Pali,[6] durante os dois primeiros séculos d.C., e guardados em um monastério perto de Lhasa, diretamente afiliado ao Palácio de Potala do Dalai Lama.

De volta à Europa, Notovitch procurou entrar em contato com diversos dignitários de alta posição hierárquica da Igreja a fim de lhes relatar sua impressionante descoberta. O Metropolitano de Kiev aconselhou-o com insistência a não publicar o que ele havia descoberto, mas recusou-se a fornecer razões para tal. Em Paris, o cardeal Rotelli explicou que a publicação dos textos só forneceria combustível para os que odeiam, menosprezam e interpretam mal os ensinamentos dos Evangelhos e que essas informações seriam prematuras para aquela época. No Vaticano, um colega próximo do papa colocou a questão dessa forma: "Qual seria o benefício dessa publicação? Ninguém a considerará como algo de grande significado e você criará um grande número de inimigos. Mas você ainda é muito jovem. Se for uma questão de dinheiro, posso arranjar que seja feito um pagamento em troca de suas anotações a fim de compensar o trabalho e o tempo que você empregou..." Notovitch recusou a oferta.

Somente o historiador, crítico religioso e famoso orientalista Ernest Renan demonstrou um grande entusiasmo pelas anotações. Mas Notovitch logo percebeu que Renan estava interessado apenas em usar

---

[6]. Pali, um dialeto do norte da Índia, séculos depois da morte de Buda, utilizado para o cânone escritural do Budismo Theravada (Hinayana), Budismo do Sul.

o material para os seus próprios objetivos, como membro da Academia Francesa, e, portanto, ele não aceitou sua proposta.

Finalmente, conseguiu que o manuscrito fosse publicado, mas ele não causou grande comoção. O poder e a influência das Igrejas Cristãs são tão grandes, que dúvidas sobre a autenticidade dos ensinamentos canônicos não têm permissão de serem questionadas. Críticos e céticos são condenados como hereges sem Deus e silenciados ou condenados ao ostracismo.

Naquela época, o próprio Notovitch não tinha condições de conseguir apoio científico suficiente para sua evidência documental e, assim, garantir que fosse dado reconhecimento acadêmico sério à sua descoberta.

Quem foi Notovitch?

Nicolai Alexandrovitch Notovitch[7] nasceu em 25 de agosto de 1858 em Kerch, na Crimeia, o segundo filho de um rabino. Pouco é conhecido de sua infância, mas, evidentemente, ele recebeu uma educação formal boa o suficiente para frequentar a Universidade de São Petersburgo, onde seu interesse principal era História. Porém, antes disso, seguindo a apresentação ao serviço militar obrigatório na Rússia no ano 1874, Nicolai Notovitch foi submetido ao treinamento militar com a idade aproximada de 17 anos e depois lutou na campanha sérvia contra os turcos, em 1876. Logo em seguida, ele participou da Guerra Russo-Turca (1877-1878). Parece que Notovitch ainda estava em serviço militar durante os seus dias de estudante, porque, em um anúncio no *Daily News* de 23 de junho de 1894, há uma menção de que ele fora "um oficial junto aos cossacos".

Durante a década de 1880, escreveu e produziu uma peça de teatro, *Mariage idéal*, que foi razoavelmente bem aceita pelo público. Mais tarde, ele escreveria outra peça, intitulada *Gallia* para a qual ele também compôs música incidental.

---

7. Informação biográfica que consta do *Dictionnaire National des Contemporains,* vol. 3, p. 274, Paris, 1901.

Nicolai Notovitch

Os estudos históricos de Notovitch haviam, evidentemente, engendrado um animado entusiasmo pelas ideias pan-eslávicas. Enquanto seu irmão Osip, que recebeu um doutorado como jurista em São Petersburgo acabou interessando-se por temas filosóficos e literários, Nicolai estava mais interessado na influência da política russa e nos acontecimentos mundiais. Depois de se formarem, os dois irmãos acabaram trabalhando como jornalistas. Em 1873, Osip Notovitch conseguiu um emprego como editor de arte em um jornal de São Petersburgo. Mais tarde (em 1883), Nicolai também trabalharia para o mesmo jornal como correspondente para o Oriente. Os irmãos Notovitch faziam parte das pessoas que se sentiam constrangidas pela forte política antissemita do Tzar Alexandre III, e isso fez com que Osip se associasse à Igreja Ortodoxa Russa, quando ainda jovem. Nicolai deve ter seguido o irmão, porque ele publicamente reconheceu sua adesão à religião ortodoxa russa no jornal francês *La Paix*.

Em 1887, surgiu a primeira publicação de Notovitch, uma tradução em francês da obra de um general russo que documentava seu apoio à ideia de uma aliança franco-russa.[8] Seu segundo trabalho, publicado em francês em 1890, também tratava da *Question de l'Alliance Franco-Russe* (Questão da Aliança Franco-Russa). No período de 1883 a 1887,

---

8. E. V. Bogdanovitch, *L'Alliance Franco-Russe* (A Aliança Franco-Russa).

como correspondente do jornal *Novaya Vremiya*, Notovitch empreendeu uma série de viagens pelos Balcãs, o Cáucaso, Ásia Central e Pérsia. Essa atividade o levou a um encontro com Aloysius Rotelli (1833-1891), legado papal em Istambul, de janeiro de 1883 a maio de 1887, que aconselharia Notovich mais tarde como cardeal em Paris.

Em 1887, Notovich partiu em sua importante viagem à Índia. As datas de sua estadia em Kashmir e Ladakh podem ser fixadas entre 14 de outubro e, aproximadamente, 26 de novembro.

Suas atividades, dali por diante, concentraram-se principalmente na esfera literária. Ele ficou durante um tempo considerável em Paris, onde, a partir de 1889, publicou numerosos artigos na imprensa – por exemplo: *Le Figaro, Le Journal* e *La Science Française*. E foi por Notovitch esperar que a publicação da história budista, sobre a vida de Jesus, viesse a ser impedida pela censura em sua terra natal por causa da natureza rigorosa da política oficial sobre assuntos religiosos, que ele entregou o manuscrito a um editor em Paris. Apesar disso, os primeiros trechos em russo de seu livro, traduzidos do alemão, apareceram em 1895 no jornal *Vera i Razum* (nº 22, p. 575-614), conseguindo passar pela censura.

Logo depois do aparecimento de sua obra *La Vie Inconnue de Jésus Christ*, ao final de 1895, Notovitch foi preso durante uma visita a São Petersburgo e encarcerado na Fortaleza de Pedro e Paulo. Acusado de atividade literária "perigosa para o Estado e para a sociedade", foi exilado, sem julgamento, para a Sibéria pelo chefe de um departamento ministerial. Seu banimento durou até 1897, mas, mesmo na Sibéria, Notovitch escreveu vários artigos sobre sua "extraordinária aventura", que apareceram anonimamente no jornal *La Science Française*.[9] E em seu romance *Une Française en Sibérie*, mais uma vez, o tema principal diz respeito às memórias de um revolucionário russo.

Ao voltar de uma longa viagem ao Egito, em meados de 1898, Notovitch abriu uma editora em Paris para produzir o jornal quinzenal *La Russie*, com seu foco principal na política e nos assuntos econômicos. No jornal, Notovitch continuou publicando seus próprios ensaios e reportagens.

---

9. Bibliothèque Nationale, Paris, Fol. R. 226.

Em 2 de junho de 1899, Notovitch foi aceito na célebre Société d'Histoire Diplomatique, a associação que era composta por diplomatas de alta classe e de famosos historiadores, e incluía membros da família Rothschild. De 1903 a 1906, Notovitch parece ter vivido em um apartamento em Londres, pelo menos a intervalos. É possível ele ter voltado depois para a Rússia. Há também um grande contrato de 1906 assinado por ele e pelo xá da Pérsia detalhando a construção de estradas e tubulações no Irã.[10] Em 1910, apareceu outra edição russa da história budista sobre a vida de Jesus, *The Life of Saint Issa*. Até 1916, Nicolai Alexandrovitch Notovitch é mencionado em um catálogo russo de jornais como editor de vários periódicos, em São Petersburgo.[11] Contudo, depois disso, nenhum vestígio de Notovitch pôde ser encontrado. Talvez não quisesse aparecer, abrigando-se dos muitos ataques sofridos por seus oponentes. É até concebível que o agitador militante tenha sido retirado de circulação de uma vez.

Cristianismo e os críticos

Logo após o aparecimento das primeiras edições do livro de Notovitch, em 1894, um artigo sobre a Índia foi publicado no jornal inglês *The Nineteenth Century*, em outubro do mesmo ano, pelo famoso perito alemão Max Müller, cuja intenção era expor Notovitch e sua descoberta como uma fraude. Em seu artigo, o professor de Oxford – que nunca tinha ido à Índia – publicou uma carta datada de 29 de junho de 1894, na qual um oficial colonial inglês, que Müller havia contatado, confirmava que a presença de certo Notovitch em Ladakh "não estava documentada". Os motivos de Müller podem ser mais bem identificados a partir de uma carta que ele escreveu em 1856 para um amigo: "A Índia é mais madura para o Cristianismo do que Roma ou Grécia eram na época de São Paulo".[12] Acrescenta que não gostaria de ir à Índia, ele próprio como um missionário,

---

10. Ver Registros Públicos, Kew, FO 371/113, nº 29196.
11. *Bibliografija Periodicheskikh Izdaniy Rossiy* (1901-1906). Leningrado, 1958.
12. N. C. Chaudhuri, *Scholar Extraordinary*. Londres, 1974, p. 325.

mesmo isso faria com que se tornasse dependente das autoridades. Ele continua:

> Gostaria de viver dez anos bem calmamente e aprender a língua, tentar fazer amizades para então ver se estaria apto para participar de algo que pudesse ajudar a derrubar o antigo mal do sacerdócio indiano e criar uma abertura para uma simples educação cristã.

Isso mostra de fato o que Müller tinha em mente e, ao mesmo tempo, demonstra as motivações dos oponentes que de forma repetida atacavam Notovitch.

Logo depois da publicação desse artigo, em maio-junho de 1895, J. Archibald Douglas, um professor da Universidade do Governo de Agra, viajou até Ladakh na tentativa de expor Notovitch como uma fraude. Seu relatório foi publicado em abril de 1896 no *Orientalischen Bibliografie*[13] com o título sensacionalista "Documentos Provam Fraude de Notovitch".

Inicialmente, Douglas não encontrou qualquer vestígio de Notovitch em Ladakh, mas logo foi obrigado a acusar a confirmação do doutor Karl Marx. Finalmente, ele alegou ter visitado o monastério de Hemis. Em seu relatório posterior, Douglas disse que o abade de Hemis nunca conhecera Notovitch. A edição de abril de 1896 de *The Nineteenth Century* (p. 667-678) contém uma declaração de Douglas dizendo que o lama ao ser confrontado com o texto de Notovitch, espontaneamente exclamou: *Sun, sun, sun, manna mi dug!*, que Douglas e seu intérprete pensaram que significasse: *Mentiras, mentiras, mentiras, é tudo mentira.* O mais notável é que as palavras citadas não fazem sentido, quer seja em tibetano ou em qualquer dialeto desse idioma, aliás não fazem sentido em qualquer língua asiática.

Entretanto, Douglas deduziu essas afirmações. Ele estava preocupado, de qualquer forma, em tornar essas alegações em documentos oficiais ao acrescentar seu selo e assinatura.

---

13. Ano 10, p. 211, Berlim, 1895.

Duas páginas do diário do dr. Marx, no qual está registrado que Notovitch foi por ele tratado de uma dor de dente.

Em um posfácio ao artigo de Douglas, o professor Max Müller apresenta um pedido de desculpas completo aos monges de Hemis por ter inicialmente considerado que Notovitch poderia ter sido mal orientado por eles. Fala da "aniquilação do sr. Notovitch" por Archibald Douglas.

Portanto, aqui temos dois testemunhos: o do jornalista russo Notovitch e o do professor britânico Douglas. O fato de Douglas ter dito que não viu os textos descobertos por Notovitch, com certeza, não prova que os textos nunca existiram.

De fato, havia outras testemunhas, tanto antes quanto depois de Notovitch, que viram com seus próprios olhos os textos contestados em Hemis.

Quarenta anos antes da visita de Notovitch ao monastério de Hemis, uma certa sra. Harvey descreveu os textos tibetanos que mencionam Jesus em seu livro *As Aventuras de uma Senhora na Tartária, Tibete, China e Caxemira*, publicado em 1853.

Depois de Notovitch, houve várias testemunhas oculares que viram os documentos relevantes antes de, finalmente, desaparecerem. Uma delas foi o monge indiano Swami Abhedananda, chamado pelo nome de Kaliprasad Chandra (nascido em 1866), que estudou no Seminário Oriental em Calcutá e que, mais tarde, visitou a Inglaterra, onde conheceu Max Müller.

Em 1922, Abhedananda fez uma peregrinação para o Tibete e, com as anotações de seu diário feitas durante a viagem, ele compilou um livro intitulado *Kashmir and Tibet*. A caminho do Tibete, visitou o monastério de Hemis por ter ouvido falar da descoberta de Notovitch. Ele perguntou aos monges do monastério se a história do russo era verdadeira. "Eles confirmaram a autenticidade do relatório" (p. 230). Depois o abade levou o visitante pelos cômodos do monastério até chegar a uma estante de onde retirou um manuscrito e mostrou-lhe. Dizia-se que esse manuscrito era uma cópia do original que ficava guardado no monastério de Marbour, perto de Lhasa, explicou o lama. A pedido de Abhedananda, o abade ajudou-o a fazer uma tradução do texto. Até então, Abhedananda havia sido cético quanto às publicações de Notovitch – mas quando ele mesmo viu o manuscrito, não duvidou mais de que a controversa descoberta fosse autêntica.

Algum tempo depois de Abhedananda, em 1925, o arqueólogo russo e pintor Nicolas Roerich, que viveu a maior parte de sua vida na Índia, fez outras referências impressas às escrituras tibetanas nas quais relatava que Jesus havia voltado do Himalaia para a Palestina com a idade de 29 anos.[14] No decorrer de suas investigações, Roerich foi perguntando a respeito dos documentos entre as pessoas de Ladakh e acabou aprendendo "a lenda de Issa em várias formas. As pessoas locais nada sabiam a respeito do livro de Notovitch, mas conheciam a lenda e falavam com profunda reverência a respeito de Issa.[15]

Depois disso, Lady Henrietta Merrick confirmou a existência dos textos em seu livro *In the World's Attick*, publicado em 1931. Ela escreveu: "Em Leh está a lenda do Cristo que é chamado "'Issa' e dizem que o monastério de Hemis guarda documentos preciosos de 1.500 anos atrás

---

14. *The Hindustan Times*. Nova Délhi, 11 de julho de 1988.
15. N. Roerich, *Altai-Himalaya, a Travel Diary*. Nova York, 1929, p. 89.

que contam sobre os dias que ele passou por Leh, onde foi alegremente recepcionado e onde ele pregou".[16]

Em 1939, uma senhora chamada Madame Elisabeth Caspari visitou o monastério de Hemis durante uma peregrinação ao Monte Kailasa. Ela fazia parte de um pequeno grupo na companhia da sra. Clarence Gasque, a presidente de uma organização chamada Associação Mundial da Fé. O bibliotecário do monastério mostrou-lhe os velhos manuscritos e disse: "Esses livros contam a respeito da estada de seu Jesus aqui". E a sra. Caspari apanhou um dos três livros que lhe foram apresentados. Nenhuma das outras senhoras presentes jamais havia ouvido falar das descobertas de Nicolai Notovitch e, portanto, elas não deram muita atenção aos textos.

Evidentemente, algum tempo depois, os textos foram retirados do monastério.

O Monastério de Hemis está localizado a uma altitude de quase 4 mil metros, em meio às montanhas do Himalaia, a 34 quilômetros da capital de Ladakh, Leh.

---

16. H. Merrick. *In the World's Attick.* Londres, 1931, p. 215.

A Viagem de Notovitch a Ladakh

Logo depois do lançamento do livro de Notovitch, pronunciamentos críticos percorreram toda a Europa, expressos por pessoas que pensavam ser seu dever tentar silenciar Notovitch e até questionando se sua viagem para Ladakh fora realmente realizada. Contudo, essa viagem foi bem testemunhada não apenas pelo relato de Notovitch como também por várias autoridades independentes – existem outras fontes que tornam perfeitamente possível reconstruir sua viagem e proporcionar uma visão objetiva dos fatos.

No outono de 1887, Notovitch iniciou sua viagem para a Índia como correspondente do jornal russo *Novaya Vremiya* e visitou a Caxemira e Ladakh no período de 14 de outubro até aproximadamente o final de novembro. No artigo de Notovitch, *La Russie, de 1º de março de 1900*, há uma breve descrição do itinerário: "... Eu visitei o Baluchistão, o Afeganistão, o Norte da Índia e as províncias localizadas entre o Indo e a fronteira do Afeganistão".[17] Os dados geográficos e cronológicos foram confirmados pelo *Frankfurter Zeitung,* que contém uma declaração de que Notovitch esteve na cidade de Simla, situada a uma altura de 2.180 metros, nos limites das montanhas do Himalaia, e dali seguiu para as regiões a noroeste da Índia, indo primeiro para Quetta (hoje no Paquistão, perto da fronteira com o Afeganistão).

Ao voltar do Afeganistão para a Índia, Notovitch seguiu o Indo até Rawalpindi. Dali, virou para o sudeste e viajou para Amritsar, no Punjab, onde visitou o Templo Dourado, o principal santuário dos Sikhs. Saindo de Amritsar, foi visitar a tumba do Marajá Ranjit Singh (1780-1839), em Lahore; de lá, em 14 de outubro de 1887, ele pegou o trem de volta para Rawalpindi, onde juntou sua bagagem com a ajuda de seu criado, que falava o francês (seu país natal era a Colônia Francesa de Pondicherry, no sul da Índia) e rumaram para Caxemira, nas encostas do Himalaia, em uma carroça puxada por um cavalo. Na noite de 19 de outubro eles chegaram a Srinagar, capital da Caxemira.

Notovitch descreveu graficamente suas primeiras impressões: "Ao chegar à cidade propriamente dita, é possível ver uma inteira fileira de

---

17. Bibliothèque Nationale, Paris, Fol. M. 715.

barcos e de casas flutuantes nas quais famílias inteiras vivem juntas". Ele se hospedou no conhecido Hotel Nedous, aberto o ano todo (que existe até hoje, e a partir de onde o explorador sueco Sven Hedin, partiu para sua expedição Trans-Himalaia no início da década de 1900). Durante sua estadia na cidade, Notovitch conheceu um francês chamado Peychaud, que cuidava das vinhas do marajá Pratap Singh. Peychaud emprestou a Notovitch um cão que havia acompanhado uma expedição nas montanhas do Pamir dois meses e meio antes. Uma semana após, em 27 de outubro, Notovitch saiu de Srinagar para continuar sua viagem para Ladakh e, dois dias depois, encontrou-se com *sir* Francis Younghusband (1863-1942, posteriormente nomeado Alto Comissário da Caxemira) em Mateyan, onde ele havia feito uma parada durante sua aventurosa viagem por terra, de Pequim a Rawalpindi.

Durante a parte seguinte de sua viagem para Ladakh, Notovitch coletou várias pedras *mani* em que estava gravada a fórmula sagrada dos tibetanos *Om mani padme hum*, as quais, mais tarde, ele doou para o museu do Palácio Trocadero, em Paris.[18] Até hoje há um pedaço de tecido da Caxemira no Musée de l'Homme registrado em seu nome. Em agradecimento pela doação de sua coleção, mais tarde Notovich foi nomeado membro da Legião de Honra Francesa.[19]

Notovitch passou a noite de 3-4 de novembro no monastério de Hemis, onde despertou com uma forte dor de dente. Ele enviou uma mensagem para o governador local que lhe recomendou visitar o dr. Marx do Dispensário Beneficente de Ladane, Karl Rudolph Marx (também Marx-Weiz), um missionário que pertencia aos Moravian Brothers.[20] Ele estudara medicina em Edimburgo e, desde dezembro de 1866, assumira a direção do hospital de Leh. Os diários do dr. Marx confirmam que, de fato, tratara do dente de Notovitch (lâmina 4).

Notovitch havia planejado viajar de volta para Caxemira, mas caiu de mau jeito do cavalo que montava e quebrou a perna abaixo do joelho.

---

18. Inventário número 88.177.
19. No *Dictionnaire National des Contemporains,* vol. 3, p. 274, Paris, 1901, está registrado que Notovitch foi aceito na Legião de Honra com o grau de Oficial da Instrução Pública, em 1889, por ter doado ao Museu do Trocadero preciosas coleções de objetos trazidos da Índia e da Pérsia.
20. Igreja Moraviana, também chamada Comunidade Herrnhüter.

O acidente aconteceu perto do monastério de "Piatek" (provavelmente Spitok Gompa, *dPe-thub* em tibetano). A nota no *Franfurter Zeitung*, mencionado anteriormente, confirma esse acontecimento. Notovitch então se deixou ser carregado até o monastério de Hemis onde, durante sua estadia, foram-lhe lidos os textos preciosos.

Os livros na biblioteca do monastério são feitos de páginas soltas, amarradas com fitas de seda coloridas e protegidas por um par de capas de madeira.

A maior parte das informações a respeito da vida e obra de Nicolai Notovitch vem do trabalho de pesquisa do dr. Norbert Klatt, publicada no *Orientierungen* nº 13/1986 por Evangelische Zentralstelle für Weltanschauungensfragen.

Uma ordem misteriosa

A ordem mística dos Yogis Nath (também chamada de Gorakhnath ou Navnath), encontrada em muitas partes da Índia, preservou um antigo Sutra hindu conhecido como *Natha Namavali*, que fala do grande santo Isha Nath, sobre quem é dito ter chegado à Índia com a idade de 14 anos. Depois de voltar para sua terra natal e ter começado a espalhar os ensinamentos, ele acabou sendo vítima de uma conspiração e foi crucificado. Por meio dos poderes da ioga que obtivera na Índia, ele conseguiu sobreviver à execução e, finalmente – com a ajuda de poderes sobrenaturais de seu mestre indiano Chetan Nath, um guru Nath –, voltou para a Índia onde, dizem, fundou um monastério Ashram entre encostas periféricas das montanhas do Himalaia.

Os shivaístas (centrados em Shiva), Yogis Nath, facilmente reconhecidos por seus grandes brincos, representam uma das ordens monásticas hindus mais antigas cuja origem se perde nas sombras da história, em uma época bem anterior à do nascimento de Jesus e no início de nossa era, um tempo que, talvez, coincida com o Budismo Mahayana. Ao contrário de muitas outras ordens e seitas hindus, os Yogis Nath não reconhecem os sistemas de castas e a primazia dos brâmanes. Eles consideram todas as pessoas como irmãos e irmãs, e aceitam em suas fileiras todos os buscadores, independentemente de sua origem e posição social. Os paralelos com a atitude de Jesus diante dos sacerdotes do Templo de Jerusalém e diante dos não judeus, samaritanos e pecadores dificilmente passariam despercebidos.

De acordo com a atual pesquisa moderna da vida de Jesus não é possível *refutar* o fato de que Jesus esteve na Índia. Não existe qualquer fonte historicamente confiável, tampouco qualquer indício nos Evangelhos que nos alguma informação sem considerar os poucos detalhes que já temos a respeito das partes mais prováveis de sua vida (algo entre seus 12 e 30 anos). É quase como se a vida de Jesus tivesse começado com a idade de 30 anos, quando ele foi batizado por João Batista. Apenas em Lucas encontramos uma frase sugestiva: "E Jesus crescia em estatura, em sabedoria e graça, diante de Deus e dos homens" (Lucas, 2:52).

Quem foi Jesus

As fontes seculares

A personalidade humana de Jesus de Nazaré é o único tema que teve grande impacto nas mentes e nas atenções dos povos do mundo, enquanto, ao mesmo tempo, constituiu o foco de inúmeros livros e de debates apaixonados. Porém, a personalidade de Jesus continua, teimosamente, velada ao escrutínio acadêmico. Por 1.500 anos, os únicos relatos foram os que mostraram Jesus como Salvador com base na teologia eclesiástica oficial e que foram redigidos com o propósito específico de proporcionar apoio à fé dos cristãos contemporâneos ou com o objetivo de converter outros povos ao Cristianismo. Foi na Europa, durante a Renascença, que surgiram os primeiros pensadores críticos e, na Era do Iluminismo, nos séculos XVII e XVIII que, pela primeira vez, foram publicados estudos indagando se Jesus de Nazaré realmente existira. A partir do século XIX, métodos científicos de pesquisa histórica começaram a ser aplicados aos livros do Novo Testamento, e é pela instituição da investigação sistemática da vida de Jesus que a Teologia Protestante Alemã pode receber todo o crédito como responsável pelos avanços mais significativos na pesquisa histórica e crítica.

O mais conhecido desses pesquisadores da verdade, o doutor e teólogo Albert Schweitzer, considerou sua investigação da vida do Cristo como o mais importante e inebriante desenvolvimento na sua compreensão religiosa pessoal. Hoje é difícil para nós entendermos quais barreiras mentais restritivas tinham de ser superadas para chegar a uma visão histórica da vida de Jesus. De acordo com Schweitzer, foram, na realidade, a insatisfação e até mesmo uma antipatia focada que mais contribuíram para uma abordagem mais científica. "Descobrir o máximo possível sobre a vida de Jesus é equiparável a elevar a Igreja por meio de suas verdades básicas, é uma busca por conhecimento que envolve uma luta mais dolorosa e mais coordenada de qualquer busca anterior."

Mais de 100 mil monografias sobre o tema de Jesus foram escritas desde então e, ainda assim, os resultados de toda essa pesquisa sobre o Jesus histórico podem apenas ser descritos como decepcionantes. Quem *foi* Jesus Cristo? Quando ele nasceu? Como era sua aparência? Quando ele foi crucificado? Quando, como e onde ele morreu? Os livros escritos nos dois primeiros séculos de nossa era contêm muito poucas indicações para nos dar qualquer informação real a respeito da pessoa Jesus Cristo. Fontes antigas posteriores são, quase exclusivamente, testemunhos de fé tendenciosos e pressupõem a crença em Jesus como o Messias e Filho de Deus. É praticamente impossível encontrar qualquer testemunho realmente objetivo, até mesmo na literatura secular.

O resultado é que a ciência moderna ainda não é capaz de descobrir a data exata do nascimento de Jesus. Os possíveis anos variam do sétimo ao quarto ano antes da troca de a.C. para d.C. Com certeza, Jesus nasceu durante o reinado de Herodes, que morreu quatro anos antes de nossa "Era Cristã" (ou seja, no ano 4 a.C.!). A infância e a adolescência de Jesus são quase totalmente ignoradas nos Evangelhos bíblicos, apesar de os primeiros anos de vida serem cruciais para a formação do caráter de uma pessoa. Até nos nebulosos relatos do curto período durante o qual ele realizou seu trabalho público, encontramos somente informações escassas a respeito de sua vida. Os historiadores contemporâneos parecem nunca ter ouvido falar de Jesus ou, se ouviram, consideraram-no indigno de menção. Como puderam os verdadeiros historiadores deixar de fazer qualquer referência a respeito de seus muitos e espantosos milagres e fatos extraordinários descritos nos Evangelhos?

Tácito (cerca de 55-120 d.C.), em seus *Anais,*[21] menciona "a seita supersticiosa" dos cristãos, que derivam seu nome de um certo Christus, o qual parece ter sido executado na época do imperador Tibério, sob o governador Pôncio. Esse curto relato foi escrito pelo grande historiador romano por volta do ano 108 d.C. – cerca de 80 anos depois da crucificação – e baseou-se em histórias que circulavam na época. Plínio, o Jovem[22] (cerca de 61-114 d.C.), e Suetônio[23] (cerca de 65-135 d.C.) também mencionam a seita cristã, mas não têm nada a dizer sobre a pessoa de Jesus Cristo.

O historiador Suetônio foi tesoureiro do imperador romano Adriano e, portanto, teve acesso aos documentos do Estado nos arquivos imperiais. Com base nesses documentos, escreveu relatos sobre todos os fatos históricos significativos que ocorreram durante os reinados de imperadores anteriores. Eles incluíram um acontecimento que se deu na época do imperador Cláudio, que reinou do ano 41 ao 54 d.C. Cláudio havia expulsado os judeus de Roma por estarem sob a influência de um certo "Chrestos" e tinham causado agitações civis. Isso mostra que já havia seguidores da religião cristã em Roma, por volta do ano 50 d.C.

O historiador judeu Joseph Ben Matthias (cerca de 37-100 d.C.), que se tornou um cidadão romano e adotou o nome de Flavius Josephus, publicou uma oba importante intitulada *Antiguidades Judaicas,* por volta do ano 93. Ela representa um tipo de história do mundo desde a Criação até o início do reinado do imperador Nero, cuja finalidade era fazer com que os leitores não judeus conhecessem a história dos judeus. Ele apresenta um relato detalhado da política e da sociedade da época de Jesus, e refere-se também a João Batista, Herodes e Pôncio Pilatos, mas há apenas uma única menção ao nome Jesus Christus, e isso em referência ao apedrejamento de um homem chamado James (Jacó), "que era um irmão de Jesus, a quem chamam de Christus". Foi somente no terceiro século que uma obra foi produzida pelas mãos de um cristão – uma falsificação intitulada *Testimonium Flavianum,* na qual o judeu Josephus, aparentemente, é convertido ao Cristianismo e

---

21. Tacitus, *Annals* 15:44.
22. Plínio, o Mais Jovem, *Cartas,* 10:96f.
23. Suetônio, *Vitae Caesarum*; Nero (16); Claudius (25:4).

confirma os milagres e a Ressurreição de Cristo.[24] Mas os escritores da Igreja, Justino Mártir, Tertuliano e Cipriano, evidentemente ignoraram essa mudança para o Cristianismo, e Orígenes Adamantius[25] (cerca de 185-254) fez questão de dizer, mais de uma vez, que Josephus não acreditava em Cristo.

O escritor Justus de Tiberíades, também judeu, foi contemporâneo de Josephus e viveu em Tiberíades, perto de Cafarnaum, o lugar muitas vezes mencionado como frequentado por Jesus. Ele escreveu uma extensa história que começava com Moisés e seguia até sua época, mas não mencionou o nome de Jesus nenhuma vez. O grande erudito judeu, Philo de Alexandria, foi um contemporâneo de Jesus; umas 50 obras de sua autoria chegaram até os nossos tempos. Ele prova ser um especialista em obras bíblicas e em seitas judaicas, mas também não tem sequer uma palavra a dizer sobre Jesus.[26] É somente por meio do austero anticristão Celsus que alguns fatos históricos podem ser vislumbrados – embora nada diga de favorável sobre quem ele chama de Jesus "idealizado". Os escritos beligerantes de Celsus contêm algumas informações, que serão examinadas mais adiante, com maiores detalhes, neste mesmo livro.

A única fonte real para a pesquisa histórica parece, então, ser a coleção de escritos que é o Novo Testamento.

Os Evangelhos

O termo grego para evangelho é *eu-angelion*, que significa "boas-novas". Existia como uma palavra composta muito antes de o Cristianismo aplicá-la à mensagem de Jesus. Um dos títulos dados ao imperador Augusto, por exemplo, foi Salvador do Mundo e seu aniversário foi, por conseguinte, referido como "o dia do *eu-angelion*".

O Novo Testamento contém quatro Evangelhos: Mateus, Marcos, Lucas e João. Eles representam uma seleção de um número bem maior de evangelhos que estiveram em uso entre as diversas comunidades e seitas

---

24. Flavius Josephus, *As Antiguidades dos Judeus*, XX, 9:1; XVIII, 3:3.
25. 1:47.
26. Arthur Drews, *Die Christusmythe,* Jena, 2ª edição, 1911, p. 3.

do início do Cristianismo, antes de o Novo Testamento ser formalmente reunido. Textos que, mais tarde, foram retirados são chamados apócrifos (do grego *apo-kryphos,* "oculto", portanto, "mais obscuro"). Muitos foram destruídos, mas alguns dos que sobreviveram lançam uma luz muito ambígua e intrigante sobre a pessoa de Jesus de Nazaré.

O próprio número e a diversidade de grupos religiosos ameaçaram dividir as primeiras comunidades cristãs em inúmeras facções e causar um conflito interno dentro do Cristianismo. O autor romano Amiano Marcelino comentou: "Nem mesmo os animais selvagens, sedentos de sangue, se enfurecem um contra o outro da maneira como muitos cristãos se enfurecem contra seus irmãos de fé".[27] Até a autoridade do início da Igreja, Clemente de Alexandria, percebeu essa discordância nos vários princípios da fé como o maior obstáculo para a expansão da fé.[28] E Celso, o crítico confesso do Cristianismo, no segundo século, escreveu que o único elemento que os vários grupos tinham em comum era o adjetivo "cristão".[29] Diante dessa infinidade de escritos fundamentalmente diferentes sobre a vida, atos e dizeres de Cristo, os líderes da Igreja antiga enxergaram um único caminho para sair de uma situação caótica que, inexoravelmente, levaria à completa destruição das comunidades conflitantes: uma unificação, o cerramento de fileiras pela autenticação formal de um grupo de Evangelhos selecionados e confirmados por todos.

Papias de Hierápolis, que faz parte dos Pais Apostólicos, fez uma tentativa de compilação por volta do ano 110 d.C., mas fracassou em virtude resistência das comunidades individuais. Foi somente ao final do segundo século que Ireneu – que, mesmo então, teve de contar com a ameaça de sanções religiosas – conseguiu, de uma vez por todas, instituir os quatro Evangelhos no cânone que, ainda hoje, é considerado válido. O critério para a inclusão de cada evangelho foi o fato de todos poderem ser rastreados até um discípulo de Jesus, embora esse critério também não fosse simples, é claro.

---

27. Traduzido da edição alemã por Wilhelm Reeb, Leipzig, 1923.
28. Clemente de Alexandria, *Stromateis* 7; 89:2f.
29. Origen, *Contra Celsum* 3:12.

Continua sendo impossível determinar exatamente quando e como esses Evangelhos passaram a existir, porque não há nenhum texto original de qualquer um dos quatro – além disso, não há nenhuma pista quanto à possível localização de um original. Datá-los é igualmente impossível, mesmo em termos aproximados. As datas mais prováveis, de acordo com as pesquisas mais recentes, são: para Marcos, pouco antes do ano 70 d.C.; para Mateus, pouco depois do ano 70 d.C.; para Lucas, algo entre os anos 75 e 80 d.C. (algumas autoridades preferem uma data mais próxima ao ano 100 d.C.), e parece que o Evangelho de João foi redigido somente nas primeiras décadas do segundo século. Portanto, se Jesus foi crucificado por volta do ano 30 d.C., os primeiros registros escritos de sua existência se originaram só depois de terem se passado duas ou três gerações (deixando de lado, por enquanto, as epístolas de Paulo, que requerem tratamento especial).

Os três primeiros Evangelhos – Mateus, Marcos e Lucas – são bem parecidos. De fato, Mateus e Lucas parecem derivar grande parte de seu conteúdo de Marcos. O Evangelho Segundo Marcos deve, portanto, ter existido antes dos Evangelhos de Mateus e de Lucas. O texto canônico de Marcos contém descrições de alguns eventos, entretanto, que não estão incluídos em Mateus ou em Lucas, tendo sido substituídos por histórias que não têm paralelo em Marcos ou são expressas de maneira bem diferente. Isso, então, sugere que os dois Evangelhos posteriores usaram como fonte de informação uma espécie de "proto-Marcos", a partir da qual foi produzido, mais tarde, o texto canônico.

Muito foi escrito pelos teólogos para dar apoio à existência desse hipotético texto primário, mas o teólogo Gunther Bornkamm acredita que "a tentativa de reconstruir o proto-Marcos continua sendo um esforço fútil".[30]

No texto de Marcos, há um desejo evidente de manter o *status* messiânico de Jesus o mais secreto possível. Jesus não permite qualquer proclamação de que ele seja o Messias e, de fato, ele proíbe expressamente seus discípulos de fazer esse tipo de declaração (Marcos, 8:30).

Em Mateus, Jesus é retratado como a consumação da religião mosaica e como o Messias anunciado pelos profetas. Há muito tempo

---

30. G. Bornkamm, *Jesus of Nazareth*. Stuttgart, 9ª edição, 1971.

que os teólogos aceitaram a ideia de que o Evangelho se concentra em retratar Jesus como o Verbo Encarnado. Além disso, o escritor do Evangelho de Mateus não era, evidentemente, um historiador e nunca teve a intenção de escrever um relato cronológico ou uma biografia de Jesus.

O escritor do Evangelho de Lucas inclui uma série de eventos históricos diferentes em seu relato da vida de Jesus. Ainda assim, apesar disso, não emerge uma história coerente. De novo, falta qualquer base cronológica histórica genuína – simplesmente não existia material biográfico disponível porque mesmo essas comunidades cristãs primitivas não possuíam mais tais dados. Mesmo nesse estágio inicial a imagem do Jesus histórico já tinha sido distorcida, em grande parte a favor de sua imagem religiosa. O texto de Lucas contém pouco judaísmo e, escrito no estilo helênico, é principalmente dirigido a gregos e romanos. Aqui Jesus deixa de ser o Messias nacional para converter-se no Salvador do Mundo.

Existe até um ponto no qual o Evangelho de Lucas entra em direta contradição com os Evangelhos de Marcos e de Mateus; a versão desses dois evangelhos mostra as palavras finais de Jesus que exortam os discípulos a saírem pelo mundo pregando para todas as nações, enquanto no capítulo 24 de Lucas declara exatamente o contrário: "eles são solicitados a permanecerem na Cidade de Jerusalém até serem investidos com o poder do Alto" (Lucas, 24:49).

Em Atos dos Apóstolos (atribuídos ao autor do Evangelho de Lucas), a presença dos discípulos em Jerusalém é referida mais de uma vez e com ênfase especial. O escritor se esforça para provar que Jerusalém era o ponto focal de origem do Cristianismo, embora seja um fato histórico que as comunidades cristãs já existiam em outros lugares. Lucas elabora o milagre do Pentecostes a fim de mostrar como a existência de seitas cristãs fora da Palestina podem ser registradas irradiando-se a partir daquele centro. Por meio de um milagre "divino", os discípulos recebem, de repente, o dom de falar em "línguas estrangeiras", fornecendo, assim, uma solução simples para o problema potencial das barreiras de linguagem.

O Evangelho atribuído a João é, sem dúvida, o mais tardio de todos os relatos canônicos da vida de Jesus. Os primeiros escritos cristãos mencionam a existência do Evangelho em meados do segundo século. Algumas linhas de um registro em papiro, escrito em grego e descoberto pelo historiador inglês Grenfell, indicam que o Evangelho não pode ser anterior ao início do segundo século. Trata-se mais de uma obra filosófica construída com base nos três primeiros Evangelhos, complementando-os. Ireneu sustenta que o autor seria João, o discípulo preferido de Jesus. Porém, essa ideia pode ser definitivamente descartada porque o simples pescador da Galileia dificilmente teria sido educado o suficiente em teologia e filosofia ou ter sido tão letrado em grego quanto, evidentemente, era o autor desse Evangelho.

No Evangelho de João existem detalhes autênticos da vida de Jesus, mas eles estão profundamente incorporados em uma matriz de filosofia religiosa centrada em Jesus. Além disso, há um lapso temporal, de pelo menos 80 anos, entre a crucifixão e a escrita do Evangelho; portanto, apesar de o conteúdo do livro corresponder bem de perto às ideias de Jesus, o livro representa apenas um meio muito frágil para a pesquisa da sua vida.

A um número considerável de escritos teológicos protestantes, a chamada *Coleção de Dizeres de Jesus* (também conhecida como Q ou *Logia*), foi dada uma imensa importância. Rudolf Bultmann opina que os *Dizeres* foram compilados pelas comunidades palestinas iniciais; eles pertencem às tradições mais antigas dessas comunidades. Contudo, Bultmann acrescenta: "Não há nenhuma certeza de que as palavras desse mais antigo extrato de tradição oral tenham sido realmente verbalizadas por Jesus. Talvez esse extrato, em si, tenha sua própria base histórica mais complexa". Ele continua: "A tradição coleta os dizeres do Senhor, ela os remodela acrescentando-lhes agregados. Além disso, outros tipos de dizeres também são coletados, de modo que algumas das palavras incluídas na Coleção de Dizeres teriam sido colocadas na boca de Jesus por outros".

Hoje, os historiadores têm a capacidade de apresentar, praticamente, histórias da vida de Pôncio Pilatos e de Herodes completas – personagens cujo principal interesse é, simplesmente, sua conexão com Jesus. Da mesma forma, estão disponíveis biografias completas de outros contemporâneos e de figuras proeminentes de períodos até anteriores. No entanto, apenas algumas escassas linhas contendo poucos detalhes descritivos são tudo o que existe para mostrar sobre a vida de Jesus até seu 30º ano de vida, e mesmo essas são insuficientes para servir de evidência documental. Um acadêmico dedicado ao Novo Testamento, em Tübingen, Ernst Käsermann resume os resultados conseguidos até hoje nas pesquisas sobre a vida de Jesus:

> É lamentável descobrir quão pouco pode ser descrito como autêntico (no que o Novo Testamento diz sobre Jesus)... Tudo o que pode ser atribuído com algum grau de confiança ao próprio Jesus histórico são apenas algumas palavras do Sermão da Montanha, algumas parábolas, a confrontação com os fariseus e umas poucas frases curiosas e dispersas.[31]

Os especialistas na Bíblia ainda discordam entre si sobre quais "citações" podem ser genuinamente atribuídas a Jesus. Em seu livro *As Palavras Desconhecidas de Jesus*,[32] o historiador religioso Joachim Jeremias estreita a seleção para meras 21 citações que, seguramente, foram pronunciadas por Jesus. E Bultmann, o crítico teológico, afirma: "a personalidade de Jesus, sua própria vida e imagem desapareceram sem possibilidade de voltarem a ser recuperadas".[33]

Paulo, a testemunha

Os mais antigos documentos que dizem respeito a Jesus são os escritos de Paulo. Paulo pertenceu a uma família judaica rígida e havia adquirido a cidadania romana por meio de seu pai, que pagou um alto preço por ela. Isso lhe permitiu que trocasse seu nome original judeu de Saulo para Paulo (Paulus). Pertencendo à classe patrícia, ele foi educado na tradição farisaica estrita. Recebeu uma educação completa e abrangente, conseguiu um excelente conhecimento da língua grega e tinha uma

---

31. Citado do *Der Spiegel* nº 14, 1966.
32. J. Jeremias, 1951.
33. Citado do *Der Spiegel* nº 14, 1966.

cultura ampla em poesia e filosofia gregas. Aos 18 ou 20 anos de idade (depois da crucifixão de Jesus), ele foi para Jerusalém e dedicou-se a estudos teológicos intensivos como estudante de Gamaliel I. Depois, tornou-se um zelote fanático, de mentalidade estreita, carrancudo, um partidário rígido da lei e um oponente muito veemente das primeiras seitas cristãs que ele via como um obstáculo ao seu progresso profissional. Paulo foi longe a ponto de se dirigir ao sumo sacerdote para pedir que lhe concedesse permissão especial para perseguir os seguidores de Cristo além dos limites da Cidade de Jerusalém, esperando que o grande zelo que pretendia demonstrar com a realização dessa tarefa também causasse uma forte impressão sobre a hierarquia religiosa. Foi quando, perto de Damasco, ele foi repentinamente subjugado pela aura poderosa de Jesus e de seus ensinamentos, impressionado também pela percepção do potencial inimaginável conferido por sua posição. Ele ficou intoxicado pela ideia de poder assumir o papel de líder espiritual de um gigantesco movimento do futuro.

Assim como com Jesus e os apóstolos, também não existe qualquer texto histórico a respeito do próprio Paulo. Tudo o que sabemos sobre Paulo resulta exclusivamente das cartas (epístolas) atribuídas a ele e dos Atos dos Apóstolos, e estes tendem a ter um cunho decididamente tendencioso; são falsificações parciais ou completas, ou uma reunião de fragmentos de alguns textos genuínos. Acredita-se que as cartas para Timóteo e Tito e a carta aos hebreus sejam totalmente falsas. A autenticidade das cartas aos efésios e aos colossenses, e a segunda carta aos tessalonicenses são fortemente contestadas. O que atualmente é chamado de Cristianismo é, em grande parte, um ensinamento de preceitos criados artificialmente por Paulo e que deveria ser chamado com maior correção de Paulinismo.

O historiador religioso Wilhelm Nestle confirma dizendo: "o 'Cristianismo' é a religião fundada por Paulo; ela substituiu o Evangelho de Cristo por um Evangelho sobre Cristo".[34] Nesse sentido, o Paulinismo corresponde à má interpretação e à falsificação dos ensinamentos verdadeiros de Cristo, em certo sentido iniciadas e organizadas por Paulo. Há muito tempo foi aceito pela pesquisa teológica que o Cristianismo

---

34. W. Nestle, *Krisis des Christentums*, 1947, p. 89.

da Igreja organizada, com os seus princípios centrais de salvação por meio da morte sacrificial indireta de Jesus, baseia-se em uma interpretação distorcida. "Todos os aspectos belos do Cristianismo podem ser rastreados até Jesus e todos os não tão bonitos a Paulo", disse o teólogo Overbeck.[35] Ao ancorar a esperança da salvação firme na morte expiatória do primogênito de Deus, na realidade Paulo estava dando um passo para trás de volta à religião semítica primitiva dos tempos pré-históricos, quando todo pai era obrigado a entregar seu primeiro filho para um sacrifício sangrento.

Paulo também preparou o terreno para as doutrinas eclesiásticas posteriores do pecado original e da divina Trindade. Já no início do século XVIII, o estadista e filósofo Lorde Bolingbroke (1678-1751) pôde diferenciar duas fés religiosas completamente distintas no Novo Testamento: a de Jesus e a de Paulo.[36] Da mesma forma Kant, Lessing, Fichte e Schelling também distinguem categoricamente o ensinamento de Jesus e o que os "apóstolos" fizeram dele. Muitos teólogos modernos, de grande reputação, desde então, passaram a apoiar e a defender essas observações.

Paulo, o zelote impaciente, bem diferente dos apóstolos originais, o "epítome da intolerância" (como o teólogo A. Deissmann o descreve),[37] abriu fissuras profundas entre os "verdadeiros crentes" e os "não crentes". Paulo colocou pouca ênfase nas verdadeiras palavras e ensinamentos de Jesus, pois estava preocupado com os seus próprios ensinamentos. Ele colocou Jesus em um pedestal e tornou-o a figura do Cristo que Jesus nunca teve a intenção de ser. Hoje um entendimento novo e profundo do Cristianismo é possível ao rejeitar tudo o que é obviamente falso, e voltando-se para os ensinamentos verdadeiros e autênticos de Jesus e para a real essência da fé religiosa. O fato de podermos chegar a esse novo entendimento talvez torne mais fácil perdoar as distorções de Paulo, pois é possível que sem Paulo e seus companheiros zelotes fanáticos nenhum conhecimento de Jesus tivesse vindo à tona.

---

35. F. Overbeck, *Christentum und Kultur*, publicação póstuma, 1919.
36. Citado de H. Ackermann, *Entstellung und Klärung der Botschaft Jesu,* 1961.
37. A. Deissmann, *Paulus,* Tübingen, 2ª edição, 1925.

O teólogo Grimm resumiu o assunto assim: "Por mais profundos que esses conhecimentos possam ter se enraizado no pensamento cristão, eles ainda nada têm a ver com o verdadeiro Jesus".[38]

Conclusões

As fontes conhecidas não podem, evidentemente, fornecer qualquer informação detalhada ou fundamentada sobre a pessoa histórica que foi Jesus. Essas fontes, de acordo com a documentação descoberta por Nicolai Notovitch em Ladakh, podem, portanto, preencher uma lacuna extremamente importante sobre o que é conhecido da vida do Cristo, para a qual não existe qualquer outro registro histórico. Contudo, essa descoberta impressionante – que, de repente, lança luzes em algumas das sombras mais profundas da religião "Cristã" – pareceria não ter nenhuma relevância a não ser que fosse vista no contexto dos últimos resultados obtidos pela pesquisa histórica mais objetiva e abrangente, liberta de todo o dogmatismo institucional. Tanto a pesquisa histórica como a liberdade científica são exigidas se uma imagem do Jesus humano for gradativamente reunida com fidelidade.

Talvez, hoje, só seja possível descobrir sobre quem foi Jesus e o que ele realmente queria estudando a tradição inspirada por ele, os resultados de seus ensinamentos, seu elevado senso moral e sua profunda natureza ética e espiritual.

O que Albert Schweitzer disse em 1913 é mais válido hoje do que nunca: "O Cristianismo moderno deve estar sempre preparado para enfrentar a possibilidade de que a historicidade de Jesus possa ser revelada a qualquer momento".[39] E Rudolf Bultmann disse: "Eu não me surpreenderia absolutamente se, nesse mesmo instante, fossem encontrados os ossos de Jesus!".[40]

---

38. E. Grimm, *Die Ethik Jesu,* 1917.
39. A. Schweitzer, *Geschichte der Leben-Jesu-Forschung,* Tübingen, 2ª edição, 1913, p. 512.
40. Citado de *Der Spiegel* nº 14, 1966.

Minhas viagens pelas montanhas himalaias

Em 1973, uma nota foi publicada em um semanário alemão importante,[41] descrevendo como um professor indiano estava declarando, com toda a seriedade, ter encontrado o túmulo de Jesus Cristo na Índia. O artigo era até acompanhado de fotografias mostrando a alegada tumba. O professor declarou descaradamente que Jesus não apenas passou sua juventude na Índia, mas também sobreviveu à crucificação por meio de uma técnica, antes de voltar à Índia. Ali, ele viveu como professor itinerante até morrer com idade avançada e seu corpo foi enterrado em Srinagar, capital da Caxemira.

Essa foi uma declaração realmente espantosa – e o jornal que se aventurou a publicá-la foi inundado por milhares de cartas cheias de injúrias e de protestos virulentos. Porém, algumas das cartas tinham questionamentos interessantes de pessoas de mente mais aberta, que sempre haviam suspeitado existir algo como um conto de fadas piedoso nas antigas versões sobre o nascimento virgem, ressurreição e ascensão de Jesus.

Parece admirável nenhum dos céticos nunca ter averiguado a dúvida sobre onde Jesus poderia, de fato, ter sido enterrado – porque embora os diversos milagres que Jesus supostamente realizou possam ser explicados de uma forma ou de outra, não é possível que seu corpo simplesmente se ergueu no ar sendo "arrebatado para o céu", de acordo com Lucas (24:51). Além disso, não há espaço para matéria física no reino espiritual.

Depois de anos de estudo durante os quais os meus professores de universidade não podiam oferecer nada além de respostas insatisfatórias, para não dizer evasivas sobre minhas questões acerca da figura histórica de Jesus, decidi que, após terminar a minha formação como professor de religião, eu mesmo iria para a Índia para fazer a minha própria pesquisa. Dito e feito, no início de 1979 viajei para a Índia via Egito e desembarquei em Bombaim. Dali, segui por trem e ônibus para as encostas do Himalaia, em Dharamsala, onde o Dalai Lama residiu desde sua fuga do Tibete, em 1959. Minha intenção era pedir-lhe

---

41. *Der Stern* nº 16, 1973.

respeitosamente uma carta de apresentação para o abade do Mosteiro de Hemis, a qual também me concedesse a permissão para examinar os manuscritos que Notovitch havia escrito há quase 100 anos. Depois de esperar por quatro dias por uma audiência, por fim recebi o precioso documento completo com a assinatura de Sua Santidade, o 14º Dalai Lama. Continuei a minha viagem por rodovia até a Caxemira, onde ouvi dizer que as misteriosas peças, que Notovitch também havia descrito, seriam apresentadas alguns dias mais tarde. O festival, conhecido pelos tibetanos como *Cham* ou *Seichu,* em honra ao santo e profeta budista Padmasambhava, acontece de 9 a 11 do quinto mês do calendário tibetano.

Hoje é possível chegar a Leh, a capital de Ladakh, com relativo conforto em uma viagem de ônibus de dois dias pelas encostas a Oeste do Grande Himalaia. Quando, por fim, cheguei a Hemis, o festival já estava acontecendo com toda a animação. Havia uma multidão imensa, pois, apesar de o país ter sido aberto para estrangeiros apenas cinco anos antes, era possível ver um grande número de turistas ocidentais. Eu não desejava tornar a minha presença e meu propósito conhecidos em meio àquela agitação e, portanto, voltei para Leh, onde deixei passar três semanas antes de voltar de novo para Hemis.

Hemis é a maior, a mais rica e a mais importante abadia de Ladakh. Seu nome deriva da palavra dárdica[42] *hem* ou *hen* (sânscrito *hima* = "neve"), o que tende a sugerir ter havido um povoado ali antes da presente cultura tibetana.

Paciência e perseverança são virtudes importantes que estrangeiros devem provar terem e, assim, no início, recebi pouquíssima atenção. Reuni-me aos monges na cozinha, que mais parecia com o laboratório medieval de um alquimista, onde bebi o chá de manteiga salgado e esperei. Quando a noite se aproximou, um monge, gesticulando em silêncio, mostrou-me um quarto pequeno onde eu poderia dormir. Durante os dias seguintes, fui deixado sozinho e passei o tempo perambulando pelas passagens mal-iluminadas do monastério, fazendo longas caminhadas pelo campo e apenas me reunindo com meus amigos da cozinha

---

42. Dárdico: um grupo de antigas línguas indo-europeias faladas no Himalaia Oriental, Karakorum e Hindu Kush. Os maiores usuários são Caxemira e Shina.

ao sentir as agruras da fome. Na manhã do quarto dia de minha estadia no monastério, um jovem monge apareceu em minha cela e por gestos pediu que o acompanhasse. Fui levado por corredores escuros e degraus íngremes para os andares superiores do monastério que eu ainda não tinha visitado. Por fim, chegamos ao telhado do formidável edifício do templo. Em um terraço amplo, ao abrigo de uma cumeeira saliente indo da porta ao aposento mais alto do complexo, uma assembleia de monges estava sentada em volta de uma mesa imponente. Um monge solene de meia-idade, sentado do lado mais distante da mesa, dirigiu-se a mim no inglês mais impecável. Era Nawang-Tsering, o secretário e intérprete do abade, que explicou que Sua Santidade, o Dungsey Rinpoche, tinha sabido de meu interesse e gostaria de falar comigo.

Enquanto esperava por minha audiência, soube por intermédio de Nawang-Tsering que o abade anterior de Hemis, que também era o dirigente da seita Duk pa Kagyu pa do Budismo Tibetano, havia desaparecido desde a invasão do Tibete pelas tropas chinesas comunistas. O abade, que na época estava cursando estudos superiores em seu Tibete nativo, recusou-se a sair de sua terra natal sem os seus pais, não querendo abandoná-los a um destino inseguro e, então, também não lhe foi permitido sair. Depois de um tempo, o governo comunista proibiu toda correspondência com ele, e as últimas notícias sobre Alto Lama eram de que estava preso em um campo de trabalhos forçados.

Depois de 15 anos, durante os quais não se tiveram notícias dele, o abade foi declarado morto e procurou-se um substituto na forma de um jovem reencarnado. Seis anos depois do tempo de morte presumido, os lamas iluminaram um menino de 2 anos de idade que vivia perto da cidade montanhosa de Dalhousie (Darjeeling), no noroeste da Índia, e foi devidamente consagrado como Drug pa Rinpoche, em 1975, com a idade de 12 anos. O mentor do garoto foi o velho Dungsey Rinpoche, e os anos entre sua descoberta e sua consagração foram passados em estudo e instrução intensivos.

Entre os monges, não pude deixar de notar um homem alto de mais ou menos 30 anos de idade que, era evidente, não tinha origem tibetana, pois suas feições eram as de um ocidental. O jovem era australiano, vivia no monastério há vários anos e falava tibetano fluentemente. Ele demonstrou algum interesse em minha pesquisa. Quando, por fim, fui convocado para a audiência, o australiano me acompanhou para servir de intérprete para o santo lama, que só falava tibetano. Nós entramos em um quarto de teto baixo magnificamente decorado, onde um venerável ancião estava sentado na posição de um Buda em um pequeno trono. À sua frente tinha uma xícara de chá de prata decorada sobre pequeno suporte. Depois de reverenciá-lo com as mãos juntas, foi-me permitido sentar diante dele, sobre o tapete. Meu olhar encontrou dois olhos alertas e faiscantes, que irradiavam bondade e sabedoria em um rosto sorridente, com rugas esculturais e uma fina barba branca. Mostrei-lhe minha carta de apresentação e tentei transmitir-lhe quão importantes esses textos poderiam ser para toda a cristandade.

Com um sorriso de compreensão, o sábio lama instruiu-me a primeiro encontrar a verdade por mim mesmo antes de tentar converter o mundo inteiro. O australiano traduziu apenas uma parte do que o lama me disse. Enfim, o ancião informou-me de que as escrituras em questão já tinham sido procuradas, mas que nada pôde ser encontrado.

Essa notícia atingiu-me como um raio repentino e, um pouco chocado e desapontado, fui embora. As palavras do lama podiam significar que o monastério manteria seu segredo precioso por muitos anos ainda. Porém, mais tarde, consegui descobrir que um velho diário datado do século XIX era guardado na Missão da Igreja Moraviana, em Leh, onde o missionário e erudito tibetano dr. Karl Marx mencionara a estadia de Notovitch no monastério em Hemis.

Na minha volta para Leh, procurei de imediato a Missão Moraviana, fundada pela ordem alemã dos irmãos leigos, em 1885.

Missionários cristãos zelosos tinham chegado ao Tibete bem antes disso. Padres capuchinhos visitaram Lhasa em diversas ocasiões, já no século XIV, na esperança de converterem os tibetanos à fé cristã – um esforço que não foi abençoado com sucesso.

Quando os missionários cristãos contaram aos tibetanos que Cristo havia se sacrificado na cruz para a redenção da humanidade e que, por fim, ele voltou a viver, os tibetanos aceitaram toda a história como algo que já soubessem e exclamaram com entusiasmo: "Foi ele!" Os budistas piedosos estavam completamente convencidos de que Cristo era uma encarnação de Padmasambhava. Os missionários chegaram à conclusão de que era melhor pararem de tentar converter a população, não por se depararem com muita resistência, mas, pelo contrário, porque seus ensinamentos eram interpretados como uma confirmação daqueles que haviam sido proclamados por Sakyamuni, Padmasambhava e outros santos budistas.[43] Hoje existem menos de 200 cristãos em toda a população de Ladakh.

Padre Razu, o diretor da Missão Cristã, um tibetano de nascimento, recebeu-me cordialmente e, servindo-me chá e doces frescos, contou-me a história da Missão. Porém, ele não pôde me mostrar o precioso diário, a verdadeira razão de minha visita, porque este tinha desaparecido misteriosamente três ou quatro anos antes.

Uma delegação da Igreja Moraviana de Zuri que tinha se hospedado em Leh na época, e o neto do renomado dr. Francke, o sócio de dr. Marx, também passara um tempo na casa. O padre cordato não tinha explicação para o sumiço do livro, mas lembrou-se de que certo professor Hassnain, de Srinagar, tinha tirado algumas fotografias de páginas relevantes muitos anos antes. Hassnain era o professor que fornecera ao repórter da revista *Stern* as informações para a reportagem publicada em 1973.

Depois de outras tentativas de localizar o diário perdido na biblioteca municipal e na biblioteca do vilarejo vizinho de Chaglamsar para refugiados tibetanos, resolvi encerrar minha estadia na "paisagem lunar" de Ladakh e viajar de volta para o idílico "Vale Feliz" da Caxemira. Perto da vila de Mulbek há uma escultura em baixo-relevo de Maitreya, o Salvador dos budistas, cuja vinda futura foi prometida por Sakyamuni, esculpida em uma parede rochosa vertical, com 12 metros de altura. O nome *Maitreya* corresponde ao nome aramaico *meshia* – o Messias que os judeus continuam esperando como seu Salvador.

---

43. Anagarika Govinda, *The Way of the White Clouds*.

O Buda Maitreya (o que virá) em Mulbek, onde a Caxemira islâmica encontra a budista Ladakh.

Às vezes a Caxemira é chamada de Suíça da Índia por causa dos seus vales férteis e de seus lagos grandes e tranquilos e rios claros; é cercada por montanhas com bosques verdes e está situada no sopé do "teto do mundo". Esse paraíso atraiu pessoas das regiões mais distantes desde os tempos antigos e, especialmente, durante a Idade de Ouro da Caxemira, quando peregrinos do mundo todo vieram para os vales verdes para estudar os ensinamentos de Gautama Buda aos pés dos renomados eruditos da Caxemira, considerada o centro do Budismo Mahayana, a sede de uma escola de valores espirituais e iniciativas culturais bastante nobres. A conversão da região ao Islamismo deixou apenas alguns fragmentos dos grandes monastérios, templos e ensinamentos dos ascetas do passado.

Apesar de sua localização idílica, Srinagar é uma cidade barulhenta e turbulenta, fervilhando com sua atividade comercial. A cidade estende-se entre e sobre vários lagos, à margem esquerda do grande Lago Dal.

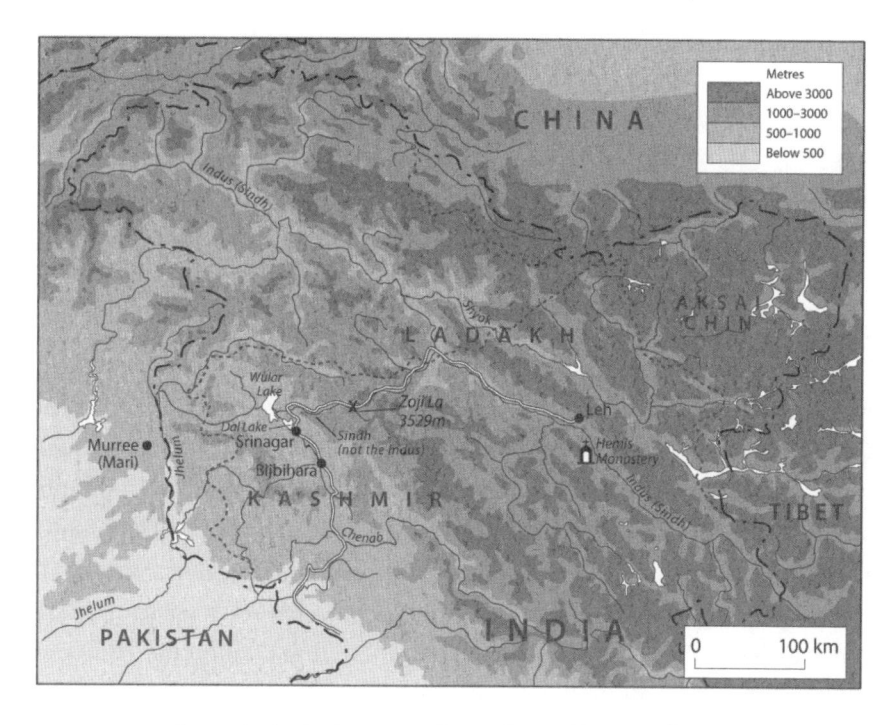

A província de Jammu e Caxemira no Norte da Índia.

A vista do Trono de Salomão em Srinagar, mostrando as casas fluviais e os "jardins flutuantes" ao longo das margens do Lago Dal.

Ela também é entrecortada por vários cursos d'água que deram à Srinagar a atmosfera de Veneza do Oriente. Uma proporção considerável da população vive em casas fluviais atracadas em grande número nos canais da cidade velha ou às margens dos lagos e ao lado dos "jardins flutuantes". As casas fluviais variam muito em *design* e construção, desde simples *dongas* até palácios flutuantes luxuosos artisticamente talhados, que possuem todos os tipos de conforto e conveniência concebíveis – dependendo, é claro, da riqueza dos donos.

A pouca distância da cidade, em um pequeno lago, encontrei um lugar para ficar em um barco pequeno, mas limpo, que serviria como casa durante o restante da estação. Com esse barco era possível ir a qualquer ponto da cidade em pequenos táxis flutuantes cobertos chamados *shikaras*. Uma grande frotilha de barcos operados por comerciantes transportava e entregava o que fosse necessário para viver. Havia até um pequeno correio flutuante que percorria seu roteiro diário. Não é preciso dizer que era muito agradável estar nesse ambiente idílico, e muitos europeus e americanos sentiam-se atraídos a passar até períodos mais longos nessas casas flutuantes, talvez enquanto aprendessem o sânscrito ou só para aproveitar a sensação do lugar – pelo menos até a eclosão dos conflitos em 1989.

Do meu barco, podia chegar à moderna Universidade da Caxemira a pé, em dez minutos, passava um bom tempo lá, pois era onde o professor Hassnain ensinava. Ele era o homem que eu queria contatar em Srinagar e sobre quem eu ouvira tanto falar.

O professor Hassnain é um erudito internacional famoso, autor de vários livros, um professor visitante no Japão e nos Estados Unidos, diretor do Centro de Pesquisas de Caxemira para Estudos Budistas e membro da Conferência Internacional para a Pesquisa Antropológica, em Chicago. Além disso, até aposentar-se em 1985, foi diretor executivo de todos os museus, coleções e arquivos na Caxemira, trabalhando de seu escritório no Ministério da Cultura.

Quando lhe contei sobre as minhas esperanças e planos, ele começou com grande entusiasmo a contar-me sobre sua própria pesquisa, transferindo para o dia seguinte todos os seus compromissos. Depois de várias horas de conversa animada, ele fechou seu escritório e me convidou para visitá-lo em sua casa. Apesar de sua posição importante, o professor continua sendo um homem modesto, amistoso e agradável.

O autor com o professor Hassnain em seu jardim, em Srinagar, a capital da Caxemira.

No decorrer de nossos encontros, descobri em seguida tudo o que ele mobilizara nos últimos 25 anos para descobrir sobre a estadia de Jesus na Índia. Contudo, todas as suas evidências – fatos, implicações, associações, conexões aparentes – nada mais faziam do que contribuir para uma hipótese duvidosa ou até absurda, a menos que também fosse analisada à luz da mais atualizada pesquisa sobre a vida de Jesus. As descobertas do professor Hassnain devem ser antes colocadas sobre uma base científica sólida, com as verdadeiras origens e evidências dos ensinamentos de Jesus revelados. É só então que será possível tratar das três questões mais significativas:

- Jesus poderia realmente ter viajado para a Índia em sua juventude?
- Jesus poderia ter sobrevivido à crucifixão (não tão rápido depois de sua ascensão ao "paraíso")?
- Ele poderia realmente ter voltado à Índia para morrer e ser enterrado, em uma idade avançada, em Srinagar?

Sem essa investigação preliminar, qualquer pessoa educada na tradição cristã pode ser perdoada por desconsiderar a história da vida de Jesus na Índia com um sorriso de piedade. De fato, é difícil nadar contra a correnteza de quase 2 mil anos de ensinamentos convencionais e profundamente enraizados. De qualquer forma, só porque uma história foi contada durante 2 mil anos não significa que seja verdade.

Moisés e os Filhos de Deus

As origens dos hebreus

A pesquisa moderna segue a premissa de que Abraão, o patriarca dos hebreus, era, de fato, uma pessoa histórica e nasceu no século XVIII a.C. De acordo com o Velho Testamento, Javé ordenou-lhe: "Abandona teu país, tua família e a casa de teu pai e vai para a terra que eu te mostrarei" (Gênesis, 12:1). Porém, onde ficava a casa original dos ancestrais de Abraão?

Gênesis 29 diz como o neto de Abraão, Jacó, viajou para o estabelecimento de Labão, seu tio materno, na terra dos "filhos do Oriente". Mais marcadamente ainda, no livro de Josué, consta que os patriarcas do povo de Israel originalmente tinham vindo do Oriente:

> Então o Senhor, Deus de Israel, disse: Vossos ancestrais moraram do outro lado do dilúvio nos tempos antigos, até Taré, o pai de Abraão e de Nacor, e eles serviam a outros deuses. Pegai vosso pai Abraão do outro lado do dilúvio e o conduzi por toda a terra de Canaã e multiplicai sua descendência e dai-lhe Isaac.
>
> (Josué, 24: 2-3).

Várias passagens no Gênesis indicam que a primeira casa de Abraão ficava na região de Haran. De acordo com Gênesis 12:4, foi quando Abraão vivia em Haran que Deus lhe ordenou a partir de sua terra natal. Mais tarde,

Abraão enviou seu servo mais velho a Haran, "ao meu país, à minha parentela", para encontrar uma esposa para seu filho Isaac (Gênesis, 24:-4). Em geral, assume-se que Haran se localizava nas terras baixas da Mesopotâmia, atualmente chamada Harran ou Eski-Charran (em turco moderno).

Um selo de Haran.

Contudo, há uma pequena cidade ao Norte da Índia chamada Haran, a poucos quilômetros ao Norte de Srinagar (a capital da Caxemira), onde os restos de antigas muralhas foram escavados e datados por arqueólogos como pertencentes a um período bem anterior à Era Cristã. Embora não seja mais possível reconstruir detalhadamente as perambulações das tribos nômades hebraicas, existe alguma evidência sugerindo que, por volta de 1730 a.C., elas começaram a se dirigir para o Egito, sob a liderança de Jacó.

O sacerdote e historiador egípcio Manetão relatou: "Pessoas de cultura camponesa surgiram sem que se esperasse do Oriente, entraram ousadamente em nosso país e o tomaram pela força, sem encontrarem grande resistência". Murais em câmaras funerárias egípcias retratam claramente esses conquistadores tendo pele clara e cabelos escuros.

As escavações em Haran, a 12 quilômetros ao norte de Srinagar.

Afrescos em uma tumba egípcia. Acima: um oficial egípcio recebe nômades semitas. As pessoas das tribos semitas são distinguíveis por sua pele mais clara e um perfil diferente. José foi ao Egito com um grupo semelhante.

O discurso feito por Stephen em sua própria defesa, conforme é citado em Atos dos Apóstolos, fornece um breve relato de como Abraão, o patriarca dos judeus, foi obrigado a ir para a terra que o Deus de Glória quis lhe mostrar. Ele saiu da "terra dos caldeus" e foi viver em Charran (Atos 7:4), viajando via Mesopotâmia. Não é inconcebível que as famílias nômades lideradas por Abraão nomeassem o local a Noroeste da Mesopotâmia, onde elas acamparam temporariamente, com o nome de sua própria terra natal.

De Haran, o grupo, por fim, avançou para Canaã, onde Abraão teve seu filho Isaac que, por sua vez, teve os filhos Jacó e Esaú. Jacó teve 12 filhos que viriam a se tornar os patriarcas das tribos judaicas. José, o segundo mais jovem dos 12 filhos de Jacó, foi vendido, por seus irmãos ciumentos, como escravo no Egito, onde os hicsos nessa época estavam no poder. No Egito, José ascendeu a uma posição de grande poder como segundo em comando para o próprio faraó. Logo depois, quando Canaã foi afligida pela fome, os 11 irmãos de José ouviram dizer que "no Egito, havia grãos", e para lá se dirigiram. José revelou-se a seus irmãos e fez com que seu pai Jacó e o clã inteiro se reunissem a ele no Egito, onde primeiro eles se fixaram na província de Goshen – um assentamento semita que datava dessa época, localizado na parte noroeste do delta do Nilo. Isso foi completamente documentado. Os judeus logo passaram a povoar toda a terra, ganhando riquezas, influência e poder.

A denominação "hebreu" foi, assim, originalmente, aplicada não para um grupo nacional ou étnico, mas para qualquer pessoa sem local fixo e com poucos direitos, cujo destino era servir aos egípcios como mão de obra barata e, mais tarde, até como mão de obra barata forçada, como é evidente em fontes datadas dos séculos XIV ao XIII a.C. O relato detalhado dado em Êxodo 1:11 – em que os ancestrais dos israelitas são recrutados para a construção das cidades de Pitom e de Ramsés – sugeriria com veemência que foi Ramsés II (1290-1224 a.C.) o faraó opressor responsável pelas obras. Foi nessa época, ou pouco depois, que algumas das tribos semitas saíram do Egito sob o comando de Moisés, em busca da terra de seus pais, a terra do leite e mel que havia sido prometida por Javé.

Quem foi Moisés?

O nome do homem que promulgou as leis sociais e religiosas na antiga Índia foi Manu.

O legislador dos egípcios era chamado de Manes.

O cretense que codificou as leis dos gregos antigos – leis que aprendera no Egito – era chamado de Minos.

O líder das tribos hebraicas e o promulgador dos Dez Mandamentos era chamado Moisés.

Manu, Manes, Minos e Moisés, os principais contribuintes para a humanidade do mundo, pertenciam ao mesmo padrão arquetípico. Todos os quatro estiveram no berço de importantes civilizações do mundo antigo, definiram leis e instituíram uma sociedade teocrática sacerdotal.

Em sânscrito, *Manu* significa um homem de excelência, um legislador. Quando uma civilização começa a se desenvolver, sempre existem determinadas pessoas que são chamadas para a grandeza. Elas são amadas pelo povo e extremamente eficientes em tudo o que fazem. Em vez de usarem a mera força das armas, que serviu como a mais alta lei para os povos primitivos, o poder desses líderes culturais e espirituais é extraído do supremo Ser único, ou Deus. Esses homens são dotados de uma aura de mistério, e suas origens humanas tornam-se transfiguradas. Eles são considerados profetas ou mensageiros de Deus, pois podem sozinhos esclarecer por que e como as coisas aconteceram no passado pré-histórico. Em suas mãos habilidosas todo fenômeno físico é transformado para tornar-se uma manifestação do poder divino, que eles podem convocar ou suprimir à vontade. Conjuradores ("magos"), tanto em Israel quanto na Índia, por exemplo, com certeza sabiam como colocar uma cobra em um transe catatônico para depois exibi-la reta como um bastão ou cajado antes de transformá-la de novo para sua condição original – uma façanha ainda hoje realizada por faquires indianos.

E, ainda assim, sempre existe certa ambivalência no papel desses líderes espirituais. Adeptos literais dos versos de Manu juntaram-se aos brâmanes (a casta mais influente, os sacerdotes) para derrubar a estrutura social dos *Vedas*, o que levou, por fim, ao endurecimento da sociedade em um sistema de casta rígido, engessado, em uma estrutura sufocante de leis e tabus. Moisés teve de desempenhar um papel despótico semelhante em relação ao povo de Israel, os "filhos de Deus".

A etimologia do nome Moisés é um assunto de debate. Em egípcio, *mos* significa simplesmente "criança" (ou literalmente "nasceu", como em Thoth-moses, "Thoth Nasceu"). De acordo com a derivação bíblica, com base em elementos hebraicos, o nome deriva de *mo,* "água", *usar,* "salvar", em referência à lenda do Moisés bebê sendo encontrado flutuando em uma cesta de vime (Êxodo 2:10).

Não é possível formar uma imagem consistente da pessoa histórica de Moisés, pois a tradição deixou várias questões sem resposta. A pesquisa histórica feita no Velho Testamento mostrou que Moisés, evidentemente, não foi o autor dos cinco livros a ele atribuídos. De fato, o Pentateuco, na forma como o temos hoje, foi compilado a partir de séculos de tradição escrita e oral. A falta de uniformidade do vocabulário em geral, as contradições e as repetições, bem como as diferenças nos princípios teológicos básicos, constituem uma evidência consistente de que foi usada uma variedade de fontes.

Porém, mesmo com muita coisa tendo sido obscurecida pela passagem de milênios, pelo menos ficou estabelecido que Moisés foi genuinamente um personagem histórico. Podemos assumir que ele cresceu na corte real, foi educado pelos sacerdotes e atingiu um nível elevado de educação a ponto de tornar-se influente como administrador em todos os departamentos de Estado. Moisés fez uso de uma mistura peculiar de doutrina pura e de práticas mágicas curiosas, uma mistura aparentemente infundida por vários encantamentos védicos, bem como elementos de rituais religiosos egípcios. Afinal, sua intenção era proclamar a existência do Deus Único, o Deus de Israel, ao lado de quem nenhum outro deus devia ser cultuado. E ele foi obrigado a recorrer a "maravilhas" para dar consistência à vontade de Deus – já que ela coincidia com sua própria vontade. A posição oficial da Igreja foi a de rejeitar as mitologias grega e romana como as raízes religiosas da crença cristã, mas os relatos de Moisés foram aceitos *in toto,* por mais difícil que seja aceitar um Deus vingador descrito como "fogo devorador" sendo o mesmo Deus do Novo Testamento.

Quem se opôs à busca de poder por Moisés foi destruído. O fogo foi o método usado para essa eliminação e utilizado com muita frequência para demonstrar poder – parece que Moisés ilustrou seu ponto de vista de uma forma incendiária com recorrência. É evidente que ele tinha uma variedade de truques mágicos à sua disposição. Depois de seu surgimento diante dos homens sábios e magos do Egito (Êxodo 7:8-13), Moisés veio a ser considerado um grande mago até entre os antigos gregos.

No início da Era Cristã, escritos apócrifos de conteúdo de magia foram compostos para complementar o Pentateuco, associando-os como se tivessem sido autorizados por Moisés. Edições do "6º e 7º Livros de Moisés", publicadas há pouco tempo, voltaram à tradição egípcia, oferecendo uma mistura de feitiços, sortilégios, encantamentos mágicos e textos contendo doutrinas esotéricas de várias origens.

Moisés irradiando feixes de luz (que são os chifres em sua cabeça), assim como dizem que acontecia com Baco. Escultura de Michelangelo.

Em seu livro *The Biblical Moses*,[44] publicado em 1928, Jens Juergens mostrou que os sacerdotes egípcios eram capazes de fazer pólvora e usá-la em fogos de artifício ou para sinalizadores primitivos, há mais de 6 mil anos. A pesquisa empreendida pelo arqueólogo inglês, professor Flinders Petrie,[45] também provou que Moisés exercia autoridade não só sobre os templos egípcios, mas também sobre todas as minas reais da região do Sinai – inclusive, portanto, sobre as minas de enxofre de Gnefru, que haviam estado em escavação desde o quinto milênio a.C. Portanto, Moisés sabia sobre a produção de pólvora por meio de seu treinamento como sacerdote e a composição (enxofre, salitre e carvão) era tecnicamente simples o suficiente. Quando seus seguidores se recusavam a obedecer às suas ordens (e ele tinha costume de pregar muito, "desde a manhã até à noite" [Êxodo 18:14]), ele convocava o "fogo devorador" que garantia a satisfação de sua vontade.[46]

Como o representante de seu Deus de fogo, Moisés podia dar ordens para qualquer coisa que ele quisesse, e, se alguém se mostrasse relutante em atender, algumas vezes com contribuições pesadas exigidas por ele, uma demonstração adequada de seu poder era suficiente para restaurar a paz – tal como ocorreu no Monte Sinai (Êxodo 19:1-25). Quando Korah e seu clã se rebelaram contra Moisés, 250 homens foram "consumidos pelo fogo" (Números 16:1:35) e, logo depois, não menos que outros mil pereceram nas chamas quando eles também se revoltaram contra Moisés. Em outra ocasião, dois dos filhos de Aarão estavam fazendo experiências no tabernáculo "com um fogo estranho diante do Senhor, que ele havia ordenado para não fazerem" e acabaram morrendo queimados (Levítico 10:1-7). Parece que até Moisés pode ter sofrido queimaduras tão graves em uma explosão que foi obrigado a enfaixar a cabeça (Êxodo 34:29-35).

Moisés ainda é considerado o grande legislador, mas os Dez Mandamentos, de fato, representam nada mais do que um resumo codificado de leis que estiveram em vigor entre os povos do Oriente Próximo e da Índia muito antes da época de Moisés. Os mesmos preceitos são até

---

44. J. Juergens, *Der biblische Moses*, Munique, 1928.
45. Prof. Flinders Petrie, *Researches in Sinai*, 1906.
46. Cf. Êxodo, 19:11, 24:17, 33:9; Deuteronômio, 4:11, 4:24, 4:33, 4:36, 5:4, 5:5, 5:23, 9:3, 32:22.

encontrados entre as famosas leis promulgadas pelo rei amorita Hammurabi da Babilônia (1728-1686 a.C.), 500 anos antes. É provável que todas essas leis tenham se baseado nos ensinamentos de milênios antes contidos no *Rig Veda* indiano.

Tampouco Moisés foi o fundador do Monoteísmo. A ideia de um Deus todo-poderoso, único e indivisível, o Criador do Universo, um Pai de amor e de bondade, compaixão, sensibilidade e de confiança, já estava em evidência nos *Vedas* e na tradição que se tornou a *Edda* nórdica. Zoroastro, fundador do Zoroastrismo, também proclamou expressamente seu Deus como sendo o Um e Único.

No Papiro de Prisse (datado de cerca de mil anos antes de Moisés), Deus diz sobre Si Mesmo: "Eu sou o Invisível que criou os céus e todas as coisas. Sou o Deus supremo, manifestado por Mim Mesmo, e sem equivalente. Eu sou o ontem e conheço o amanhã. Para todas as criaturas e seres que existem, Eu sou a Lei".

Esse Deus Único e sem igual foi mencionado no Egito como o Deus "Sem Nome", "Aquele cujo nome não pode ser falado", muito antes de Moisés: *Nuk pu Nuk,* "Eu sou quem Eu Sou". (Compare isso com o relato em Êxodo, 3:14, em que Deus declara: "Eu sou o que Eu sou".)

Não pode mais haver qualquer dúvida de que Moisés realmente existiu. No entanto, seus "milagres", em sua maioria, baseiam-se em tradições bem mais antigas – por exemplo, sobre a lenda do antigo deus Baco (originalmente árabe) que foi resgatado da água, como Moisés, que cruzou o Mar Vermelho a pé, inscreveu leis em placas de pedra, cujos exércitos eram conduzidos por colunas de fogo e de cuja fronte irradiava raios de luz.

O épico indiana chamado *Ramayana* conta a história do herói Rama, que liderou seu povo em uma viagem pelo coração da Ásia para, por fim, chegar à Índia, há mais de 5 mil anos. Rama também foi um grande legislador e um herói de poderes extraordinários. Ele fez com que fontes jorrassem água nos desertos pelos quais ele conduziu seu povo (conf. Êxodo 17:6), alimentou-o com maná (conf. Êxodo, 16:3-35) e eliminou uma praga virulenta com a bebida sagrada chamada *soma,* a indiana "água da vida". Finalmente, ele conquistou a "Terra Prometida", Sri Lanka, depois de invocar o fogo para cair sobre seu rei. Para chegar ao Sri Lanka, ele cruzou o mar por uma ponte de terra, aparentemente uma faixa de terra exposta pela maré baixa em um lugar ainda conhecido como a Ponte de Rama. Tal como Moisés, Rama também é retratado com raios de luz emanando de sua cabeça (as chamas do Iluminado).

Zoroastro, como Moisés, também possuía um fogo sagrado que ele usou de várias formas. De acordo com os autores gregos Eudoxo, Aristóteles e Hermódoro de Siracusa, Zoroastro (isto é, Zaratustra) viveu 5 mil anos antes de Moisés e, como ele, era de sangue real, foi tirado de sua mãe e deixado exposto na natureza selvagem. Ao completar 30 anos, ele se tornou o profeta de uma nova religião. Anunciado com o troar de trovões, Deus apareceu para ele, com um manto de luz, sentado em um trono de fogo na montanha sagrada de Albordj, envolto em chamas. Lá, Deus lhe confiou sua Lei Sagrada. Por fim, Zoroastro também perambulou com seus seguidores para uma "terra prometida" e chegou às praias de um mar onde, com a ajuda de Deus, as águas se separaram para que seu povo escolhido pudesse cruzar o mar a pé.

Talvez o episódio mais familiar da história judaica comece com a emigração das tribos de Israel do Egito lideradas por Moisés, em busca de outra terra onde pudessem se assentar como uma nova nação independente. A terra de Goshen, na qual os israelitas viveram anteriormente, ainda não foi localizada, sem sombra de dúvida, mas deve ter sido em algum lugar na parte oriental do delta do Nilo. Passagens da Bíblia mencionam uma mudança de faraós na época, o que coincidiria com a expulsão dos hicsos no início da 18ª Dinastia, sob Amasis I.

A rota direta do Mar Vermelho (Mar de Juncos) para a Palestina era viajando pelo noroeste, mas os filisteus estavam bloqueando o caminho por essa rota. Por que então Moisés não tomou o caminho via Berseba – o lugar onde Jacó havia montado um santuário, e rico em outras tradições patriarcais – permanece um completo mistério. De qualquer forma, ele levou todos para o sul. Depois do terceiro mês do Êxodo, o povo havia chegado ao maciço do Sinai. É provável ter sido na montanha, agora conhecida como Jebel Musa ("montanha de Moisés"), que a impressionante demonstração do Deus de fogo, Javé, teve lugar. De acordo com a tradição bíblica, os israelitas permaneceram lá durante oito meses antes de tentarem se movimentar em direção à Terra Prometida.

Entretanto, sua primeira tentativa fracassou e o povo de Israel teve de vaguear pelo deserto pelos 40 anos seguintes, pelo menos é o que afirma a Bíblia (40 era um número místico que representava "um grande número").

Chegando ao vale do Rio Jordão, Moisés sentiu que ele não ficaria por muito mais tempo neste mundo (Deuteronômio, 31:2). Percebendo que não lhe seria dado ver seu povo completar sua longa viagem, ele reiterou as leis que deveriam ser consideradas sagradas na Terra Prometida, deu-lhes as suas instruções finais, nomeou as pessoas para as suas funções definidas assim que eles cruzassem o Rio Jordão, fez um discurso de despedida e, por fim, escalou o Monte Nebo para ver "a terra do leite e do mel" antes de morrer. Foi lá que ele encontrou seu fim (Deuteronômio, 34:5) – mas o lugar de seu sepultamento continua sendo um mistério, pois "... nenhum homem conheceu sua sepultura até hoje". É ainda mais surpreendente o fato de o túmulo de Moisés não ter sido encontrado, pois a Bíblia apresenta uma descrição muito detalhada do local, completada até com o nome de lugares:

> Moisés foi das planícies de Moab para a montanha de Nebo, para o cume de Pisgah, tendo de um lado, Jericó... e do outro Beth-peor...
> (Deuteronômio, 34:1,6)

Parece igualmente improvável que o povo de Israel não tivesse escolhido como local de sepultamento um lugar digno de seu grande salvador e líder: alguns vestígios fragmentários deveriam ser visíveis ainda em algum lugar. De fato, alguns restos mortais existem – mas não na Palestina. Eles estão ao Norte da Índia.

O túmulo de Moisés na Caxemira

A Bíblia menciona cinco pontos de referência para o local de enterro de Moisés (Deuteronômio, 34:1-7): as Planícies de Moab, o Monte Nebo (nas montanhas Abarim, o pico do (Monte) Pisgah, Beth-peor e Heshbon. A Terra Prometida, além do Rio Jordão, foi expressamente reservada para os Filhos de Israel e não para todos os hebreus (Números, 27:12). Se fosse possível encontrar os lugares mencionados nos textos, o local verdadeiro da Terra Prometida também deveria tornar-se claro.

O sentido literal de *Beth-peor* é "um lugar que se abre", podendo referir-se a um vale que se abre em uma planície. O Rio Jhelum, no norte da Caxemira, é chamado *ehat* em farsi (persa), e a pequena cidade de Bandipur, no ponto onde o vale do Jhelum se abre para a ampla planície do Lago Wular, costumava ser chamada de *Behat-poor*. *Beth-peor*, então, pareceria ter se tornado primeiro *Behat-poor* e, mais tarde, Bandipur, no distrito de Sopore, a 70 quilômetros ao norte de Srinagar, a capital da Caxemira.

A cerca de 20 quilômetros, a nordeste de Bandipur, fica o vilarejo de Hasba ou Hasbal. Esse é o bíblico Heshbon (Deuteronômio, 4:46), mencionado em conexão com Beth-peor e Pisgah. Nas encostas do Pisgah (agora Pishnag), ao norte de Bandipur, a apenas 1,5 quilômetro a nordeste da vila de Aham-Sharif, uma fonte natural fornece água com propriedades curativas.

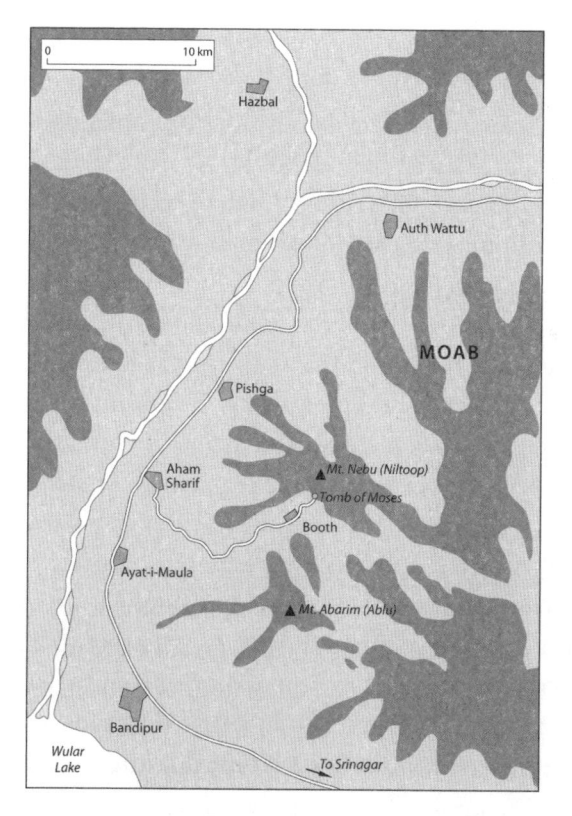

Esboço de mapa mostrando a área ao redor do "Túmulo de Moisés": Monte Nebo (Nebu), o pico do Monte Pisgah, as montanhas Abarim (Ablu/Abul), Beth-peor (Bandipur), Heshbon (Hazbal) e as Planícies de Moab.

O vale e as planícies de Mowu correspondem às Planícies de Moab, pastoreio alpino ideal a cerca de cinco quilômetros a nordeste do Monte Nebo. Esse monte é uma montanha solitária na cadeia de montanhas Abarim e é sempre mencionado em conexão com Beth-peor.[47] O Monte Nebo, também chamado de Baal Nebu ou Niltoop, oferece uma esplêndida visão de Bandipur e de todas as terras do planalto da Caxemira.

> *E o Senhor lhe disse: Esta é a terra que prometi a Abraão, a Isaac e a Jacó, dizendo, Eu a entregarei à tua semente. Eu fiz com que tu a visses com teus próprios olhos. Mas tu não chegarás a estar nela.*
> *Portanto Moisés, o servo do Senhor, morreu ali, na terra de Moab, conforme a palavra do Senhor.*
> *E ele o enterrou em um vale na terra de Moab, acima e oposta a Bethpeor: mas nenhum homem conhece o local de seu sepulcro até hoje.*
> (Deuteronômio, 34:4-6)

Todas as cinco referências indicadas na Bíblia podem ser encontradas em uma localização bem definida.

É possível ir até o vilarejo de Aham-Sharif – a cerca de 12 quilômetros de Bandipur – de carro. Dali para a frente, caminhar é a única forma de chegar ao pequeno vilarejo de Buth, aos pés do Monte Nebo, subindo para o oeste por uma hora, ao longo de uma trilha quase desaparecida. O formato da montanha e sua vegetação exuberante lembram muito a vegetação das colinas da Europa. O caminho cruza vários campos antes de, enfim, chegar à pequena aldeia de Buth, diretamente embaixo do Monte Nebo. O *wali rishi* é o guardião oficial do túmulo. Ele acompanha os visitantes para uma área acima do vilarejo que lembra um jardim sem cerca e que tem um pequeno santuário em formato de cabine. Essa choupana modesta serve de túmulo a um santo islâmico, Sang Bibi, uma mulher reclusa e dois de seus seguidores. Ao lado, à sombra da pequena construção de madeira, encontra-se uma coluna de pedra sem atrativos de um metro de altura do chão, quase completamente recoberta de grama. Essa é a lápide do túmulo de Moisés.

---

47. Dummelow, *Commentary on the Holy Bible*, p. 115.

O *wali rishi* explica que os *rishis* estiveram cuidando do túmulo com reverência por mais de 2.700 anos. Tudo se encaixa na tradição: o túmulo fica perto das Planícies de Moab, perto do Pico de Pisgah, na montanha de Nebo, do outro lado de Beth-peor, e o local domina a visão esplêndida de uma "terra de leite e mel" fresca e florescente, para sempre verde, um verdadeiro paraíso.

A lápide de Moisés. Seu guardião, o *wali rishi*, agachado ao seu lado, afirma ser de origem judaica.

Na mesma vizinhança, como em outras partes da Caxemira, existem bem poucos lugares com nomes bíblicos, além de um ou dois locais com o nome de Muqam-i-Musa, "o lugar de Moisés". A norte de Pisgah fica o vilarejo de Heshbon (Deuteronômio, 4:44-49), hoje chamado Hasbal. E em Bijbihara, ao sul de Srinagar, um local à margem do rio ainda é indicado como "lugar de banho de Moisés", onde há uma pedra mágica, chamada Ka-Ka-Bal ou Sang-i-Musa ("Pedra de Moisés").

De acordo com a lenda, a pedra – cerca de 70 quilos de peso – supostamente se ergue no ar e permanece suspensa a cerca de um metro do chão se 11 pessoas a tocarem com um dedo enquanto cantam o encanto mágico "Ka-Ka, Ka-Ka". O número 11 representa as tribos de Israel.

Outro lugar nomeado em referência a Moisés fica perto de Auth Wattu ("Oito Caminhos"), no distrito de Handwara. As rochas na confluência dos rios Jhelum e Sind (esse não é o Indo), perto de Shadipur, a norte de Srinagar, são chamadas Kohna-i-Musa, "Pedra Angular de Moisés". Acredita-se que Moisés tenha se recostado nessas pedras. Também dizem que ele descansou em Ayat-i-Maula (ou Aitmul, "Sinal de Deus"), a três quilômetros ao norte de Bandipur.

A planície onde ela se amplia, fora da cidade de Bandipur (anterior Behatpoor e Beth-peor), com seu pantanoso Lago Wular.

O "Local do Banho de Moisés" em Bijbihara (46 quilômetros ao sul de Srinagar), e um leão de pedra que dizem ter 5 mil anos de idade.

A "Pedra de Moisés" ou Ka-Ka-Bal, com a qual dizem que Moisés demonstrou suas habilidades mágicas.

Da Conquista ao Exílio

Após a morte de Moisés, as 12 tribos de Israel assumiram gradativamente o controle de Canaã, sob a liderança de Josué, dividindo o território entre si e criando lotes, no século XIII a.C. Todo o processo de receber a posse da terra e de adequá-la totalmente para seus próprios usos levou cerca de 150 anos.

O rio menor, o Sindh, e o vale inundado da Caxemira ao fundo.

Na canção de Débora (Juízes, 5:8), a população é estimada em 40 mil pessoas, governada por chefes e líderes rígidos – os "Juízes" – de acordo com as leis de Moisés. Porém, até o poder dos Juízes não era suficiente no longo prazo para transformar nômades voláteis em um povo unido. Os israelitas precisavam de um rei para governá-los com mão firme, e Samuel, o último dos Juízes, finalmente, ungiu Saul, rei de Israel, no fim do século XI a.C. Foi só no reino do rei Davi (por volta de meados do século X a.C.) que Israel, enfim, tornou-se uma nação única e unida. E a capital da nação era Jerusalém, onde o famoso Templo foi construído durante o reinado do filho de Davi, Salomão.

Salomão é mundialmente famoso por sua sabedoria. Mas os textos bíblicos a ele atribuídos com certeza foram escritos bem depois de sua época; quem foram os professores que transmitiram sua sabedoria a ele não está registrado em lugar nenhum.

Em seu livro de história natural da região de Travancore, ao sul da Índia (hoje o estado de Kerala), dr. Mateer escreveu:

> Há um fato curioso ligado ao nome desse pássaro que proporciona algum esclarecimento a respeito da história das escrituras. O rei Salomão enviou sua marinha para Tarshish (1 Reis, 10:22) de onde voltou depois de três anos trazendo "ouro e prata, marfim, macacos e pavões". Ora, a palavra usada na Bíblia Hebraica para pavão é *tukki* e, como os israelitas, naturalmente, não possuíam um nome para esses pássaros especiais até eles serem importados, pela primeira vez, para a Judeia pelo rei Salomão, não há dúvida de que *tukki* seja simplesmente a antiga palavra tamil *tokei,* o nome para pavão... Também o nome para símio ou macaco em hebraico é *koph*, a palavra indiana para o mesmo é *kapi*. Marfim... é abundante no sul da Índia, e ouro é amplamente distribuído nos rios da costa ocidental. Portanto o "Tarshish" indicado sem dúvida era a costa ocidental da Índia, e os navios de Salomão foram os primeiros "Homens do Leste da Índia".[48]

A essas informações, com grato reconhecimento, pode-se acrescentar o fato de que, além de "ouro e prata, macacos e pavões", o rei Salomão e seu amigo, o rei Hiram (esse de conotações maçônicas), trouxeram outra coisa mais para casa da Índia: sua "magia" e sua "sabedoria". Outros historiadores, inclusive o famoso especialista em Índia, Max Müller,[49] também detectam o nome hebraico para pavão e macaco tendo origem indiana.

De acordo com o Primeiro Livro dos Reis (9:13), Salomão presenteou Hiram, o rei de Tiro, com 20 cidades, entre elas um lugar chamado Kabul (Cabul). Mas Cabul é o nome da capital do Afeganistão, antigamente parte da Índia.

---

48. Dr. Mateer, *The Land of Charity*, citado em H. P. Blavatsky, *Isis Unveiled*, vol. II.
49. Cf. F. Max Müller, *Indie,* em Weber, *Indische Skizzen,* Berlim, 1857.

A Caxemira ainda é conhecida entre os muçulmanos locais como Bagh-i-Suleiman, o "Jardim de Salomão", e em uma montanha que tem vista para a cidade de Srinagar há um pequeno templo chamado Takhti--Suleiman, o "Trono de Salomão". De acordo com uma inscrição, o "novo templo" foi restaurado em 78 d.C. pelo rei Gopadatta (também chamado Gopananda) sobre as fundações de um edifício em ruínas mais antigo. Reza a tradição que certa vez Salomão visitou a região e que foi ele quem dividiu a montanha Barehmooleh para criar um canal para a água que ainda corre para o grande Lago Dal. Da mesma forma, a tradição credita a ele a construção do edifício do pequeno templo que mantém seu nome.[50] A colina em que está o Takht-i-Suleiman é sagrada também para os hindus, e hoje seu pico é coroado com um templo hindu. Por outro lado, os budistas de Ladakh acreditam que o Trono de Salomão foi a residência do santo Padmasambhava, o qual levou o Budismo Mahayana ao Tibete, no século VIII.

Takht-i-Suleiman, o "Trono de Salomão", nas encostas de Barehmooleh, com vista para Srinagar, restaurado em 78 d.C. pelo rei Gopadatta da Caxemira.

---

50. F. Bernier, *Travels in the Moghul Empire,* Londres, 1891, p. 432.

O Takht-i-Suleiman de Srinagar não é a única montanha-trono do rei bíblico, em toda a extensão de terra que se estende da Palestina à Índia. A noroeste do Irã, ao sul da cidade de Tabriz, em uma paisagem de beleza extraordinária, comparável ao "Vale Alegre", há outra montanha que possui o mesmo nome. Ela é particularmente conhecida por suas extensas ruínas, as partes mais antigas das quais datam do início do primeiro milênio a.C. Em época posterior, um templo de fogo zoroastriano importante foi erguido ali e no auge dos sassânidas – a última dinastia pré-islâmica a governar a Pérsia, do século IV ao século VI d.C. – o enorme palácio de Khosraus foi construído na montanha. A lenda oriental, geralmente, confere a essa montanha um papel importante. Dizem, por exemplo, que um dos três Homens Sábios (magos) do Oriente ali morreu depois de seu retorno de Belém.

Com a morte do rei Salomão, por volta de 930 a.C., seu filho Rehoboam o sucedeu. Porém, mal ele subiu ao trono e uma revolta foi deflagrada contra a casa real, liderada por um efraimita exilado, Jeroboam, sob o pretexto de impostos exorbitantes. O conflito causou uma secessão; o reino foi dividido em duas partes: as dez tribos do norte formaram um estado independente sob o nome de Israel e tornaram Jeroboam seu líder. As duas tribos do sul renomearam seu território como Judá e continuaram sendo governadas pela Casa de Davi. Os dois estados irmãos conflitantes existiram um ao lado do outro por mais de 250 anos, enquanto a população total cresceu para aproximadamente 300 mil. O país dividido, durante o que é chamado com frequência de Idade dos Dois Reinos, sofreu tanto dificuldades internas quanto uma série de invasões por parte de estados vizinhos mais poderosos. Por fim, Israel, sob o governo de Jeú e de seus descendentes (845-747 a.C.), foi primeiro ocupado durante três anos pelos assírios, liderados por Sargão II, e, finalmente, invadido quando sua capital, Samaria, foi capturada em 722 a.C. Judá resistiu por outros cem anos como estado vassalo e pagando tributos até que o rei da Babilônia, Nabucodonosor, enfim, tomou Jerusalém e a destruiu em 587 a.C., pondo um fim com isso também ao estado de Judá. Os conquistadores expulsaram a população à força. A deportação das duas tribos que criaram o reino do sul, Judá e Benjamim, foi, inicialmente, adiada por um tempo; porém, no momento adequado, Nabucodonosor fez com que fossem levadas em exílio para a Babilônia. Depois de mais de 50 anos em exílio, cerca da metade dos deportados teve permissão para voltar à sua terra natal por Ciro II, rei dos medas e dos persas, em 535 a.C.

As dez tribos que os assírios haviam deportado cerca de 130 anos antes, do norte do Estado de Israel, as quais consistiam em grande parte no povo judaico, foram atingidas por um destino bem diferente. A maioria foi para o Oriente e nunca mais se soube delas na Palestina. "E, assim, Israel foi forçada a sair de suas próprias terras... até hoje" (2 Reis, 17:23).

Em um número de muitos milhares, elas entraram para a história como "as dez tribos perdidas de Israel", e até hoje são descritas com frequência tendo desaparecido totalmente, sem deixar qualquer vestígio. Porém, existem muitas indicações claras de que grande parte das "tribos perdidas de Israel", depois de vaguear por séculos sem lar e com problemas administrativos, chegou, finalmente, à sua Terra Prometida, a "Terra dos Pais" – ao norte da Índia, onde vive em paz e tranquilidade até os dias de hoje.

O Dilúvio na Caxemira

De acordo com a cronologia da Bíblia, Abraão era um descendente direto de Noé, o homem escolhido por Deus para ser a única pessoa a sobreviver ao Dilúvio com sua família. O relato bíblico não faz qualquer menção às origens do pai de Abraão, simplesmente listando uma genealogia que começa por Noé e à época em que ocorreu o grande Dilúvio. Uma camada de argila de dois a três metros de largura, de fato, foi descoberta por arqueólogos que estavam escavando na área, no entorno de Ur, na Mesopotâmia, e havia fragmentos de cerâmica acima e abaixo da argila. Contudo, essa camada nada mais prova além de que, nesse lugar, situado nas imediações de Ur, aconteceu uma grande inundação.

Um documento em escrita cuneiforme de Nínive descreve o final dessa catástrofe: "Toda a humanidade foi transformada em argila e a terra ficou plana como um telhado".

Essa camada de argila foi considerada evidência do Dilúvio da Bíblia, e isso se enquadraria perfeitamente na história tal como é apresentada pela Bíblia, não fosse pelo fato de que os arqueólogos estimam que essa inundação ocorreu em 4000 a.C. Mas as tribos nômades semitas e seus rebanhos ainda não tinham chegado à terra dos dois rios nessa época.[51] Portanto, não poderiam ter sobrevivido a esse dilúvio posterior para dar seu testemunho ocular a respeito. O Dilúvio do relato bíblico deve ter sido uma inundação diferente.

Na realidade, o Dilúvio representa uma tradição universal, relatado na mitologia de quase todas as raças. É certo que devem ter existido muitas Eras do Gelo na Terra e, sem dúvida, igualmente numerosas inundações catastróficas ocorridas por inúmeras causas.

O Épico de Gilgamesh sumeriano foi descoberto por volta do início do século XX d.C., nas ruínas da antiga biblioteca de Nínive, escrito em cuneiforme sobre plaquetas de argila cozida. Um de seus heróis, Utnapishtim, o Noé sumeriano, é descrito sobrevivendo a uma grande inundação causada por um ato arbitrário dos deuses. Como na Bíblia, um homem constrói uma embarcação seguindo um aviso divino e, assim, ele sobrevive à inundação que, então, destrói todo tipo de vida à sua volta.

Alexander von Humboldt menciona a mesma lenda entre os peruanos e, em um relato do Dilúvio na Polinésia, o herói é até chamado de Noé. Mais de 250 versões da lenda do Dilúvio foram registradas mundialmente. Mas à qual Dilúvio a Bíblia se refere?

Pelo fato de os *Vedas* da Índia serem, sem dúvida, as mais antigas tradições da história da humanidade, pareceria lógico assumir que o relato védico representa a primeira narrativa do Dilúvio a ser transmitida. Os textos apresentam uma descrição complexa do evento:

> Os deuses haviam decidido limpar o mundo com uma enorme inundação, porém Manu, o grande vidente e sábio, devia ser excluído a fim de preservar a raça humana. Então, o deus Vishnu assumiu uma encarnação terrena pela primeira vez como um avatar, na forma do peixe Matsya, e revelou-se a Manu à margem

---

51. G. Konzelmann, *Aufbruch der Hebräer,* Munique, 1976, p. 37ff.

de um rio. O peixe avisou Manu que a Terra seria logo submersa e todo ser vivente pereceria. Ele ordenou ao sábio que construísse um barco que pudesse transportá-lo e também sua familília, bem como aos sete grandes Rishis (videntes), as sementes de todas as plantas e um par de cada espécie de animal. E também deveria levar os Vedas para garantir que os textos sagrados fossem preservados. Quando a construção do barco foi terminada, começou a grande chuva, os rios rasgaram suas margens e Vishnu como peixe se posicionou na proa do barco, seus chifres acima da água. Manu amarrou uma corda nos chifres e o peixe puxou o barco em segurança através dos elementos em fúria até encontrar abrigo nos picos das montanhas do Himalaia (cf. Gênesis, 6-8)".

O Dilúvio Védico durou 40 dias – uma duração que coincide exatamente com a descrita no relato do Dilúvio no Gênesis.

A palavra alemã para Dilúvio é *Sintflut*, cujo primeiro elemento tem uma etimologia obscura. A maioria das autoridades, em geral, deriva-ado antigo alto alemão *sint*, que significa "total"; portanto, *Sintflut* corresponde a "Dilúvio total". (O alemão moderno possui uma forma alternativa, *Sündflut*, uma corruptela posterior com o aparente, mas não totalmente irrelevante, significado de "inundação de pecado.)

Entretanto, existe outra etimologia possível. *Sindhu* é a antiga denominação do poderoso rio, da qual o subcontinente da Índia deve seu nome: o Indus(Indo).[52] Nos tempos antigos, "Índia" referia-se às terras além do Indus, incluindo as que hoje correspondem ao Tibete e à Mongólia. Mais tarde, as terras ao sul e do lado ocidental do rio até o Irã moderno também eram incluídas no termo "Índia".

Visto do Oeste, o Sindhu/Indus é o rio maior e mais poderoso a ser cruzado a caminho da Índia. Ele flui do norte para o sul através do que hoje é o Paquistão, e tem sua vazão por um delta colossal no Mar da Arábia. "O outro lado do rio", de onde Abraão veio,[53] pode, talvez, ter

---

52. Uma mudança de som no velho idioma persa transformou *Sindh* em *Hind*, e essa palavra logo se tornou a que indicava todo o subcontinente e seus habitantes (*Hindu*). Nos tempos posteriores, o *h* também foi descartado, deixando o *Ind-*, que então se tornou a Índia.
53. Cf. Josué (24:2-3).

sido a terra além do Indus, que serve como uma barreira natural entre a Índia e o Ocidente.

O rio também deu seu nome para a área chamada Sind, hoje a província mais ao sul do Paquistão, com sua capital Karachi. A província tem uma área de 140 mil quilômetros, uma terra extremamente fértil em virtude de constantes inundações, e é, por consequência, altamente povoada.

Existe ainda outro rio com o nome de Sindh na província de Caxemira, ao norte da Índia. Esse outro Sindh não é tão grande quanto seu homônimo mais conhecido, mas ele é, talvez, importante o suficiente para uma derivação da palavra *Sintflut*. Esse Sindh corre no norte do vale da Caxemira através da mesma área visível a partir do Monte Nebo, da qual dizem que Moisés teve um vislumbre da Terra Prometida antes de morrer.

A nascente desse Sindh não está longe da Caverna de Amarnath, que é particularmente sagrada para os hindus, atraindo milhares de peregrinos, todos os anos, para a noite de Lua Cheia de agosto. Reza a lenda que o deus Shiva iniciou sua consorte Parvati nos mistérios da Criação (!) nesse lugar.

Três dias de caminhada seguindo o curso do rio correnteza abaixo levam o visitante para o vilarejo de Sonamarg, a "Campina Dourada", ainda a 2.600 metros de altitude. Notovitch passou por ali antes de cruzar o Passo Zoji-la, a 3.500 metros de altitude, para o altiplano de Ladakh. O caminho de Sonamarg segue o rio por toda a descida até Srinagar, 84 quilômetros à frente, ligado por antigas pontes de madeira, passando por vilarejos situados entre campinas verdejantes e árvores frutíferas com pêssegos, peras e maçãs. Caixilhos de janelas artisticamente entalhadas e telhados de madeira decorados dão testemunho da prosperidade da região. Quanto mais nos aproximamos de Srinagar, mais luxuriante e fértil parece o vale, vastos campos de arroz e de grãos surgem dos dois lados. Finalmente, o vale se abre em um lugar chamado Kangan.

Resumindo, a Caxemira parece um enorme Jardim do Éden – e suas enormes áreas pantanosas e amplos lagos rasos são evidência de uma gigantesca inundação em tempos bem antigos.

Caxemira, a "Terra Prometida"

De acordo com a Bíblia, o Paraíso – o lugar onde a humanidade foi criada – situava-se no Oriente. "E o Senhor Deus plantou um jardim no Éden, do lado oriental, e colocou nele o homem que havia formado" (Gênesis, 2:8). Os versículos seguintes ainda especificam a localização geográfica do Jardim do Éden mencionando quatro rios: "E um rio saía do Éden para regar o jardim e, em seguida, dividia-se em quatro braços" (Gênesis, 2:10). Na Mesopotâmia, a terra "entre os rios", em geral considerada o Jardim do Éden, há só dois rios (como o nome da região indica).

Por outro lado, o Norte da Índia pode vangloriar-se de ter cinco grandes rios, todos tributários do Indus (Sindh), que se dividem por uma área ampla, dando à região seu nome – a terra dos cinco rios, o Punjab. Desde a divisão da Índia em 1947, a província ficou dividida entre os dois países: Índia (Bharat) e Paquistão. Os cinco afluentes do Indus, a oeste do rio, são o Jhelum, o Chenab, o Ravi, o Beas e o Sutlej. Uma das primeiras civilizações da Índia comprovadas estava situada na região do Punjab – a cultura do Indo, que data de cerca 3 mil anos a.C. –, e na Caxemira arqueólogos encontraram até vestígios de uma civilização que existiu há 50 mil anos.

O nome Caxemira (em sânscrito *Kashmira;* Kashmiri *Kashir*) derivou etimologicamente de, pelo menos, três fontes.

Cusch (Kush) era um dos netos de Noé, cujos descendentes povoariam a Terra, dando seus nomes aos países nos quais se estabeleceriam. Tradicionalmente, os descendentes de Cusch, durante mais de 2 mil anos, estiveram associados à Etiópia, mas o Gênesis também fala de água escoando do Jardim do Éden. "E o nome do segundo rio é Geon: o mesmo que contorna toda a região da Etiópia" (Gênesis, 2:13). Praticamente todos os nomes que constam da Bíblia foram submetidos a considerável modificação fonética e ortográfica por causa da influência de outras línguas. Portanto, o "Cusch" da Bíblia pode muito bem tornar-se "Kasch". Em farsi (persa), *mir* significa algo de valor, uma joia; em russo, *mir* é uma região ocupada por uma comunidade; e, em turco, *Mir* é um título de respeito.

Outra interpretação é centrada na palavra hebraica *kasher* (também *kashir* ou, como é geralmente pronunciada em inglês, *kosher*), que significa "aprovável", principalmente em relação a alimentos. De acordo com a lei judaica,[54] apenas animais que foram mortos e sangrados ritualmente podem ser usados como alimento. Os judeus sempre se distinguiram dos demais por seus regulamentos alimentares e, assim, eles eram chamados de *Kasher,* tal como era denominada a terra que vieram a habitar. Mais tarde, *Kasher* foi modificada para Kashmir. Ainda hoje os habitantes da Caxemira chamam seu país de Kashir e seus habitantes de Kashur.

Ainda outra possibilidade etimológica tem conexão com o nome do clarividente védico Kashyapa, que, dizem, viveu na região, em tempos antigos. Kashyapa significa "tartaruga" em sânscrito. De acordo com a cosmologia da época, a superfície ligeiramente arredondada da Terra margeada pelos oceanos correspondia às costas de uma tartaruga nadando na água. Em alguns textos védicos, o nome Kashyap também foi dado a Deus, o Criador, e "Kashyap-Mar" – que se tornou Kashmir, de acordo com essa derivação – significaria, então, "a terra de Deus".

As dez tribos perdidas de Israel

Foi no século XIX d.C. – quando uma colonização entusiástica se espalhou de forma rápida – que o Ocidente começou a interessar-se mais seriamente pelos países do Extremo Oriente e relatórios começaram a chegar de vários exploradores ocidentais, descrevendo sua surpresa ao encontrarem tribos por todo o noroeste da Índia que eram, visivelmente, de ascendência judaica.

O missionário dr. Joseph Wolff, por exemplo, relatou em sua obra de dois volumes *Narrative of a Mission to Bokhara in the Years 1843-1845:*[55]

> Todos os judeus do Turquestão afirmam que os turcomanos são descendentes de Togarmah, um dos filhos de Gomer,

---

54. Cf. Levítico 11; Deuteronômio 14.
55. Reverendo dr. Joseph Wolff, *Narrative of a Mission to Bokhara in the Years 1843-1845*, vol. I, p. 13-20, Londres, 1845.

mencionado em Gênesis, 10:3... Os judeus em Bucara são em número de 10 mil. O rabino chefe garantiu-me que Bucara é o Habor e o Balkh é o Halah, em 2 Reis, 17:6, porém que, no reino de Gengis Khan, eles perderam todos os seus relatos escritos.

Há uma tradição antiga em Bucara de que uma parte das Dez Tribos está na China... Alguns afegãos alegam uma ascendência de Israel. De acordo com eles, *Affghaun* era sobrinho de Asafe, filho de Berachia, que construiu o Templo de Salomão. Os descendentes desse Affghaun, sendo judeus, foram levados para a Babilônia por Nabucodonosor, de onde foram transferidos para a montanha de Ghoree, no Afeganistão, mas na época de Maomé eles se tornaram maometanos. Eles exibem um livro, *Majmooa Alansab,* ou "Coleção de Genealogias", escrito em persa... Capitão Riley, fiquei surpreso ao descobrir, via os afegãos como sendo de descendência judaica.

E, por fim, Wolff escreve: "Passei seis dias com os filhos de Rechab (Bani Arhab)... Com eles havia filhos de Israel da tribo de Dan, que residem perto de Terim in Hatramawt".[56]

G. T. Vigne, um viajante erudito francês e membro da Sociedade Geográfica Real, em *A Personal Account of a Voyage to Chuzin, Kabul, in Afghanistan,* escreveu:[57]

> O pai de *"Ermiah"* foi o pai dos afegãos. Ele foi um contemporâneo de Nabucodonosor, chamou a si de Beni Israel e teve 40 filhos. Um descendente da 34ª geração foi chamado de Kys, e ele foi contemporâneo do profeta Maomé."

O dr. James Bryce e o dr. Keith Johnson destacam em sua *A Comprehensive Description of Geography,*[58] com o título de "Afeganistão", que os afegãos "remontam sua linhagem ao rei Saul, de Israel, e se denominam 'Ben-i-Israel'".

De acordo com A. Burnes, a lenda afegã de Nabucodonosor confirma que os israelitas foram transferidos da Terra Santa para Ghore,

---

56. Wolf, ver nota anterior.

57. Londres, 1840, p. 166.

58. Dr. J. Bryce e dr. K. Johnson, *A Comprehensive Description of Geography*, Londres e Glasgow, 1880, p. 25.

uma província a noroeste de Cabul. Eles continuaram sendo judeus até o ano 682 d.C., quando o xeique árabe Khaled-ibn-Abdalla converteu-os para o Islão.

Às obras citadas anteriormente muitas outras evidências literárias que focam o povoamento pelos israelitas na região do Afeganistão e nos territórios vizinhos podem ser acrescentadas. Uma das mais importantes contribuições é *The Lost Tribes* do dr. George Moore,[59] que encontrou muitas inscrições hebraicas em sítios arqueológicos na Índia. Bem

Os perfis desses dois jovens mostram claramente as duas raças diferentes do Norte da Índia: descendência semita (à esq.), descendência indo-iraniana (à dir.).

perto de Taxila, agora em Sirkap, Paquistão, foi escavada uma pedra que tem uma inscrição em aramaico, a língua falada por Jesus.

Nas pesquisas mais recentes, na parte paquistanesa da Caxemira, foram descobertas milhares de inscrições e imagens em rochas datando do período pré-histórico, do início do Budismo e do período pós-cristão. O sítio descoberto fica no vale do alto Indo, onde a famosa trilha de caravanas conhecida como a Rota da Seda passou um dia. Entre essas inscrições havia algumas em hebraico, datadas do século IX d.C. pelos

---

59. G. Moore, *The Lost Tribes*, Londres, 1861.

pesquisadores – a época em que o Islão começava a entrar na Índia.⁶⁰

O historiador árabe Biruni, do século XI d.C., escreveu que naquela época nenhum estrangeiro tinha permissão para entrar na Caxemira, com exceção dos hebreus.

Já no século XIX d.C., foi fundada uma sociedade na Inglaterra cujo propósito era a redescoberta das dez tribos perdidas de Israel. Foi chamada de Sociedade de Identificação de Londres, e a maioria dos trabalhos sobre o tema por autores britânicos foi editada pela sociedade. Não há necessidade aqui de listar os mais de 30 autores e suas obras que provam que a população da Caxemira é de ascendência israelita.

De maior interesse é o fato de que bem mais de 300 dos nomes de características geográficas, de cidades, regiões e de estados, bem como de tribos, clãs, famílias e indivíduos no Velho Testamento podem corresponder a denominações linguística e foneticamente semelhantes na Caxemira e em seus arredores.

Os habitantes da Caxemira são diferentes dos outros povos da Índia em todos os aspectos.

A pedra com inscrição em aramaico, encontrada em Sirkap, perto de Taxila.

---

60. K. Jettmar, *Felsbilder im Karakorum*, em *Spektrum der Wissenschaft*, dezembro de 1983, p. 22-32.

Nome na Caxemira	Nome Bíblico	Referência Bíblica
Amal	Amal	1 Crônicas, 7:35
Asheria	Asher	Gênesis, 30:13
Attai	Attai	1 Crônicas, 12:11
Bal	Baal	1 Crônicas, 5:5
Bala	Balah	Josué, 19:3
Bera	Beerah	1 Crônicas 5:6
Gabba	Gaba	Josué, 18:24
Gaddi	Gaddi	Números, 13:11
Gani	Guni	1 Crônicas, 7:13
Gomer	Gomer	Gênesis, 10:2
Etc.		

Lugar na Caxemira	(Província)	Nome Bíblico	Referência Bíblica
Agurn	(Kulgam)	Agur	Provérbios, 30: 1
Ajas	(Srinagar)	Ajah	Gênesis, 36:24
Amariah	(Srinagar)	Amariah	1 Crônicas, 23:19
Amonu	(Anantnag)	Amon	Reis, 22:26
Aror	(Awantipur)	Aroer	Josué, 12:2
Balpura	(Awantipur)	Baal-peor	Números, 25:3
Behatpoor	(Handwara)	Beth-peor	Deuteronômio, 34:6
Birsu	(Awantipur)	Birsha	Gênesis, 14:2
Harwan	(Srinagar)	Haran	2 Reis, 19:12
Etc.			

Seu modo de vida, seu comportamento, seus princípios morais, seu caráter, suas roupas, sua linguagem, costumes e hábitos são todos de um tipo que pode ser descrito como tipicamente israelita. Tal como os israelitas atuais, os habitantes da Caxemira não usam gordura para fritar ou para cozinhar, eles apenas usam óleo. A maioria desses habitantes gosta de peixe cozido, chamado *fari*, consumido em lembrança da época anterior a seu êxodo do Egito – "Nós nos lembramos dos peixes que comíamos no Egito em liberdade" (Números, 11:5).

Na Caxemira, as facas dos açougueiros são feitas em formato de meia-lua, típico dos israelitas, até o leme dos povos dos barcos (hanjis) têm o típico formato de coração.

Os homens portam solidéus distintivos em suas cabeças. A vestimenta de mulheres idosas da Caxemira (Pandtanis) é bem semelhante à das mulheres judias e, como elas, também portam lenços de cabeça e rendas. Tal como as moças judias, as moças da Caxemira dançam em duas colunas, face a face, e com os braços entrelaçados movem-se para a frente e para trás. Elas chamam suas canções de *rof*.

Depois de dar à luz uma criança, a mulher da Caxemira resguarda 40 dias para purificação; esse também é um costume judaico. Muitos dos túmulos mais antigos, na Caxemira, são orientados na direção leste-oeste, enquanto os túmulos islâmicos, na direção norte-sul.

O Templo Sol em Martand (65 quilômetros a sudeste de Srinagar), com desenho típico judaico, na Caxemira. Seria esse o templo ao qual Ezequiel se referia?

Um grande número desses túmulos é encontrado em Haran, Rajpura, Syed Bladur Sahib, Kukar Nagh e Awantipura. No cemitério de Bijbihara, o lugar onde o banho e a pedra de Moisés estão localizados, há também um velho túmulo com uma inscrição em hebraico.

A 65 quilômetros ao sul de Srinagar e a apenas alguns quilômetros do "Banho de Moisés" encontra-se o Templo de Martand. As paredes externas desse edifício impressionante, que datam do século VIII, apresentam entalhes de uma variedade de divindades hindus. Porém, junto a essas partes da estrutura que derivam de tempos mais recentes, foram descobertas ruínas de paredes bem mais antigas, ainda não datadas com precisão, mas que são claramente muitos séculos mais antigas do que o templo hindu construído sobre elas.

Seria esse, talvez, o templo que um homem "com aparência de latão" mostrou ao profeta Ezequiel durante a época do Exílio na Babilônia (586-538 a.C.)? De fato, o Templo de Martand encontra-se em "uma montanha muito alta" que Ezequiel desconhecia: um pico do Himalaia. E, a seu lado, "uma fonte" jorra água que corre para o Jhelum, um pouco mais longe, rio abaixo (Ezequiel, 40:43).

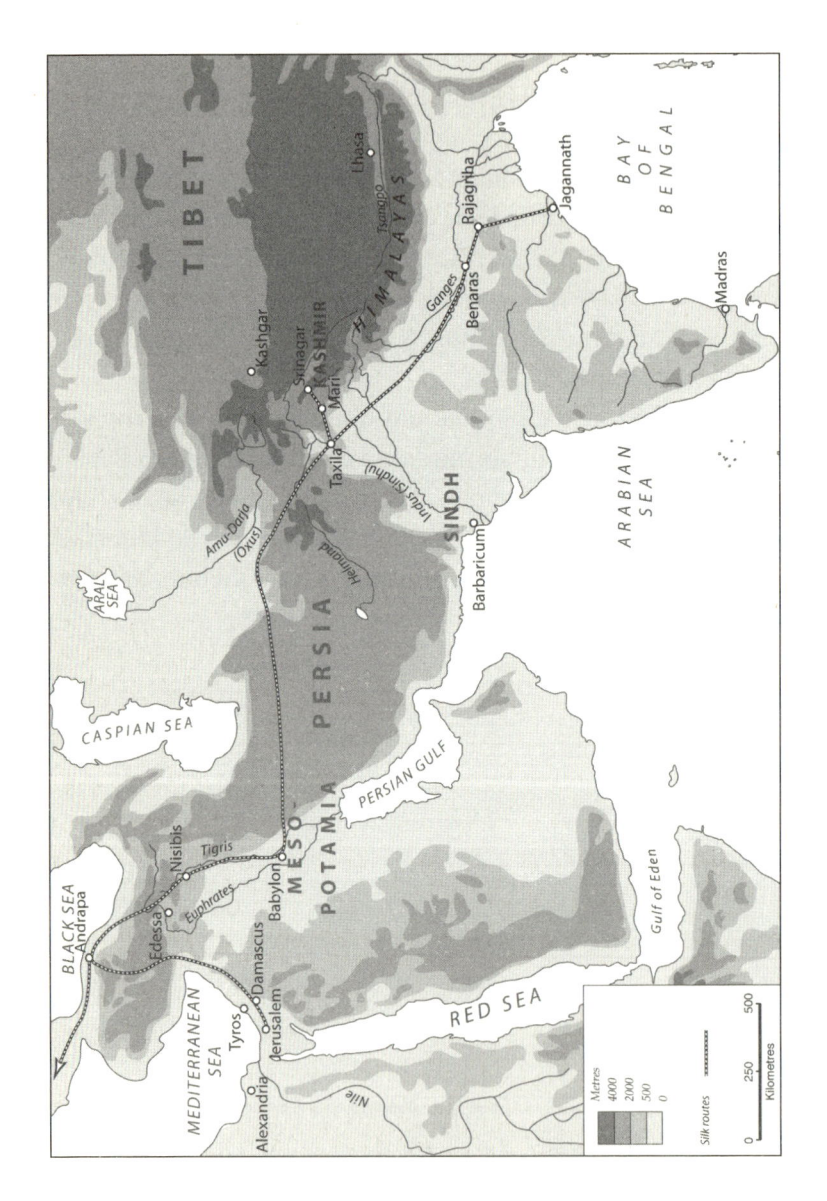

A rota da seda entre o Extremo Oriente e o Mediterrâneo permitiu o intercâmbio vigoroso de mercadorias e ideias filosófias, mesmo em tempos pré-cristãos.

A Infância de Jesus

A estrela dos homens sábios

No Evangelho Segundo Mateus, no capítulo 2, podemos ler:

> Tendo, pois, Jesus nascido em Belém da Judeia, no tempo do rei Herodes, eis que sábios vieram do Oriente a Jerusalém. Perguntaram eles: Onde está o rei dos judeus que acaba de nascer? Pois vimos sua estrela no Oriente e viemos adorá-lo.
> (Mateus, 2:1-2).

Caso algum evento astronômico extraordinário tivesse realmente acontecido naquela noite, com certeza haveria alguma menção dele nos registros seculares contemporâneos. E, em todo caso, qualquer conjunção de planetas incomum no céu daquela noite, caso fosse informada, seria com facilidade verificada matematicamente nos dias de hoje.

Até Johannes Kepler fez esses cálculos. Ele pensou que a Estrela de Belém poderia ter sido uma nova que apareceu como resultado de uma conjunção entre Júpiter e Saturno no ano 7 a.C. Sua ideia de uma nova (literalmente uma "nova estrela") foi rejeitada, considerada uma teoria a ser trabalhada por astrônomos posteriores. Mas a conjunção que Kepler pensou ter sido a causa da nova seria ela mesma aceita por muitos como o acontecimento de Belém. Durante o transcurso do ano 7 a.C., a conjunção de Saturno e Júpiter na constelação de Peixes aconteceu não menos do que três vezes. (Coincidentemente, Peixes corresponde ao "Peixe", e foi um peixe que se tornou o símbolo de Cristo; era um sinal secreto de reconhecimento entre as comunidades dos primeiros cristãos.) Esse encontro nesse signo do Zodíaco ocorre somente uma vez a cada 794 anos, e todos aqueles que presenciaram o fato devem ter ficado encantados, durante meses com a visão impressionante da proximidade dos dois planetas, surgindo no céu noturno como uma estrela dupla de grande brilho.[61]

Em 1925, o orientalista Paul Schnabel conseguiu decifrar uma placa cuneiforme, com quase 2 mil anos, encontrada no observatório de Sippar, no Eufrates. Ela continha uma descrição cuidadosa do evento astronômico do ano 7 a.C. – a grande conjunção entre os planetas Júpiter e Saturno na constelação de Peixes.[62]

Quase ao final do ano 8 a.C., Júpiter e Saturno estavam visíveis só depois do crepúsculo no céu do Oriente, uns 16 graus de distância um do outro, Júpiter saindo da constelação de Aquário e Saturno já em Peixes. Em fevereiro do ano 7 a.C., os dois planetas desapareceram nos raios do Sol e permaneceram ocultos por várias semanas. Os astrólogos do Oriente Médio aguardaram impacientemente o reaparecimento de Júpiter, esperando que seria uma ocasião extraordinariamente espetacular no início do 13º Adaru do ano 304 da Era Selêucida – ou seja, 16 de março do ano 7 a.C. Daí por diante, eles observaram Júpiter aproximando-se cada vez mais de Saturno, até que os dois planetas se "tocaram", no fim do mês de Airu (29 de maio de 7 a.C.). Essa conjunção, durante a qual Júpiter e Saturno estavam a uma altitude de 21 graus em Peixes, separados apenas por 1 grau de declinação e com precisamente o mesmo azimute, ocorreria duas outras vezes no mesmo ano e praticamente da mesma forma: em 3 de outubro e em 5 de dezembro.

Os dois planetas eram visíveis do crepúsculo à alvorada, atingindo sua altitude máxima por volta da meia-noite. À medida que o Sol se punha no oeste, os planetas surgiam no leste e, por sua vez, quando esses planetas desapareciam abaixo do horizonte ocidental, o Sol reaparecia no leste. Portanto, no início do ano, os dois planetas surgiram de sua oclusão, causada pela luz do Sol (nascer helíaco) e, ao final do ano, eles

---

61. G. Kroll, *Auf den Spuren Jesu*, Leipzig, 1964, p. 63ff.
62. P. Schnabel, *Der jungste Keilschrifttext*, em *Zeitschrift für Assyrologie*, NF 2(36), p. 66ff.

novamente desapareciam nos raios solares (Sol poente). Todas as noites do ano, Júpiter e Saturno estavam visíveis, nunca se separando por mais de 3 graus. Esse espetáculo não seria visto de novo no signo zodiacal de Peixes, a não ser 800 anos mais tarde.

No Evangelho Segundo Mateus, a estrela é mencionada três vezes. Os homens sábios primeiro dizem "... pois vimos sua estrela no Leste ...".

O texto original em grego, para "Leste", usa a palavra *anatole*. Os linguistas históricos descobriram que *anatole,* usado no singular, tinha um sentido de significado astronômico específico. O termo referia-se ao aparecimento da Estrela da Manhã, uma estrela (ou planeta) que precedia o Sol ao amanhecer, nascendo no Leste pouco antes do nascimento do Sol. Usada no plural, a mesma palavra tinha uma conotação geográfica e referia-se à "Terra do Leste", o Oriente. Portanto, três homens sábios poderiam, de fato, ter seguido o fenômeno celestial do leste para o oeste.

A segunda referência ao acontecimento astronômico, no Evangelho de Mateus, também tem um significado especial em grego: "Então Herodes chamou os magos em segredo, inquiriu-os diligentemente sobre a ocasião em que a estrela lhes aparecera" (Mateus, 2:7). O verbo que significa "apareceu", em grego, também era um termo técnico astronômico relacionado ao primeiro aparecimento de uma Estrela da Manhã no Leste. A crença popular contemporânea considerava que a estrela de cada pessoa surgia no momento de seu nascimento. A pergunta de Herodes implica que o nascimento poderia ter ocorrido um bom tempo antes. De acordo com o calendário babilônico, Júpiter parece ter surgido durante o último mês do ano 304 da Era Selêucida. O ano 305 (6 a.C.) começou com o mês da primavera de Nisannu, que também marcou o início do Ano-Novo judeu. Quando os Homens Sábios chegaram a Jerusalém, a conjunção entre Júpiter e Saturno já estaria quase em seu segundo ano e, Jesus – provavelmente nascido em 7 a.C. – teria na ocasião quase 2 anos de idade. Provavelmente, foi por esse motivo que Herodes massacrou todas as crianças de certas comunidades, até a idade de 2 anos.

O que estimulou esses misteriosos sábios do Oriente (aqui, a palavra grega *anatole* está no plural) a se submeterem aos rigores de uma viagem que durou vários meses, talvez até dois anos a pé para o exterior e que implicou um enorme sacrifício? De onde eles vieram e por que eles procuraram tão insistentemente por um menino tão novo? A teologia tradicional não oferece qualquer solução para a pergunta a respeito de quem realmente eram esses "três homens sábios".

Quem eram os três homens sábios

No antigo texto grego, os homens sábios são chamados de *magoi* (do antigo persa *magus*). Os magos da história da Bíblia foram primeiro elevados à posição de reis, no século VI, por Cesário de Arles. No século IX, foram dados a esses reis os nomes espúrios inventados de Gaspar, Melchior e Baltazar. Na realidade, as fontes mais antigas não especificam quantos eram os magos, mas seu número foi fixado em três desde os dias de Origam,[63] talvez porque foram dados três presentes.

O certo é que os magos fizeram uma longa viagem a partir do Oriente e que eles eram bem versados em práticas "de magia", eram astrônomos hábeis e não eram pobres.

Isso significa que a história de a estrela parar bem em cima do estábulo de uma hospedaria rústica, onde um bebê recém-nascido com apenas algumas horas de vida se situava, é só um mito religioso. É muito mais provável que a criança, então com quase 2 anos de idade, tenha sido procurada e visitada na casa de pessoas que conheciam a estatura divina do menino. Os magos, é claro, não desfrutavam dos favores de Herodes, porque, quando o rei soube o que os três estavam procurando, ficou extremamente chocado e "toda Jerusalém com ele". Se a criança poderia, talvez, ser vista como o Salvador messiânico cuja vinda era esperada pelas seitas secretas de Qumran, os nazarenos e os essênios, será um tema abordado mais adiante neste livro. De qualquer forma, hoje é sabido que o monastério de Qumran, perto do Mar Morto, foi abandonado em um período de dez anos, durante o reinado de Herodes, o Grande, ou seja, que a seita misteriosa e esotérica foi proscrita por esse período. Esse banimento pode ter acontecido em razão da fúria do rei e por suas tentativas de garantir que o menino fosse morto.

---

63. Origen, *Gen. Hom.* XIV, 3.

Poderiam os membros da seita proibida ter mantido ligações com seus irmãos da Índia, com as dez tribos perdidas da Casa de Israel?

O *Evangelho dos Nazarenos*[64] apócrifo contém a seguinte passagem:

> Quando José ergueu os olhos e olhou, ele viu um grupo de viajantes se aproximando, e vindo diretamente em direção à caverna ele disse: "Vou sair para recebê-los". Logo depois de sair, José disse a Simão: "As pessoas se aproximando parecem ser astrólogos, pois veja como eles estão constantemente observando o céu e falando entre si. Mas eles também parecem ser estrangeiros, pois sua aparência é diferente da nossa; seus trajes são muito ricos e sua pele é bem escura, portam gorros em suas cabeças, suas vestimentas parecem ser macias e suas pernas também estão cobertas".

Com esse recuo no tempo é praticamente impossível provar que os magos vinham ou da Pérsia ou da Índia. Entretanto, é absolutamente surpreendente quanto da história desses três homens sábios corresponde a relatos de métodos pelos quais reencarnações[65] de grandes dignitários budistas são localizados no Tibete depois de seu falecimento, até hoje. O modo como tal busca é empreendida, segundo o ritual antigo e tradicional, é descrito no próprio relato do atual Dalai Lama sobre sua "descoberta" quando era menino,[66] e no livro do autor austríaco, Heinrich Harrer, que viveu sete anos na corte do deus-rei, em Lhasa.[67]

Como localizar uma reencarnação?

Pouco antes de sua morte, em 1933, o 13º Dalai Lama transmitiu algumas indicações do lugar e da hora de sua reencarnação seguinte. Todos

---

64. Traduzido em citação de Hennecke-Schneemelcher, *Neutestamentliche Apokryphen*, vol. I, Tübingen, 4ª edição, 1968, p. 98.
65. O ensinamento da reencarnação baseia-se no princípio de que cada alma passa por um processo de evolução que dura muitas vidas e é, consequentemente, revivida em um ser humano ou em outro corpo consecutivamente, a fim de acumular maior experiência para ao final atingir o estado divino.
66. O Dalai Lama, *My Country and My People*.
67. Heinrich Harrer, *Seven Years in Tibet*.

os dias, seu corpo era posicionado no Palácio Potala, de frente para o sul, na postura sentada tradicional. Mas, certa manhã, seu rosto foi visto voltado para o leste. E, em um pedestal de madeira a uma curta distância a nordeste do altar em que seu corpo estava sentado, um fungo com formato de estrela apareceu de maneira misteriosa e repentina. Ao receber esses sinais, os lamas superiores realizaram um ritual de magia durante o qual interrogaram um monge que fora colocado em transe e cuja tarefa era agir como um oráculo. O monge jogou um lenço cerimonial branco em direção do leste e estranhas formações de nuvens apareceram a nordeste, sobre Lhasa. Depois disso, os lamas-magos não receberam qualquer outro sinal durante outros dois anos. Finalmente, o lama chefe em exercício (o "lama regente") foi inspirado a fazer uma peregrinação ao lago santo de Lhamoi Latso, perto de Ch'Khor Gyal, a 144 quilômetros de distância. Os tibetanos acreditam que o futuro é espelhado nas águas claras desse lago de montanha. Depois de dias preparando-se em meditação, o lama regente teve a visão de um pequeno monastério de três andares, com tetos dourados, ao lado do qual havia uma pequena casa de fazenda chinesa com um frontão lindamente decorado e o telhado com telhas verdes. Sobreposta a essa cena havia três letras tibetanas: Ah, Ka e Ma. Uma descrição detalhada da visão foi transcrita em papel e mantida em segredo absoluto. Cheio de gratidão pelas instruções divinas e, com completa confiança, o lama regente voltou para Lhasa onde preparativos foram iniciados no palácio para a próxima busca.

Mais importantes para essas preparações foram os pronunciamentos dos astrólogos, porque sem os seus cálculos nenhum movimento significativo podia ser empreendido. Por fim, em 1937, várias expedições saíram de Lhasa em busca da criança santa de acordo com os presságios dos céus nas direções indicadas. Cada grupo incluía lamas de confiança e sábios de posições altamente ilustres na teocracia. Além de seus criados, cada grupo levava consigo presentes caros, alguns deles retirados das posses do falecido. Os presentes eram símbolos de veneração ao novo Dalai Lama, mas também constituíam um teste pelo qual a identidade da nova reencarnação pudesse ser verificada.

O falecido Dalai Lama poderia, teoricamente, renascer a muitos milhares de quilômetros de sua morada anterior – e esse, de fato, veio a ser o caso com o 14º Dalai Lama.

A busca os levou a bem além das fronteiras do Tibete central, para o distrito de Amdo, na região de Dokham, que estava sob administração chinesa. Tratava-se do local de nascimento do reformador do Lamaísmo, Tsong Kapa, em cuja área havia diversos monastérios.

A expedição encontrou vários candidatos potenciais, mas nenhum deles preenchia precisamente os detalhes da visão ou os pronunciamentos astrológicos. Enfim, durante o inverno, perto do vilarejo de Taktser, a equipe chegou ao monastério de três andares de Kumbum, enfeitado com telhados dourados e ao lado de uma charmosa casinha de fazenda com telhado de cor turquesa e frontões entalhados, o que se enquadrava perfeitamente na visão do lama regente.

Dois lamas de alto posto disfarçaram-se como criados e um jovem monge do grupo fez o papel de seu mestre. O disfarce tinha o propósito de ocultar sua visita, naquele momento, para evitar comoção desnecessária e permitir à delegação inspecionar o lugar em uma atmosfera tranquila. Os monges entraram na casa com dois oficiais do monastério local. Os dois altos clérigos de alto posto, um dos quais era o lama Kewtsang Rinpoche do monastério de Sera, em Lhasa, foram levados para a cozinha em seu papel de criados, enquanto o outro monge foi conduzido para a sala principal. Na cozinha da casa de fazenda, as crianças da família estavam brincando e o assim que, lama Rinpoche disfarçado sentou-se, um menino de 2 anos correu e aninhou-se no colo dele. O honrado monge estava usando um rosário que havia pertencido ao falecido Dalai Lama, e o menino pareceu reconhecê-lo e puxou o rosário como se quisesse ficar com ele. O lama prometeu dar o rosário ao garoto se ele conseguisse adivinhar quem era seu visitante, e o menino imediatamente deu a resposta: *Sera-aga,* "O Lama de Sera" no dialeto local. A habilidade do menino em reconhecer um lama disfarçado como criado foi surpreendente o bastante, mas saber que o lama viera de Sera deixou até esses monges, que já estavam acostumados a eventos milagrosos, atônitos. O lama então perguntou ao menino qual era o nome de seu alegado "mestre" e o garoto respondeu "Lobsang". O nome do criado era, de fato, Lobsang Tsewang.

Os lamas de alto posto passaram o dia todo observando a criança, restringindo-se ao máximo para não lhe conceder a profunda reverência a que de acordo com eles o garoto tinha direito, pois eles estavam praticamente certos de que haviam, enfim, encontrado a reencarnação. Porém, eles partiram no dia seguinte para voltar com todos os membros da expedição alguns dias mais tarde. Foi só quando os pais da criança viram a procissão dos altos dignitários em aparato completo aproximando-se de sua humilde casa que eles perceberam que seu filho devia ser uma reencarnação.

No monastério vizinho de Kumbum, um lama particularmente santo havia falecido recentemente e os agricultores acreditaram que seu menino querido devia ser sua reencarnação. Um dos filhos mais velhos do casal havia, de fato, sido testado para investigar se ele era a reencarnação.

Não é incomum essas crianças reencarnadas lembrarem-se de objetos e pessoas conhecidas por elas em sua vida anterior. Algumas são até capazes de recitar escrituras que nunca lhes foram ensinadas. Na tranquilidade isolada do Tibete, sempre houve abundância de evidências de que vidas anteriores podem ressurgir na vida presente. Entretanto, no Ocidente, tais relatos dificilmente são divulgados, porque os ocidentais tendem a zombar da própria ideia de que uma pessoa morta possa renascer em um novo corpo.[68]

Depois, os quatro *Bonpos* chefes da delegação de Lhasa continuaram com os testes prescritos. Primeiro, eles ofereceram à criança dois rosários quase idênticos, com contas de oração pretas, um dos quais havia pertencido ao 13º Dalai Lama. Sem hesitar, o menino escolheu o rosário correto, colocou-o em volta do pescoço e dançou alegremente com ele em volta da sala. O teste foi repetido com vários outros rosários de oração. Em seguida, a delegação ofereceu ao garoto dois tambores de ritual diferentes – um grande com ornamentos, decorado com ouro, e outro tambor bem mais simples que havia pertencido ao Dalai Lama falecido. O garoto pegou o tambor mais simples e começou a

---

68. Vicki Mackenzie, *Reencarnação: O Menino Lama,* Londres, 1988.

tocá-lo batendo-o no ritmo preciso em que esses tambores são usados em cerimônias religiosas. Por fim, duas bengalas foram apresentadas ao menino, e o garoto tocou primeiro na bengala errada, parou, analisou as duas bengalas por um momento e, finalmente, escolheu aquela que pertencera ao Dalai Lama. Os espectadores que haviam se surpreendido com a aparente hesitação do garoto foram de imediato avisados pelo Rinpoche como a segunda bengala também tinha sido usada durante certo tempo pelo 13º Dalai Lama, antes de ele doá-la para o lama Kewtsang.

(Aqui existe um paralelo claro entre essa apresentação das posses preciosas do rei falecido e os presentes caros trazidos pelos magos do Oriente para o menino Jesus. Também é óbvio que uma criança deva ter chegado à idade de, no mínimo, por volta de 2 anos antes de estar pronta para esse teste.)

A essas provas foi acrescentada uma interpretação das três letras que o lama regente havia visto em sua visão. Foi presumido que a primeira letra, "*Ah*", referia-se a Amdo, o distrito em que a criança foi encontrada. As outras duas letras, Ka e Ma, foram tidas como se referindo a um pequeno monastério na montanha acima da vila de Taktser, Ka (r)ma Rolpai Dorje, onde o 13º Dalai Lama se hospedara alguns anos antes, quando voltava da China. Na ocasião, a visita do Dalai Lama havia criado uma espécie de sensação em toda a região, e entre as pessoas abençoadas por seu rei-deus estava o pai da nova reencarnação, na época com apenas 9 anos de idade. Além disso, dizem que o Dalai Lama anterior havia contemplado a casa de fazenda, onde sua reencarnação foi mais tarde descoberta, e comentado com alguma melancolia sobre como o lugar era bonito e sereno. Também foi registrado que o Dalai Lama havia deixado para trás um par de botas no pequeno monastério – uma ação que poderia, no caso, afirmar-se conter uma visão premonitória simbólica.

Os delegados ficaram totalmente satisfeitos com cada detalhe confirmatório: a reencarnação fora encontrada. Anunciando a descoberta e juntando as evidências, eles enviaram um telegrama codificado para Lhasa, via China e Índia, recebendo em retorno instruções de que dali em diante tudo devia ser organizado com o maior sigilo possível para não colocar o assunto em risco, deixando-o chegar ao lado errado das autoridades chinesas. Especialmente porque a busca havia sido feita em solo chinês, era essencial anuviar os olhos dos oficiais chineses para conseguir levar o jovem rei para longe de sua jurisdição. Foi dito ao governador da província, Ma Pufang, que o garoto precisava ser levado para Lhasa por ele ser um entre tantos sucessores possíveis do falecido Dalai Lama. Primeiro, Ma Pufang exigiu 100 mil dólares chineses para liberar a criança, mas, quando percebeu a pronta aceitação desse valor, ele imediatamente pediu outros 300 mil dólares. O pior que a delegação temia era que, se eles tivessem de admitir haver encontrado o verdadeiro rei deus, a China podia insistir em enviar algumas tropas com ele para Lhasa "para sua proteção".

De novo, os paralelos com a situação semelhante em Jerusalém, há 2 mil anos, são impressionantes: lá a criança divina teve de ser retirada do país para evitar o governador de província romano Herodes. "Então, Herodes, quando viu que tinha sido enganado pelos homens sábios, ficou muito irado." (Mateus, 2:16.)

Por motivos de segurança, toda a correspondência entre Amdo e Lhasa era levada por mensageiros, o que sempre demorava vários meses. Portanto, passaram-se outros dois anos antes de a caravana com a delegação, a criança e sua família conseguirem partir para Lhasa. O caminho até a fronteira do Tibete Central levou muitos meses, mas quando chegaram foi para descobrir que um ministro do governo e sua comitiva estavam lá para lhes dar as boas-vindas e ver a escolha do Dalai Lama confirmada em uma carta do lama regente. Foi só nesse momento que os pais do menino perceberam que seu filho era nada menos do que o novo governante de todo o Tibete.

Comparando com essa história bem atestada de como o Dalai Lama foi localizado, existe outro caso que aconteceu recentemente.

Imagens tibetanas em pergaminhos, estátuas douradas de Buda e flores frescas enfeitam o dormitório do menino espanhol Osel. Ele está sentado em almofadas bordadas de veludo com brocados e veste uma esplêndida jaqueta curta. Budistas tibetanos por todo o mundo estão convencidos de que Osel Hita Torres, de 2 anos de idade, na verdade, é a reencarnação do lama Thubten Yeshe, que morreu em 1984 depois de um ataque cardíaco. Durante sua vida, ele fundou 31 centros budistas no mundo ocidental, inclusive um na Espanha, o país em que ele mais gostou de permanecer.

Perto da cidade de Granada fica o centro budista chamado Osel Ling ("Cidade da Pequena Luz"), administrado por Paco e Maria Hita, um pedreiro e uma negociante de selos que são os pais do pequeno Osel. O menino tinha apenas 7 meses quando o lama Zopa, um discípulo de Thubten Yeshe, o reconheceu como a reencarnação de seu falecido mentor. Lama Zopa havia recebido do Dalai Lama a tarefa de procurar essa alma que havia partido, depois que Thubten Yeshe aparecera a seu discípulo como uma criança em um sonho. O próprio Dalai Lama expressou seu desejo de ver o menino, portanto Paco e Maria viajaram com Osel para a Índia, onde lhe foram aplicados os testes prescritos. Em um deles, foi-lhe mostrada uma série de rosários, alguns muito preciosos, e, sem titubear, ele escolheu o rosário que havia pertencido ao lama Thubten Yeshe.

Em 19 de março de 1987, o menino espanhol – na época com 2 anos de idade – foi cerimoniosamente entronado como um lama renascido.

Desde então, Osel passou a frequentar uma escola monástica no Nepal. Sua educação levará, ao todo, 40 anos, e só então ele poderá assumir o papel de abade do monastério nepalês de Kopan como sucessor de Yeshe. Osel é a primeira reencarnação, em tempos modernos, a ser encontrada fora das áreas de costume da cultura budista.

A fuga para o Egito

Depois de os Reis Magos do Oriente terem localizado o menino Jesus perto de Jerusalém, seu pai, José, recebeu uma instrução de Deus: "Levante-se, pegue o menino e sua mãe e fujam para o Egito, e fiquem lá até que Eu lhe dê notícias, pois Herodes procurará o menino para destruí-lo" (Mateus, 2:13). É provável que a rota da fuga os tivesse levado via Hebrom para Bersebá e, dali, através do deserto, para o Mediterrâneo. Só ali, na fronteira do Egito, eles estariam a salvo. Nessa época, cerca de 1 milhão de judeus viviam no Egito, dos quais 200 mil em Alexandria. Por tradição, o país já era há algum tempo um refúgio para judeus que viviam em colônias praticamente completas, com sinagogas, escolas e tudo o que era necessário para um expatriado sentir-se em casa.

O massacre dos inocentes, perpetrado por Herodes e mencionado nos Evangelhos, foi confirmado por um relatório escrito durante a vida de Jesus por membros da seita dos essênios. A seita, aparentemente, era o objeto da opressão de Herodes e era obrigada a operar em segredo em seu próprio país. "O rei seguinte era um novo rico e não pertencia à classe sacerdotal, uma pessoa audaciosa e sem Deus. Ele matou tanto velhos quanto jovens, e todos tinham um medo terrível dele (Ass. Mos, 6:22.)

O professor Hassnain, certa vez, contou-me que escolas missionárias budistas – (*viharas* – existiram em Alexandria mesmo antes da era cristã. Meu manual de Budismo chinês define *vihara* como um lugar "que é ou uma academia, uma escola ou um templo, e serve para o estudo ou a prática do Budismo. Esses edifícios eram construídos idealmente com madeira de sândalo vermelha (chandana), consistiam em 32 cômodos, cada um deles com a altura de oito árvores '*tala*'; com jardim, um parque, uma piscina de banho e cozinha para chá, amplamente mobiliados e adornados com painéis de parede, e bem supridos de provisões, camas, colchões e todo o conforto necessário".[69] Assim, é bem possível que Jesus foi apresentado à sabedoria da Filosofia Oriental, desde a infância, por eruditos budistas, em Alexandria. Uma educação acadêmica completa desse tipo poderia explicar, afinal, como Jesus foi capaz de surpreender os sacerdotes do Templo de Jerusalém com sua sabedoria sendo um simples garoto de 12 anos. "Todos os que o ouviam ficaram maravilhados com a sabedoria de suas respostas." (Lucas, 2:47.)

Naquela época, 12 anos era a idade própria para um garoto casar-se. Jesus conseguiu evitar até esse destino. Ele agora tinha idade suficiente para continuar seus estudos no local que poderia muito bem ter sido o lar de seus verdadeiros pais espirituais – a Índia.

Jesus somente pôde voltar para sua terra natal, sem qualquer perigo, dez anos depois da morte de Herodes, o odiado usurpador (o que ocorreu pouco tempo depois da Páscoa judaica, no ano 4 a.C.):

---

69. E. J. Eitel, *A Handbook of Chinese Buddhism*, Tóquio, 1904.

Mas quando Herodes morreu, olhem só, um anjo do Senhor apareceu em sonho para José, no Egito, e lhe disse:
"Levante-se e pegue a criança e sua mãe, e vá para a terra de Israel, pois aqueles que ameaçavam a vida do menino estão mortos".
Ele levantou-se, e pegou o menino e sua mãe e veio para a terra de Israel.
Mas quando soube que Arquelau reinava na Judeia no lugar de seu pai Herodes, ele ficou com medo de ir para lá. [Arquelau foi Etnarca (governador local) da Judeia e da Samaria de 4 a.C. até 6 d.C. – ou seja, até a época em que Jesus tinha 12 ou 13 anos.] Embora tivesse sido avisado por Deus em sonho, ele embrenhou-se pela Galileia: E ele veio e morou em uma cidade chamada Nazaré, para que se cumprisse o que foi dito pelos profetas. Ele será chamado de nazareno.
(Mateus, 2:19-23).

Sabedoria Oriental no Ocidente

A expansão do Budismo

A expansão mundial do Budismo, mesmo antes da era pré-cristã, pode ser, fundamentalmente, atribuída à iniciativa de um dos maiores governantes não somente da história da Índia, mas também da história do mundo: o imperador Ashoka, que viveu aproximadamente de 273 a 232 a.C. Ashoka foi um dos personagens, política, ética e culturalmente mais influentes de todos os tempos. Durante seu reinado, as primeiras guerras entre Roma e Cartago se espalharam por toda a Europa. Havendo, ele mesmo, experimentado as obscenidades da guerra quando jovem, o imperador renunciou à violência com determinação, dedicando-se a ensinamentos pacifistas do Budismo.

Muitos de seus decretos e leis benéficos chegaram até nós preservados na forma de inscrições individuais nas paredes de edifícios e de templos. Em um decreto, o imperador ordena que todo ser vivo deve ser protegido: "Todas as pessoas são meus filhos. Assim como desejo que meus filhos venham a usufruir de toda bênção e felicidade encontradas no céu e na terra, do mesmo modo também desejo o mesmo para todas as pessoas".

Ashoka edificou na Índia não menos de 84 mil monastérios budistas, também construiu hospitais para pacientes humanos e animais em todo seu enorme império. Ele mesmo se encarregou dos preparos para o Segundo Conselho Mundial Budista, em Pataliputra (que corresponde à moderna Patna), a capital de seu império, do qual milhares de monges participaram.

E, de acordo com os preceitos de Buda, Ashoka estabeleceu a intricada organização pela qual os ensinamentos budistas foram disseminados no exterior, incidentalmente enviando algo do espírito da Índia ao mesmo tempo para países remotos. Um patrono supremo do proselitismo, ele enviou missionários budistas não só para todas as cidades da Índia e Sri Lanka, mas também para a Síria, o Egito e a Grécia via Rota da Seda.

A disseminação dos ensinamentos de Buda era uma das obrigações que o próprio Sakyamuni (o "Sábio dos Sakyas", Buda) havia imposto a seus seguidores:

> Ide, ó monges, e viajai para longe, para o benefício e bem-estar de muitos, por pura compaixão pelo mundo, para o proveito e bem-estar dos deuses e dos mortais. E não permitais que dois de vós sigam pelo mesmo caminho. Pregai o ensinamento que conduz ao bem... Pregai-o em espírito e na palavra. Demonstrai com vossa vida perfeita isenta de pecado como a vida religiosa deve ser vivida.

Os monges viviam como mendigos, totalmente dependentes das esmolas de pessoas comuns. Eles nada possuíam além da roupa do corpo. Suas vidas eram de renúncia, mas não havia nenhuma necessidade de austeridade ascética. O principal requisito ocupacional era o de meditar sobre os Ensinamentos e, gradativamente, libertarem-se das paixões mortais e dos desejos mundanos. Para associar-se à ordem, uma pessoa tinha apenas de "sair ao ar livre", *pravrayja* – tinha de abandonar sua casa (e com ela, todos os componentes de uma vida laica) e assumir a vida de errante sem qualquer posse pessoal.

O iniciado devia então vestir uma roupa amarela, ter sua cabeça raspada e repetir um encantamento três vezes. A idade mínima exigida era 7 anos – a idade do Rahula, o Filho do Iluminado, quando ele se associou à comunidade.

Em sua iniciação, o noviço é informado sobre as quatro regras básicas da vida monástica:

- alimentar-se apenas com esmolas;
- vestir-se com roupas retiradas da poeira;
- parar um pouco ao pé de árvores;

A Tentação de Jesus no Deserto, por A. D. Thomas.

- curar as próprias feridas com remédios naturais.

Os monges levavam uma vida completamente nômade. Registros escritos contam como Buda e seus companheiros vaguearam por toda a extensão da bacia do Ganges, meditando e pregando os ensinamentos budistas, às vezes individualmente, mas, com maior frequência, em grupos, de cidade em cidade e de vilarejo em vilarejo.

Um paralelo significativo pode ser extraído entre esse e o envio dos discípulos de Jesus que, de modo semelhante, saíram para pregar "às nações". Em seu caso, em uma tentativa final de convencer Israel de sua mensagem:

> E ele chamou os Doze e começou a enviá-los, dois a dois; e deu-lhes poder sobre os espíritos imundos. E ordenou-lhes que não levassem nada em sua viagem, a não ser um cajado; nem pão, nem valores, nem dinheiro no cinto; apenas se calçarem com sandálias, e não se vestirem com duas túnicas. E disse-lhes:

"Em lugar de entrardes em uma casa, ficai nela até vos retirardes daquele lugar.
Se em algum lugar não vos receberdes nem vos escutardes, quando saírem dali sacudi o pó dos vossos pés em testemunho contra eles. Em verdade vos digo, eu terei maior tolerância com Sodoma e Gomorra no dia do julgamento do que daquela cidade".
E eles partiram e pregaram que os homens deviam se arrepender.
E eles expulsaram muitos demônios, ungiaram com óleo muitos enfermos e os curaram.

(Marcos, 6:7-13.)

Nessa forma de Cristianismo, como no Budismo, não há nenhuma questão de conversão pela força. A pregação, em vez disso, era para a salvação de muitos – os muitos que Isaías (53:11) havia previsto que seriam "legitimados" pelo conhecimento do "digno servo" de Deus.

Documentos em cingalês relatam que, logo após o Conselho de Haran (agora Harwan, perto de Srinagar), o qual aconteceu durante a época do rei Kanishka (na metade do primeiro século), foram enviados, novamente, missionários para a Caxemira, Gandhara e Mahisamandala, para Varanasi, Yonarattha (a "Terra dos Gregos") e para Sri Lanka.

No Museu Borély, de Marselha, há restos de duas estatuetas na posição sentada, ao que tudo indica ídolos votivos, encontrados perto de Roquepertuse, em pequenos recessos talhados na parede de rocha macia. Embora as estatuetas tenham perdido suas cabeças, e as autoridades acreditem que elas representam divindades celto-iberianas, para todo mundo elas parecem ser estátuas antigas de Bodisatvas e possuem todos os atributos desses "seres iluminados" budistas – eles estão sentados na clássica postura de Buda, e portam o cordão brâmane sobre o ombro e anéis decorativos em volta de seus pescoços e na parte superior dos braços, significando seu estado santo.

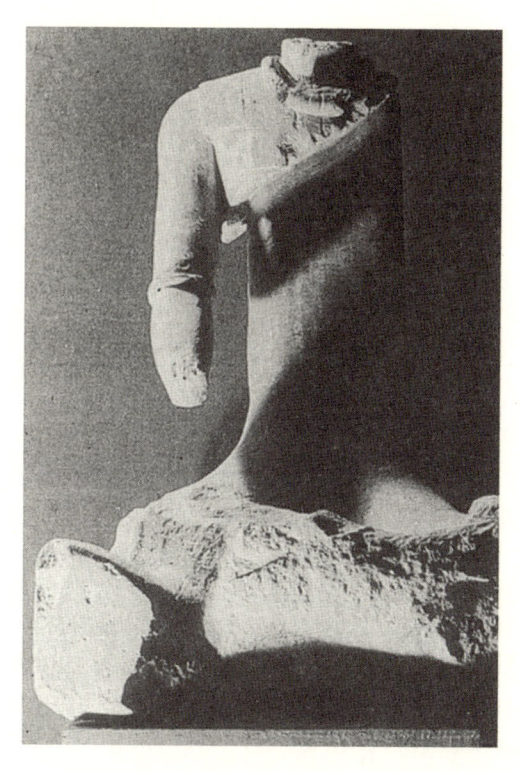

A figura de Buda encontrada em Marselha, datando do século II a.C.

Os braços estão cuidadosamente posicionados para que os gestos das mãos e dos dedos (*mudras*) assumam um significado simbólico. Uma das mãos forma o gesto padrão de tocar a Terra (*o mudra Bhumi-sparsha*), representando a convocação da Terra para ser testemunha da verdade das palavras de Buda, enquanto a outra mão está diante do peito em uma pose tranquilizadora (*Abhaya mudra*).

Datar esses achados parece não apresentar qualquer problema em particular. Eles derivam do século II a.C. Os pequenos recessos na rocha em declive teriam servido apenas como proteção temporária para as estatuetas – afinal, a regra monástica original para monges budistas exigia que não vivessem em moradas fixas, mas em moradas temporárias, como simples cabanas ou cavernas. Além disso, o arranjo dos oratórios de Roquepertuse é muito parecido com alguns oratórios na rocha do

Oriente, como os de Bamiyan (Afeganistão) ou de Ajanta e Ellora, na Índia.

O Budismo, que era muito mais flexível e apolítico do que a estrutura rígida do Bramanismo, parece também ter sido capaz de acomodar as várias invasões por diferentes povos que infestaram a bacia do Indo, a bacia do alto Ganges e o Planalto do Decão. Esses invasores incluíram os báctrios helênicos do século II a.C., bem como os citas e os partos, no século I a.C. Na *Milindapanha,* o grande conquistador Menandro entra em discussões pacíficas com o monge budista Nagasena. Os próprios governantes citas, da dinastia Kushan, incentivaram a expansão do Budismo, depois de sua própria conversão. O mais famoso deles, Kanishka, foi um adepto do Budismo tão dedicado quanto Ashoka.

O Conselho de Haran ilustra bem esse período. Diversas fontes descrevem sua ocorrência durante o reinado de Kanishka, na segunda metade do século I, na Caxemira. Parece que o Conselho envolveu somente as comunidades monásticas budistas do noroeste da Índia e, em especial, os sarvastivadins que eram numerosos ali – sua escola era do Budismo Hinayana, que se originara no século III a.C. e, no fim, fundiu-se com o Budismo Mahayana depois do Conselho de Haran. Provavelmente, os sarvastivadins da Caxemira pensaram ser melhor submeterem seu entendimento da Tripitaka (as "Três Cestas" do cânone Budista) a uma inspeção por uma autoridade fidedigna para que as tendências divergentes e reformistas, que haviam surgido em sua comunidade, pudessem ser discutidas. Nesse Conselho, todo o cânone do Budismo Mahayana, como havia se desenvolvido durante os dois últimos séculos a.C., finalmente, foi codificado – um fato que marca o surgimento do Mahayana como uma fé religiosa de pleno direito.

Evidentemente, os primeiros cristãos do Oriente apresentaram pouca ou nenhuma oposição ao Budismo Mahayana, como é manifesto, por exemplo, nos manuscritos do século IV encontrados em Turfan, no leste do Turquestão, hoje a província chinesa de Sinkiang. Cristãos, budistas e maniqueístas viviam todos juntos ali em harmonia, ao mesmo tempo, usando até os mesmos lugares de oração.[70]

---

70. Cf. Le Coq, *Ostturkistan: Waldschmidt, Zentralasien,* Lüders, Die literarischen Funde.

Um Bodisatva como o Bom Pastor.

O Bom Pastor Jesus[71] e um *Sutra Jesus-Messias* budista também foram descobertos na região.

Terapeutas, essênios e nazarenos

Na debandada completa e dispersão final dos judeus pelo imperador romano Tito, em 70 d.C., a comunidade misteriosa dos essênios, na época residente na Palestina, escondeu sua biblioteca de manuscritos em pergaminhos e rolos de papiros em grandes vasos de argila, em cavernas das montanhas de Carantânia, com vista para o Mar Morto. Ali eles ficaram esquecidos, até 1947, quando foram redescobertos e decifrados. Os teólogos cristãos ficaram admirados ao descobrirem que a maioria

---

71. De H.-J. Klimkeit, *Gottes-und Selbsterfahrung in der gnostischbuddhistischen Religionsbegegnung Zentralasiens*, em *Zeitschrift für Religionsund Geistesgeschichte*, vol. 35, 1983, p. 236-247.

das Beatitudes do Sermão da Montanha, atribuídas a Jesus, figura no texto dos Manuscritos do Mar Morto, partes que haviam sido compiladas por gerações antes da época de Jesus![72]

Existia alguma ligação entre o movimento dos primeiros cristãos e os essênios? Poderia a religião cristã ter se iniciado como uma ramificação dos modos essênios de veneração? Caso contrário, de onde os essênios conseguiram as mesmas Beatitudes? É possível que ideias budistas tivessem penetrado pela Judeia e Galileia pré-cristã?

Linhas de comunicação múltiplas e complexas entre o Oriente e o Ocidente existiram desde épocas muito antigas da história humana e há, portanto, inúmeros paralelos entre a Índia Antiga e o Antigo Egito – as duas civilizações que se originaram e se expandiram às margens de dois grandes rios no terceiro milênio a.C. A planta sagrada da Índia é o lótus que, crescendo a partir do umbigo do deus Vishnu, dará vida[73] ao deus Brama, e no qual o Buda contemplativo está entronado. O lótus também é a flor sagrada de Osíris, a divindade suprema do panteão egípcio e, ao mesmo tempo, o deus dos mortos. Na mitologia indiana, o deus Shiva dança com grande fúria, segurando o corpo sem vida de sua consorte em seu ombro e, assim, espalhando partes de seu corpo pela Terra. De acordo com a versão do Egito antigo do mesmo mito, Set, o irmão maligno de Osíris, espalha as 14 partes do corpo de Osíris como sementes por toda a Terra.

Enquanto todas as velhas culturas do Oriente Próximo acreditam em um universo único e singular que progride linearmente, desde a Criação até o Último Dia, tanto no Egito como na Índia, a crença é de que o mundo se move em um ciclo interminável de formação e de dissolução. No *Livro dos Mortos* egípcio, Osíris afirma: "Eu sou o ontem, o hoje e o amanhã, e tenho o poder de renascer uma segunda vez".

---

72. Apesar de uma data pré-cristã de compilação para os textos ter sido aceita durante muitos anos, diversos pesquisadores sugeriram recentemente que partes dos textos foram escritas por volta da época do nascimento de Jesus ou logo depois, e referem-se a Jesus diretamente. Cf. M. Baigent e R. Leigh, *The Private Jesus: The Dead Sea Scrolls and the a Christianity*. Munique, 1991.

73. Essa inscrição é geralmente apresentada como a abreviação para as palavras latinas de: *Iesus, Nazarenus, Rex Iudaeorum*, ou INRI.

Placas de argila foram encontradas no vale do Eufrates originárias da cultura do vale do Indo, que floresceu no segundo milênio a.C. Especiarias, pavões, macacos e madeira de sândalo eram exportados da Índia para o Ocidente durante todo o período antigo. Por meios até hoje desconhecidos, o alfabeto usado para escrever a línguas semitas faladas na Etiópia antiga foi emprestado da Índia. É provável que filósofos indianos tenham viajado para Atenas, Esparta e Corinto e ensinado ao mundo grego a sabedoria dos *Upanishads*. De acordo com Aristóxeno, escritor durante a época de Alexandre, o Grande, o filósofo Sócrates (469-399 a.C.) encontrou-se com um indiano em Atenas. É provável que a teoria da transmigração das almas, implícita nas obras filosóficas de Pitágoras, Platão e dos Estoicos, tenha sido inspirada pelos ensinamentos desses indianos eruditos.

No ano 325 a.C., Alexandre, o Grande, cruzou o Passo Khyber e invadiu o noroeste da Índia. O jovem macedônio não era apenas um grande líder militar, mas também um estudante do célebre Aristóteles e profundamente interessado em Filosofia. Para ele, era importante levar de volta para a Macedônia a arte e a literatura dos territórios conquistados, e o máximo possível de seus conhecimentos e ideias. É possível que Alexandre também tivesse levado consigo diversos monges budistas e iogues hindus para seu novo centro cultural e espiritual na foz do Rio Nilo, na cidade de Alexandria, onde foi fixado alicerce para o estabelecimento de uma universidade mundial. E foi assim que por meio dos Três Reis Magos do Oriente, ideias de asceticismo e de uma dieta vegetariana chegaram ao Egito – ideias, em geral, estranhas anteriormente à região do Mediterrâneo.

Dois séculos antes de Cristo, um movimento místico notável surgiu entre os judeus da Alexandria e da Palestina. No Egito, esses místicos eram conhecidos como "terapeutas"; seus irmãos espirituais na Palestina chamavam a si de essênios e nazarenos. Nesse movimento religioso, encontramos as respostas às questões colocadas anteriormente. O historiador judeu Flavius Josephus, que esteve presente na destruição de Jerusalém no ano 70 d.C., deixou-nos um relato gráfico como testemunha ocular dos rituais dos essênios. Fílon de Alexandria também menciona uma curta visita a um assentamento de terapeutas às margens do Mar de Marcotis, onde eles praticavam rituais muito semelhantes aos dos budistas. Como os budistas, os terapeutas e os essênios renunciaram à carne, ao vinho e ao excesso de sexo.

A comunidade dos essênios vivia em cavernas escavadas em paredes rochosas das montanhas de Carantânia, perto do Mar Morto, opostas à cidade de Jericó. Exatamente na mesma época, monges budistas viviam em cavernas escavadas em falésias rochosas das montanhas e escarpas ao longo da costa oeste da Índia, e tendo como centro uma caverna-templo (Chaitya).

Como os monges budistas, os essênios e os terapeutas viviam em comunidades monásticas celibatárias – um modo de vida que era uma novidade na região do Mediterrâneo, pois nenhuma observância religiosa parecida havia sido observada antes nessa região. Eles devotavam suas vidas em busca do conhecimento de Deus e tentaram obtê-lo por meio de extensos jejuns e períodos de silêncio.

Fílon de Alexandria menciona que os essênios se mantinham afastados dos rituais de sangue realizados no Templo de Jerusalém, pois eram absolutamente contrários ao sacrifício de animais. A religião essênia, de fato, pode muito bem ter sido instituída como protesto contra esses elementos sangrentos da ortodoxia judaica e a severidade rígida da Lei Mosaica. Um desenvolvimento semelhante havia ocorrido na Índia vários séculos antes, ou seja, quando Buda protestou contra as regras e rituais brâmanes que haviam perdido seu significado.

A comunidade essênica era composta de monges e de pessoas laicas, como o sangha budista. A comunidade monástica levava uma vida ascética organizada comunitariamente em suas quase inacessíveis cavernas nas montanhas no entorno de Jericó, onde lhes era possível viver bem afastada dos grupos de judeus ortodoxos. João Batista foi um desses essênios reclusos. Os membros laicos dos essênios viviam em vilarejos e cidades, onde se casavam e criavam os filhos, esforçando-se por levar uma vida piedosa, pura e espiritual. Tal como ainda é praticado em muitos países budistas, as famílias laicas, muitas vezes, doavam o primeiro filho para ser um monge na caverna-monastério. Talvez João Batista tenha sido uma dessas crianças adotadas pelos essênios.

Os Três Reis Magos do Oriente, aqui representados como monges budistas, por Friedrich Hechelmann.

A palavra *terapeuta* significa "aquele que ministra", e, portanto, um "curador", e a comunidade terapeuta na periferia de Alexandria foi, sem dúvida, influenciada pela presença de monges budistas. Os monges budistas também eram chamados de curadores ou médicos. Os terapeutas (*therapeutae*) costumavam sentar-se em esteiras de palha, como na tradição dos monges budistas na Índia, e seu costume de batizar noviços em sua iniciação na vida monástica também foi retirado do Budismo. Eles não consumiam carne nem vinho, viviam em pobreza voluntária, jejuavam em períodos estabelecidos e, comunitariamente, recitavam, cantavam textos e hinos religiosos, além de vestirem túnicas brancas.

Grande parte da vida de um terapeuta transcorria em meditações silenciosas e em rituais de adoração. Os essênios – tanto os monges das montanhas quanto os membros laicos de cidades – tendiam a ocupar-se com agricultura e artesanato. Os Manuscritos de Qumran contam como as duas comunidades estavam à espera de um fim da vida na Terra, esforçando-se para se prepararem para uma vida futura com Deus, demonstrando o amor ao próximo e à humanidade em geral, e praticando o bem. Os essênios identificavam oito estágios de crescimento espiritual, o que é bem parecido com o Caminho Óctuplo dos Budistas, e o objetivo deles (de novo como no Budismo) era alcançar um plano mais elevado de existência e atingirem a "Iluminação".

Os Evangelhos Sinóticos contam como Jesus instruiu seus discípulos a viajarem a pé, com um cajado na mão (como alguns monges hindus), e pregarem para as pessoas. Durante as suas viagens pela Judeia e pela Galileia, Jesus pode muito bem ter passado algumas noites nas casas de essênios residentes nos vários lugares que ele visitou.

Os essênios batizavam seus noviços em sua iniciação. Em sua admissão na vida monástica, os noviços budistas passavam por um ritual batismal semelhante, provavelmente adotado dos brâmanes. O abade do monastério budista espargia a cabeça do noviço com leite e água depois de ele ter confessado seus pecados. Uma lâmpada acesa durante esse ritual simbolizava o novo nascimento. Interessante é o fato de documentos da época bem inicial da Igreja Cristã registrarem que depois do batismo um novo cristão era descrito como *illuminatus* (iluminado).

De acordo com Epifânio de Constância (Salamis), os essênios eram também chamados de nazarenos – *nazarenos* ou *nazoraios*. No antigo Israel, certos videntes eram descritos como nazaritas. Esses nazaritas condenavam os sacrifícios de sangue efetuados nos ofícios dos templos e, consequentemente, eram odiados pelos sacerdotes ortodoxos do Templo. Os judeus de fé eram encorajados, três vezes por dia, a pedirem que a ira de Deus recaísse sobre eles: "Envie sua maldição, Ó Deus, sobre os nazaritas!".

O Evangelho de João reza que Pilatos ordenou que fosse fixada uma placa na cruz de Jesus na qual, de acordo com a tradução inglesa, se lia: "Jesus de Nazaré, Rei dos Judeus". Mas, na maioria de outros idiomas, a placa é traduzida de forma diferente como "Jesus, o Nazareno...".[74] A pesquisa

---

74. Os arábes chamavam os cristãos primitivos de *nasrani* ou *nasara*.

demonstrou que o epíteto *nazareno* não se refere à cidade de Nazaré, que, provavelmente, nem sequer existia na época. Um dos elementos nas acusações contra Jesus, portanto, foi, evidentemente, ele ser um membro dos nazarenos! Se, além disso, as palavras da inscrição foram alteradas pela tradição ou por uma necessidade de apresentar uma verdade diferente – se, por exemplo, a versão original fosse "Jesus, líder dos nazarenos" –, isso explicaria em grande medida por que Jesus era tão odiado pelo Sanhedrin, o Alto Conselho Judaico. Ele era o líder de uma comunidade que eles abominavam: os nazarenos.

Jesus, o Nazareno

Em quase todos os manuscritos gregos, Jesus é chamado de "O Nazareno", sempre traduzido para o inglês – erroneamente – como "Jesus de Nazaré". Portanto, na maioria das traduções da Bíblia, a caminho de Damasco, Paulo ouve uma voz que diz: "Eu sou Jesus de Nazaré que tu perseguiste". De fato, os manuscritos gregos não contêm essa declaração e a versão apresentada na *Bíblia de Jerusalém* é a tradução correta: "Eu sou Jesus, o Nazareno, a quem tu persegues"(Atos dos Apóstolos, 22:8).

Haveria, quem sabe, algum intuito deliberado por trás dessa tradução incorreta? Se a intenção fosse apenas relacionar Jesus ao seu lugar de origem, nesse caso, ele seria denominado "Jesus de Belém", pois não há nada dito que apoie a alegação que Jesus viveu em Nazaré. De fato, conforme o Evangelho de Marcos, seus seguidores viviam nas cercanias do Mar da Galileia, provavelmente em Cafarnaum, pois é por essas cercanias que dizem: "E ele... partiu dali e foi para sua pátria" (Marcos 6:1). De qualquer forma, foi a partir daí que: "... chegaram seus irmãos"(Marcos 3:31), para que ele ficasse em casa. Se "seus irmãos" tivessem vindo de Nazaré, eles deveriam ter viajado uma distância de mais de 40 quilômetros.

Em Atos dos Apóstolos, os primeiros cristãos eram chamados nazarenos, enquanto Jesus é, ele mesmo, chamado de "o Nazareno" seis vezes.

No Evangelho de João (1:46), Natanael pergunta ao apóstolo Filipe: "Pode vir alguma coisa boa de Nazaré?". Está implícita na pergunta a surpresa de Natanael de que alguém vindo desse pequeno lugar insignificante pudesse ter esse profundo conhecimento ou ainda ter conseguido o benefício de uma educação completa o suficiente para sugerir que teria frequentado algum estabelecimento de ensino renomado. (É óbvio que Natanael nunca ouvira falar de algo assim acontecendo por lá.)

O *Greek-German Dictionary of the Writings of the New Testament and other Early Christian Literature* (1963) declara abertamente: "é muito difícil" encontrar qualquer conexão linguística entre as expressões *nazareno* e *Nazaré*.

Os adjetivos *nazarenos, nazorenos* e *nazoraios* eram todos usados de diversas formas para descrever Jesus – provando que são sinônimos um do outro e foram geralmente usados para indicar que Jesus veio do povoado de Nazaré, o que resulta em ele ser descrito como "Jesus de Nazaré". Já em 1920, M. Lidsbarski, em sua obra *Mandaean Liturgies*, demonstrou que *nazareno* não poderia ser derivado de *Nazaré* por qualquer processo padrão etimológico.

Não há nenhuma menção a Nazaré na literatura anterior à época de Jesus e, mesmo naquele tempo, o local não podia ter sido maior do que uma pequena aldeia – se realmente existiu. Em Josué (19:10-15), o lugar não é mencionado em conexão com a tribo de Zebulun, embora ele mencione Japhia a apenas três quilômetros a sudeste (destruída pelos romanos em 67 d.C.).

A palavra *nazareno* deriva da raiz aramaica *nazar*, que significa algo como "selecionar", e também "discernir", "observar" e "colocar de lado", "preservar". Figurativamente, a palavra também pode ser usada para significar "ser devoto" ou "consagrar-se ao serviço de Deus". Utilizado como nome, o termo significa "diadema", o símbolo de uma cabeça ungida. Um nazareno, portanto, era um observador e preservador dos ritos sagrados. O *nazaria* constituiu um ramo dos essênios e deve ter estado, com os ebionitas, entre as comunidades cristãs originais que, de acordo com o Talmud, remetiam aos *nozari*.[75] Todas essas seitas gnósticas (*gnosis* = conhecimento) faziam uso da magia em seus rituais. Seus membros eram pessoas iniciadas e ungidas que levavam vidas ascéticas dedicadas à comunidade em religiosidade e moralidade. É possível que a ortografia, ligeiramente diferente dos

---

75. John M. Robertson, *Die Evangelienmythen*, Jena, 1910, p.51ff.

adjetivos que os descreveram, de fato, diz respeito a grupos individuais que diferiam uns dos outros em sua interpretação da fé e no estilo de vida, embora todos fossem descritos em termos derivados da mesma origem etimológica. A descrição *nazareno* também está ligada à derivação etimológica dos nazaritas do Antigo Testamento, que existiram em uma época bem anterior à de Jesus.

Centenas de anos antes ainda, o poderoso herói Sansão era um *nazoraio* ou *naziraio,* que se recusou a cortar seu cabelo e que não bebia vinho (Juízes, 13:5-7) – ou seja, um asceta. De acordo com John M. Robertson, contemporâneos não ascetas descreviam a si mesmos, deliberadamente, como nazarenos a fim de se distinguirem do "nazirismo" ou do ascetismo.[76]

Não se pode dizer, definitivamente, que Jesus pertenceu a qualquer um desses vários grupos, pois ele, evidentemente, recusou-se a ser categoricamente sujeito a qualquer lei imposta, optando, como Buda, a "fazer a coisa certa no tempo certo". A enorme distância física entre a Palestina e a Índia, com o passar do tempo, ampliou o abismo do entendimento entre os líderes da fé espiritual que adotaram os princípios da Filosofia Budista na Índia e seus equivalentes em Israel. Por essa razão, Jesus pôde ser descrito precisamente como um "reformador" que foi enviado para restabelecer a unidade da crença entre "as ovelhas perdidas", para fortalecer sua resolução e dar-lhes apoio espiritual e moral em sua luta contra a ocupação dos romanos, saduceus, fariseus e judeus ortodoxos.

Jesus foi o Mensageiro Divino por quem muitos esperavam fervorosamente em uma época de tumulto e de confusão. Os dois discípulos enviados por João Batista lhe perguntaram: "És tu aquele que havia de vir, ou esperamos outro? " (Mateus, 11:3).

João Batista foi um profeta dos nazarenos e era conhecido como o "Salvador" na Galileia. Flavius Josephus descreve o Batista assim:

> Um homem honrado que inspirou os judeus a fazerem o bem, a tratarem bem uns aos outros e que os incentivava a se batizarem. Então, ele declarou que Deus olharia com favor aqueles que

---

76. *As Antiguidades dos Judeus*, XVIII, 5:2.

se batizassem, pois o batismo conferia a cura física e não só o perdão dos pecados. A absolvição do pecado deve ocorrer primeiro e deve centrar-se em levar uma vida virtuosa. Grandes multidões acompanhavam João Batista muito comovidas pelo que ele dizia...

A imersão ritual em água originou-se na Índia e continua sendo praticada diariamente pelos hindus com a mesma devoção com que era praticada há milhares de anos – uma tradição tão antiga quanto qualquer mistério. Na Palestina, o ritual essênio do batismo marca uma saída importante dos dogmas da tradição judaica, especialmente do sacrifício de sangue, que se baseava na premissa grosseira de que os pecados seriam perdoados se sangue fosse derramado. A imersão ritualista destina-se a simbolizar, por um lado, a libertação de tudo o que é terreno e, por outro, o renascimento do espírito em um corpo puro. O segundo Livro das *Leis de Manu*, que trata dos sacramentos, contém a injunção de derramar água consagrada sobre o recém-nascido antes de cortar o cordão umbilical. Depois, uma mistura de mel, manteiga clarificada (*ghee*) e sal deve ser colocada na língua do bebê com uma colherinha dourada, enquanto orações auspiciosas são recitadas continuamente.

O *Atharva Veda* contém a seguinte passagem: "Quem não foi purificado depois do nascimento com água do Ganges, abençoada pelas invocações sagradas, estará sujeito a vaguear durante os anos que viveu na impureza" ("vaguear" refere-se à vida em espírito ou depois do renascimento em outro corpo).

A forma de batismo de João Batista também parece ter constituído um sentido de pertencimento para certa comunidade, cujos membros eram claramente diferenciados dos que não eram membros por sua realização de várias precondições ritualistas. Isso torna claro que os nazarenos eram uma seita independente, que celebrava sua própria versão dos mistérios de um ensinamento consagrado. Enquanto isso, líderes de seitas esotéricas, que atraem multidões emocionais enquanto mantêm um perfil público discreto, têm sido sempre o alvo de desconfiança e de perseguição pelas autoridades governantes. Paulo enfrentou a mesma hostilidade quando foi acusado por Tertullus diante do governador Félix de ser "o principal defensor da seita dos nazarenos" (Atos 24:5).

De acordo com Plínio, o Velho, e Josefo, a seita nazarena tinha vivido às margens do Rio Jordão e na costa oriental do Mar Morto por, pelo menos, 150 anos antes do nascimento de Cristo. Seus seguidores tinham permissão de usar os seus cabelos compridos. Talvez eles nunca os cortassem, como muitos ascetas hindus. João Batista é retratado com cabelos longos e usando "vestes de pelos de camelo, e um cinto de couro em torno de seu ventre" (Mateus, 3:4). Uma descrição da aparência de Jesus é dada por um patrício romano chamado Lêntulo em uma carta ao senado romano. Nesse documento apócrifo, conhecido como a *Epístola de Lêntulo*, o cabelo de Jesus é descrito como "solto e ondulado"; ele caía solto sobre os ombros e era "partido ao meio, à moda dos nazarianos". Não é realmente possível, hoje, formar uma imagem detalhada da seita nazarena a partir das poucas fontes e das escassas referências disponíveis. Portanto, não se pode rastrear como a atitude espiritual de Jesus, o Nazareno diferia da de seus contemporâneos ortodoxos – não fosse a descoberta de uma profusão de novas informações sobre a seita dos essênios, em que a influência de ensinamentos budistas é claramente visível. Os essênios diferenciavam-se dos nazarenos apenas em poucos detalhes externos: por exemplo, Jesus usava óleo enquanto os essênios usavam apenas água pura.

Durante o século XIX, aquelas pessoas familiarizadas com os relatos dos essênios chegaram à conclusão de que a comunidade de Jesus era um grupo essênio. O historiador judeu Heinrich Graetz até descreveu o Cristianismo como "Essenismo com elementos externos".[77] Os essênios também são comprovados em referências indiretas feitas a eles por historiadores antigos. O filósofo judeu Fílon de Alexandria chamava-os de "atletas de virtude", e Josephus dedicou-lhes quase um capítulo inteiro em seu livro *A Guerra dos Judeus* (II:8). Os dois estimaram o número total de membros em cerca de 4 mil "homens de excelente moral que viviam por todas as suas terras". O autor romano Plínio, o Velho, também menciona a seita dos essênios.

---

77. Citado de J. Klausner, *Jesus von Nazareth*, 1952, p. 144.

Porém, foi só com a descoberta dos famosos Manuscritos do Mar Morto, em Qumran, no século XX, que as pessoas se deram conta de todo o significado dos ensinamentos essênios, que antecipavam os ensinamentos de Jesus e lançaram uma nova luz sobre o próprio Jesus.

Os essênios: Cristianismo antes de Jesus

No verão de 1947, um jovem beduíno descobre a entrada para uma caverna enquanto procurava uma cabra perdida no meio dos penhascos, perto do Mar Morto. Curioso, o jovem pastor entrou na caverna e descobriu vários vasos selados com tampa entre uma grande quantidade de fragmentos de outros vasos. Esperando encontrar um tesouro, o garoto abriu os vasos selados, mas, para sua decepção, ele apenas achou manuscritos antigos em malcheiroso papel velino.

Contudo, tratava-se realmente de um tesouro e a descoberta logo provaria ser a maior sensação arqueológica do século. Em 1948, quando os manuscritos foram apresentados ao famoso arqueólogo William F. Allbright, ele os chamou "a maior descoberta de manuscritos de nossa época". Ele os datou do primeiro século a.C. e não tinha qualquer dúvida sobre sua autenticidade.

No decorrer dos anos seguintes, pesquisadores na área de Khirbet Qumran descobriram outras dez cavernas e uma quantidade maior de manuscritos, que ainda não foi completamente traduzida ou publicada. Apesar disso, foi bem clara a semelhança entre os ensinamentos de Jesus e os dos essênios. De fato, alguns até diziam que os essênios deviam ter sido os verdadeiros precursores do início do Cristianismo. A semelhança impressionante entre os dois movimentos é particularmente evidente em seus pontos de vista teológicos paralelos e suas instituições religiosas: tudo confirma a existência de um Cristianismo *antes* de Jesus.

Sete manuscritos da primeira caverna estão agora expostos no Hall de Manuscritos do Museu de Israel, em Jerusalém. O manuscrito mais extenso é aquele conhecido como "O Manuscrito Isaías de São Marcos".[78] Esse manuscrito, de 54 colunas em hebraico, contém o livro

---

78. Forma Abreviada: 1QIs.

completo do profeta Isaías. O manuscrito de Isaías é o mais antigo dos achados (datado de cerca de 150 a.C.) e guarda uma semelhança impressionante com cópias antigas de textos bíblicos. Fragmentos de um segundo manuscrito de Isaías[79] e um comentário ao livro do profeta Habacuque[80] também foram encontrados.

Entretanto, a mais importante descoberta foi um rolo de quase dois metros de comprimento que detalhava as regras e os regulamentos para uma comunidade religiosa. Hoje o documento é chamado de *Serek Hajjahad*, derivado de suas palavras de abertura, que significam "A Regra da Comunidade" ou "O Manual de Instruções".[81] A primeira parte descreve um Compromisso de Amor Eterno que vincula os membros da comunidade a Deus. A segunda descreve "os dois espíritos na natureza do Homem": o espírito de luz e verdade e seu oposto, o espírito do erro e da escuridão. (No Budismo, isso é expresso como o contraste entre o Conhecimento e a Ignorância.) Os regulamentos da Ordem seguem adiante, dando uma descrição detalhada das condições para a admissão e as penalidades por infringir a Regra da Comunidade. E tudo chega a um final com um longo hino de ação de graça.

Além da Regra para a ordem celibatária dos monges, foi encontrado um segundo manuscrito que havia sido enrolado junto ou até costurado nele. Esse manuscrito era intitulado *Regra para Toda a Comunidade*,[82] e era dirigido ao ramo laico da comunidade, para os membros que eram casados.

Existem paralelos muito evidentes com as comunidades budistas iniciais, que também fizeram distinção entre os monges (em páli *bhikkhu*) e os laicos (*upasaka*).

Aqueles que pertenciam ao ramo "mundano" da seita deviam ser ensinados pelo *Manual de Instruções*, com todas as regras da comunidade, a partir dos 11 anos. (É preciso lembrar que Jesus foi levado do Egito para Jerusalém, com a idade de 11 anos – para depois desaparecer e não ser visto até ser adulto com idade por volta de 30 anos.) Não era

---

79. Forma Abreviada: 1QIIs.
80. Forma Abreviada: 1Qp Hab.
81. Forma Abreviada: 1QS.
82. Forma Abreviada: 1QSa.

permitido aos homens se casarem antes dos 20 anos; com a idade de 25 anos lhes eram concedidas uma posição e autoridade na comunidade. Com efeito, era possível ascender a qualquer das posições oficiais de comando com a idade de 20 anos, mas ainda era necessário prestar total obediência aos sacerdotes e aos anciãos da comunidade. Os homens de posição deviam aposentar-se de suas funções ao atingirem certa idade.

Quase ao final do rolo aparece uma descrição das acomodações para a ceia em comunhão para celebrar a vida seguinte depois da morte – eram esses arranjos de acomodações que se tornaram um tópico de debate entre os discípulos de Jesus na Última Ceia (Lucas, 22:24-27).

Outro rolo, com partes bem danificadas, contém os salmos bíblicos e 40 salmos essênios originais, todos começando com as palavras: "Eu Vos louvo, Senhor"; esse manuscrito é conhecido como *Hokhajot*: "Canções de Louvor".[83]

Os outros escritos trazidos à luz são, evidentemente, restos escassos desgastados pelo tempo do que descobridores de séculos passados não tinham percebido, pois até Orígenes informa que uma tradução dos Salmos havia sido encontrada com outros manuscritos em um vaso em algum lugar perto de Jericó. E o Patriarca de Selêucia, o nestoriano Timóteo I (*fl.* 823 d.C.), em uma de suas cartas descreve a descoberta de algumas escrituras hebraicas ocultas em uma caverna não longe de Jericó.

Alguns dos textos foram escritos em um código secreto, mas existem constantes referências a uma "Nova Aliança" (que, é claro, Martinho Lutero e outros reformadores traduziram como "Novo Testamento") e um misterioso "Mestre da Retidão".

Em sua *Historia Naturalis*, Plínio, o Velho, menciona um monastério que ele vira a uma curta distância ao norte de Ein gedi, na costa ocidental do Mar Morto. Ele o chamou de Monastério Essênio e descreveu seus membros como "... um grupo recluso de homens, um dos mais notáveis do mundo, sem absolutamente nenhuma mulher, que renunciou às paixões mais baixas e vive com seus próprios recursos, embaixo das palmeiras" (V:17).

---

83. Forma Abreviada: 1QH.

A menos de um quilômetro da caverna onde os primeiros manuscritos foram descobertos, existem algumas ruínas conhecidas desde tempos antigos como Khirbet Qumran ("as ruínas de Qumran"), consideradas os restos de um forte romano primitivo. Escavações no local foram iniciadas apenas em 1951, na gestão de Lancaster Harding da Secretaria Jordaniana de Antiguidades e do padre Roland de Vaux, Diretor do Instituto Dominicano de Teologia, em Jerusalém. O que eles encontraram ultrapassou suas maiores expectativas – o Monastério de Qumran, onde, provavelmente, os próprios manuscritos foram escritos. Durante os cinco anos seguintes, trabalhando intensivamente, os pesquisadores descobriram um grande povoado protegido por um muro bem fortificado. Um edifício mais ou menos quadrado no centro era ligado a diversas edificações menores, um grande hall de jantar, banhos batismais e não menos do que 13 poços com um sistema complexo de canais que supria de água todo o complexo. Também havia um cemitério contendo mais de mil túmulos, em que somente homens haviam sido enterrados. E eles encontraram um quarto de escrita: uma sala para escrever com mesas de pedra entalhada em que tinham sido escavados tinteiros, de onde, provavelmente, a maioria dos manuscritos das cavernas se originara desde o início do século VIII a.C., mas que havia sido abandonado na época do Exílio Babilônico, para ser reocupado, uma vez mais, por volta de 175 (século II) a.C.

Josephus nos apresenta um relato de como os monges viviam:

> Eles desprezam a riqueza mundana; o mais admirável é como todos possuem todas as coisas em comum, de maneira que ninguém entre eles possua mais do que outro. Pois é sua a regra de que qualquer um que deseje juntar-se à seita primeiro deve doar tudo o que possui para toda a comunidade. O resultado é que não existe nem miséria abjeta nem tampouco opulência excessiva. Pelo contrário, eles tratam toda propriedade como de uso comum – embora fosse originalmente coletada de membros individuais da ordem – no espírito de fraternidade. Entretanto, eles consideram o óleo um produto sujo. Caso um deles tivesse seu corpo untado com óleo contra sua vontade, ele teria de tomar um banho completo a fim de eliminá-lo. Pois andar pelos arredores com a pele em seu estado

natural, é tão virtuosamente creditável para eles quanto vestir uma túnica branca limpa.[84]

Existem paralelos óbvios entre essa descrição do estilo de vida dos essênios, as regras monásticas budistas e os hábitos do próprio Jesus. Assim como os monges budistas nada possuíam além de suas roupas e algumas coisas pequenas, próprias para uma vida nômade, Jesus viveu a existência de um professor itinerante que pouco ou nada possuía. E assim como Jesus exigiu de seus discípulos renunciarem às suas famílias e aos bens materiais, também a regra budista exigia que seus seguidores se juntassem à comunidade e "saíssem para o mundo" – abandonando suas casas e famílias (como também as armadilhas da vida laica) para entrarem na irmandade de monges errantes, sem um abrigo permanente, a fim de libertar-se de todas as preocupações mundanas, meditar sobre os Ensinamentos e, gradualmente, desvincular das paixões mortais e dos desejos mundanos. Jesus disse: "É mais fácil um camelo (embora quisesse talvez dizer "um pelo de camelo") passar pelo buraco de uma agulha do que um homem rico entrar no reino de Deus" (Mateus, 19:24).

Os Evangelhos proporcionam outro exemplo dos pensamentos de Jesus sobre a libertação das preocupações mundanas:

> E certo escriba veio e disse-lhe: "Mestre, aonde quer que fores, eu te seguirei". E disse Jesus a ele: "As raposas têm covis, e as aves do céu têm ninhos, mas o Filho do Homem não tem onde reclinar a cabeça" (Mateus, 8:19-20).

Outro ponto de interesse é a proibição essênia de passar óleo no corpo. Dizem que o próprio Buda advertiu seus seguidores contra a prática, pois envolvia uma vaidade excessiva em relação ao próprio corpo e equivalendo, portanto, a um desejo egoísta. Aparentemente, a seita nazarena não tinha nenhuma obrigação de adequar-se a essa norma rígida.

Os essênios vestiam túnicas brancas, o que levou alguns filósofos críticos do século XVIII a declararem que a crucificação e a ressurreição

---

84. *A Guerra dos Judeus* II, 8:3.

de Jesus nada mais eram do que um embuste bem planejado e elaborado, encenado por monges essênios. Os críticos disseram que o jovem rapaz em túnica branca, que anunciou a Ressurreição às mulheres no túmulo vazio, claramente demonstrava pertencer aos essênios. Durante o século XIX, também foi levantada a teoria de que Jesus era o filho natural de um essênio a quem Maria se entregou por meio de um casamento religioso. A criança foi entregue à Ordem, o que, de acordo com um relato de Josefo,[85] era uma prática e um costume genuinamente essênios.

Já em 1831, August Friedrich Gfrörer, vigário de uma paróquia de Stuttgart e professor no seminário de Tubingen, escreveu: "A Igreja Cristã desenvolveu-se a partir da comunidade dos essênios, cujas ideias eles desenvolveram e sem cujas regras sua organização não teria condições de ser estabelecida".

Certos historiadores linguísticos acreditam que a expressão *essênio* basicamente significa "batista". Outros, porém, a relacionam à palavra síria *hasen,* "o piedoso", ou ao aramaico *assaya*, "curador", "médico" (semanticamente comparável ao grego *terapeuta*). Muitos monges essênios dedicaram anos de suas vidas às práticas ascéticas de autodisciplina e de contemplação, e alcançaram poderes incríveis de percepção extrassensorial e de telecinese, tal como os iogues e os faquires da Índia faziam e ainda fazem.

O monastério essênio estava localizado perto de Jericó, entre as montanhas a oeste do Mar Morto – uma região renomada por seu clima ameno e saudável desde a época dos profetas Elias e Eliseu. Essa é a única parte da Palestina quente o suficiente, durante todo o ano, para praticar exercícios, como os do ioga indiano, ao ar livre. Os dons místicos descritos pelos próprios essênios são os mesmos poderes extraordinários que os estudantes de Ioga Kundalini alcançam na Índia; eles incluem clarividência e pré-cognição, levitação e teletransporte, cura pela imposição das mãos e a restituição da vida aos mortos.

O fato de que o Novo Testamento observa um silêncio completo e categórico a respeito da ordem dos essênios – uma seita que era, no mínimo, tão significante em números quanto os saduceus e os fariseus

---

85. De Albert Schweitzer, *Geschichte der Leben-Jesu-Forschung.*

(Josephus os estimou em cerca de 4 mil) – sugere que a omissão tenha sido deliberada.

A simples geografia mostra que Jesus não teria deixado de perceber o Monastério de Qumran. De fato, o local à margem do Jordão onde Jesus foi batizado pelas mãos de João Batista (por meio de quem ele foi integrado na seita moderada nazarena) estava dentro do campo de visão do monastério, a apenas sete quilômetros de distância. Visitar o lugar é ver quão gritante é a proximidade do local do batismo ao sítio de Qumran. O ar claro do amplo deserto montanhoso parece tornar os dois lugares ainda mais próximos. Desse mesmo ponto também é possível ver a montanha em que, por tradição, Jesus foi tentado pelo demônio durante seu período de isolamento, logo depois de seu batismo (Lucas 4:1-13): a montanha está a uma distância de 15 quilômetros.

João Batista vivia ali no deserto, talvez até nas cavernas de Qumran. Jesus enfrentou 40 dias de isolamento no deserto, logo depois de ser batizado. Os habitantes reclusos de Qumran, com certeza, referiam-se à área em que eles viviam como "o deserto" em seus escritos. Durante essa sua permanência Jesus esteve "em companhia de animais selvagens. E os anjos o serviam" (Marcos, 1:13). Mas a palavra traduzida como *anjos* nada mais significava do que "mensageiros", e os essênios preservavam uma ampla hierarquia de "anjos-mensageiros" que fazia parte de seus mistérios sagrados.

Portanto, se Jesus passou algum tempo em uma caverna perto de Qumran, talvez, como parte de um período que poderia representar um noviciado, pode muito bem ter havido algum contato com o monastério – talvez os "anjos" fossem, na realidade, monges!

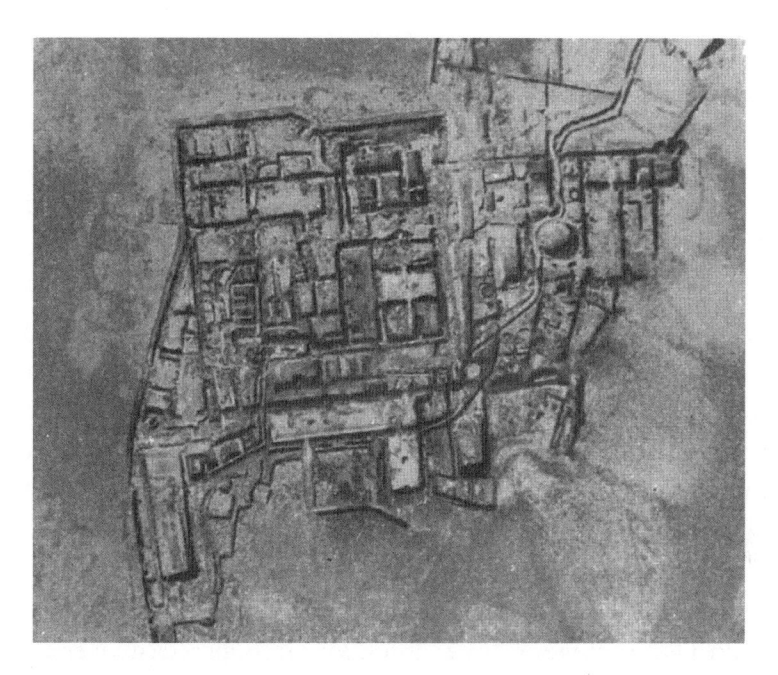

Uma fotografia aérea do monastério de Qumran, depois da escavação.

No capítulo sobre os essênios, Josephus escreveu:

> Qualquer um que deseja associar-se à seita, a admissão não é concedida imediatamente, mas, antes, deve passar o primeiro ano fora da ordem, praticando o mesmo tipo de vida de seus membros. É dado a ele um machadinho, uma sunga e uma túnica branca. Se passa nesse teste de asceticismo durante todo o período, ele avança um passo a mais de se tornar um membro pleno: ele pode, então, participar da consagração batismal com água, mas ainda não pode participar das refeições comunitárias.[86]

Um procedimento bem semelhante ocorre no Tibete. Antes de um monge comum ser consagrado como Lama ("o superior"), ele passa por uma série de exercícios e testes. O aspirante também deve ficar um tempo fora da comunidade, em um lugar onde possa permanecer sem ser perturbado, para que se dedique completamente à meditação. O mo-

---
86. *A Guerra dos Judeus* II, 8:7.

nastério de Hemis, em Ladakh, como todos os grandes mosteiros, tem um segundo edifício bem menor e mais simples para esse propósito, no pico de uma montanha alta a cerca de cinco quilômetros de distância do mosteiro principal. Imersos em meditação profunda em suas celas individuais, os candidatos recebem de assistentes só um pouco de comida duas vezes por dia.

Um terremoto destruiu a comunidade inteira de Qumran, em 31 a.C. Ainda são visíveis fendas e fissuras no terreno, e o nível do solo varia em cerca de meio metro em alguns pontos. Qumran permaneceu desabitada por quase 30 anos depois do terremoto, e foi somente na época do nascimento de Jesus que o monastério foi reformado e dotado de um novo espírito.

Além de túmulos de seres humanos, também foram encontrados restos enterrados de animais no sítio do monastério. Ossos de ovelhas, cabras, vacas e cordeiros tinham sido colocados para descansar com todo o cuidado em vasos de cerâmica. Portanto, parece que, embora os essênios fizessem bom uso de seus animais domésticos, eles não matavam nem comiam os animais por considerarem que tirar qualquer vida era uma atrocidade, tal como os budistas. Os monges cultivavam campos e pomares. Inúmeras tâmaras petrificadas confirmam a existência de uma plantação de tamareiras, tal como Plínio, o Velho, descreveu. Fílon também conta que um dos passatempos preferidos da comunidade era a prática da apicultura – diante do que a alimentação diária de João Batista como registrada no Evangelho de Marcos (gafanhotos e mel) vem à mente.

Causa certa surpresa o fato de cerca de 400 moedas também terem sido encontradas no monastério e, pelo que elas revelam, a história da comunidade pode ser reconstruída com grande precisão. Bem poucas moedas datam do ano 4 a.C., quando Arquelau sucedeu a seu pai Herodes, como governador da Judeia. O lapso na sequência das moedas, antes dessa data, sugere que foi somente depois de Arquelau ter assumido a função de governador da Judeia que o monastério teve permissão para ser reaberto. Os membros da comunidade tiveram de manter distância de seu centro monástico durante todo o período em que Herodes, habitando em seu luxuoso palácio de inverno, em Jericó, a apenas 12 quilômetros de distância, tinha reprimido e expulsado as seitas essênias. Com a morte de Herodes, os essênios voltaram e começaram a reconstruir seu monastério. A partir de então, Qumran permaneceu habitada até a rebelião judaica contra Roma em 68 d.C. As terras da área apresentam evidência de uma destruição final violenta. Uma camada de cinzas indica que o monastério foi destruído pelo fogo.

Os ensinamentos dos essênios em Qumran

Os membros da comunidade essênia em Qumran não atribuem qualquer nome específico para sua seita em seus escritos religiosos. Eles se autodenominavam "a comunidade santa", "os escolhidos de Deus", "os homens da verdade" ou, mais frequentemente, "os Filhos da Luz". Em muitos aspectos, os essênios cumpriram minuciosamente os preceitos inerentes à Lei Judaica, mas, em muitos outros, também se desviaram dela em tal grau que é difícil afirmar se a comunidade de Qumran poderia ser realmente descrita como uma seita judaica.

De acordo com o *Hokhajot*, as Canções de Louvor (ou salmos dos essênios), que também foram desenterradas, a missão dos essênios era a de pregar "as Boas-Novas" (*eu-angelion*) aos pobres como uma medida da misericórdia de Deus, e eles mesmos seriam os "mensageiros das Boas-Novas". Perceberam a necessidade de uma "Nova Aliança" com Deus – de fato, algumas vezes, eles se referem a si mesmos como a Nova Aliança – como, mais tarde, foi considerado ter sido estabelecida pela pessoa de Jesus. A Nova Aliança deveria durar "a partir do dia em que o 'Mestre Único' partisse até a chegada do Messias de Aarão e de Israel!".

Entretanto, o mais surpreendente de tudo é o fato de que, quando os membros da seita de Qumran oravam em comunidade, o que faziam três vezes por dia todos os dias, eles não olhavam na direção do Templo de Jerusalém (como faziam e fazem todos os judeus ortodoxos), mas para o Leste. O foco de suas orações era dirigido para o Leste, em direção ao sol nascente. Josephus escreve que os essênios "somente falam de maneira piedosa... antes do nascer do sol, oferecendo certas orações antigas ao sol...". Isso mostra que os essênios consideravam o sol como um símbolo aceitável de Deus em Si. Um dos salmos de Qumran torna o ponto ainda mais claro, dirigindo-se a Deus como "... a verdadeira aurora do alvorecer (que) surgiu para mim ao nascer do dia", e, de novo: "... você me apareceu com toda a sua força ao nascer de um novo dia".

A Regra da Comunidade (ou *O Manual de Instruções*) exigia dos fiéis da Nova Aliança que recitassem uma oração ao nascer do sol e outra no crepúsculo. Os seguidores de Pitágoras – que, aparentemente, foram ensinados pelos brâmanes da Índia – em sua comunidade de Crotona, ao sul da Itália, e os membros da seita gnóstica de Hermes Trismegisto (baseados na adoração do deus egípcio Thoth e, posteriormente, muito influenciados pelos pitagóricos) observavam um modo idêntico de adoração. Tanto a direção leste para orar quanto o uso simbólico do sol são reminiscências do Templo do Sol de Martrand da Caxemira.

Os essênios foram, simplesmente, notáveis nesse aspecto pelo fato de não seguirem o calendário sancionado pelas autoridades do Templo de Jerusalém, que era um calendário lunar. Eles tinham seu próprio método de definir datas que se baseava no ano solar – um pouco mais preciso –, e que estivera em uso geral na Índia desde o início do domínio brâmane. Foi somente durante a época de Júlio César que o uso do calendário solar foi promulgado em todo o Império Romano, embora até hoje ele não seja aceito pelos judeus.[87] Portanto, no calendário de Qumran, os dias de festa do ano religioso sempre ocorriam no mesmo dia da semana, em contraste com a prática oficial judaica.

Tampouco é de origem judaica a prática da divisão do ano em quatro estações. Foi Pitágoras quem introduziu o arranjo trimestral da Índia e, antes disso, de fato, os gregos antigos tinham pensado apenas em termos de três ou, até mesmo, duas estações.

A base espiritual e a fonte original da filosofia essênia são ainda mais bem reveladas por outro ensinamento essênio: tal como os sábios indianos e os filósofos gregos, os essênios acreditavam na imortalidade, uma vida após a morte – em outras palavras, que a alma ou o espírito

---

87. O ano judaico tem 12 meses que se alternam entre 29 e 30 dias cada, totalizando 50 semanas de sete dias. Para ajustar e adequar o ano solar real, um 13º mês, o segundo Adar ou Veadar, deve ser inserido sete vezes a cada período de 19 anos. O "ano emergente" em relação à cronologia judaica é o "Dia da Criação", correspondendo no Calendário Gregoriano a 20 de setembro de 3760 a.C.

sobrevive e abandona sua prisão temporal, o corpo. A esse respeito, foi Jesus quem acrescentou um novo elemento em seu ensinamento sobre a ressurreição. Ele falou da ressurreição dos mortos, mas sem expressamente se referir à ressurreição do corpo. Portanto, ele não estava necessariamente falando de uma ressurreição na carne, mas sobre a doutrina da reencarnação, transmigração e do ciclo contínuo de renascimentos até o fim do *samsara* (o mundo da constante mudança, como descrito nos *Upanishads*) – um princípio básico de todas as formas de religião na Índia. Os pitagóricos, os adeptos dos mistérios órficos, Empédocles e Platão eram todos, bem antes dos essênios, familiarizados com a doutrina do ciclo de renascimentos pelo qual a alma entra em um novo corpo. A noção de metempsicose (a expressão usada pelos gregos antigos bem como pelos ingleses modernos) sobreviveu no Ocidente até os dias de hoje, principalmente por meio de seitas gnósticas e de algumas seitas não árabes do Islã, e o tema continua sendo estudado em cursos universitários de Teosofia e de Antropologia religiosa.

Mesmo durante o século XIX, comentadores apontaram para aspectos budistas nos ensinamentos dos essênios.[88] Alguns os enxergaram entre rabinos, gnósticos, platônicos e pitagóricos, por um lado, e zoroastristas e budistas por outro e sugeriram que a religião dos essênios e dos terapeutas evoluiu da fusão entre o Budismo e o monoteísmo semita, assim como o Budismo havia se fundido com o xamanista Bon, no Tibete, com as filosofias de Taoísmo e Confucionismo, na China, e com a religião xintoísta, no Japão.[89]

Os budistas vestiam túnicas brancas, como os essênios – e como os primeiros cristãos. Eruditos católicos ficaram surpresos quando notaram pela primeira vez a extraordinária semelhança entre os rituais e os ensinamentos do Budismo Tibetano e aqueles da Igreja Católica. Os trajes dos lamas tibetanos são praticamente idênticos não apenas com relação ao vestuário dos sacerdotes católicos, mas também com os trajes dos apóstolos e dos primeiros cristãos, até nos detalhes, conforme retratados em afrescos contemporâneos. A organização hierárquica das

---

88. A. Hilgenfeld, *Zeitschrift für wissenschaftliche. Theologie* (1860-1862); Bauer, *Essener*, em Pauly-Wissowa, *Suppl. bd.* IV, S p. 426ff.
89. Cf. Emile Burnouf, "Le Bouddhisme en Occident", em *Revue des Deux Mondes*, 1888.

ordens monásticas, tanto tibetana quanto católica romana, apresenta semelhanças impressionantes. Tal como os católicos, os budistas dizem orações de intercessão e de louvor, e dão esmolas e oferendas; e nas duas religiões os monges assumem votos de pobreza, de castidade e de obediência. Os budistas usam água consagrada e levantam o tom de suas vozes na celebração de um serviço religioso em que a liturgia é muito semelhante à da Igreja Cristã Oriental. O rosário é usado pela Igreja Católica da mesma forma que as contas de oração dos budistas são utilizadas. O retrato budista da *aura* tornou-se o halo da iconografia cristã.

O doutor da Igreja, Jerônimo, e o historiador da Igreja, Eusébio, afirmam que os monastérios cristãos evoluíram paralelamente com as comunidades de terapeutas em Alexandria. As três principais posições hierárquicas do clero cristão (bispo, sacerdote e decano), de fato, correspondem às três posições hierárquicas dos monges *terapeutas*. Os primeiros cristãos são descritos por Epifânio como *therapeutae* e *jessianos* (estes últimos talvez sejam uma forma corrompida de *essênios*). A maior ambição dos primeiros iniciados cristãos era a de se tornarem terapeutas, e muito da organização da vida cotidiana das primeiras comunidades cristãs era desenvolvido por um grupo eleito de sete decanos – um título que, em si, deriva da conformação monástica dos terapeutas.

Os cristãos celebram o dia do Senhor aos domingos, enquanto os judeus celebram seu Sabá no sábado. Para os essênios, o dia do Senhor era domingo, quando eles iniciavam a celebração de seu Sabá. No dia do Sabá, os judeus levavam carne, vinho e grãos para o Templo para o sacrifício, uma parte dos quais era reservada aos sacerdotes para seu uso. O motivo da amarga inimizade dos sacerdotes para com os essênios é óbvio: a recusa da seita essênia de qualquer participação dos sacrifícios com sangue representou uma grande ameaça não só para a alimentação dos sacerdotes, como também, mais significativamente, à sua principal fonte de renda (seja na realização da matança dos animais, seja no fornecimento ou no licenciamento dos animais destinados ao sacrifício). Essa foi, com certeza, a principal causa de os sacerdotes conspirarem contra Jesus, pois como líder de um movimento nazareno-essênio, Jesus estava pregando uma doutrina que eliminaria muitas das funções e grande parte do *status* dos sacerdotes, de modo que eles tinham de se livrar de Jesus para assegurar que seu sustento fosse garantido.

Fílon de Alexandria descreve os místicos judeus como semelhantes aos gimnosofistas da Índia que, da mesma forma, rejeitavam o sacrifício de animais.

Os essênios também acreditavam em uma doutrina de causalidade moral – que as ações da vida presente afetam muito a nossa posição na próxima vida: o ensinamento indiano do *karma*. Aqueles que compreendiam esses mistérios tinham de praticar uma vida correta ou continuar a pecar e serem condenados no Dia do Juízo. Isso fazia parte do contexto de suas fervorosas expectativas do Apocalipse e da iminente vinda do Reino de Deus.

Havia inúmeros pontos de contato na visão de Jesus e na dos essênios, mas o fato de, assim mesmo, existirem diferenças de opinião não deve ser ignorado. Os Evangelhos informam que Jesus comia carne e bebia vinho. Ele cresceu em um ambiente influenciado pelos essênios locais e a maioria de seus seguidores eram essênios. Porém, apesar de, provavelmente, ele ter sido um noviço em um monastério essênio, mais tarde fez um corte nítido com os preceitos rígidos da seita por sentir – como Buda, cerca de 500 anos antes dele – que a cega aceitação de regras e regulamentos rígidos não era, absolutamente, a forma de atingir a salvação pessoal. E, ao assumir uma posição individual, Jesus criou uma versão nova e tolerante da fé nazarena-essênia, a qual abria espaço para pessoas leigas comuns que não estavam em posição de seguir o caminho do asceticismo, um caminho que recebia de braços abertos cada um e todos.

Em especial, a abordagem de Jesus aos Mandamentos e aos outros requisitos da Lei Mosaica permitia mais liberdade: "Ouvistes que foi dito aos antigos... *Eu*, porém, vos digo..." (Mateus, 5:21-48). De acordo com a Lei Judaica Ortodoxa rígida, aqueles que desobedecessem às restrições das atividades durante o Sabá e que desconsiderassem as advertências deveriam ser condenados à morte. Mas o texto de Damasco, de Qumran, proíbe a execução de uma pessoa que não celebrou o Sabá e, conforme o Evangelho de Mateus, Jesus disse: "Porque o Filho do Homem também é senhor do sábado" (Mateus ,12:8).

A disparidade entre os pontos de vista de Jesus e os dos essênios é especialmente evidente em relação à ideia de amar o inimigo. Diferentemente de Jesus, os essênios não sentiam qualquer escrúpulo em odiar os seus inimigos. Pelo contrário, o povo de Qumran orgulhava-se pelo fato de se manterem pelo menos distantes, senão de serem moralmente superiores do resto do mundo. Bem diferente dessa postura, a missão de Jesus era a de entrar em contato com os pecadores para resgatar aqueles que se perderam: suas palavras enfatizavam o fato de ter sido enviado para encontrar "a ovelha perdida da Casa de Israel", e expressamente alegava que era contra o fanatismo religioso, contra qualquer organização ou instituição que dizia ter acesso exclusivo à retidão e à moralidade.

Outra diferença marcante está nas atitudes contrastantes a respeito do uso de óleo ou bálsamo. Afinal, Jesus era o Cristo, o Ungido, uma descrição utilizada como título à sua pessoa – e um título que o diferenciava dos essênios. Os antigos textos de magia alegavam que a unção servia ao propósito específico de encantar demônios para conseguir proteção contra eles; em uma base médica, a unção ajudava a curar feridas e afastar males da mente e do corpo. De certa forma, a unção "selava" o corpo de um adepto, assegurando-lhe a proteção de Deus. Celso diz que os ofitas, adoradores da serpente, possuíam um unguento mágico que transformava em "Filho do Pai" qualquer pessoa ungida com ele: "Eu fui ungido com o unguento branco puro da Árvore da Vida".[90] No *Evangelho de Felipe* (apócrifo) consta o seguinte: "A Árvore da Vida encontra-se no centro do Paraíso; essa é a árvore que produz o óleo com o qual os reis santos são ungidos (*Crisma*) e, por seu meio, a ressurreição (torna-se possível)".[91]

No caso de a ideia geral ser o renascimento de uma alma em um novo corpo, é evidente quão decisivo foi o novo elemento que Jesus, o Ungido, introduziu nos ensinamentos dos diferentes grupos essênios.

Ireneu de Lyon escreveu: o sacramento da santa unção era um "ritual indicativo de salvação" para "aquele que se tornou perfeito", e, consequentemente, considerado muito mais importante do que o batismo.

---

90. Origen, *Contra Celsum* 6:27.
91. *Nag Hammadi Codex* II 3, 121:15-19.

A unção era, em geral, aplicada nas têmporas e na fronte, em forma de cruz. A tradição de ungir tem sua origem na Índia, onde os ascetas hindus *(sadhus)* ainda podem ser reconhecidos por um pequeno círculo branco ou listras brancas horizontais ou verticais na fronte, aplicadas com uma mistura de óleo e de cinzas sagradas *(vibhuti)*.

Buda e Jesus: uma comparação

O Deus das tribos semitas, para ser eufemista, é uma divindade com sede de sangue e de vingança. Javé-Jeová dos judeus tende a ser retratado como um suserano atemorizante sentado em um trono acima das nuvens, castigando seu Povo Escolhido violentamente sempre que transgride suas leis e restrições.

A filosofia por trás do Sermão da Montanha de Jesus, conforme reportado no Evangelho de Mateus, é iluminada por um Deus totalmente diferente. A mensagem de Cristo é um ensinamento de amor, uma pregação prazerosa de perdão e de reconciliação: ame seu próximo como (você ama) a si mesmo; se alguém lhe dá um tapa em uma face, ofereça-lhe também a outra face. Dificilmente haverá maior contraste com as atitudes reveladas no Antigo Testamento. Nenhuma outra religião, na área oriental do Mediterrâneo, pode ser comparada com a magnânima Graça do Amor pregada por Jesus. Onde Jesus aprendeu os preceitos por ele pregados no Sermão da Montanha?

Uma resposta possível a essa pergunta pode ser encontrada em escrituras budistas (época pré-cristã) como o *Lalitavistara,* que é o texto budista que apresenta o maior número de paralelos com a tradição dos Evangelhos. Escrito em sânscrito, o *Lalitavistara* é uma biografia de Buda que está ligada em tempo e cultura com o sarvastivadins. Suas partes mais antigas, que derivam do Hinayana, datam do terceiro século a.C., embora a versão completa, em sua forma atual, foi compilada na época do nascimento de Cristo e incluída no cânone do Mahayana pelo édito do Conselho de Haran, no primeiro século d.C. – significativamente, alguns anos antes da compilação do Novo Testamento.

No *Lalitavistara,* Buda diz:

O conhecimento da verdade, alcançar o Nirvana – essa é a bênção suprema. O ódio só pode ser vencido pelo amor; o mal pode ser superado pelo amor perfeito. Não fale palavras duras ao seu vizinho, pois ele lhe responderá nos mesmos termos.

Um mercador de Sunapaortha pediu que o Iluminado o ensinasse. "As pessoas são violentas", disse o Renascido. "Se elas o ofendessem, como você reagiria?"

Respondeu o mercador: "Eu nem sequer me dignaria a reagir".

"E se elas lhe batessem?"

"Tampouco reagiria."

"E se o matassem?"

O mercador sorriu. "A morte, Mestre, não é mal algum. Algumas pessoas até a desejam!"

Da mesma forma, Jesus dizia a seus apóstolos: "Se alguém lhe bater na face direita, apresente-lhe também a esquerda".

Buda disse a seu discípulo favorito, Ananda: "Acredite em mim, Ananda! Todos os que acreditam em mim alcançarão grande alegria". Cristo instruiu seus discípulos a acreditarem nele, e não vacilarem em sua fé nos mesmos termos.

Em outra ocasião, Buda descreveu o gesto de dar esmolas como "uma semente plantada em bom solo que dará muitos e bons frutos". Ele também declarou: "O alimento que é comido não destrói uma pessoa... mas tirar uma vida, roubar, mentir, praticar o adultério e até pensar em fazer essas coisas com certeza levará à destruição de uma pessoa". E "Um homem enterra um tesouro em um poço profundo, mas, assim escondido, o tesouro não tem nenhuma serventia para ele, enquanto um tesouro de afeto por um vizinho, de piedade e de moderação – esse é um tesouro que nenhum ladrão jamais poderá roubar". Também: "Mesmo quando os céus caírem na terra, mesmo quando o mundo é engolido e destruído, mesmo então, Ananda, as palavras do Buda permanecem verdadeiras". E, em outro lugar, o Iluminado refere-se a si como "um pastor cheio de sabedoria" que se curva para redirecionar a parte do rebanho que se dirige para o abismo.

Todas essas palavras de Buda fazem lembrar muito aquelas ditas por Jesus e contidas nos Evangelhos. Poderia Jesus estar familiarizado com as palavras contidas no *Lalitavistara*?

João Batista batizava na foz do Rio Jordão, onde ele corre para o Mar Morto, bem perto do lugar onde se encontrava a base da comunidade essênia e do local onde foram descobertos os Manuscritos do Mar Morto, em 1947. João exortava as pessoas a se arrependerem de seus pecados e a receber o batismo por suas mãos nas águas do Rio Jordão.

Depois de ser batizado por João, Jesus retirou-se no deserto onde foi submetido à tentação por Satã. Quinhentos anos antes, Buda também foi alvo de uma série de tentações por Mara, "o Senhor dos Prazeres Sensoriais", tal como é narrado no *Lalitavistara*. Para Sidarta, no meio de seu jejum e meditação, Mara oferecia pratos deliciosos e mostrava-lhe riquezas e distrações deste mundo, mas a concentração contemplativa não foi nem um pouco perturbada. Jesus passou pelo mesmo teste no deserto, com igual resultado. Uma história parecida de tentação é contada a respeito de Zaratustra (Zoroastro), e, de fato, o mesmo tema – relativamente bem comprovado no Oriente – desempenha um papel em muitas histórias das vidas dos santos cristãos.

Jesus mandou que seus discípulos saíssem e proclamassem a mensagem de alegria à Casa de Israel. Como os *sannyasis* hindus, os discípulos não deviam levar ouro ou prata consigo mesmos, nem um segundo par de sapatos ou de roupas.

Quinhentos anos antes de Jesus, Buda usou a mesma ordem ao nomear seus primeiros discípulos – os nobres 30 –, como Jesus diria mais tarde: "Venham, sigam-me!". Os discípulos renunciaram a tudo e imediatamente o seguiram, assim como Pedro, André e os filhos de Zebedeu seguiriam Jesus um pouco mais tarde.

Assim como Jesus, Buda falava em parábolas. Certa vez, Jesus descreveu como um homem cego não pode dirigir outro nessa mesma condição sem que os dois caiam em uma valeta. Em uma passagem semelhante Buda diz: "Quando pessoas cegas se seguram umas às outras em uma fila, o primeiro à frente nada enxerga, o do meio nada enxerga e o último também nada enxerga!". Há também um equivalente para a parábola do Filho Pródigo nas escrituras budistas.

Outras parábolas de Jesus não estão presentes entre os ditos de Buda, mas em tradições e provérbios hindus, em épocas pré-cristãs, inclusive, por exemplo, o famoso ditado: "A fé move montanhas". Assim, Krishna desloca a montanha Govardhana para proteger seus habitantes da ira do deus Indra, e, no *Ramayana,* o deus macaco Hanuman carrega uma montanha para o Sri Lanka. Nada de semelhante havia nas tradições do Velho Testamento.

Muitos milagres são atribuídos a Buda, entre os quais há alguns bem semelhantes àqueles descritos no Novo Testamento, os quais são conferidos a Jesus. Buda e seus discípulos foram convidados para um casamento na cidade de Jambunada. O santo grupo sentou-se para comer uma boa refeição, mas a comida, em vez de ser rapidamente reduzida à medida que ela era consumida, aumentava em quantidade e continuou aumentando, de modo que, apesar da chegada de um maior número de convidados, havia refeição suficiente para o que veio a ser uma verdadeira multidão.

Como Jesus, Buda era considerado divino e humano ao mesmo tempo. Antes de sua chegada à Terra, Buda existe como um ser espiritual entre as entidades divinas do mundo espiritual. Por sua livre e espontânea vontade, ele desce à Terra a fim de beneficiá-la. Como o de Cristo, seu nascimento é o resultado de um milagre: um anjo mensageiro proclama que ele será um salvador, e profetiza à sua mãe: "Desejo-lhe toda a felicidade, Rainha Maia; alegre-se e fique feliz, pois a criança a qual você deu à luz é sagrada".

Assim como havia sido contado ao velho e piedoso Simeão que ele chegaria a ver a vinda do Messias, o nascimento de Buda foi profetizado pelo velho santo Asita, que, pouco antes de morrer, foi visitar o recém-nascido e, tomando-o em seus braços, declarou:

> Este é o Inigualável, o proeminente entre os homens... Ele alcançará a altura suprema da iluminação. Ele possui o conhecimento da Vontade Suprema. É ele quem colocará em movimento a Roda da Doutrina. Ele teve compaixão das lutas da Humanidade. A fé que ele vier a fundar se espalhará pelo mundo todo.

É preciso lembrar que Simeão, da mesma forma, pega a criança santa em seus braços e diz:

Agora, Senhor, segundo a tua promessa, deixarás teu servo ir em paz, porque meus olhos viram a tua salvação, que preparaste diante de todos os povos:
Uma luz para iluminar os gentios e glória de Israel, teu povo.
(Lucas, 2:29-32)

Até acadêmicos relativamente cautelosos estão convencidos de que essa fala tem um precedente direto no Budismo.

Na escola, o jovem príncipe Sidarta, de alguma forma, já está familiarizado com todos os tipos de textos religiosos. Ele sai em um passeio curto por conta própria; fica perdido, finalmente é encontrado em meditação profunda. Os paralelos com Jesus, na idade de 12 anos, descoberto no Templo em debate erudito com peritos das Escrituras, enquanto seus pais estiveram à sua procura, são tão óbvios que é impossível não ver a correlação.

Buda começa a ensinar publicamente com a idade de 30 anos, a mesma idade em que Cristo começou a fazer o mesmo. Como Jesus, Buda viaja pelo país acompanhado de seus principais discípulos em pobreza voluntária, enquanto os instrui a usar imagens vívidas e parábolas.

Como Jesus, Buda teve 12 discípulos principais e os seus primeiros seguidores são dois irmãos – em um paralelo perfeito com os primeiros seguidores de Jesus.

Quando chamados por Buda, seus primeiros companheiros estavam sentados embaixo de uma figueira, e assim foi que, sentado embaixo de uma espécie de figueira da Índia (*pipal tree*), Buda atinge a Iluminação. Para os budistas, essa árvore (*Ficus religiosa*) continua sendo o símbolo mais importante da busca pela Iluminação.

Jesus também encontra o primeiro discípulo, Natanael, sentado embaixo de uma figueira. Tanto Buda quanto Cristo têm um discípulo favorito e um que o trai – e, assim como Judas Iscariotes, o inimigo de

Buda, Devadatta, acaba em um triste fim (embora sua conspiração fracasse, a de Judas não).

Da mesma forma que Jesus criticava os fariseus, os judeus ortodoxos que se agarravam firmemente à letra da Lei Mosaica, Buda criticava a casta sacerdotal dos brâmanes cuja ortodoxia ficara reduzida a rituais e regulamentos oficiais insignificantes. "Como aprendizes arrogantes de um ofício, eles ainda estão aprendendo, os sacerdotes estão sempre expandindo sua rede de regulamentos e são a raiz de todo esquema maldoso." A respeito dos fariseus, Jesus também dizia: "Amarram fardos pesados e insuportáveis e os põem nos ombros dos outros, mas eles mesmos não querem movê-los, nem sequer com um dedo. Fazem todas as suas ações só para serem vistos pelos outros" (Mateus, 23:4-5). Da mesma forma que Buda caracteriza os râmanes – "Por dentro, vocês são como madeira bruta, embora sua aparência externa seja como madeira lisa" –, Jesus coloca em evidência a hipocrisia dos fariseus: "Sois como sepulcros caiados: por fora parecem belos, mas por dentro estão cheios de ossos de cadáveres e de toda podridão!" (Mateus, 23:27).

Exatamente como Buda rejeita os sacrifícios com sangue realizados por alguns brâmanes, Jesus também denuncia os sacrifícios com sangue dos judeus. E exatamente como Buda ensina noções básicas do que é puro e do que é impuro, e de como as abluções ritualistas podem ou não ser eficazes, Jesus também censura qualquer que seja insincero e goste de ostentações.

Apesar de todas as tentativas de obliterar a verdadeira origem dos ensinamentos de Jesus, e apesar da compressão dos Evangelhos em estreita conformidade, embora em linhas diferentes, mais de cem passagens[92] do Novo Testamento podem ser citadas como evidência de fontes que remetem a uma tradição muito mais antiga: o Budismo.

---

92. De acordo com Edmunds, *Buddhist and Christian Gospels*, existem 112.

Pensamento budista nos ensinamentos de Jesus

As afinidades entre os ensinamentos éticos de Jesus e os de Buda são bem conhecidas. Ambos proíbem o homicídio, o roubo, prestar falso testemunho e relações sexuais ilícitas. Os dois insistem que os idosos devem ser considerados com grande respeito. O objetivo de ambos é transformar o mal no bem. Os dois pregam o amor aos nossos inimigos. Valorizam a paz da mente e a intenção pacífica. Aconselham a não valorizar os "tesouros da terra" fúteis. E os dois advogam a misericórdia para as vítimas de sacrifícios. Os paralelos são muitos e alguns textos das duas fés coincidem praticamente palavra por palavra.

Como Jesus, Buda chamou-se "Filho do Homem" e, como Jesus, ele pode ser descrito como a Luz do Mundo; Buda também é aclamado com os títulos de "Olho do Mundo" e "Luz Incomparável".

A compreensão de Buda sobre si mesmo e sobre seu papel difere um pouco do entendimento de Cristo sobre sua própria natureza e lugar. "Eu conheço Deus e o Reino do Céu e o Caminho que conduz a ele", diz Buda, "Eu o conheço tão bem quanto alguém que entrou no *Brahmaloka* (o Reino de Deus) tendo nascido lá". E: "Aqueles que acreditam em mim e me amam, com certeza, alcançarão o Paraíso. Aqueles que acreditam em mim podem ter certeza de sua salvação". Isso é notavelmente semelhante às promessas de Jesus registradas no Evangelho de João: "Disse-lhe Jesus: Aquele que ouviu minha palavra, e acreditou no que me enviou, tem vida eterna e não será condenado, mas passa da morte para a vida" (João, 5:24). *E:* "Quem acreditou em mim, embora estivesse morto, ainda assim viverá" (João, 11:25).

Buda diz aos seus discípulos: "Aqueles que têm ouvidos para ouvir, que ouçam". Ele realiza milagres: os doentes ficam curados, os cegos recuperam a visão, os surdos voltam a ouvir e os aleijados andam livremente. Ele anda sobre o Ganges revolto tal como Jesus andou sobre as águas do lago. E, no fim, é dado aos discípulos de Jesus realizarem milagres, como aconteceu com seus antecessores, os discípulos de Buda.

Em certa ocasião, Buda chegou à margem de um rio. Da margem oposta, um discípulo que não fora capaz de arranjar um barco começou a andar sobre a água em sua direção, assim como Pedro, uma vez, aproximou-se de Jesus andando sobre a água. E, como Pedro começou a afundar quando sua fé começou a fraquejar, o discípulo de Buda começou a afundar quando sua concentração meditativa sobre Buda foi perturbada. Pedro foi salvo com a ajuda das palavras de apoio e do braço de Jesus, e o discípulo de Buda salvou-se quando conseguiu recuperar sua concentração em contemplar o Mestre. As pessoas que testemunharam os dois acontecimentos separados ficaram admiradas. Buda disse: "É a fé que nos conduz a cruzar as águas tempestuosas, a sabedoria nos conduz para a outra margem em segurança". Andar sobre as águas é um conceito pouco conhecido nas tradições judaicas, mas é um tema bem manifesto em toda a Índia: é mais do que possível que o Novo Testamento tenha adotado a ideia de lá.

Entretanto, como Jesus, Buda nada tinha a ver com milagres destinados meramente a satisfazer o desejo por sensações das pessoas. Para um iogue que passara 25 anos de esforços para adquirir a habilidade de cruzar um rio sem molhar os pés, disse Buda: "Você realmente perdeu tanto tempo em um assunto tão insignificante? Tudo o que você precisava era de uma moeda para pagar o homem da balsa que o levaria à outra margem".

Mas, posteriormente, as histórias de milagres de Buda na tradição do Budismo Mahayana lhe deram *status* de igual importância aos dos milagres de Jesus na Cristandade. Em todos os tempos e lugares, as pessoas têm sido mais facilmente impressionadas por milagres, sinais e espetáculos mágicos do que pelas verdades espirituais, especialmente quando estas são difíceis de serem absorvidas.

Existe uma história, em particular, que talvez represente o mais incrível paralelo de todos entre os antigos textos budistas e o Novo Testamento. Em termos cristãos, trata-se da parábola "O Óbolo da Viúva". De acordo com a versão budista, há uma assembleia religiosa na qual os fiéis são solicitados a fazerem doações financeiras. Os membros mais ricos da congregação doam generosamente e em moeda sonante. Mas há uma pobre viúva cujo total de suas posses são duas pequenas moedas que ela doa com prazer. O sacerdote líder da congregação percebe seu nobre gesto, que elogia publicamente, nada dizendo a respeito das outras doações.

A passagem correspondente no Evangelho de Marcos conta o seguinte:

> Jesus sentou-se defronte ao cofre de esmolas e observava como o povo colocava dinheiro nele; muitos ricos depositavam grandes quantias.
> Chegando uma pobre viúva, lançou duas pequenas moedas, no valor de apenas um quadrante.
> Ele então chamou seus discípulos e disse: "Em verdade vos digo: esta pobre viúva doou muito mais do que todos os que depositaram suas oferendas no cofre: porque todos doaram o que tinham em abundância; mas esta pobre viúva doou tudo o que tinha, até para seu próprio sustento".
>
> (Marcos, 12:41-44).

Além do fato de o tema básico ser idêntico nas duas versões, há alguns detalhes especialmente coincidentes. Nas duas versões, a história diz respeito a uma viúva. Nas duas, as oferendas são feitas em uma assembleia religiosa junto com pessoas ricas. Em ambas, a viúva doa tudo o que ela possui, ou seja, duas moedas. E, nas duas, a viúva é posteriormente elogiada por alguém presente que valoriza seu sacrifício muito mais do que as doações feitas pelos ricos. Tão próximas são as versões que, para nós, seria difícil acreditar que a versão posterior, a cristã, foi inventada independentemente da anterior, a budista.

Paralelos entre Budismo e Cristandade são discerníveis não só nas palavras e ações de seus fundadores, mas também em outros aspectos das duas religiões depois da morte dos dois respectivos fundadores. Mitos e lendas cercam os dois personagens centrais de tal maneira que, logo após suas mortes, Buda e Jesus são elevados acima de todas as divindades menores, e histórias de milagres proliferam e são disseminadas. Em ambos os casos, os discípulos falham em estabelecer qualquer comunidade religiosa organizada na fé e, em vez disso, operavam em pequenos grupos espalhados. Logo começam a surgir disputas entre os grupos com diferentes históricos: entre sthaviras e mahasanghikas, e entre os judeus cristãos e os cristãos helenistas. Nas duas religiões foram convocados Concílios, um Concílio em Rajagriha e outro em

Jerusalém. Assim que os budistas ortodoxos formalizaram sua doutrina no Concílio de Pataliputra (em 241 a.C.), 250 anos depois da morte de Buda, o mesmo fez a Igreja Cristã no Concílio de Niceia (325 d.C.), 300 anos depois de Jesus ter sido visto pela última vez na Palestina.

Na época em que Jesus vivia e ensinava na Palestina, a escola Mahayana de Budismo havia apenas surgido da auto-orientada Hinayana. Foi Mahayana que fez com que o Budismo se universalizasse como religião, aberta para crentes de todas as nações e com qualquer formação. A filosofia de Mahayana foca a compaixão para com todos os seres, conforme incorporado no ideal do Bodisatva, um conceito que tomou forma no terceiro século a.C. Bodisatva é o Iluminado que adia sua fusão com o Ser Universal, que posterga sua entrada no *nirvana* pelo tempo que for necessário para que ele possa conduzir todas as pessoas e todos os seres para a salvação. A existência terrena de um Bodisatva teve o único propósito de levar todas as almas para o caminho da libertação (*moksha*), que constitui a libertação do ciclo de renascimentos e das distrações do mundo e da fisicalidade.

Todas essas qualidades que caracterizam um Bodisatva são encontradas em Jesus, até o último detalhe. Jesus é, por si só, o epítome do Bodisatva ideal.

Jesus era um judeu ortodoxo?

Um judeu entre judeus, às vezes Jesus é considerado o representante do Judaísmo de sua época e da cultura local. Mas os epítetos de "tradicional" e "ortodoxo" não podem jamais lhe ser aplicados no sentido religioso. De modo particular, com respeito aos assuntos de morte, de família, da Lei e, de fato, da tradição judaica, há diferenças fundamentais que distinguem seu ponto de vista do Judaísmo Ortodoxo. Não seria injusto dizer que Jesus desmascarou tudo o que era mais sagrado na cultura tradicional judaica!

Esse é justamente o caso em relação à morte e à família. Em quatro versos sucessivos, Lucas relata como Jesus considera de maior importância a liberdade pessoal de venerar e amar a Deus do que, em primeiro lugar, os rituais dos convencionais enterros e, em segundo lugar, os deveres inerentes e próprios de alguém que pertence à família.

Então disse a outro: "Segue-me". Este respondeu: "Permite-me primeiro ir enterrar meu pai".
Mas Jesus disse-lhe: "Deixa que os mortos enterrem seus mortos; tu, porém, vai e anuncia o Reino de Deus".
Outro ainda lhe falou: "Senhor, seguir-te-ei, mas permite primeiro que me despeça dos que estão em casa".
Mas Jesus disse-lhe: "Aquele que põe a mão no arado e olha para trás, não é apto para o Reino de Deus".

(Lucas 9:59-62)

Sempre que os ensinamentos e atividades se referiam a assuntos de família, eles tendiam "a ofender os sentimentos judaicos". É como disse o historiador judeu, C. G. Montefore:[93] Se qualquer homem vem a mim e não odeia seu pai, sua mãe, sua esposa, seus filhos, seus irmãos e irmãs... ele não pode ser meu discípulo" (Lucas, 14:26). "Aquele que ama pai ou mãe mais do que a mim, não é merecedor de mim" (Mateus, 10:37).

Especialmente contrário – e incompreensível – à tradição judaica é o versículo do Evangelho de Mateus em que Jesus repudia verbalmente a própria mãe:

Jesus ainda falava à multidão, quando veio sua mãe e seus irmãos e esperavam do lado de fora a ocasião de lhe falar.
Disse-lhe alguém: "Tua mãe e teus irmãos estão aí fora, e querem falar-te".
Jesus respondeu-lhe: "Quem é minha mãe e quem são meus irmãos?"
E, apontando com a mão para os seus discípulos, acrescentou: "Eis aqui minha mãe e meus irmãos".

(Mateus 12:46-49)

O mesmo Jesus em cujo nome "cruzadas para a família" têm sido organizadas afastou sua família quando queriam falar com ele. Dentre tantas pessoas, foi o próprio Mateus – o autor do Evangelho de um ponto de vista judaico – que cita Jesus fazendo uma declaração única

---

93. C. G. Montefiore, *The Synoptic Gospels,* 2ª edição, 1927.

para o mundo antigo e, particularmente, escandalosa para os judeus: "Eu vim trazer a divisão entre o filho e o pai, entre a filha e a mãe, entre a nora e a sogra". E em uma antecipação estranha da teoria freudiana, ele acrescenta: "E os inimigos do homem serão as pessoas de sua própria casa" (Mateus, 10:35-36).

Analisado a partir da base da cultura judaica contemporânea, esse comportamento de Jesus – afastando os laços familiares e cortando as ligações consideradas sacrossantas – só pode ser considerado, no mínimo, desconcertante, até mesmo pelos padrões atuais. Entretanto, essa mesma atitude é exatamente aquela do budista que luta para adquirir a completa libertação dos desejos e das distrações do ego mundano. Para conseguir a libertação dos sofrimentos desta vida terrena, todas as ligações pessoais devem ser eliminadas, bem como as amenidades culturais que representam obstáculos semelhantes. A pessoa humana individual permanece prisioneira do ciclo de renascimentos enquanto não for capaz de libertar-se dos desejos egoístas. O próprio Jesus estava em constante conflito com a Lei Judaica que ele achava ter sido desenvolvida em termos fúteis e vazios, e sua decisiva recusa da importância do Sabá foi suficiente para, finalmente, levá-lo à sua Crucificação.

É possível que Jesus tivesse realmente a intenção de levar uma vida divina de acordo com o entendimento dos judeus ortodoxos contemporâneos ou até mesmo tornar-se um rabi, mas ele teria de ser casado – especialmente por causa da sua idade madura. Por outro lado, Mateus não deixa nenhuma dúvida de que Jesus continuou sendo solteiro (19:12).

E Jesus teria de ter sido circuncidado conforme era exigido para todos os meninos judeus, como indicação do pacto entre Javé-Jeová e Abraão.[94] Somente homens circuncidados tinham permissão para participar da ceia em comemoração da Páscoa (*Pessach*) e os não circuncidados não tinham autorização para entrar no Santuário do Senhor, no Templo.[95] Todo homem que recusasse a circuncisão era considerado em violação da Aliança e era "expulso de seu povo" (Gênesis 17:14). Entretanto, os Evangelhos não relatam se Jesus era circuncidado ou não.

---

94. Cf. Gênesis, 17:1ff.
95. Cf. Êxodo, 12:43ff; Ezequiel, 44:9.

Lucas (2:21) simplesmente diz que com apenas oito dias de vida, quando a circuncisão era devida, foi-lhe dado seu nome. Não há nenhum indício de que ele tenha sido realmente circuncidado.

O Evangelho apócrifo de Tomé reporta uma conversa de Jesus sobre o tema da circuncisão:

> Seus discípulos lhe perguntaram: "E a circuncisão – ela é de fato importante ou não?" – E ele respondeu: "Se ela fosse realmente importante, seu Pai Celestial teria feito com que o homem viesse ao mundo já circuncidado do útero de sua mãe. Mas, certamente, a circuncisão em espírito pode muito bem ser de grande importância".
>
> (Logion 53)[96]

Sabe-se que os essênios somente reconheciam essa circuncisão espiritual e não exigiam a remoção do prepúcio. Dessa maneira, Paulo, que se opunha vivamente à circuncisão como exigência religiosa, conseguiu superar as objeções dos judeus cristãos e obter a anulação da obrigação afirmada pelos apóstolos no Concílio de Jerusalém.

Sucessores dos Essênios e dos Nazarenos

Na luta pelo domínio que aconteceu entre os muitos grupos paulinistas, gnósticos e judeus cristãos durante os primeiros séculos de nossa era, quem acabou ganhando foi a Igreja de Roma, organizada hierarquicamente e formada por Paulo, logo após a conversão do imperador Constantino ao Cristianismo, no ano 313 d.C. Trezentos anos mais tarde, ela sofreu uma grande pressão por uma nova religião que forçava e abria seu caminho a partir da Ásia Menor: o Islã conseguiu converter a maior parte da população da área em um curto espaço de tempo.

Mas o que aconteceu com os grupos que não queriam submeter-se à autoridade do papa em Roma e ao imperador de Bizâncio – os essênios e os nazarenos, os judeus cristãos radicais (ebionitas), os gnósticos, os maniqueístas e os neoplatônicos? Eles simplesmente

---
96. Hennecke-Schneemelcher, *Neutestamentliche Apokryphen*, vol. II, p. 210.

desapareceram absorvidos sem vestígios pela Igreja de Roma ou pela nova religião, o Islã?

Um grande número de diferentes comunidades tribais, clãs e seitas ainda hoje vive nas montanhas da Ásia Menor, Síria e Curdistão, consideradas potencialmente como hereges criadores de problemas pelos muçulmanos ortodoxos, os quais, quando não são chamados simplesmente de xiitas, podem ser conhecidos pelo nome coletivo de *alauitas*[97] (porque foi concedido a Ali, primo e genro do Profeta Maomé, um lugar especial em suas crenças).

Esses alauitas incluem, por exemplo, os dervixes bektashis da Anatólia e os nusairis das montanhas costeiras da Síria. Muitas autoridades acreditam que o nome deste último grupo deriva de *nazareno* ou *nazoraiano*, ou do nome *nasara* ou *nasrani* que foi dado aos primeiros cristãos na Palestina.[98] E ainda há as bem conhecidas comunidades dos drusos das montanhas do Líbano, além dos yazidis do Curdistão que, exageradamente, são chamados de adoradores do demônio pelos muçulmanos ortodoxos.

Até recentemente, ninguém, inclusive pesquisadores acadêmicos, sabia praticamente nada sobre as crenças religiosas desses grupos, os quais alegavam ser muçulmanos dedicados, sendo que todos os iniciados nos mistérios de sua fé haviam jurado absoluta confidencialidade sob pena de severas punições.

Só recentemente, várias dessas comunidades tribais, particularmente alguns grupos na Turquia,[99] abriram suas portas ao mundo exterior para revelar uma tradição antiga que preservou noções das clássicas épocas do Mediterrâneo e da Anatólia em combinação com noções dos antigos judeus, dos primeiros cristãos e dos gnósticos, algumas das

---

97. A forma árabe síria é *alauitas*, os *alavitas* turcos, ao passo que em áreas onde o farsi (persa) é falado, o termo geral é *Ali-Ilahi* ("Ali-deifier").

98. Os próprios nusairis derivam seu nome de um de seus líderes durante o século VIII, Ibn Nusair, uma derivação considerada muito duvidosa por acadêmicos porque, provavelmente, foi formulada a fim de exonerar os nusairis de uma acusação de heresia. Cf. R. Dussaud, *Histoire et religion des Nosairis*, Paris, 1900; I. Goldziher, *Archiv für Religionswissenschaft*, 4/1901; H.-J. Schoeps, *Theologie und Geschichte des Urchristentums*; G. Lüling, *Die Wiederentdeckung des Propheten Muhammad*, Erlangen, 1981.

99. Os grupos alauitas da Anatólia (kizilbas, tahtaci, yuruka e a elite espiritual dos dervixes bektashis), cuja maioria vive como agricultores, pastores de gado e nômades, representam cerca de 15 a 30% de toda a população turca.

quais apresentam paralelos inequívocos com os essênios, os nazarenos e os terapeutas, e com ideais de vida religiosa e ideais indianos.

Todas essas seitas dividem a comunidade em não iniciados (laicos) e iniciados (monges). Os monges são dispostos em três graus, como os monges terapeutas e o clero dos primeiros cristãos.

Na Anatólia, os monges que pertencem ao ramo celibatário da Ordem Bektashi vivem em monastérios ou vagueiam como mendigos deslocando-se a pé de um lugar para outro. Mulheres também – para as quais é concedido um estilo de vida independente, diferentemente das mulheres muçulmanas – são aceitas na sociedade dos iniciados,[100] e têm permissão para participar do *Jem*, o mais importante ritual de veneração que acontece nos monastérios ou em casas de crentes devotos. Ele consiste em uma ceia em comum união com pão e vinho (bem semelhante à ágape das assembleias dos primeiros cristãos), uma confissão dos pecados diante do clero e uma dança sagrada realizada em um estado extático por homens e mulheres.

Os candidatos à iniciação são borrifados com água por 12 irmãos da Ordem e simbolicamente enforcados como sinal da morte da pessoa velha e a ressurreição da nova. Os alauitas do Irã Oriental, conhecidos como *Ahl-e Haqq* (Povo da Verdade), levam os iniciados até uma nascente na qual são submersos.[101]

Os preceitos filosóficos dessas comunidades possuem fortes reminiscências de tradições indianas. O universo sofre um infinito ciclo de formação e de dissolução, chamado o ciclo do ser. A partir de um Estado Primário chamado *Haqq* (Verdade), que corresponde ao estado básico de todas as coisas – comparável com o *Brâmane* dos hindus, o *Shunyata* do Mahayana e o *Tao* Chinês –, emana uma Divindade em três pessoas que, por sua vez, trazem consigo o *Logos* primordial ou Inteligência do Mundo, que encarna entre os homens a cada era para lhes mostrar o caminho para a Iluminação.

---

100. Isso não se aplica aos nusairis sírios, cujas tradições religiosas são privilégio apenas de homens.
101. E. Müller, *Kulturhistorische Studien zur Genese pseudo-islamischer Sektengebilde*, em *Vorderasien*, Wiesbaden, 1967.

De modo particular, exemplos reverenciados dessas divindades encarnadas são Ali e, notavelmente, Jesus. O objetivo da vida humana é atingir a Iluminação e ir além do ciclo de renascimentos, a fim de o indivíduo tornar-se uma "Pessoa Perfeita" (*insan al kamil*), um reflexo ou imagem de Deus, tal como Ali ou Jesus.[102]

Um antropólogo de Luxemburgo, que passou muitos anos estudando o povo tribal curdo da Anatólia Oriental, certa vez me disse que muitas lendas sobre Jesus ter vivido no que hoje é o Sudeste da Turquia, depois de sua ressurreição, continuam circulando. De acordo com o folclore persa, ele viveu na cidade de Nisibis, perto de Edessa, hoje chamada Nusaybin, e na fronteira entre a Turquia e a Síria. Outros acadêmicos registram uma tradição entre os alauitas da Anatólia de que Jesus sobreviveu à Crucificação, foi tratado e curado por seus discípulos e, em seguida, saiu para sempre desses territórios dominados pelos romanos.[103] As terras ao norte, oeste e sul também estavam sob domínio romano e, portanto, Jesus só pode ter migrado para o leste.

A maioria das autoridades acredita que essas comunidades tribais representam uma descendência direta dos essênios e dos nazarenos que, depois da época de Cristo, fundiram-se com os judeus cristãos, opostos ao grupo helenista dominante de Paulo o qual, no interesse de sobreviver em um mundo islâmico, posteriormente assumiu a aparência de uma seita islâmica.

Existem muitos pontos de correspondência além daqueles já mencionados. Todos os grupos comemoram os festivais cristãos, por exemplo, e principalmente a Páscoa. Além de reverenciar Jesus, eles têm um particular respeito por João Batista e Pedro, mas não por Paulo. Eles têm uma grande estima pelos Evangelhos de Mateus e de João, mas tratam o Evangelho grego de Lucas (helenista) com algo que se aproxima do desdém.

O mais interessante, talvez, seja que essas tribos habitam as próprias áreas onde viveram algumas das comunidades cristãs originais.

---

102. A. J. Dierl, *Geschichte und Lehre des anatolische Alevismus-Bektashismus*, Frankfurt, 1985.
103. A. J. Dierl, ver nota anterior, p. 125f.

Os alauitas da Turquia, por exemplo, ocupam o território que antigamente era o lugar onde viviam os galateus – um povo para o qual foi dedicada uma epístola no Novo Testamento, atribuída a Paulo.

Seguramente, é possível então que essas comunidades remotas, vivendo em áreas montanhosas inacessíveis, possam ter preservado a doutrina cristã original de uma forma menos adulterada do que fez a Igreja de Roma, com todos os seus imperadores, papas e cardeais.[104]

---

104. Mais literatura sobre o assunto inclui: J. K. Birge, *The Bektashi Order of Dervishes*, Hartford, 1937; E. Gross, *Das Vilajetname des Hadji Bektash*, Leipzig, 1927; A. Haas, Die *Bektashi*, Berlim, 1987; G. Jacob, *Die Bektashije* . . . em *Abhdlg. d. konigl. bayer. Akademie d. Wissensch.* I.Kl.XXIV, Bd.III, Munique, 1909; *Beiträge zur Kenntnis des Derwisch-Ordens der Bektaschije*, Berlim, 1908; *Das Fortleben von antiken Mysterien und Altchristlichem im Islam*, em *Der Islam*, 1911, p. 232ff; H. Kirchmaier, *über die Yezidi*, em *Der Islam*, 34, 1959; E. Kohn, *Vorislamisches in einigen vorderasiatischen Sekten und Derwischorden*, em *Ethnologische Studien*, 1931, p. 295ff; Henri Lammens, *L'Islam*, Beirute, 1941; R. Strothmann, *Morgenländische Geneimsekten in der abendländischen Forschung*, Berlim, 1953; *Der Islam: Sekten*, em *Hdb. d. Rel. wissensch.*, Berlim, 1948.

O Segredo de Jesus

"Que tipo de homem é este?"

A tentativa de estabelecer a figura histórica de Jesus Cristo é um pouco parecida com aquela de um físico quando tenta comprovar a existência de uma partícula subatômica e determinar sua carga. A própria partícula não pode ser rastreada por meios ópticos diretos, porém no decorrer de um número de experimentos é possível registrar as trilhas de outras partículas maiores com as quais ela colidiu e, seguindo essas trilhas de volta para sua fonte, calcular as forças envolvidas na colisão. A partícula subatômica invisível é, assim, descrita por seu efeito.

No caso de Jesus existem dois fatores adicionais que tornam a tarefa mais difícil. O primeiro é que as Igrejas Cristãs destruíram praticamente toda evidência que pudesse ser usada para reconstruir os fatos da história pessoal de Jesus. O outro é que o próprio Jesus era obrigado a preservar seu segredo (o segredo de quem ele realmente era) durante toda a sua vida, a fim de se manter o mais longe possível das garras de seus inimigos. A pessoa de Jesus é coberta por um véu de mistério e de segredo. Uma nuvem escura paira sobre os acontecimentos de sua vida pessoal, deixando uma margem imensa para a especulação.

Tanta ambiguidade somente serve para uma eventual e completa perplexidade. Nossas ideias sobre a natureza e personalidade de Jesus Cristo não se baseiam tanto sobre uma biografia documentada e evidências históricas, mas sobre a verdade que transcende a história enquanto ela é transmitida pela própria história. Inevitavelmente, chegamos aos limites do que parece natural e compreensível. Todas as nossas perguntas derradeiramente se resumem a apenas uma questão central – uma questão que foi colocada pelos contemporâneos de Jesus: "Que tipo de homem é esse?" (Marcos, 4:41).

Pela existência de tantas percepções diferentes de Jesus, deve-se presumir que elas se originem da natureza da própria pessoa histórica – um equilíbrio notável e estudado mantido entre clareza e segredo. As exortações de Jesus para que outras pessoas mantivessem em segredo tudo o que a ele se referisse, a incapacidade de ser compreendido até mesmo por seus discípulos e o fato de as palavras do Filho do Senhor serem relativamente evasivas – tudo e todos tiveram um papel a representar. Esses mesmos discípulos, que passaram suas vidas acompanhando o Mestre, não tiveram a capacidade de compreendê-lo corretamente nem de apreciar o que ele estava fazendo. Ele parecia ser excêntrico e enigmático e, aparentemente, não estava muito preocupado em reduzir esse aspecto enigmático em sua vida pública. Até seus discípulos eram expressamente vinculados ao silêncio.

Depois da declaração reveladora de Pedro, "Jesus os advertiu para que não contassem isso a ninguém" (Marcos, 8:30), e ao descerem da montanha, depois da transfiguração, "Jesus ordenou-lhes que não contassem a ninguém o que tinham visto" (Marcos, 9:9).

Havia também a mesma postura de segredo quando Jesus curava as pessoas. Vez e outra, Jesus proibia a pessoas que ele curava de espalhar informações sobre o evento. Depois de curar um leproso, Jesus lhe disse: "Não contes nada a ninguém!" (Marcos, 1:43). E para quem estava presente ao despertar da filha de Jairo: "Jesus recomendou com insistência que ninguém soubesse do caso" (Marcos, 5:43). Jesus mandou para casa o homem de Betsaida cuja visão ele havia restaurado, dizendo: "Não entres na cidade nem contes a ninguém da cidade"(Marcos, 8:26). Apesar de tudo, os milagres não podiam ser mantidos em segredo e logo se tornaram públicos. O resultado foi que, depois de curar uma pessoa surda-muda, por exemplo, "Proibiu-lhes que o dissessem a alguém. Mas, quanto mais lhes proibia, tanto mais o publicavam" (Marcos, 7:36).

Jesus até ordenava aos demônios que o reconheciam como o Santo Homem de Deus (Marcos, 1:24; 5:7). Ele "não queria que os demônios falassem por que eles o conheciam" (Marcos, 1:34). "E, quando os espíritos imundos o viam, prostravam-se diante dele e gritavam: Tu és o Filho de Deus! Ele os proibia severamente que o dessem a conhecer" (Marcos, 3:11-12).

Dessa forma, então, os discípulos, aqueles que eram curados, os espíritos impuros e os demônios, todos estavam proibidos de alardear suas ações – de fato, eles geralmente recebiam instruções formais para manter em silêncio tudo a seu respeito. "E não quis que ninguém soubesse que era ele" (Marcos, 7:24; Marcos, 9:30).

Obviamente, a ordem aplicava-se também aos discípulos. Parece ter havido um grande abismo cultural entre Jesus e seus discípulos, que eram simplesmente incapazes de compreendê-lo. Isso é particularmente evidente em expressões de exasperação de Jesus em relação à falta total de compreensão deles. A bordo, o navio sacudia muito sobre o lago por causa de uma tempestade e, então, Jesus disse: "Por que estais com tanto medo?! Ainda não tendes fé?" (Marcos, 4:40). E depois do milagre dos pães: "Por que discutis sobre o fato de não terdes pães? Ainda não entendeis, nem compreendeis? Vosso coração continua endurecido? Tendo olhos, não enxergais, e, tendo ouvidos, não ouvis? Não vos lembrais?" (Marcos, 8:17-18). E, finalmente, Jesus então lhes disse: "E ainda não entendeis?" (Marcos, 8:21). Quando os discípulos tentam curar um menino possuído por um "espírito tolo", mas sem conseguir, Jesus os repreende com essas palavras: "Ó geração sem fé! Até quando vou ficar convosco? Até quando vou suportar-vos? Trazei-me o menino!" (Marcos 9:19). A segunda dessas duas questões pode ser interpretada da seguinte forma: parece que Jesus sempre teve a intenção de que sua missão na Palestina fosse de duração limitada e que ele via se aproximando seu retorno para a Índia, em algum momento bem próximo.

As circunstâncias que cercam sua entrada pública final em Jerusalém também são enigmáticas. Por que esse filho do povo comum é recepcionado com tanta pompa na cidade se – segundo as linhas oficiais – ele estivera serrando madeira na carpintaria de seu pai durante sua vida adulta, até os 30 anos de idade, e, portanto, não deveria ser considerado um estranho entre a população local? A entusiástica recepção pelo povo da Palestina sugere, pelo contrário, que ele estava voltando depois de uma longa ausência de algum lugar distante, com ensinamentos novos e estranhos, e com muitos poderes sobrenaturais, como a habilidade de realizar milagres e de curar os enfermos.

Isso também coloca a questão do nazareno João Batista sob uma nova luz: "És tu aquele que há de vir ou devemos esperar outro?" (Mateus, 11:3).

Reencarnação no Novo Testamento

De acordo com estatísticas de opinião pública, coletada em uma pesquisa realizada pela organização Gallup, cerca de 23% dos norte-americanos, em 1980-1981, e ao redor de 21% dos europeus, em 1983, acreditavam na doutrina da reencarnação.[105]

A reencarnação é mencionada especificamente várias vezes no Novo Testamento, embora essas referências sejam frequentemente ignoradas ou (talvez deliberadamente) malcompreendidas. A crença na reencarnação era uma certeza para as primeiras comunidades cristãs, até tornar-se vítima de um erro histórico cometido pelo Concílio Ecumênico de Constantinopla, em 533 d.C. Declarada herege, ela assim permaneceu desde então, banida da doutrina cristã até hoje.

A ideia de renascimento foi amplamente disseminada em todo o mundo greco-romano da antiguidade clássica. O grande filósofo grego e matemático Pitágoras (cerca de 570-496 a.C.), contemporâneo de Buda, foi um firme crente da transmigração das almas, e existem algumas lendas a respeito de suas viagens pela Índia.[106] Platão (427-347 a.C.) foi um discípulo da reencarnação, e o renascimento também representa um papel central na filosofia dos estoicos. Os poetas romanos Virgílio e Plutarco, contemporâneos de Jesus, acreditavam que as almas

---

105. Pesquisa Gallup sobre os Valores Europeus, Londres, 1983; G. Gallup Jr., *Encounters with Immortality*, 1983.
106. De acordo com L. von Schröder (*Pithagoras und die Inder*, Leipzig, 1884), Pitágoras foi o "portador das tradições indianas para a Grécia". Mas, deixando de lado se ele realmente visitou a Índia pessoalmente, contatos culturais entre Grécia e a Índia dos dias de Buda são incontestados.

das pessoas, que eram de alguma forma amarradas ao mundo físico da carne, renasceriam em um novo corpo na morte do velho corpo.

Na antiga África do Norte, na Ásia Menor e no Oriente Médio, desde a Anatólia e Egito até a Pérsia, as noções da transmigração das almas e o renascimento eram consideradas uma certeza. O Antigo Testamento contém claros exemplos de uma crença no renascimento da alma em outro corpo. Conforme o Salmo 90:3: "Tu reduzes o homem à destruição; e dizes: Tornai-vos, filhos dos homens". Friedrich Weinreb até interpreta uma passagem do Livro de Jonas descrevendo a reencarnação regressiva na forma de gado, e também conta uma reencarnação de Nimrod. Weinreb explica o conceito judaico da Alma-Deus, *nshamah*, o divino e perfeito espírito que está igualmente em todos os seres humanos, do qual certos aspectos característicos aparecem de vez em quando.[107]

Até o ano 30 d.C., os judeus estavam bem familiarizados com a doutrina da transmigração das almas, a qual eles chamavam de Gilgal ("Roda", "Ciclo"). Tal como Jerome, Doutor da Igreja, reporta, a doutrina Gilgal era de conhecimento comum entre os primeiros cristãos. Com o título "Reencarnação no Talmud Judaico", o *Konversationlexikon* de Meyer – uma enciclopédia alemã padrão, publicada em 1907, declara:

> Os judeus da época de Cristo tinham uma crença geral na transmigração das almas. Os autores do Talmud presumiam que Deus havia criado um número finito de almas judaicas que continuariam a voltar para uma existência terrena enquanto houvesse Judeus, eventualmente na forma animal, a fim de uma alma aprender uma lição. Mas todas seriam purificadas no Dia Final e se ergueriam nos corpos dos justos, na Terra Prometida.
> (*Konversationslexicon*, vol. 18, p. 263)

Na realidade, o Antigo Testamento termina com uma profecia (feita em cerca de de 870 a.C), anunciando a reencarnação de Elias: "Eis

---

107. Friedrich Weinreb, *Das Buch Jonah*, Zurique, 1970, p. 90ff.

que eu vos enviarei Elias antes que venha o grande e terrível Dia do Senhor" (Malaquias, 4:5).

Quase nove séculos mais tarde, um anjo aparece a Zacarias e anuncia o nascimento de um filho:

> O anjo lhe disse: "Não tenhas medo, Zacarias, porque o Senhor ouviu o teu pedido. Isabel, tua esposa, vai te dar um filho, e tu lhe porás o nome de João.
> Ficarás alegre e feliz, e muitos se alegrarão com seu nascimento.
> Ele será grande diante do Senhor. Não beberá vinho nem bebida forte; e, desde o ventre da mãe, ficará cheio do Espírito Santo.
> Ele fará voltar muitos dos filhos de Israel ao Senhor, seu Deus. Caminhará à frente deles, com o espírito e o poder de Elias (Elias é só a versão grega do hebraico Elijah) para fazer voltar o coração dos pais aos filhos".
> (Lucas, 1:13-17)

O próprio Jesus posteriormente afirmaria que João Batista era Elias:

> Este é de quem está escrito: "Eis que envio meu mensageiro à tua frente, para preparar o teu caminho diante de ti".
> Em verdade, eu vos digo, entre todos os nascidos de mulher não surgiu quem fosse maior que João Batista. No entanto, o menor no Reino dos Céus é maior do que ele.
> Por todos os profetas e a lei profetizou até João.
> E, se quereis aceitar, ele é o Elias que haveria de vir".
> (Mateus, 11:10-11, 13-14)

De acordo com João (1:21), quando perguntado pelos sacerdotes e pelos levitas, Batista respondeu que não era Elias. Deixando de lado, por enquanto, qualquer especulação sobre o que possa constituir um motivo tangível para essa resposta negativa de João Batista quanto a ele ser ou não Elias, o que é mais significativo a esse respeito é que as autoridades religiosas, evidentemente, pensaram ser bem possível que ele fosse realmente a nova encarnação de Elias.

Em nenhum lugar foi dito como João Batista passou sua juventude – ou seja, onde fora educado. Existe apenas uma frase sucinta em Lucas: "O menino crescia e seu espírito se fortalecia. Ele viveu nos desertos, até o dia de se apresentar publicamente diante de Israel" (Lucas, 1:80).

Portanto, é bem possível que João também fosse reconhecido como a reencarnação de uma alma particularmente santa e, da mesma forma, havendo recebido sua educação monástica na longínqua Índia. Se esse fosse o caso, "preparando o caminho para o Senhor" teria um significado mais do que figurativo.

Em outra ocasião, Jesus pergunta a seus discípulos: "Quem dizem as pessoas ser o Filho do Senhor?". Eles responderam: "Alguns dizem que és João Batista; outros, Elias; outros ainda, Jeremias ou algum dos profetas". "E vós", retomou Jesus, "quem dizeis que eu sou?". Simão Pedro respondeu: "Tu és o Cristo, o Filho do Deus vivo" (Mateus, 16:13-16).

E os discípulos perguntaram a Jesus: "Por que os escribas dizem que primeiro deve vir Elias?".

Ele respondeu: "Sim, Elias vem; e porá tudo em ordem. E eu vos digo mais: Elias já veio e não o reconheceram. Pelo contrário, fizeram com ele tudo o que foi descrito. Assim também o Filho do Senhor será maltratado por eles. Então os discípulos compreenderam que ele lhes havia falado de João Batista" (Mateus, 17:10-13).

De acordo com os Evangelhos, portanto, o próprio Jesus confirmou que a alma de Elias havia renascido em forma humana na pessoa de João Batista. Elias havia tentado implantar o monoteísmo na corte real e ensinara que Deus não se manifesta em fogo e destruição, "mas em uma voz baixa e calma" – ou seja, em uma calma reflexiva e paciente. O primeiro Elias vestira-se em trapos típicos de um monge itinerante, era alimentado milagrosamente e, ele mesmo, tinha permissão para realizar milagres – principalmente multiplicando as quantidades de alimentos e ressuscitando os mortos. Com sua missão de ungir as pessoas, ele dizia ser um "mensageiro" e atraiu uma multidão de seguidores. Finalmente, ele desapareceu de maneira muito misteriosa (ascendendo para o céu em um rodamoinho), sendo então procurado por 50 homens durante três dias, mas sem nunca ser encontrado.

Os seguidores de Jesus sabiam que ele era uma reencarnação, mas ainda não tinham certeza sobre sua identidade e ofereceram diversas sugestões. O próprio Jesus não apresenta qualquer resposta direta às especulações, mas confirma as ideias dos discípulos indiretamente encorajando a questão: "Mas quem vocês acham que eu sou?". Também existem descrições relevantes no Novo Testamento (Mateus, 14:1-2; 16:13-14; Marcos, 6:14-16; Lucas, 9:7-9) a partir de conjecturas de várias pessoas, inclusive de Herodes, sobre a alma de quem a reencarnação de Jesus representaria. Todas as passagens provam, definitivamente, que a reencarnação era uma crença bem disseminada na época.

De acordo com Josefo, os fariseus acreditavam "no poder daqueles que voltavam à vida",[108] e que as almas boas passam para outro corpo.[109]

No relato da cura por Jesus de um homem que nascera cego (João, 9), os discípulos perguntam a Jesus: "Mestre, quem pecou, este homem ou seus pais, para ele ter nascido cego?". A ideia de que alguém pudesse ter nascido cego por causa de pecados cometidos previamente, sem dúvida, tem como consequência uma existência vivida anteriormente e um renascimento posterior. Outra implicação simultânea na pergunta é o sublime conceito do *karma* (o termo sânscrito para "ação" ou "causação"), pelo qual as ações realizadas na vida de um indivíduo afetam profundamente as condições e as circunstâncias da vida seguinte.

De novo, o conceito de reencarnação fica evidente no terceiro capítulo do Evangelho de João. Quando Jesus se encontra com o fariseu Nicodemos, ele cumprimenta esse "Príncipe dos Judeus" com essas palavras: "Em verdade, vos digo que aquele que não nascer de novo não pode ver o reino de Deus". Disse-lhe Nicodemos: "Como pode um homem nascer, sendo velho? Pode, porventura, tornar a entrar no ventre de sua mãe, e nascer?". Jesus respondeu: "Em verdade, vos digo que aquele que não nascer da água e do Espírito não pode entrar no reino de Deus" (João, 3:3-5).

No Novo Testamento, a mais clara referência à reencarnação é encontrada na Epístola de Tiago (3:6) – citada aqui da versão da *Bíblia de Jerusalém* –, a qual diz: "a língua em si é todo um mundo de malícia:

---
108. *As Antiguidades dos Judeus* XVIII, 1:3.
109. *A Guerra dos Judeus* II, 8:14.

ela infecta todo o corpo, pegando o próprio fogo do inferno, ela coloca em chamas toda a roda da criação". A tradução da última frase que aparece na maioria das Bíblias inglesas é "o curso da natureza", "a roda de nossa existência" ou outra expressão igualmente nebulosa que distorce o sentido das palavras originais em grego que, literalmente, significam "ciclo de ser" ou "roda de viver", em que a palavra para "ser" e "viver" é *gênesis*, relacionada ao verbo "vir a existir", "nascer" – assim correspondendo exatamente à doutrina indiana da Roda de Renascimento (*samsara chakra*), que é colocada em chamas como o "ciclo de ser" ou "ciclo de existência" da Epístola de Tiago. A maioria dos teólogos interpreta essa passagem no texto "mostrando a influência gnóstica" e a doutrina propagada pelos gnósticos – ou o que as Igrejas Cristãs, denominações e autoridades modernas querem que acreditemos. Isso não é apenas não cristão, mas é também fundamentalmente oposto aos ensinamentos de Jesus.

Cristianismo e os gnósticos

Nos escritos teológicos do início da Igreja Cristã e em outros documentos contemporâneos, existem muitos exemplos de um relacionamento entre o pensamento cristão e o pensamento indiano, nos primeiros séculos depois de Cristo. Numerosas referências em mãos dos Senhores da Igreja da época, hoje, podem ser interpretadas como demonstração da doutrina da reencarnação, apesar da manipulação literária que ocorreu posteriormente.[110] Eusébio, o primeiro autor da História da Igreja, conta que Pantainos – o fundador da famosa escola teológica, em Alexandria – tinha vivido na Índia antes de tornar-se um teólogo.[111]

O comércio entre o Império Romano e a Índia floresceu durante o primeiro século de nossa era, e o centro desse comércio era a cidade de Alexandria. Com as mercadorias do comércio, ideias indianas também

---

110. Por exemplo: Fílon ou Filo de Alexandria (cerca de 25 a.C. até 50 d.C.) em sua obra *On Dreaming* (I, 139); Justino Mártir (*cerca de* 100-165), em seu *Dialogue with Tryphon the Jew* (LXXXVIII, 5); Taciano (século II) em seu *Speech to the Greeks* (VII, 5-6); Sinésio de Cirene (cerca de 370-413) em *About Dreams* (140 B); e Agostinho (354-430) em *On the Greatness of the Soul* (XX, 34) e em *Confessions* (I, 6,9).
111. Eusébio, *Historia Ecclesiastica* V, 9; E. Benz, *Indische Einflüsse auf die frühchristliche Theologie,* Wiesbaden, 1951.

encontraram o caminho para Alexandria, permeando o pensamento político e religioso local. Na época, o Cristianismo ainda não era a Igreja monolítica e altamente estratificada que se tornaria, pelo contrário, era composto de diversos grupos individuais, cada um deles afiliado a qualquer uma das várias escolas de filosofia, e muitos deles acabaram agrupando-se e adotando o nome de "gnósticos". A maioria das doutrinas gnósticas foi condenada depois por heresia pelos Concílios da Igreja. Entretanto, algumas seitas ainda sobreviveram até a Idade Média, até que os últimos de seus seguidores (os cátaros, os albigenses e os bogomils) foram brutalmente erradicados pela autocrática Igreja de Roma. Todos esses grupos tinham em comum uma forte fé em Jesus e na reencarnação. Muitas autoridades eruditas levantaram a hipótese de que tanto os primeiros cristãos quanto os gnósticos, originalmente, fizeram parte do mesmo movimento, e que o célebre antagonismo entre os dois grupos foi uma falsificação da história por parte dos líderes da Igreja, em uma data muito posterior.[112] Essa discórdia nunca foi refutada de maneira convincente. De fato, muitos comentaristas até acreditam na existência de uma colônia budista em Alexandria naquela época.[113]

Se realmente existiu ou não, nessa época muito prematura, ainda permanece um fato incontestável, pois, no segundo século d.C., uma delegação de monges budistas do Egito participou de uma importante e grande conferência budista no Sri Lanka.

Os seguidores de Buda em Alexandria durante a décadas anteriores e posteriores ao nascimento de Jesus, se houve alguns, certamente não se autodenominariam budistas. É provável eles terem usado o nome adotado por seus irmãos da Índia: os seguidores do *Dharma* (a Lei Universal e os ensinamentos de Buda). Em grego, a palavra *Dharma* pode ser traduzida como *Logos*, "Palavra", e os adeptos desse ensinamento poderiam então ser descritos como logicianos. Um grupo de gnósticos era, de fato, conhecido como os logicianos.

A famosa introdução ao Evangelho de João – "No princípio era o Verbo..." – tem de fato uma forma literária que não deixa de ser semelhante às escrituras budistas, ou seja, "A essência (de todas as coisas)

---

112. Cf. E. Pagels, *Versuchung durch Erkenntnis. Die gnostischen Evangelien.*
113. H. de Lubac, *Textes Alexandrins et Bouddhiques, RechScRel,* 27, 1937.

é o Dharma...", principalmente pelo fato de que a palavra grega usada para "princípio", *arche*, pode ter outros significados, como "origem", "princípio" e "maestria", e que a forma imperfeita do verbo grego "ser" – traduzida simplesmente como "era" – sugere uma continuação da ação até o presente.

A autoridade mais sagrada do Budismo é a Trindade representada por Buda, Dharma e Sangha. A teologia cristã também tem sua Santa Trindade do Pai, do Filho e do Espírito Santo, na qual o Filho, a segunda Pessoa, é equivalente ao *Logos* (ou seja, o *Dharma*), e a terceira Pessoa, o Espírito Santo, é ativa na comunidade dos fiéis (o Sangha).

O conceito de uma Santa Trindade, uma Divindade em três Pessoas ou manifestações, existiu na doutrina religiosa desde o início da história, do Egito à Ásia Oriental. Foi dessa maneira que os antigos egípcios das primeiras dinastias conceberam sua primeira Trindade de um Deus Sol, uma Terra Mãe e de um Filho em uma combinação de Sol sobre a Terra. O equivalente chinês era a Trindade de Céu, Terra e o Ser Humano tornado perfeito (representado pelo Imperador, o Filho do Céu). O Trimúti Hindu de Brahma, Vishnu e Shiva, embora pareça ter se desenvolvido como assim só na época medieval, tem raízes em ideias muito mais antigas dos Três. Na filosofia védica, a essência do Hinduísmo moderno, Deus ou a Divindade é descrito como Sat ("Existência", pronunciado "saht" [ver apêndice]), Chit ("Percepção") e Ananda ("Bem-aventurança"), sendo que os três têm claros paralelos com as Pessoas da Trindade Cristã.

O pensamento gnóstico pode ser encontrado por todo lado no início do Cristianismo, principalmente nas cartas de Paulo – em particular na carta aos Efésios (que, admitidamente, pode não ter sido escrita por Paulo) – e no Evangelho de João. Como quase todos os escritos "heréticos" foram destruídos pela Igreja, dificilmente serão encontrados textos originais definindo as crenças gnósticas. O pouco que ainda sobreviveu inclui o *Pistis Sophia* (grego: "Fé Sabedoria"), os Livros de Jeu e a biblioteca cóptica de Nag Hammadi do século IV d.C., que apareceu em 1945 em uma descoberta bem parecida com a dos Manuscritos do Mar Morto.

Apesar da negação duradoura de qualquer conexão entre os primeiros cristãos e os gnósticos pelas autoridades históricas da Igreja Cristã, ainda permanece o fato irrefutável de que um certo número de conceitos teológicos que vieram a fazer parte da doutrina ortodoxa da Igreja de Roma, de fato, originou-se no interior da cultura gnóstica, alocada em Alexandria, onde os primeiros grandes teólogos Clemente (cerca de 150-214) e Orígenes (cerca de 185-254) viveram e trabalharam. Foi provado que Clemente de Alexandria estava familiarizado não só com a cultura espiritual da Índia, mas também com os ensinamentos de Buda.[114] Sua compreensão a respeito da transmigração das almas fala por si:

> E, no entanto, existimos antes da fundação do mundo, nós, que já estamos presentes até antes disso por sermos em Deus; nós, as criaturas que receberam o conhecimento do divino *Logos*, por quem somos muito antigos...[115] Pois assim que cada nascimento segue o anterior, somos levados, em progressão gradual, até a Imortalidade.[116]

O aluno e sucessor de Clemente foi Orígenes, o fundador da teologia cristã sistemática, que teve como professor um indivíduo misterioso chamado Ammonius Sakkas ou Ammonius, o Saka. Os sakas eram um povo ao Norte da Índia e os ancestrais de Ammonius sem dúvida eram indianos. Porém, hoje, muitas autoridades acreditam que o epíteto *Sakkas* não significa realmente "o Saka", mas, provavelmente, refere-se a Sakya ou Sakyamuni – pelo fato de que Ammonius era um monge budista.[117]

Se for esse o caso, então o teólogo mais importante do início do Cristianismo, depois de Agostinho, seria o aluno de um monge budista da Índia, e muitas das imagens e metáforas por ele usadas em suas obras teológicas devem ser consideradas tendo sido derivadas diretamente do

---
114. Clemente de Alexandria, *Stromateis* I, 15.
115. Clemente de Alexandria, *Admonition* I, 6
116. Clemente de Alexandria, *Stromateis* IV, 160:3.
117. E. Seeberg, *Ammonios Sakas*, em *Zeitschrift für Kirchengeschichte*, Bd. LX, 1941; E. Benz, *Indische Einflüsse auf die frühchristliche Theologie*, ver nota 111; Cope, citado em Karl Hoheisel, *Das frühe Christentum und die Seelenwanderung*, em *Jahrbuch für Antike und Christentum*, 1984-1985.

Budismo. Infelizmente, apenas um fragmento dos escritos de Orígenes sobreviveu. A maioria de seus manuscritos foi destruída mais tarde, precisamente por ele estar preparado para demonstrar grande tolerância com pessoas de pensamentos e ideias diferentes e, especificamente, por sua crença na reencarnação. O que ainda resta de sua obra é *De Principiis*, uma tentativa para uma apresentação sistemática dos ensinamentos cristãos (na tradução latina publicada por Rufino de Aquileia), seu tratado *Contra Celsum* e um "Comentário sobre Mateus". Duas passagens de seus escritos são suficientes para demonstrar sua crença na existência da alma antes do nascimento e a influência das ações realizadas anteriormente.

> Cada alma... entra neste mundo fortalecida pelas vitórias ou enfraquecida pelos fracassos de sua vida anterior. Seu lugar neste mundo... é determinado pelo que angariou ou desperdiçou.[118]
> Não faz todo o sentido que toda alma... é guiada para um corpo, e isso de acordo com os feitos anteriores?... A alma usa o corpo durante certo tempo..., mas à medida que ela se modifica, o corpo se lhe torna menos apropriado e então ela o troca por outro corpo.[119]

Afirmações semelhantes são feitas por muitos outros teólogos cristãos no período anterior ao Concílio de Constantinopla, em 553. Um desses teólogos era Gregório de Nissa (cerca de 334-391):

> A alma precisa passar por uma espécie de processo de cura a fim de ficar limpa das manchas causadas pelos pecados. Na vida presente, a virtude é o remédio aplicado para curar essas cicatrizes. Se elas forem incuráveis na vida atual, então o tratamento continua em uma vida futura.[120]

O anátema de Justiniano

Até hoje, quase todos os historiadores cristãos apresentaram o conceito de que a doutrina da reencarnação foi declarada como heresia (anatematizada) por um decreto formal no Concílio de Constantinopla, no

---

118. Orígenes, *De Principiis*.
119. IS. Orígenes, *Contra Celsum*.
120. Gregório de Nissa, *The Catechetical Oration* VIII, 9.

ano 553. Contudo, uma análise mais profunda das verdadeiras circunstâncias revela que qualquer ideia de um decreto formal pelo Concílio simplesmente não tem suporte para uma investigação. A doutrina da reencarnação foi, de fato, condenada por veto simples e pessoal do imperador Justiniano, e a anatematização nunca fez parte das resoluções do Concílio.

A esposa de Justiniano (de acordo com o historiador Procópio) era a filha ambiciosa e ávida por poder de uma guardiã de ursos no anfiteatro de Bizâncio. Ela iniciou sua escalada meteórica que a levou a reinar sobre o império como cortesã. Ao tornar-se imperatriz, a fim de cortar os laços com seu ignóbil passado e promover uma imagem moral austera, ela ordenou a tortura e execução de 500 antigas colegas cortesãs. Em seguida, em um esforço para evitar as terríveis consequências desse ato de crueldade em uma vida subsequente, de acordo com as leis do *karma* e da reencarnação, ela começou a empenhar todos os seus esforços para que, com sua influência, a doutrina do ciclo de renascimentos fosse formalmente abolida. Aparentemente, ela estava convencida de que a promulgação de um "divino decreto" do imperador, anatematizando a doutrina como uma heresia, a absolveria totalmente de sua culpabilidade. Além disso, o imperador e sua esposa tinham a intenção de promover a supremacia de autoridade espiritual e temporal de Constantinopla sobre Roma e sobre o bispo de Roma, o que está longe de explicar como um decreto imperial anatematizando as doutrinas, abalizadas por Orígenes e seus companheiros, veio a ser promulgado sem o endosso do papa e dos bispos romanos do Ocidente.

O imperador Justiniano já havia declarado guerra aos ensinamentos de Orígenes no ano 543 quando, sem se preocupar em consultar o papa, fez com que fossem condenados como heréticos por meio de um sínodo reunido especialmente para tal. Dez anos mais tarde, ele convocou um Concílio em Constantinopla, que viria a ser conhecido posteriormente como o Quinto Concílio Ecumênico. Nada havia de "ecumênico" nesse Concílio, que só pode ser descrito como um "concílio" porque se tratou pouco mais que um delírio de ego para Justiniano, que se via como o Chefe da Igreja Oriental e tentava consolidar essa reivindicação de poder em relação ao bispo de Roma no Ocidente. Dos

165 bispos presentes, apenas 12 eram de dioceses romanas, todos os outros bispos ocidentais recusaram-se especificamente a participar do Concílio. Os bispos orientais (ortodoxos) que constituíram o exigido número eram todos vassalos feudais e sem nenhuma condição de resistir à pressão do imperador. O próprio papa Virgílio – embora estivesse visitando Constantinopla na época – também se absteve de participar do Concílio em sinal de protesto.

Tal como aconteceu no sínodo anterior da Igreja Oriental no ano 543, o imperador, mais uma vez, fez com que os ensinamentos de Orígenes sobre reencarnação fossem condenados nessa assembleia, e 15 anátemas (proscrições eclesiásticas) foram emitidos contra ele.

Entretanto, os procedimentos formais exigiam que os protocolos oficiais das oito sessões do Concílio (que duraram, ao todo, quatro semanas) fossem apresentados ao papa para sua ratificação. Pressionado pelo imperador, o ambicioso papa Virgílio (que só foi eleito papa por insistência da imperatriz em 537 d.C.) finalmente vacilou e assinou os decretos do Concílio apresentados a ele. Porém, o que é significativo a esse respeito é que os documentos entregues ao papa para sua assinatura diziam respeito apenas ao indiciamento de três intelectuais que haviam sido declarados hereges por Justiniano e contra quem o imperador já havia emitido um decreto quatro anos antes (um assunto, de modo geral, conhecido como "O Episódio dos Três Capítulos). Contudo, não havia menção ao nome de Orígenes neles. Os papas que o sucederam, Pelágio I (556-561), Pelágio II (579-590) e Gregório I (590-604), se refeririam ao Quinto Concílio sem qualquer menção a Orígenes, nem de passagem. De alguma forma, tem-se a convicção de que o anátema de Justiniano – "Danação eterna para qualquer um que venha a pregar a preexistência espúria da alma e seu renascimento antinatural" – fez parte das resoluções do Concílio e ficou enraizado nos escritos eclesiásticos.

Uma análise detalhada dos fatos históricos e da documentação relativa a eles torna perfeitamente claro que o suposto banimento da doutrina da reencarnação nada mais foi do que um erro que perdura há mais de um milênio.

Por volta de 1900, um americano chamado James Morgan Pryse havia feito uma lista completa de referências à doutrina da reencarnação no Novo Testamento.[121] Pryse considerou que a doutrina procedia, de forma clara, de percepções fundamentais do mundo antigo por meio dos ensinamentos de antigos filósofos e assim por diante, (naturalmente) até surgir no Novo Testamento. O princípio espiritual por trás da existência humana e o princípio espiritual por trás da existência de todo o Universo (microcosmo e macrocosmo) são fundamentalmente um, e pelos mesmos meios todos os elementos, forças e processos existem dentro da pessoa individual, tanto em um sentido físico quanto espiritual e divino. Esse conceito revela a unidade espiritual de todos os seres: não há separação entre a Natureza e Deus. Ela revela o Divino em tudo, e como tudo o tempo todo, em cada partícula mínima do Universo.

O indivíduo humano, na forma física, é uma manifestação que emana do reino da Unidade Divina indiferenciada, ilimitada e atemporal, que se materializa de acordo com fases cíclicas em várias formas de ser.

O Ser essencial e primordial é eternamente imutável, enquanto a Natureza – ou o Universo – é um "Ser em Desenvolvimento", um Ser em um fluxo contínuo.

A alma – ou o espírito – do homem, portanto, em sua consciência mais profunda, é eterna, enquanto, em suas constantes idas e vindas (reencarnação), está sujeita a uma sequência contínua de ações: de causas e efeitos.

Para, finalmente, voltar ao estado divino, o homem deve tornar-se consciente desse princípio e tomar as medidas necessárias para atingir o domínio sobre os aspectos materiais de sua existência. Depois de uma longa sequência de vidas, pode ser alcançado um estado em que todo sofrimento cármico resultante desses períodos de existência terrena é superado e, em perfeição absoluta, o eu interior ou espiritual funde-se à Unidade Eterna.

Assim, a doutrina da reencarnação pode ser resumida em poucas palavras.

Por meio de conhecimento, percepção, meditação, ascetismo, absorção contemplativa, renúncia e disciplinas semelhantes, é possível

---
121. M. Pryse, *Reincarnation in the New Testament*, Ansata, 1980.

superar as restrições limitadas da vida corpórea enquanto ainda se continua na Terra, para tornar-se consciente da própria natureza divina. O Evangelho de Mateus descreve a meta dessa forma: "Sede, portanto, perfeitos como o vosso Pai celeste é perfeito" (Mateus, 5:48). Mas o caminho para a perfeição é pavimentado por muitas reencarnações, até que o indivíduo esteja totalmente desperto para ser o filho de Deus e realizar as obras de um Cristo:

> Crede-me: eu estou no Pai e o Pai está em mim. Crede, ao menos, por causa destas obras. Em verdade, vos digo: quem crê em mim fará as obras que eu faço, e fará ainda maiores do que estas.
> (João, 14:11-12)

Jesus, para mim, é um exemplo ideal do Bodisatva – ou seja, um Buda em criação; uma pessoa que, estando às portas da Iluminação total, voluntariamente volta a renascer por pura compaixão pelos seres humanos. Jesus já está bem perto desse estado divino, havendo se desligado de todos os vínculos pessoais e do esforço egoísta. Ele percebe plenamente que a existência terrena, o ciclo de renascimentos determinado pelo *karma,* é a causa de todos os sofrimentos; ele pregou a seus discípulos a renúncia consciente da vida mundana e mostrou-lhes o caminho para a Iluminação por meio da "ação correta" e da criação do bom *karma.* "A sobrevivência da humanidade ocidental depende da reintrodução do conceito de *karma* nas mentes dos povos do mundo", como disse Paul Brunton, e se pudermos tornar-nos (novamente) familiarizados com as ideias do *karma* e da reencarnação, então se abrirão dimensões completamente novas na compreensão de Jesus, mostrando-nos o caminho à frente, em direção à era vindoura, até mesmo sem uma "ressurreição do corpo".

Milagres: de Jesus, e na Índia

Para o observador casual, os milagres realizados por Jesus podem, por si sós, parecer especiais e sem precedentes. Porém, por trás de muitos fatos extraordinários, espetaculares e inexplicáveis por toda a história da humanidade – alguns úteis ou até benéficos, outros prejudiciais ou até catastróficos –, a tendência das pessoas é a de ver uma Força misteriosa desconhecida na natureza e além da compreensão humana em funcionamento. Desde os primeiros rituais de magia primitivos realizados para apaziguar as divindades das primeiras formas de religião, o homem interessou-se por esses fenômenos inexplicáveis e continua a se interessar até hoje.

Aparentemente, os poderes "de magia" de Jesus foram considerados comuns o suficiente para não merecerem menção pelos historiadores contemporâneos. Durante a vida de Jesus, milagreiros, curadores pela fé e charlatães consumados eram comuns em todos os lugares. O que Jesus tinha de diferente era principalmente o fato de que não praticava suas artes em busca de fama ou fortuna.

As histórias de milagre no Novo Testamento – um total aproximado de 30 – originam-se em grande parte de tradições religiosas das comunidades contemporâneas da região e, portanto, não podem ser verificadas historicamente. Contudo, relatos descrevendo as atividades de Jesus como exorcista são mais antigos e eram comuns em sua época.

Durante milhares de anos, se milagres eram, de fato, possíveis foi uma pergunta nunca feita. A pergunta surgiu pela primeira vez como tema para conjetura durante a Renascença, quando uma nova curiosidade científica a respeito do mundo começou a se manifestar.

Foi somente no século XVII que alguém tentou encontrar uma explicação racional para alguns dos milagres descritos nos Evangelhos. Por outro lado, os racionalistas estão prontos a aceitar somente fenômenos em sintonia com as leis naturais e que sejam inteligíveis à mente cientificamente inquiridora. Os milagres, portanto, são fenômenos para os quais as relações causais não são compreendidas nem explicáveis.

Os cientistas atuais estão descobrindo, diariamente, leis completamente novas no funcionamento dos processos naturais e constantemente resolvem enigmas que eram considerados insondáveis, senão mágicos no passado.

Os teólogos definem um milagre cristão como "a suspensão da ação de uma lei da natureza pelo próprio Deus".

Por outro lado, o ocultista não acredita na suspensão de uma lei, mas considera que os fenômenos milagrosos estão sujeitos a leis superiores que ainda não foram descobertas e definidas. Tudo o que acontece em nosso universo ocorre de acordo com leis e pode ser explicado. Os chamados poderes mágicos do iniciado são, portanto, nada mais do que a consequência natural de seu conhecimento mais apurado de como as leis naturais e essas leis superiores que derivam do reino interior da consciência podem ser usadas umas com/contra as outras.

A palavra "milagre" não é usada nem no Antigo, tampouco no Novo Testamento (na linguagem original). Por outro lado, as escrituras falam de "sinais", "poder" ou "os maravilhosos atos de Deus".

A palavra "*El*", a mais importante palavra hebraica (e *elohim*), por exemplo, que deriva da raiz semita *Alah,* "ser forte", significa "o Grande Poder". A palavra que descreve esse santo poder de fazer milagres é, assim, derivada da mesma fonte da palavra para "Deus".

Existem conexões semelhantes nas línguas indo-europeias. O primeiro elemento da palavra sânscrita *brahman* pode ser rastreado à raiz das três consonantes *brh,* "para estender", "para expandir", "para irradiar (luz)", "ter poder sobre" e "ser forte".

Os milagres de Jesus parecem ter sido realizados principalmente por razões compassivas: a cura dos doentes, dos mentalmente perturbados e dos deficientes físicos. Porém, é evidente, ele realizou outros tipos de milagres quando necessário: ele transformou água em vinho, multiplicou quantidades de alimentos, tornou-se invisível, ressuscitou os "mortos" e caminhou sobre a água (levitou).

Tal como outras histórias sobre Jesus, existem, é claro, paralelos e literatura anterior para as histórias de milagres tanto nas tradições europeias quanto nas tradições asiáticas. Plínio conta sobre as curas milagrosas do médico grego Asclepíades de Bitínia (124 – cerca de 60 a.C.). Tácito e Suetônio narram curas milagrosas realizadas pelo imperador Vespasiano. Os primeiros apóstolos cristãos também eram capazes de curar os doentes e de realizar vários outros milagres e, durante o primeiro século d.C., Apolônio de Tiana produziu maravilhas semelhantes e ainda outras.

Porém, para os relatos de milagres mais antigos idênticos aos realizados por Jesus, a fonte principal englobava as histórias de Krishna na literatura pós-védica da Índia, os *Puranas* (especialmente o *Bhagavat Purana* e o *Mahabarata*). Krishna é o oitavo avatar do deus Vishnu e, para a maioria dos hindus vaishnavitas que veneram Vishnu (raiz sânscrita *vish*, "impregnar") como Senhor Supremo, sua forma encarnada Krishna, é o Salvador. O *Rig Veda* é uma obra muito precoce para que Vishnu seja retratado como divindade humana, e, assim, ali está ele, uma manifestação de energia solar. Entretanto, na teologia hindu posterior, Vishnu é o Mantenedor do Universo na Trindade Divina, com Brama, o Criador, e Shiva, o Destruidor. Um avatar (sânscrito *avatara*, de *ava*, "para baixo", e *tri*, "para atravessar") representa uma forma encarnada de Deus. O divino Ser Superior assume um corpo mortal por pura compaixão para ajudar a humanidade sofredora a atingir a libertação e a perfeição.

A história do nascimento, infância e vida de Krishna contém muitos paralelos com os relatos de Jesus no Novo Testamento, até nos detalhes (por exemplo, na ocorrência de um massacre de crianças). Krishna e Cristo são os dois realizadores de milagres mais proeminentes das santas escrituras dos hindus e dos cristãos, respectivamente. Bhagvan Dass divide os milagres de Krishna em sete tipos:[122]

1. A cura e volta da visão.
2. A percepção visual de uma distância extraordinária.
3. A multiplicação de pequenas quantidades de alimentos ou produtos.
4. O aparecimento simultâneo em muitos lugares em um corpo menos carnal.
5. A cura de doentes com a imposição das mãos.
6. A ressuscitação dos "mortos" para a vida.
7. A destruição de demônios e o exorcismo de possuídos.

Alguns milagreiros podem executar apenas um ou dois tipos de milagres, outros mais. Sempre existiram místicos, homens santos ou videntes de diferentes poderes e reputação. E a Índia sempre foi a sede do miraculoso, a terra do fenomenal. Em seu tratado *The Holy Science*,

---
122. Bhagvan Dass, *Krishna and the Theory of Avatars*.

Sri Yukteswar[123] vê o propósito da existência terrena como a aspiração e tentativa de unir o eu interior com Deus. Yukteswar considera a Criação "um substancialmente nada, apenas um mero simulacro da Natureza imposta sobre a única Substância Verdadeira, Deus, o Pai Eterno, que é Guru – o Supremo – deste Universo".

Isso significa que todas as coisas são compostas de uma mesma e única Entidade. E Deus, ele mesmo, que aparece como uma multiplicidade porque sua essência é expressa em uma variedade de modos, está em todos e em todos os lugares. A Bíblia diz exatamente a mesma coisa no Salmo, 82:6: "Eu disse: Vós sois deuses, e todos vós sois filhos do Altíssimo". O trecho é citado no Evangelho de João: quando os judeus o acusaram de tentar convencer a todos de que ele era um Deus, Jesus respondeu: "Acaso não está escrito na vossa Lei: 'Eu disse: sois deuses'?" (João, 10:34).

Yukteswar segue explicando que iniciados que atingiram o perfeito domínio do mundo da matéria encontram seu Deus ou realização absoluta em seu eu interior e não no mundo externo. Esses "humanos divinos", finalmente, obtêm a maestria sobre a vida e a morte, e possuem a capacidade de dar forma ao mundo à sua volta, são capazes de absolutamente qualquer coisa. Eles atingem as oito realizações ascéticas (Aishwaryas), pelo poder das quais eles podem:

anima: encolher matéria (ou o corpo de alguém) até o tamanho que quiserem;
mahima: aumentá-la para qualquer tamanho que quiserem;
laghima: fazer com que pese tão pouco quanto desejarem;
garima: fazer com que pese tanto mais quanto desejarem;
prapti: possuir qualquer coisa e todas as coisas que quiserem;
vashitwa: adquirir poder *(vasha)* sobre qualquer coisa e sobre todas as coisas que desejarem;
prakamya: realizar todos os desejos por meio da força de vontade;
ishitwa: tornar-se o Senhor *(Isha)* de todas as coisas.

---

123. Sri Yukteswar, *The Holy Science* (Self-Realization Fellowship, Los Angeles).

Quando os discípulos de Jesus não conseguiram exorcizar um espírito impuro, perguntaram-lhe por quê, e ele explicou que era em razão da falta de fé: "Em verdade vos digo: se tiverdes fé do tamanho de um grão de mostarda, direis a esta montanha: 'Vai daqui para lá', e ela irá. Nada vos será impossível" (Mateus 17:20). O fenômeno do teletransporte e o da levitação correspondentes foram uma tradição ininterrupta tanto dentro quanto fora da Igreja Cristã. Não menos de 230 santos católicos têm registros de que possuíam a habilidade de levitar mais ou menos voluntariamente.

Durante o século XIX, o médium Daniel Douglas-Home convenceu com sucesso milhares de espectadores em diversas ocasiões sobre sua habilidade de "voar". Entre as testemunhas estavam celebridades notáveis, como William Makepeace Thackeray, Edward Bulwer-Lytton, Napoleão II, John Ruskin, Dante Gabriel Rossetti e Mark Twain. Essas *performances* realizaram-se durante um período de quase 40 anos e foram investigadas e confirmadas muitas vezes.

Em seus relatórios sobre as diferentes formas de fenômenos psíquicos, Francis Hitching cita mais de 25 casos de levitação.[124] Exemplos de levitação certamente são relatados até os dias de hoje. Swami Rama apresenta um testemunho em sua coletânea de conversações, *Living with the Himalayan Masters*. O fenômeno foi fotografado e até filmado.

A levitação parece ser produzida por um controle muito ampliado dos processos corporais, por exemplo, por meio de concentração e meditação, ou pelos efeitos do êxtase religioso, que permitem momentos em que a força de gravidade, de alguma forma, fica anulada.

Esses "milagres menores" podem até ser realizados por dinheiro ou para satisfazer os buscadores de sensações diferentes. Mas os verdadeiros mestres somente realizam esses "milagres" para propósitos altruísticos.

O homem santo milagreiro Sai Baba diz, como Jesus, que todas as pessoas têm poderes divinos que podem ser ativados com treinamento e disciplina mental. Contudo, quem usar esse poder para plantar o mal, colherá o mal. E quem usar os poderes com egoísmo e para utilizar seus próprios interesses, perderá todos, completamente. Algumas vezes esses

---

124. F. Hitching, *Die letzten Rätsel unserer Welt,* Frankfurt, 1982, p. 118ff.

poderes são limitados em sua eficácia ou duração, ainda mais quando usados sem propósitos altruísticos, sem sabedoria e sem consciência espiritual.

Hoje, como há milhares de anos, "os milagres" continuam sendo um método legítimo de trazer a mensagem divina mais próxima aos incrédulos e aos aprisionados pelo mundo material. Quase tudo o que foi relatado sobre Jesus tem um paralelo nas lendas indianas antigas. Um dos motivos para a semelhança entre histórias indianas e cristãs ser muito pouco conhecida é o fato de pouquíssimos europeus saberem ler o sânscrito dos textos antigos: apenas recentemente as traduções começaram a despertar o interesse do mundo ocidental.

Nenhum dos representantes de Deus na Terra, humanos-divinos conhecidos, parece ter sido capaz de convencer as massas descrentes sobre sua autoridade divina sem recorrer a sinais e maravilhas milagrosas. Todo Filho de Deus teve de adquirir a habilidade de demonstrar seu *status* aos céticos por meio de atributos sobre-humanos.

Krishna é um avatar, uma forma mortal do deus Vishnu (o segundo elemento da trindade hindu, o mantenedor da criação) que desceu à Terra. Parece que Krishna e Jesus tinham mais em comum do que milagres: é bem possível que as duas expressões sejam etimologicamente análogas. O título "Cristo" (*Christus* em latim) deriva da palavra grega *khristos (christos),* o "ungido" (em grego, *khriein*, "ungir", mas também é "tingir, "colorir"; *khrisma,* "unguento"). A palavra em sânscrito *Krsna* (pronunciada "Krishna") significa "o preto" ou "o azul". Os dois termos, Christus e Krishna, podem muito bem estar relacionados à raiz sânscrita *krs* (pronunciada "krish"), "atrair", e, com base nessa etimologia, o nome Krishna é frequentemente traduzido como "o Todo Atraente". Essa pessoa que atrai toda a Criação é a forma mais elevada em que Deus foi visto na Terra.

Segundo a tradição brâmane, Brahma é considerado o Criador do Universo e, às vezes, é chamado de "Pai". Vishnu, que encarnou como Krishna, é ocasionalmente chamado de "Filho". E Shiva, a terceira Pessoa na Trindade Hindu, o Espírito, corresponde assim ao Espírito Santo, "que dirige a eterna lei de formação e dissolução que reside em todas as criaturas viventes e em toda a Natureza...".

Krishna é o oitavo avatar ou forma encarnada do deus Vishnu, logo após sete avatares anteriores. O nono aparecimento de Vishnu na Terra é na forma de Gautama Buda (príncipe Sidarta, Sakyamuni, "o sábio dos Sakyas").

Krishna e Cristo

De acordo com as fontes mais antigas, há cerca de 5 mil o Senhor Vishnu apareceu na forma de um homem na presença da donzela Devaki ("Feita para Deus"), um membro da casa real. Devaki caiu em êxtase e foi "eclipsada" pelo espírito de Deus, que lhe chegou no esplendor de sua divina majestade, para ela conceber uma criança. A tradição fala de uma anunciação.

> Bendita seja, Devaki, entre as mulheres. Bem-vinda seja entre os santos Rishis. Foste escolhida para o trabalho da salvação... Ele virá com uma coroa luminosa: céu e terra ficarão repletos de alegria... Virgem e Mãe, nós te saudamos; tu és a mãe de todos nós, pois darás à luz o nosso Salvador. Tu o chamarás Krishna.

Mas o rei de Mathura havia sido advertido, no que para ele foi um pesadelo, de que um rei nasceria da filha de sua irmã, e seria mais poderoso do que ele. A donzela Devaki escondeu-se nos campos com seu recém-nascido na companhia de alguns vaqueiros e, milagrosamente, a criança escapou dos soldados que haviam sido enviados pelo rei para matar todos os recém-nascidos.

De acordo com outra versão da tradição, o rei Kansa de Mathura viu uma estrela cadente e perguntou a um brâmane seu significado. O homem sábio respondeu que o mundo se tornara um lugar ruim e a ganância das pessoas por ouro com as dificuldades da vida fizeram com que Deus enviasse um Redentor. A estrela era o sinal de que Vishnu havia se feito carne no útero de Devaki; um dia o avatar restauraria a justiça e conduziria a humanidade por novos caminhos. Iradíssimo, o rei mandou matar o brâmane, bem como todos os meninos recém-nascidos.

Existem muitas histórias sobre a infância de Krishna, glorificado em seu poder e conhecimento.

Tal como o menino Jesus dos Evangelhos apócrifos, Krishna era capaz de realizar todos os milagres concebíveis, até mesmo quando era uma criancinha. Foi assim que conseguiu sobreviver aos muitos perigos para ele preparados por seu tio Kansa. Em certo momento, uma cobra rastejou para dentro do berço para estrangular a criança, mas foi morta pelo garoto com as mãos nuas (um paralelo exato com o mito sobre o jovem Heracles/Hércules). Depois, Krishna lutou com a cobra de múltiplas cabeças, Kaliya; ele a derrotou e forçou-a a ir embora do Rio Yamuna. Os feitos heroicos realizados pela incrível criança indiana seriam suficientes para encher vários volumes. Com 16 anos, Krishna saiu de casa para disseminar seu novo ensinamento por toda a Índia. Ele pronunciou-se contra a corrupção entre o povo e os príncipes, em todos os lugares, apoiando os fracos contra a opressão, e declarou que viera à Terra para libertar o povo de seu sofrimento e pecados, para expulsar o espírito do mal e restaurar a lei da retidão. Ele superou tremendas dificuldades, lutou sozinho contra exércitos inteiros, realizou uma grande variedade de milagres, devolveu vida a pessoas mortas, curou os leprosos, restituiu a visão aos cegos e a audição aos surdos, e fez com que os deficientes físicos andassem.

Ele acabou angariando um grande número de discípulos que o apoiavam com zelo e dariam seguimento ao seu trabalho. As pessoas chegavam a ele de todos os lugares para ouvir seus ensinamentos e para maravilhar-se com os milagres que realizava. Ele foi honrado como um deus e aclamado como o verdadeiro Redentor que havia sido profetizado pelos Anciãos.

De vez em quando, Krishna isolava-se por um tempo, deixando seus discípulos por conta própria a fim de testá-los e voltava quando os discípulos passavam por dificuldades. O movimento crescente foi monitorado com suspeita pelas pessoas no poder, que tentaram abafá-lo, mas sem sucesso.

Krishna não queria propagar uma nova religião, mas simplesmente renovar aquela já existente e limpá-la de todas as bobagens e abusos. Seus ensinamentos estão na forma de parábolas poéticas, aforismos e analogias muito parecidos com os ensinamentos registrados de Jesus. Esses ensinamentos estão contidos no *Bhagavad Gita,* que apresenta os princípios morais puros e superiores de uma visão de vida sublime de uma forma bastante simples para que todos pudessem entendê-los. E, assim, Krishna ensina seus seguidores a amarem seus vizinhos; ele louva o respeito pelo indivíduo conclamando-nos a compartilharmos o que temos com os pobres, a praticarmos boas ações por puro altruísmo e senso de justiça, e a acreditar na eterna bondade do Criador. Ele nos instrui a vencer o mal com o bem, a amar os nossos inimigos, e proíbe a vingança. Consola os fracos, condena a tirania e ajuda os infelizes. Ele mesmo vive na pobreza e se dedica aos pobres e aos oprimidos. Não possui qualquer vínculo pessoal e defende a castidade.

Krishna também passa por uma Transfiguração. O Filho de Deus se mostra a seu discípulo favorito, Arjuna, em milhares de formas divinas simultaneamente e lhe diz:

> Quem fizer tudo por Mim, encontrar-Me em tudo, sempre adorar-Me, amar tudo o que Eu fiz e a Mim, apenas pelo amor, este homem, Arjuna! A Mim deve vir.
> (*Bhagavad Gita,* canto 11, trad. de *sir* Edwin Arnold)

Por fim, Krishna permite que uma flecha o atinja no pé, marcando o final de sua vida predestinada na Terra. Porém, quando seus seguidores procuram seu corpo, ele não é encontrado, pois ascendeu aos céus. A lenda de Krishna talvez seja a fonte mais antiga que contribui para a mística figura de Cristo. Mas semelhanças com as lendas de Dionísio/Baco (datadas por volta do século VIII a.C.) são igualmente surpreendentes. E, além das altas culturas da Grécia e da Roma Antigas, a cultura da Pérsia Antiga – que também teve suas personalidades de Salvador-Redentor –, da mesma forma influenciou decisivamente as ideias escatológicas e apocalípticas da religião cristã.

O Sudário – Um Legado de Jesus

Acusação e julgamento

Na época de Jesus, a situação política na Judeia era bastante turbulenta e regularmente pontuada por fatos dramáticos.

Herodes, o Grande (37-4 a.C.) teve de lidar com a instabilidade civil persistente, às vezes com franca revolta, durante todo o seu reinado. Lutando contra ele e seus sucessores havia um exército de guerrilha de nacionalistas fanáticos por um homem, determinados a fazer de tudo o que podiam para minar o domínio romano. Josephus faz uma referência ao líder dessa incômoda "gangue de bandidos", um tal Judas da Galileia, mas os "bandidos" pareciam ser homens de fortes convicções religiosas que estavam tentando, basicamente, defender a fé de seus ancestrais contra a dominação romana.[125]

Entre esses grupos rebeldes – que incluíam os fariseus, os saduceus e os recabitas –, aos essênios era dado um lugar especial, sendo eles formalmente organizados como uma Ordem e tendo um "corpo de elite" na forma dos nazarenos (nazarianos). Os saduceus e os fariseus, no fim, viriam a se comprometer com os sucessores de Herodes, cedendo à sedução de altos cargos. Os recabitas, por outro lado, rejeitaram totalmente a "civilização" que Roma procurou impor-lhes e continuaram a viver em tendas fora das cidades, tal como seus antepassados viveram durante séculos.

---

125. Flávio Josephus, *As Antiguidades dos Judeus* XVIII, 1:1,6.

Provavelmente, quando o filho de Herodes, Arquelau, foi deposto no ano 6 d.C., os essênios e os nazarenos voltaram do exílio na cidade de Alexandria e cercanias. Certamente, o monastério de Qumran foi reocupado a partir dessa época.

Também foi por essa ocasião que o ressentimento nacionalista do domínio imperial romano se inflamou em um conflito de guerrilha, particularmente na região administrada por Herodes Antipas (irmão de Arquelau). A luta de resistência foi conduzida em grande segredo, sobretudo por partidários essênios que podiam misturar-se despercebidamente nas zonas rurais. E foi assim que os essênios e os nazarenos sofreram o impacto total da tremenda força romana ativa e corajosamente, enquanto os fariseus e saduceus conformistas tornavam-se integrados ao sistema político de seus dominadores.

Depois da morte de Herodes, o Grande, o país passava de uma crise para outra. Muitos da população judaica nativa esperavam desesperadamente por um Messias que restaurasse o Reino de Davi e de Salomão e libertasse o país do ditador estrangeiro odiado.

De acordo com os textos dos Evangelhos de Marcos, Mateus e Lucas, o período durante o qual Jesus esteve publicamente em atividade durou no máximo, aproximadamente, um ou dois anos. Apenas o Evangelho tardio de João faz referência a três Páscoas em Jerusalém, nas quais Jesus esteve presente. Ao todo, deve-se, portanto, presumir que Jesus permaneceu entre dois e três anos na região.

Durante esse período, Jesus cruzou com frequência as fronteiras das várias províncias em que a Palestina estava dividida, a cada vez deixando a jurisdição da religião local e das autoridades seculares. Por que, então, ele teria de ir a Jerusalém e, dessa forma, entregar-se aos seus perseguidores continua sendo um mistério.

Sua entrada em Jerusalém foi particularmente espetacular: Jesus foi jubilosamente recebido como o rei que estabeleceria o "Reino de Deus".

Pela tradição cristã, o "Reino de Deus" é um estado de perfeição celestial, para ser compreendida em um sentido puramente espiritual: todos podem atingi-lo pela própria graça e assistência de Deus. Mas o que as massas em Jerusalém estavam procurando era algo de uma natureza mais mundana. O Messianismo judaico antecipou um Reino de Deus que era um Estado de Israel novo, purificado e poderoso, e esperava-se que seu líder (o Messias) fosse um comandante militar invencível, como o rei Davi havia sido no passado, e libertasse o país do jugo romano.

O ponto de vista de Jesus a respeito dessas esperanças está registrado no Evangelho de Lucas: "O Reino de Deus não vem ostensivamente. Nem se poderá dizer: 'Está aqui', ou: 'Está ali', pois o Reino de Deus está no meio de vós" (Lucas, 17:20-21).

A entrada na cidade de Jerusalém foi um ato de provocação sem precedentes. Até aquele ponto, a resistência havia operado como um movimento secreto: não tinha ousado se mostrar abertamente na capital. Cerca de uma semana antes do grande festival da Páscoa, Jesus decidiu sair de seu esconderijo nas montanhas de Efraim (João, 11:54) e dirigiu-se com seus seguidores através de um desvio por Jericó para a capital, a cerca de 40 quilômetros de distância (Lucas, 19:1-28).

O Evangelho de Marcos conta sobre a dramática decisão:

> Eles estavam a caminho, indo para Jerusalém. Jesus ia à frente, e eles estavam assombrados, e, enquanto seguiam-no, eles estavam com medo. E ele reuniu os 12 e começou a dizer-lhes o que estava para acontecer com ele, dizendo: "Estamos subindo para Jerusalém, e o Filho do Senhor deve ser entregue aos sumos sacerdotes e aos escribas. Eles devem condená-lo à morte e devem entregá-lo aos gentios.
> E eles zombarão dele, cuspirão nele, açoitá-lo-ão, matarão: e no terceiro dia ele se erguerá de novo".
> (Marcos, 10:32-34)

Cinco dias antes do grande festival eles chegaram a Jerusalém. Ao entrar pelos portões da cidade, Jesus foi muito aclamado pela multidão. Porém, embora Jesus estivesse montado em um burrico, em um gesto de humildade, docilidade e intenção pacífica, posteriormente, a aclamação foi tragicamente mal-entendida. "Toda a cidade estava agitada" (Mateus, 21:10, versão da *Bíblia de Jerusalém*). As afirmações contundentes de Jesus e os métodos diretos, para não dizer violentos, que ele usou ao expulsar os mercadores para fora do templo, em uma atmosfera diferente, talvez pudessem ter sido interpretados como alegóricos – mas eles estavam certamente abertos a serem interpretados como um apelo claro para o povo se sublevar. Algumas palavras de Jesus não foram nada conciliatórias: "Não penseis que vim trazer paz à terra! Não vim trazer paz, mas, sim, a espada" (Mateus, 10:34).[126] E: "Fogo eu vim lançar sobre a terra, e como gostaria que já estivesse aceso!" (Lucas, 12:49).

A primeira coisa que Jesus fez em Jerusalém foi montar um ataque contra as autoridades, o qual nunca ninguém ousara empreender antes. Por meio de uma ação direta e inequívoca, Jesus repreendeu os guardiões da Lei no Templo. Suas denúncias severas e precisas (Mateus, 23) eram um acerto de contas público com os seus antagonistas na frente de um grande número de peregrinos entusiásticos. Conforme os Evangelhos, ele foi longe a ponto de empurrar comerciantes e os cambistas para fora do lugar de culto. É claro, esse tipo de ataque contra a autoridade dos oficiais do Templo não poderia passar sem consequências – mas era necessário cuidado, pois nessa situação tensa qualquer ação inconveniente poderia provocar um levante em massa. "Os sumos sacerdotes e os escribas ouviram a respeito e procuraram um modo de destruí-lo, pois eles o temiam, porque a multidão estava maravilhada com sua doutrina" (Marcos, 11:18).

Havia sempre a possibilidade de tumultos e outras formas de perturbação civil durante os dias santos do festival, e Pilatos (o governador, representante do imperador de Roma) tinha marchado de Cesareia com as suas divisões (cada uma com 500 legionários) para estar pronto para intervir, se necessário. Esses distúrbios são brevemente aludidos nos Evangelhos. De acordo com Marcos, certo Barrabás fora preso com os que tinham participado de uma insurreição com ele, que cometera um assassinato na rebelião (Marcos, 15:7). Marcos também diz que os principais sacerdotes e escribas "procuravam uma forma de prender Jesus com algum tipo de estratagema e condená-lo à morte. Mas eles disseram: 'Não em um dia de festa, pois poderia haver um levante do

---

126. Entretanto, de acordo com uma das mais recentes pesquisas linguísticas pelo filólogo rev. dr. Günther Schwarz, esse é um erro de tradução. A palavra em aramaico para "espada", *zeyana*, é distinguida apenas pela marca de um ganchinho da palavra *ziyyuna* "nutrição (espiritual)", um significado que daria à citação um sentido completamente diferente.

povo'" (Marcos, 14:1-2). Se Jesus tinha de ser liquidado, seriam necessárias rapidez e cautela.

Os fariseus primeiro tentaram fazer Jesus se incriminar em uma discussão pública. Perguntaram-lhe se era justo pagar impostos ao imperador Romano. Se Jesus tivesse respondido de forma negativa, ele seria acusado de alta traição; se respondesse de forma positiva, perderia o apoio e grande parte do interesse do povo. Em vez disso, ele saiu do dilema com um golpe de mestre (Marcos, 12:14-17). Depois, os saduceus tentaram ridicularizar sua doutrina da reencarnação. Ele também se esquivou desse ataque com habilidade (Marcos, 12:19-27).

A data dos acontecimentos em Jerusalém ainda apresenta um problema considerável. Nem o mês, nem o ano do fato podem ser encontrados nos Evangelhos. Especulações atuais sugerem do ano 30 ao ano 33.

Apesar de todos os Evangelhos concordarem que Jesus foi crucificado em uma sexta-feira, existem duas suposições distintas sobre o dia do mês. De acordo com os Evangelhos Sinóticos, Jesus celebrou a Última Ceia com seus discípulos em uma quinta-feira à noite. Pelo calendário judaico, quinta-feira era o 14º dia de Nissan, o dia em que o Cordeiro Pascal devia ser comido. A sexta-feira seguinte, 15 de Nissan, era o primeiro dia santo do festival judaico de Passah-Mazzoth. Porém, é quase impensável que Jesus tenha sido preso e interrogado diante de todo o Sinédrio (composto de 71 cidadãos judeus) nessa mesma noite santa. Tal violação da Lei Judaica pelos seus próprios guardiões é simplesmente inacreditável.

Uma solução alternativa pode ser encontrada no texto de influência gnóstica do Evangelho de João. Aqui, a Última Ceia não é especificada como a ceia da Páscoa dos judeus, e Jesus já havia sido crucificado em 14 de Nissan. Se foi assim que tudo aconteceu, Jesus deve ter celebrado a ceia sem os prescritos pães sem fermento e sem os utensílios ritualistas, porque esses são (até hoje) preparados para serem usados apenas no dia imediatamente anterior à Páscoa, que, na verdade, é chamado de Dia da Preparação. A versão de João dos fatos parece bem lógica, mas ela baseia-se na suposição de que nessa ocasião Jesus não teria observado os costumes judaicos ancorados na Lei (embora, com certeza, em outras ocasiões ele os ignorára deliberadamente).

Até mesmo o lugar escolhido para a Última Ceia sugere a influência dos essênios: "Quando entrardes na cidade virá ao vosso encontro um homem carregando uma bilha de água. Segui-o até a casa onde ele entrar" (Lucas, 22:10). Mas, na Jerusalém dessa época, somente as mulheres é que se encarregavam da água. Portanto, nessa casa em particular, os costumes normais obviamente não se aplicavam. E, de fato, a ceia não prosseguiu, em absoluto, de acordo com o ritual prescrito, mas foi realizada de acordo com os costumes essênios. Eles não comeram a ovelha sacrificada, mas pão, como os essênios, que, é claro, não comiam carne. No *Evangelho Apócrifo dos Ebionitas,* quando os discípulos levantam a questão de onde deveriam preparar a ceia da Páscoa, Jesus responde: "Eu não quero comer carne com vocês nesta Páscoa!".[127] Os discípulos então passam a debater sobre o lugar na mesa onde cada um se sentaria porque, de acordo com a Regra da Ordem Essênia, cada pessoa tinha um lugar fixo segundo a hierarquia, designado pela proximidade ao Mestre (1QSa). "Houve ainda uma discussão entre eles sobre qual deles devia ser considerado o maior" (Lucas, 22:24). Portanto, houve uma espécie de ceia da Páscoa, mas não no dia prescrito, sem carne e sem o ritual costumeiro.

Nesse ponto, surge uma questão que obrigou os especialistas a realizarem consideráveis buscas – uma questão para a qual ninguém até hoje foi capaz de encontrar uma resposta: como estabelecer a data da Última Ceia? Entretanto, o problema está resolvido automaticamente se for usado o calendário essênio para estabelecer a data do evento. Como o calendário solar tornou possível dividir o ano (contado como 364 dias) em 52 semanas, não havia nenhum dia remanescente ao final de cada ano (como havia no calendário judaico). O dia do Ano-Novo sempre acontecia em uma quarta-feira na primavera. De acordo com isso, a Páscoa Essênia em 14 de Nissan ocorria regularmente em uma quarta-feira e, portanto, deve ter acontecido dois dias antes da Páscoa Judaica ortodoxa daquele ano. O Evangelho de João também é correto

---

127. Epifânio, *Her.* 30.

em dizer que Jesus foi crucificado no dia 14 de Nissan, pois o que ele tem na mente é o calendário oficial que coloca a Crucificação no dia antes da Páscoa.

Toda a sequência de eventos em Jerusalém acontece em um período de três dias e pode ser estabelecida lógica e conclusivamente:

Noite de terça-feira:	a Última Ceia; detenção em Getsêmani; interrogatório preliminar por Annas; as três renegações de Pedro
Manhã de quarta-feira:	início do julgamento diante do Sinédrio; exame das testemunhas por Caifás
Noite de quarta-Feira:	Jesus passa a noite sob custódia; recebe maus-tratos na prisão de Caifás
Quinta-feira:	o Sinédrio se reúne novamente para anunciar a sentença, Jesus é transferido para Pilatos e interrogado; Jesus é transferido para Herodes Antipas
Sexta-feira:	o julgamento político continua diante de Pilatos; a flagelação; a coroação com espinhos; a sentença; a crucificação na sexta hora aproximadamente (meio-dia)

Um incidente inusitado ocorreu durante a detenção de Jesus pelos guardas do Templo, depois da ceia: "Simão Pedro, que tinha uma espada, puxou-a e feriu o servo do sumo sacerdote, cortando-lhe a ponta da orelha direita. O nome do servo era Malco. Depois, Jesus disse a Pedro: 'Guarda a tua espada na bainha; acaso não vou beber do cálice que o Pai me deu ?'" (João, 18:10-11). Por que Pedro estava portando uma espada?

Desde o século II a.C, o Sinédrio (judaico derivado do grego: "Assembleia") havia representado a máxima autoridade judaica não apenas em assuntos religiosos, mas também em todos os assuntos seculares, nacionais e judiciais que envolvessem aspectos religiosos. Antes de Roma assumir o poder, o Sinédrio também possuía um considerável poder político. Ele era composto por 70 membros – sacerdotes, anciãos e escribas – sob seu presidente, o alto sacerdote em vigor, nessa época José Caifás. Entre os anciãos da assembleia encontrava-se José de Arimateia, um dono de terras rico e influente que votou contra a decisão do Alto Conselho de condenar o Nazareno à morte (Lucas, 23:50-51).

Depois de um detalhado exame das testemunhas, o alto sacerdote, Caifás, concluiu colocando a pergunta crucial: "Eu te conjuro, pelo Deus vivo, dize-nos se tu és o Cristo, o Filho de Deus" (Mateus, 26:63). Jesus respondeu: "Tu o disseste". Caifás interpretou sua resposta como uma afirmação – da qual não havia como voltar atrás. De acordo com a Lei Judaica, qualquer um que se arrogasse honras divinas era considerado um blasfemo e sujeito à imediata pena capital. Na realidade, a Lei Judaica estipulava a execução por apedrejamento, mas Jesus não podia ser simplesmente levado para fora e apedrejado até a morte, porque o Sinédrio havia recebido a ordem de Roma de que ninguém devia ser executado sem a aprovação prévia do procurador romano. Outro fator era que todos os assuntos levados diante do Sinédrio deviam ser concluídos durante as horas do dia (entre a aurora e o crepúsculo). Se todos os 70 membros do conselho tivessem sido convocados e o julgamento ocorrido à noite, todos os procedimentos teriam sido ilegais desde o início. No Evangelho de Lucas há uma confirmação de que a sessão ocorreu durante o dia (Lucas, 22:66). A assembleia somente voltou a se reunir na manhã seguinte (quinta-feira) para anunciar seu juízo:"De manhã cedo, todos os sumos sacerdotes e os anciãos do povo deliberaram a respeito de Jesus para levá-lo à morte. Então, amarraram-no, levaram-no e o entregaram a Pilatos, o governador" (Mateus, 27:1-2).

Pilatos não parecia estar satisfeito com o caso desde o início (João, 18:31) porque, como ele mesmo disse, não conseguia encontrar nada que pudesse confirmar a culpabilidade de Jesus. Ele tentou colocá-lo em liberdade, mas, não conseguindo, em um gesto demonstrativo lavou as mãos com relação ao assunto a fim de preservar sua "inocência" (Mateus, 27:24). Pilatos então tentou transferir o assunto delicado para o etnarca judaico, Herodes Antipas – que justamente estava presente para o evento – mas também não deu certo, pois Jesus nada dizia. Ele foi novamente enviado para o procurador (Lucas 23:6-16) que, afinal, cedeu à vontade do povo que havia sido instigado por Caifás e pelos sacerdotes, e Pilatos devolveu o Nazareno para ser executado conforme exigiram.

Ter em mente que Jesus, o Nazareno, pertencia à Nova Aliança do movimento essênio, supostamente como alguém que cumpria as Regras da Comunidade sem, no entanto, pertencer a essa comunidade reclusa, é ser capaz de encontrar uma explicação para algumas das contradições e enigmas das histórias dos Evangelhos, que são relativamente simples e fazem perfeito sentido. Isso certamente explica como Jesus pôde ser julgado pelos judeus ortodoxos e, no entanto, encontrar-se sendo julgado por sua vida nos tribunais secular e político ao mesmo tempo. De fato, considerando a escassa natureza de fontes históricas à nossa disposição, é unicamente dessa maneira que os eventos relativos ao encerramento do ministério de Jesus na Palestina podem ser explicados de modo convincente e satisfatório.

Os problemas que surgem do entendimento popular da "ressurreição dos mortos" e da "ascensão corpórea" de Cristo são questões mais difíceis de resolver. As fontes literárias disponíveis não explicam por que Jesus foi declarado morto apenas poucas horas depois de sua crucificação. Suas pernas, afinal – diferentes das dos outros dois homens crucificados com ele – não haviam sido quebradas. (O fato de fraturar as pernas teria, decisivamente, encurtado o tormento que, do contrário, duraria mais de cinco dias.) Não é surpresa o fato de Pilatos maravilhar-se quando foi solicitado a liberar "o corpo": "Pilatos ficou admirado quando soube que Jesus já estava morto" (Marcos, 15:44).

Ninguém viu a ressurreição – ou, pelo menos, nos contam que ninguém disse tê-la presenciado –, o que significa que a ressurreição de Jesus dos mortos tinha de permanecer um puro ato de fé. Portanto, o ensinamento da Igreja a respeito do assunto crucial da Ressurreição deve ser considerado uma inferência após o fato, uma interpretação.[128]

---

128. W. Marxsen, *Die Auferstehung Jesu,* Gütersloh, 1960.

O assunto aqui abre duas hipóteses: ou acreditamos na Ressurreição de Jesus ou não. Certamente, em qualquer um dos casos seria impossível, tanto tempo depois, tentar esclarecer um evento histórico que aconteceu há 2 mil anos e descobrir exatamente o que ocorreu. De fato, seria praticamente impossível – se não fosse por uma incrível peça de evidência que possibilita examinarmos os fatos acerca da crucificação em grandes detalhes, usando os testes mais modernos que a tecnologia pode conceber: o Santo Sudário.

O Santo Sudário de Turim

E agora que o evento foi consumado, por ser o [Dia de] Preparação, ou seja, o dia anterior ao Sabá, José de Arimateia, um honrado (e rico: Mateus, Lucas) conselheiro (que era discípulo de Jesus: Mateus, João (embora um discípulo secreto por medo dos judeus: João) (que não havia concordado com a decisão e ação do Sinédrio: Lucas), que também esperava pelo Reino de Deus (Lucas), dirigiu-se corajosamente a Pilatos e pediu o corpo de Jesus (Mateus, Lucas e João).

> E Pilatos surpreendeu-se por ele já estar morto: e chamando o centurião, ele perguntou se ele já estava morto há algum tempo.
> E, quando ele soube pelo centurião, ele deu o corpo a José (Mateus, João).
> E ele trouxe bom linho, e o baixou, e o enrolou no (limpo: Mateus) linho (Mateus, Lucas) (envoltório de linho: João), e o deitou em um (seu: Mateus), (novo: Mateus, João) sepulcro (em que nenhum corpo tinha sido depositado antes: Lucas, João) que foi talhado em uma pedra (Lucas) e rolou uma pedra na abertura do sepulcro.
> (Marcos, 15:42-46)

O lençol mencionado aqui está hoje preservado em Turim, constituindo um documento autêntico que, por puro milagre, praticamente capturou um dos momentos mais importantes da história do mundo para a posteridade, e capturou de modo a se aproximar de uma representação tridimensional.

O famoso Sudário de Turim tem 4,36 metros de comprimento e 1,10 metro de largura, e mostra com impressionante clareza a impressão de um homem recentemente crucificado. Metade do sudário mostra as costas e, como o sudário foi envolto ao redor da cabeça do homem mais ou menos na metade, o outro lado mostra a frente. A cabeça, o rosto, o tórax, braços, mãos, pernas e pés do homem são facilmente identificáveis na impressão. A maior parte do lençol tem uma tonalidade sépia, embora seja cinza em algumas partes. Traços de sangue são claramente visíveis e aparecem em cor carmesim claro.

Ao ver o Sudário pela primeira vez, o olhar é logo atraído para duas listras escuras que percorrem, verticalmente, o comprimento do Sudário, estendendo-se em dois maiores pontos romboides. Essas são marcas de queimado, que foram reparadas com alinhavos de cor mais clara. Sua forma peculiar foi o resultado do sudário ter sido quase perdido em um incêndio na Capela de Chambéry, na França, em 1532, quando estava dobrado em 48 camadas em um cofre de prata. Com o calor das chamas, o cofre começou a derreter de um lado, até que a prata derretida deixou um padrão geométrico de manchas de queimado no material dobrado.

Se a imagem nessa peça de tecido for realmente de Jesus e a autenticidade do pano puder ser comprovada, então esse documento não só representa um sucesso científico da maior importância, mas também pode servir como a única base científica aceitável para que a questão que ocupou tantas pessoas durante tanto tempo seja resolvida em definitivo: a ressurreição de Jesus realmente aconteceu?

Pode haver reservas sobre se um pano poderia realmente sobreviver um período de quase dois milênios sofrendo tão pouca evidência de dano. Ainda assim, é fato que existem muitas peças de linho consideravelmente mais antigas e mais bem preservadas do que o Sudário de Turim. Exemplares bem conservados podem ser encontrados nas coleções do Museu Nacional Egípcio, no Cairo, no Museu Egípcio de Turim e nos Departamentos de Egiptologia de Museus Históricos, em Londres, Paris, Berlim, Hildesheim e outros lugares, alguns espécimes

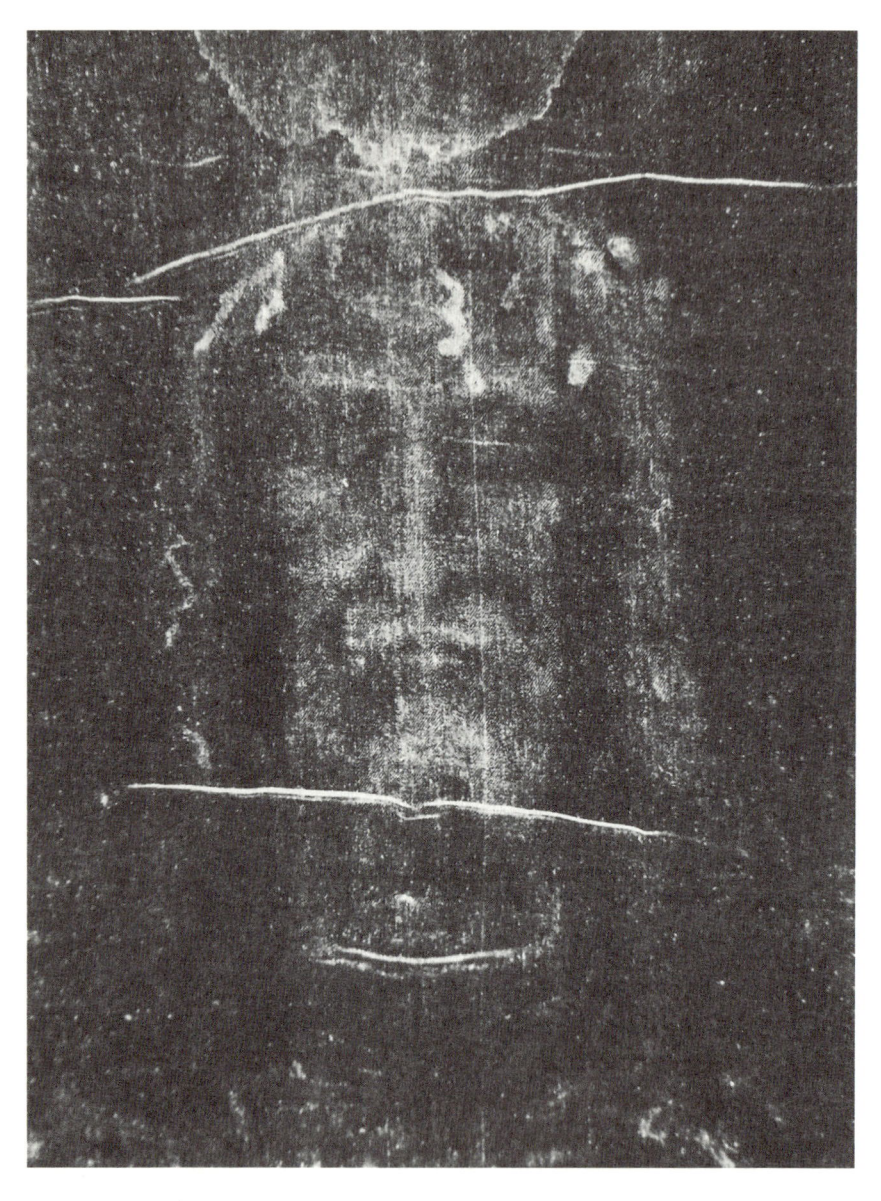

O rosto do retrato irradia nobreza e dignidade.

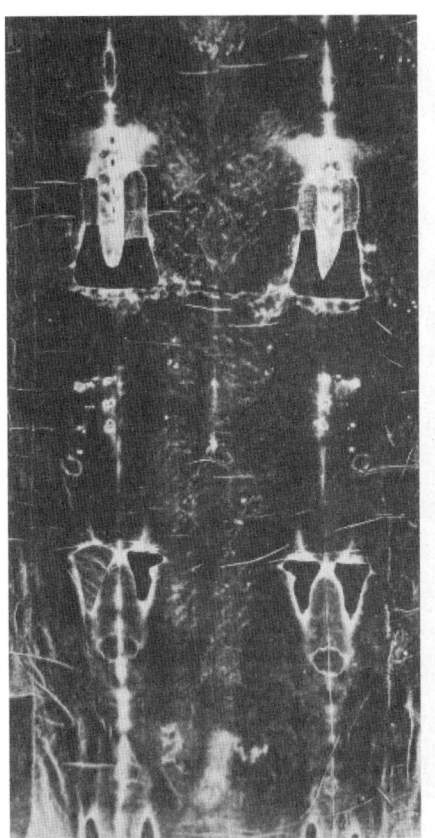

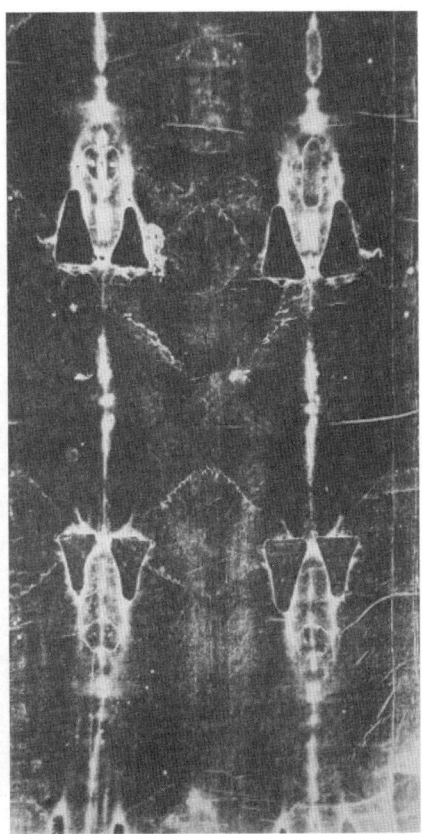

O Sudário completo como um negativo fotográfico. Somente como negativo é que todos os detalhes se tornam claramente visíveis.

datando de 3.500 e até 5 mil anos atrás. O clima seco do Oriente Próximo é particularmente favorável para a preservação de longo prazo de têxteis e pergaminhos. Em cada caso a substância vegetal é, em grande parte, celulose, uma molécula muito estável.

A palavra grega *sindon* (às vezes traduzida como "musselina") nos Evangelhos Sinóticos refere-se a uma peça de linho. O Sudário é de linho, as fibras de tessitura cruzada à razão de 3:1, criando uma trama em formato de espinha de peixe. Na época de Jesus, essa era uma forma extremamente rara de trabalho em tear, um trabalho de grande precisão realizado por mãos muito experientes e, provavelmente, muito caro. Os únicos exemplares sobreviventes desse tipo de material, tecido no primeiro século, têm sua origem na província romana de Síria, à qual a Palestina pertencia, na época. (A tessitura cruzada foi introduzida na Europa Ocidental e Setentrional somente no século XIV d.C.)

Ao usar um microscópio eletrônico para examinar fios de tecido, em 1973, o professor Raes da Universidade de Ghent, na Bélgica, descobriu alguns traços de algodão, uma planta que não era cultivada no Oriente Próximo na época de Jesus. Na Síria e Mesopotâmia de sua época, entretanto, algodão importado da Índia era ocasionalmente usado para tecer, embora o algodão tivesse de ser processado previamente em um tear especial.

O botânico suíço e cientista forense, dr. Max Frei, fez uso de técnicas complexas de análises de pólen para chegar a descobertas sensacionais. Dr. Frei pegou 12 amostras, de cada dez a 20 centímetros quadrados de área, de diferentes partes da superfície do Sudário, em fita adesiva. Escaneando-as com um microscópio eletrônico, ele encontrou, além de poeira e das fibras de linho, entre um e quatro grãos de pólen de plantas por centímetro quadrado. Os grãos de pólen têm tamanhos entre 0,0025 e 0,25 milímetros e, portanto, nem sempre são visíveis a olho nu. Mas os pequenos grãos são envoltos em uma dupla pele, cuja composição química não foi completamente determinada até hoje. A casca externa é, por si mesma, tão durável que, sob certas condições, o pólen pode sobreviver intacto por milhões de anos. Além disso, cada espécie e variedade de planta possuem minúsculos grãos de pólen de aparência bem distinta daqueles de quaisquer outras, de maneira que é possível dizer facilmente qual grão foi originado de qual planta.

Em um relatório sobre sua pesquisa, publicado em março de 1976, Frei anunciou que tinha conseguido identificar um total de 49 tipos de plantas a partir do pólen que havia encontrado no Sudário. Muitas das plantas ainda crescem em todas as áreas onde dizem que o Sudário foi guardado ao longo de sua história: uma delas é o cedro do Líbano *(Cedrus libani)*. Mas as notícias sensacionais foram que também havia pólen de 12 tipos de plantas que não crescem na Europa Central, mas são halófitos que derivam do Oriente próximo. Os halófitos são plantas que florescem somente em solos contendo um teor muito alto de sal – como os solos da região ao redor do Mar Morto. Entre eles havia variedades especiais de tamarisco *(Tamarix),* Suaeda marítima e artemísia, todas do deserto.

A história do Sudário tinha sido, a esse ponto, rastreada até o século XIV e, portanto, alguns pesquisadores deduziram que essa fosse a época em que o Sudário fora produzido, na França, e desde sua produção ele fora guardado dentro dos limites da França ou da Itália. A análise do pólen agora ofereceu clara evidência de que o lençol esteve na Palestina muito antes desse período. Além disso, descobriu-se que os tipos de pólen identificados no Sudário também podiam ser encontrados em relativamente altas concentrações nas camadas de sedimentos do Mar da Galileia, que datam da época de Jesus.

Grãos de pólen de outras oito variedades de plantas eram característicos das estepes da Ásia Menor, particularmente da área em torno de Edessa (hoje Urfa, na Turquia). Dr. Frei não imaginava quão significativo esse fato provaria ser.

O retrato de Edessa

Agora já é possível rastrear a história do Sudário até as suas origens,[129] em grande medida graças à pesquisa do historiador inglês Ian Wilson.[130] Com base na grande quantidade de evidência histórica à sua disposição, ele foi capaz de mostrar que o Sudário corresponde ao chamado Retrato de Edessa, a respeito do qual existem relatos desde o primeiro século e que é conhecido como o *Mandylion* desde o século VI. A história do Santo Sudário possui todas as emoções de um bom romance.

De acordo com o *Evangelho dos Hebreus* (apócrifo), que era usado pelos nazarenos, Jesus deu o Sudário descrito nos Evangelhos para o "Servidor dos sacerdotes", depois da Ressurreição.[131]

---

129. Cf. Kersten e Gruber, *The Jesus Conspiracy: The Truth About the Resurrection*, Element Books, 1994. As seções seguintes sobre o Sudário de Turim baseiam-se amplamente nessa obra. Como os resultados da investigação histórica do dr. Gruber representam a mais atualizada fase da pesquisa do Sudário e, significativamente, apoiam os meus próprios argumentos, algumas passagens são aqui citadas e/ou parafraseadas. O mesmo ocorre sobre passagens no Capítulo Oito.
130. Ian Wilson, *The Turin Shroud,* Londres, 1978.
131. Jerônimo, *De Viris Illustribus* II.

É lógico presumir que o receptor de um objeto tão marcante não fosse um dos inimigos mortais de Jesus. Esse inestimável presente foi muito provavelmente dado ao "servente dos sacerdotes" em sinal de gratidão por algum serviço que ele lhe prestara. Porém, independentemente de quem se apossou do lençol depois da Ressurreição, ele foi, muito provavelmente, preservado por seguidores de Jesus; os mais prováveis candidatos seriam José de Arimateia e Nicodemus, que cuidou para que o corpo fosse removido da cruz e colocado no sepulcro.

Mas não seria permitido que o Sudário ficasse na Palestina: as lutas internas contínuas contra as forças de ocupação dos odiados romanos representavam uma ameaça grande demais. Assim, os seguidores de Jesus fizeram com que o Sudário saísse do país. Apenas as grandes e bem estabelecidas comunidades cristãs ao norte podiam proporcionar um lugar seguro para ele, cidades como Antioquia, Corinto, Éfeso e Edessa que ficavam longe das áreas onde Jesus trabalhara.

Por volta do ano 325 d.C., o historiador cristão Eusébio (260-340), bispo de Cesareia, relatou que houve uma troca de cartas entre Jesus e o rei de Edessa, Abgar V, conhecido como Ukkama ("O Negro"), que reinou no período de 15-50 d.C.[132] Eusébio afirma que foi ele quem traduziu essa correspondência, alegadamente tirada dos arquivos do rei de Edessa, do sírio antigo (aramaico) para o grego. Conhecida e aceita como genuína desde há muito tempo no Ocidente,[133] embora disseminada com inúmeras versões, essa Lenda de Abgar V, é evidente, representou um documento do início da fé cristã com bases profundas que, por sua vez, apoia a hipótese de que se baseie em fatos.

Naquela época, Edessa era um importante centro de comércio não longe da velha Estrada Real que levava de Éfeso no Oeste para Susa no Leste, cruzando os antigos impérios dos lídios, dos medos e dos persas, e ligando Edessa diretamente com a Índia e com a Ásia Oriental pela Rota da Seda.

---

132. Eusébio, *Historia Ecclesiastica* I, 13; II, 6-8.
133. A peregrina Aetheria da Aquitânia visitou Edessa em 383 em seu retorno da Terra Santa e de lá trouxe uma cópia da carta ao Ocidente. Cf. J. F. Gamurrini (ed.), *S Hilarii Tractatus et Hymni et S Silviae Aquitanae Perigrinatio ad loca sancta... ex cod. Arretino depromps*, Biblioteca dell' Academia Storico-Giuridica, vol. IV, Roma, 1887; H. Pétré, *Peregrinatio Aetheriae, Sources Chrétiennes,* 21, Paris, 1948.

O produto mais valioso comercializado em Edessa era a seda que vinha do Extremo Oriente, e foi nesse comércio que membros das grandes comunidades judaicas da cidade, a maioria dos quais eram comerciantes, estavam envolvidos ativamente. Politicamente, Edessa foi governada pela dinastia Abgar do ano 132 a.C. a 216 d.C.

Uma igreja cristã organizada foi estabelecida em Edessa apenas durante meados do século II, no reinado de Abgar IX Ma'nu. Contudo, de acordo com fontes históricas, é provável que houvesse uma comunidade cristã razoavelmente grande em Edessa muito antes disso, e que Abgar V Ukkama, até antes da correspondência, já possuía algum conhecimento da mensagem de Jesus.

Eusébio descreve como o rei Abgar Ukkama enviou um mensageiro a Jerusalém para pedir que Jesus viesse a Edessa para curá-lo de uma erupção crônica de pele. Jesus não teve condições de viajar para Edessa, mas enviou um discípulo chamado Tadeu (nos textos siríacos é chamado de Addai) – não o apóstolo com esse nome, mas um dos 70 discípulos mencionados em Lucas (Lucas, 10:1) – com uma carta para Abgar na qual ele dizia ao rei que o discípulo o curaria e que a carta continuaria protegendo a cidade contra o mal.

Por volta de 1850, uma série de manuscritos siríacos foi descoberta em um monastério perto de Wadi el-Natrun (o Vale do Natrão), no deserto do Baixo Egito. Entre eles havia outra versão da história de Abgar, agora conhecida como *Doctrina Addai*,[134] que corresponde exatamente à versão anotada por Evagrius Scholasticus (527-600), ao final do século VI. E a mesma versão da tradição está registrada no famoso sermão festivo proferido no ano 945 para marcar a ocasião em que foi instalado o Retrato de Edessa na Capela Pharos, na corte do imperador bizantino Constantino VII Porfirogênito.[135] De acordo com todas essas fontes, Jesus não apenas enviou uma carta a Abgar, mas também um retrato de si mesmo criado miraculosamente. Dizem que o rei foi curado de imediato pelo poder milagroso desse retrato. E, pouco depois desse milagre espetacular, Tadeu-Addai fez um sermão em Edessa

---

134. W. Cureton, *Ancient Syriac Documents Relative to the Earliest Establishment of Christianity in Edessa and the Neighbouring Countries,* Londres, 1864; G. Philips (ed.), *The Doctrine of Addai the Apostle,* Londres, 1876.

135. *Narratio* (PG 113), tradução inglesa impressa em Wilson, *The Turin Shroud,* ver nota 130.

e, ato contínuo, Abgar e a maioria dos cidadãos de Edessa converteram-se à fé do Evangelho. A *Doctrina Addai* apresenta a data do sermão de Tadeu como a data de 343 pelos cálculos de Edessa, o que corresponde ao ano 33 d.C. – o próprio ano em que Jesus foi crucificado.

Como naquela época uma mortalha (sudário) era considerada contaminada pela "impureza" da morte, o rei Abgar teria ficado muito ofendido se Tadeu lhe tivesse entregado o que, evidentemente, era uma mortalha. Provavelmente, por essa razão, Tadeu dobrou o pano para parecer mais um retrato sobre linho e o colocou em uma moldura de ouro oferecida pelo seu correligionário de Edessa, Aggai – um homem que, de acordo com fontes sírias e armênias, era o líder da comunidade cristã da cidade. Essa era uma tarefa bem apropriada para Aggai: ourives de profissão, ele estava acostumado a confeccionar correntes caras e tinha sido responsável pela criação do diadema do próprio rei. Na *Acta Thaddaei* do século VI (uma tentativa para explicar como a imagem havia sido impressa no pano, a partir de um ponto de vista contemporâneo), o termo *tetradiplon* é usado para descrever o Sudário e é provável que queira significar "dobrado em quatro camadas duplas".[136]

Se o Sudário pesado, com mais de quatro metros de comprimento, foi dobrado ao meio e então, novamente, em outras três vezes, o que teremos pode certamente ser descrito como quatro camadas duplas. O retângulo de tecido resultante, 110 centímetros por 54,5 centímetros, agora mais fácil para manipular, simplesmente exibe a cabeça de Jesus, com moldura admirável sem dar qualquer margem para suspeitar de que não seja o verdadeiro tamanho do Sudário.

De acordo com o texto do sermão festivo proferido em Constantinopla no ano 945 (já referido), Abgar Ukkama colocou o retrato em sua moldura dourada acima dos portões da cidade de Edessa.

Abgar morreu no ano 50 d.C. Ele foi sucedido por seu filho mais velho, Ma'nu V, que reinou por um período de apenas sete anos antes de seu segundo filho Ma'nu VI assumir o trono de Edessa. Ele, porém, retomou o paganismo no país e passou a perseguir com brutalidade a comunidade cristã que ali existia. Foi nessa época que o retrato desapareceu e nada mais foi ouvido falar dele por 500 anos. O sermão festivo de 945 revela o que

---

136. E. von Dobschütz, *Christusbilder*, Leipzig, 1899, p. 182.

aconteceu de fato. Aggai que, na ocasião, era bispo de Edessa há 23 anos (pelos cálculos dos patriarcas caldeus), fez com que a relíquia fosse retirada e colocada em um lugar seguro, longe do alcance do rei inimigo. Ele o emparedou nos muros da cidade, em um nicho em cima do portão oeste. Para se vingar, Ma'nu fez com que Aggai fosse cruelmente executado em 30 de julho do ano 57, de acordo com Mares Salomonis.

A primeira indicação de que o Sudário aparecera novamente é encontrada em um documento escrito pelo historiador da Igreja, Evagrius, no ano 593. Ele data o acontecimento em cerca de 50 anos antes, em maio de 544. O sermão festivo de Constantinopla, da mesma forma, informa que a imagem fora redescoberta em Edessa no século VI e que se tratava da mesma imagem de Cristo que um discípulo havia levado para Abgar. De acordo com Wilson, o pano de linho foi redescoberto quando os edifícios de Edessa estavam sendo reformados por ordem do imperador Justiniano I, depois da enchente catastrófica do ano 525, especificamente quando os portões da cidade estavam sendo destruídos. A imagem, é claro, foi identificada como o retrato original levado para Abgar. Em 544 o bispo Eulalios escreveu que a imagem descoberta era uma impressão que, genuinamente, "não fora feita por mãos humanas": em grego, *acheiropoieton*.[137] A imagem redescoberta foi levada para a "Grande Igreja" (a Catedral de Hagia Sofia), onde foi guardada em um cofre de prata. Dali por diante, o Sudário passou a ser conhecido como o *Mandylion* e considerado tão sagrado e precioso que era apresentado ao público para ser venerado nos dias santos mais importantes.

Em 639, os árabes capturaram Edessa e apossaram-se do Sudário. Um cristão rico, Atanásio, da família Gmea, comprou-o de volta dos árabes e escondeu-o em uma cripta em uma das muitas igrejas da cidade.

O termo *Mandylion*, usado em relação à imagem a partir desse período, é considerado pela maioria das autoridades como derivado do árabe *mandil*, que, por sua vez, deriva do latim tardio *mantelium*, o qual significa um pedaço de pano utlizado para fazer um véu, um pequeno manto, um turbante ou um xale. Eu, pessoalmente, sugeriria que *Mandylion* estaria, de alguma forma, ligado ao termo sânscrito *mandala*, que significa "um círculo" e, especificamente, um diagrama místico em formato circular. As mandalas eram muito

---

137. Evagrius, *Historia Ecclesiastica*, Migne, PG, LXXX, VI/2, Sp. 2748-49.

usadas no Budismo Tibetano. Elas representam uma experiência religiosa de forma simbólica, indicando relacionamentos espirituais específicos na simetria de seus desenhos, e ajudam nas disciplinas meditativas que levam à Iluminação.

Após a descoberta do Retrato de Edessa no século VI, houve no Cristianismo um surto na veneração de imagens. Muitos relatos de outras imagens de Cristo "não realizadas por mãos humanas" deram a volta ao mundo, na época (tal como a *achiropita* de Mênfis e Camuliana). E, com esse desenvolvimento, uma repentina e marcante mudança no que se acreditava ser a aparência de Cristo ficou evidente. Até o momento da redescoberta da imagem do Sudário, Jesus havia sido retratado em linhas clássicas, como um filósofo ou um imperador, como um mestre da verdade, um bom pastor ou um rapazola sem barba com a aparência de um jovem Apolo, a juventude sendo um símbolo do divino. À medida que a veneração pelo *Mandylion* se firmou, de repente, surgiu uma forma de retrato, com semelhança impressionante ao rosto tridimensional na pintura do tecido. Um bom exemplo pode ser visto na imagem, do século VI, de Jesus no vaso de prata de Emesa. A partir de então, Jesus foi mostrado, principalmente, em visão frontal, com grandes olhos bem abertos sob sobrancelhas espessas, longo cabelos ondulados, repartidos ao meio, barba dividida, nariz aquilino e com idade madura.

A imagem foi logo aceita com unanimidade quase doutrinal por todo o mundo cristão. No Sínodo de Constantinopla de 691-692 foi decretado que a partir de então Jesus somente devia ser representado em sua "forma humana" e apenas "imagens reais" eram permitidas. Aproximadamente na mesma data, Justiniano II (reinou de 685-695 e 705-711) cunhou suas moedas com o retrato de Cristo pela primeira vez e nelas também o rosto de Jesus era semelhante ao do Sudário. O resultado é que, embora a tradição literária não nos tenha fornecido qualquer informação quanto à aparência de Jesus, ele ficou sendo retratado tão consistentemente, a partir do século VI, que qualquer pessoa vendo o retrato reconhecerá quem é o personagem![138]

---

138. W. Bulst, Das *Grabtuch von Turin*, Karlsruhe, 1978, p. 111.

"O Bom Pastor" – uma escultura de Jesus como um jovem Apolo. No século III, o autêntico retrato de Jesus como está no *Mandylion* ainda não se tornara mundialmente conhecido.

Os historiadores relacionaram entre 15 (Wilson) e 20 (Vignon, Wuenschel)[139] características conspícuas do retrato do Sudário que podem ser reconhecidas nas imagens de Jesus do século VI em diante.

Até o século X – quando o *Mandylion* foi levado para Constantinopla – ,essa imagem do rosto de Cristo foi típica na arte sacra bizantina, assim como outros elementos da imagem do Sudário. Muitos retratos da mesma época apresentam uma visão frontal de Jesus sem o pescoço, em um retângulo mais alongado horizontal do que verticalmente. Além

---

139. P. Vignon, *Le Saint Suaire de Turin devant la science, l'archologie, l'histoire, l'iconographie, la logique,* Paris, 1938; E. A. Wuenschel, *Self-Portrait of Christ: The Holy Shroud of Turin,* New York, 1954; Wilson, *The Turin Shroud.* Paul Maloney reduz ainda mais a lista de Vignon, de 20 itens para apenas 9, diminui alguns que até o mais cético observador teria de aceitar. P. Maloney, *The Shroud of Turin: Traits and Peculiarities of Image and Cloth Preserved in Historical Sources:* palestra apresentada no Simpósio Internacional "La Sindone e le Icone", Bolonha, maio de 1989.

disso, eles parecem ter um padrão de grade sobreposta como uma rede de linhas diagonais, o próprio rosto é disposto em uma abertura circular. Em geral, o *layout* dessas pinturas corresponde precisamente ao do Sudário, ou seja, "dobrado em quatro camadas duplas". Também, um retrato dentro de um retângulo de base horizontal pode estar ofendendo as sensibilidades estéticas normais, o que é bem insólito em todas as formas de representação visual.

Wilson sugere que o Retrato de Edessa, o *Mandylion*, seja o "original", autêntico, que definiu o rumo para a história da arte.

No século VIII, o movimento conhecido como os Iconoclastas (os destruidores de imagens) chegou ao poder no Império Romano do Oriente no reinado do imperador Leo III. Em todos os lugares, imagens religiosas e ícones foram derrubados e destruídos – mas o *Mandylion*, já escondido dos muçulmanos que também odeiam imagens sacras e, na época, estavam no poder em Edessa, sobreviveu a esse período sem sofrer danos. Sessenta anos mais tarde, quando os Iconoclastas foram oficialmente desacreditados, empreenderam-se esforços em Constantinopla (trabalho que continuou nas décadas seguintes) para que fosse possível ter a preciosa imagem trazida de volta à capital do império. O projeto finalmente obteve sucesso com o imperador Romanus I Lecapenus (reinou em 920-944) que, em 942, enviou seu homem mais competente, o general Curcuas, para buscar o retrato de Cristo. Não levou muito tempo para o exército imperial bizantino fazer um cerco à cidade de Edessa, exigindo a entrega do *Mandylion* em troca da libertação de 200 prisioneiros e de poupar a região. Para evitar derramamento de sangue, Edessa cedeu aos termos do imperador conseguindo imunidade para a cidade além de 12 mil moedas de prata. Mesmo assim, de acordo com fontes contemporâneas, os edessanos parecem ter tentado por duas vezes ludibriar os homens do imperador com uma réplica antes de entregar o verdadeiro Sudário.

Em 15 de agosto de 944, o Sudário finalmente chegou a Constantinopla, saudado por multidões exultantes. E, provavelmente, ali ele foi guardado durante dois séculos e meio, na Igreja Blachernai. (As imagens e os "sudários" produzidos para a Capela Pharos devem ser considerados cópias.) É possível que tenha sido durante a entrega do *Mandylion* em Edessa ou quando estava em trânsito para Constantinopla que, aparentemente, a imagem soltou-se da moldura e revelou-se o Sudário completo. De qualquer forma, Gregório – arquidiácono da Grande Igreja de Constantinopla

– pronunciou um sermão na recepção triunfal do Sudário, no qual ele menciona "... gotas de sangue que escorreram de seu lado..." e deixaram a impressão no tecido. E é nessa declaração, pelo menos, que está a prova de que o *Mandylion* de Edessa e o Sudário de Turim são uma única e mesma coisa. Se a ferida causada pela lança do centurião fosse visível, o pano não seria uma mera toalha contendo apenas a imagem de um rosto. A origem do pano deve ser do breve período logo após a crucificação.

No texto de um sermão pronunciado anteriormente pelo papa Estêvão III em 768, havia um trecho inserido durante o século XII mencionando que Jesus havia sido deitado com "seu corpo inteiro" esticado sobre um lençol branco, "... sobre o qual a gloriosa posição de nosso Senhor, bem como a posição de todo o seu corpo, ficou assim milagrosamente impressa...".[140]

Referências semelhantes podem ser encontradas na história eclesiástica de Orderico Vital (cerca de 1141)[141] e no *Otia Imperialia* de Gervásio de Tilbury, no início do século XIII.[142] Durante todos esses anos, o Sudário foi exposto, regularmente, em toda a sua grandeza e beleza, em Constantinopla. Em 1203, o cruzado francês Robert de Clari escreveu ter visto o Sudário na Igreja de Santa Maria, a Madona de Blachernai, em Constantinopla: "O Sudário no qual nosso Senhor foi envolvido era exposto toda sexta-feira para que a figura de Nosso Senhor possa ser vista claramente".[143]

Pelo menos 15 características diferentes e inconfundíveis podem ser identificadas no rosto no Sudário, que também podem ser encontradas nos retratos de Jesus pintados por artistas bizantinos.

---

140. Citado em M. Green, *Enshrouded in Silence, Ampleforth Journal,* 74, 1969, p. 318-345.
141. Orderico Vital, *Historia Ecclesiastica,* TLIII, IX, 8.
142. Gervásio de Tilbury, *Otia Imperialia,* III.
143. Citado de Wilson, *The Turin Shroud.*

Os misteriosos Templários

Robert de Clari veio a Constantinopla como cavaleiro com a Quarta Cruzada. Depois de um longo cerco, os cruzados, por fim, saquearam a rica cidade em abril de 1204. Destruíram tudo que para eles não tinha valor; tudo que era precioso e de caro na cidade eles levaram, inclusive, sem compunção, as santas relíquias e tesouros da Igreja Cristã. Em meio à confusão caótica, o Sudário desapareceu para ressurgir 150 anos mais tarde na França, de posse dos membros da família De Charney, que o expôs no Ocidente pela primeira vez.[144]

Várias teorias, algumas bem absurdas, foram apresentadas para explicar como o lençol desapareceu de Constantinopla e foi parar na França. Como o Sudário ficou desaparecido durante mais de um século, provavelmente ele estava com as mesmas pessoas nesse tempo todo, supostamente com um grupo intimamente ligado aos cruzados, pessoas ricas o suficiente para não terem de aumentar sua renda vendendo a relíquia, podendo garantir sua segurança em segredo absoluto; pessoas que teriam motivos para mantê-lo e que, de alguma forma, estariam ligadas à família De Charney. Todas essas pistas apontam para a misteriosa Ordem dos Templários.

A Ordem dos Pobres Cavaleiros de Cristo e do Templo de Salomão, mais bem conhecida como os Templários, foi fundada em 1119 por um grupo de cruzados liderado pelo cavaleiro francês Hugo de Payens. Além dos votos-padrão de pobreza, castidade e obediência, os Templários juravam proteger os peregrinos na Terra Santa e ajudar ativamente na luta contra os muçulmanos. A Ordem logo se tornou poderosa e influente. Entretanto, ao final do século XIII, começaram a circular rumores de que os cavaleiros templários estavam adorando um misterioso ícone, em reuniões secretas. Relatos contemporâneos e registros da Corte de Inquisição declaram: "O ícone dos Templários era uma imagem 'sobre uma tábua' retratando uma versão muito pálida e sem cor da cabeça de um homem, em tamanho real, com uma barba dividida, como a barba dos Templários". Os Templários reverenciavam o ícone como sendo "a face revelada de Deus".

---

144. Nessa época, em Roma, Gênova e Paris, eram expostas imagens pintadas à mão do Sudário. Ninguém se atreveu a dizer que era o autêntico. O chamado retrato de Verônica é uma cópia desse tipo; seu nome pode ser rastreado na descrição do *vera icon* (imagem autêntica), usada no Sudário.

Cópias do ícone eram mantidas em alguns centros templários. (Uma dessas cópias foi encontrada em 1951, em um antigo assentamento da Ordem em Templecombe, Somerset, Inglaterra.) O ícone parece com a imagem do *Mandylion* em cada detalhe! Os Templários obviamente haviam conseguido encontrar o Sudário e fizeram de sua imagem o foco de sua veneração religiosa. Contudo, como eles conseguiram levar o Sudário de Constantinopla sem serem notados e trazê-lo para o Ocidente? Elmar R. Gruber encontrou uma solução para esse enigma histórico.

Os Templários não participaram da conquista de Constantinopla, porque ela não fazia parte de seus deveres na Terra Santa. Porém, logo após a queda da cidade, alguns de seus agentes foram para lá em missão secreta. Apenas as terras do Bucoleon e os palácios de Blachernai ainda não tinham sucumbido ao saque dos cruzados, isso só porque os líderes dos cruzados tinham escolhido os palácios para suas próprias residências, quando o ataque aconteceu. Os tesouros e as relíquias dos palácios foram então distribuídos entre os altos dignitários seculares e religiosos. Em maio de 1204, o conde Balduíno IX de Flandres foi coroado Santo Imperador Romano, em Bizâncio. Para transmitir essas notícias para o papa Inocêncio II, o novo imperador escolheu o Mestre da Corte dos Templários, na Lombardia, Irmão Baroche, que poderia ter convencido Balduíno de que remover o Sudário da Igreja de Blachernai e doá-lo ao papa lhe garantiria um favor do Vaticano. A missão foi mantida em segredo, temendo uma possível resistência por parte da população grega.

O Irmão Baroche transportou o Sudário em um navio que se dirigia a Roma e para lá levava riquezas. Perto da costa do Peloponeso, o navio foi surpreendido por seis galés genovesas e foi saqueado.[145] Mas, estranhamente, os piratas genoveses deixaram que o navio e sua tripulação prosseguissem sua viagem incólumes quando, em geral, os navios capturados eram levados de volta para Gênova. Dessa maneira, o Irmão Baroche chegou a Roma são e salvo no outono de 1204 e entregou a carta de Balduíno ao papa Inocêncio. É possível que os Templários tivessem negociado um acordo secreto pelo qual o navio seria roubado de seus tesouros, mas nada seria feito ao navio nem à sua tripulação, tampouco

---

145. E. Hezck, *Genua und seine Marine* em *Zeitalter der Kreuzzüge, Innsbruck,* 1886, p. 66.

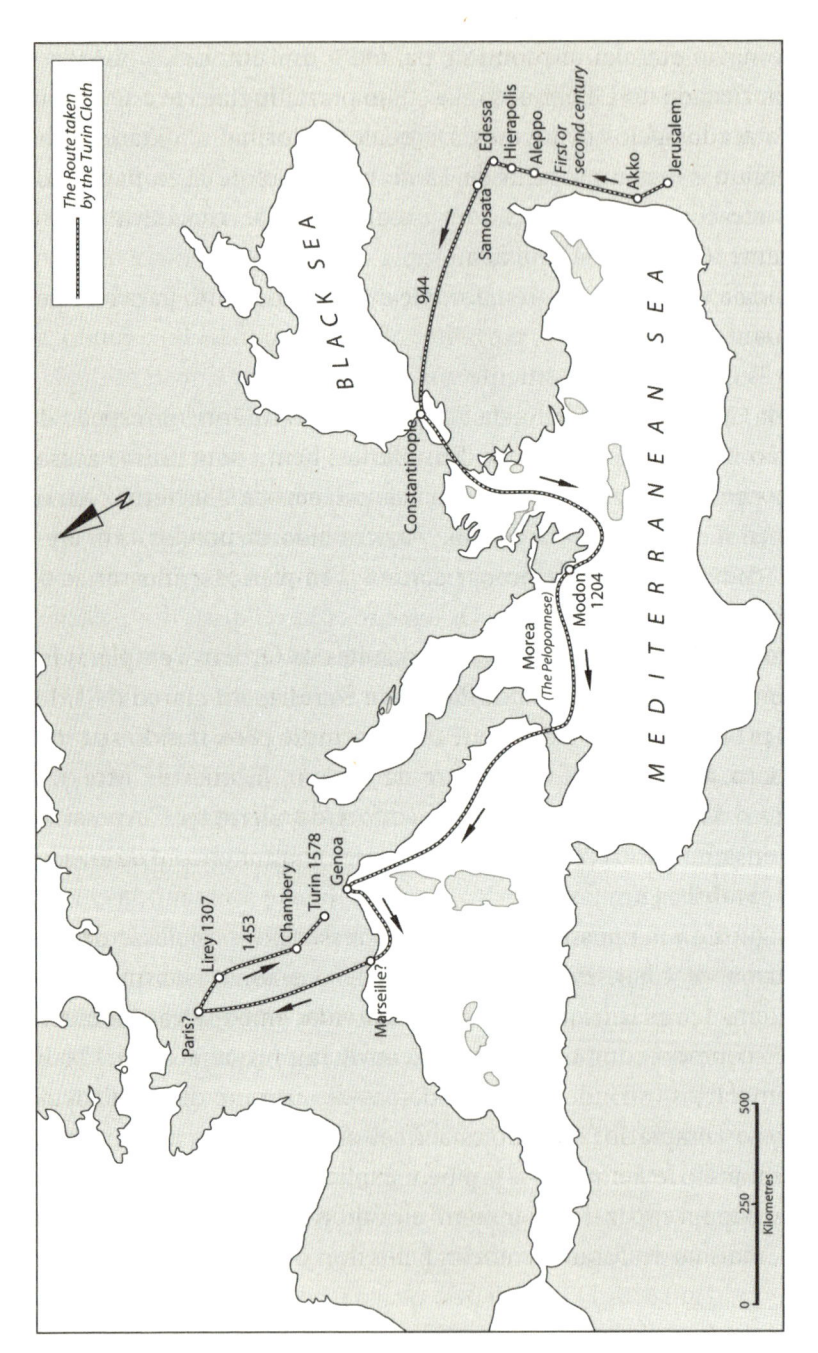

A rota percorrida pelo Sudário de Turim.

a um "velho trapo". Ou, quem sabe, Baroche já tivesse retirado o Sudário do navio em algum ponto de parada – os Templários possuíam uma propriedade no Peloponeso – e então permitiu que ele e seu navio fossem atacados pelos genoveses. De qualquer forma, o Sudário tinha desaparecido e, em uma carta de 12 de novembro 1204, o papa Inocêncio ameaçou os genoveses com excomunhão se não devolvessem imediatamente a relíquia roubada.[146]

Toda a questão foi extremamente embaraçosa tanto para o imperador quanto para o papa e, portanto, não se falou mais no assunto. O Sudário "sumira misteriosamente".

Em 1307, Felipe, o Belo, da França, usou os rumores a respeito da veneração herética do ícone dos Templários, bem como outras acusações – como a prática de homossexualismo e negócios secretos com os muçulmanos e com os cátaros (que haviam sido dizimados cem anos antes) – com o pretexto de acabar com os Templários e apossar-se de seus múltiplos ativos.

Dois dos últimos líderes remanescentes da Ordem Templária foram queimados na fogueira, em Paris, por heresia, em março de 1314, embora professassem a fé cristã até o fim, sempre protestando sua inocência. Um deles era o Grão-Mestre da Ordem, Jacques de Molay; o outro era o Mestre da Normandia, Geoffroy de Charnay.[147] Apesar de uma intensa busca, os promotores não conseguiram encontrar o "ícone" dos cavaleiros.

Alguns anos mais tarde, o Sudário ressurgiu e na posse de certo Geoffroy de Charney, nada menos que o possível sobrinho-neto do cavaleiro templário que sacrificou sua vida, embora não houvesse qualquer conexão com a própria Ordem. A impressão é de que os líderes templários esconderam o pano com um parente de Geoffroy de Charney (o Templário) que não estava sob suspeita, a fim de protegê-lo da perseguição de Felipe. Isso também explicaria por que a família De Charney não foi capaz de dizer como eles chegaram a possuir o Sudário quando, mais tarde, foram acusados pelos dois bispos de Troyes, Henri

---

146. 146. *Epist. Innoc.*, Migne, PL 215, Sp. 433f.
147. Charney é o mesmo nome de Charnay; naquela época, a língua francesa ainda não havia desenvolvido uma ortografia padrão.

de Poitiers e Pierre d'Arcis, de terem exposto uma falsificação depois de uma exibição pública na igreja colegiada de Lirey. Apesar de os bispos nunca terem visto o Sudário, eles se opunham sistematicamente a qualquer exibição da relíquia. Uma série de complôs foi lançada contra a família De Charney, para os quais Margareta de Charney conseguiu pôr um fim enviando o Sudário para fora do país. Ela o legou para o piedoso duque Luís de Saboia e, como compensação, recebeu uma rica recompensa pelos seus "valiosos serviços". O duque doou aos cânones de Lirey, no valor de 50 francos de ouro, a título de recompensa.

A história do Sudário está bem documentada a partir deste ponto,[148] e pode ser rapidamente resumida. Em 1502, o Sudário foi depositado na capela do Castelo de Chambéry, onde em 1532 ele quase sucumbiu ao fogo que deixou marcas de queimadura visíveis até hoje. Em 1578 o Sudário foi, finalmente, levado para Turim onde foi guardado como herança de família da Casa de Savoia durante quatro séculos, até Umberto II de Savoia, ex-rei da Itália, doá-lo à Santa Sé em seu testamento de 18 de março de 1983, pouco antes de falecer. (Apenas duas semanas antes, o papa João Paulo II havia viajado pessoalmente para a residência de Lisboa, onde morava o monarca exilado, a fim de persuadi-lo a legar o Sudário à Santa Sé.)

Análise científica do Sudário

Por ocasião do 50º aniversário do Estado da Itália, em 1898, o Sudário foi novamente exibido ao público. O fotógrafo amador Secondo Pia teve então a oportunidade de fotografar o Sudário pela primeira vez em sua história. Depois de várias tentativas, Pia conseguiu tirar uma imagem razoável do Sudário. Ao revelar as placas de vidro expostas em seu quarto escuro, ele fez uma descoberta sensacional: o negativo na placa fotográfica apresentou uma semelhança natural de Jesus como ele deveria ser na vida real. O rosto familiar para nós como o retrato de Jesus no Sudário de Turim é produzido pela reversão de luz e sombra. (As manchas de sangue, por outro lado, aparecem como

---

148. Para maiores detalhes sobre a empolgante história do Sudário, ver Kerste e Gruber, *A Conspiração de Jesus*, obra citada.

manchas brilhantes no negativo.) Esse fato, sozinho, demonstra que a imagem não pode ter sido pintada por um artista. Para criar esse tipo de inversão à mão, levaria muito mais do que há de disponível em técnicas modernas. O negativo da fotografia tirada por Pia foi o ponto de partida para o debate moderno sobre a autenticidade da imagem.

Fotografias mais recentes tiradas por Giuseppe Enrie, em 1931, confirmam nada existir que possa sugerir que a imagem tenha sido pintada no Sudário: nada de tinta, nenhuma linha a pincel, nenhum delineamento. A impressão do corpo funde-se gradualmente ao tecido: não há nenhum contorno distinto visível. Essas fotografias mais precisas levaram a uma série de novas descobertas:

1. O corpo apresentado na ilustração não está vestido – assim ficavam os condenados quando executados de acordo com a lei romana. Uma representação artística de Jesus totalmente nu seria inconcebível, uma blasfêmia de proporções irremediáveis.
2. A imagem é, obviamente, de alguém que foi crucificado com pregos em uma cruz em vez de ser amarrado a ela (como era a prática padrão). Como as crucificações eram frequentes, isso não serve para provar que o corpo seja o de Jesus. Foi o primeiro imperador cristão romano, Constantino, quem aboliu esse método bárbaro de execução; portanto, a origem do manto só pode ser anterior ao ano 330 d.C.
3. A barba e o estilo do cabelo da pessoa retratada não eram habituais no Império Romano, com exceção da Palestina. O comprimento do cabelo e a repartição central sugerem que a vítima era membro de uma comunidade nazarena.
4. O Sudário apresenta uma clara evidência de seis das Estações da Cruz descritas nos Evangelhos. Em primeiro lugar, médicos especialistas confirmam a presença de uma contusão severa embaixo de um dos olhos e outras feridas superficiais aparentemente causadas por socos no rosto desferidos por soldados.
5. Em segundo lugar, pequenas marcas em forma de haltere são claramente visíveis nas costas do corpo e, em alguns lugares, na frente. Há mais de 90 desse tipo de feridas a partir das quais é possível

definir quantas fustigadas ele recebeu durante seu flagelo, mas também o fato de o *flagrum* romano ter sido o implemento usado na punição. Esse tipo especial de chicote tem três tiras de couro encaixadas na extremidade, com pares de pequenas bolinhas feitas de chumbo ou de osso.

6. A evidência para a terceira Estação da Cruz são as feridas do chicote na região dos ombros, evidentemente agravadas pela aplicação posterior de um grande peso – uma indicação de que a vítima da crucificação teve, de fato, de carregar a cruz na posição horizontal.
7. A quarta Estação da Cruz é visível pelos pontos irregulares e escorrimentos de sangue na fronte e atrás da cabeça: evidência de uma coroa de espinhos. Entretanto, não foi uma coroa ou uma tiara, como retratado na iconografia cristã por quase todos os artistas, mas deve ter sido um tipo de "capacete" que cobriu toda a parte superior da cabeça, como as coroas orientais. Qualquer falsificador teria produzido simplesmente uma cópia do convencional anel de espinhos.
8. A quinta Estação, a "pregação" na cruz, é visível pelos escorrimentos de sangue nas mãos e dos pés. Pela direção do fluxo maior de sangue, não é difícil calcular que os braços estavam esticados em um ângulo de 55 a 65 graus. Apesar de artistas e iconógrafos ter assumido que os pregos foram martelados pelas palmas das mãos e nos pés, as manchas de sangue no pano mostram que os pregos, na realidade, atravessaram os pulsos. Experiências realizadas pelo patologista francês Barbet provaram que as palmas das mãos não teriam suportado o peso de um corpo com mais de 40 quilos sem se rasgarem. Será que isso seria de conhecimento de um forjador?
9. A última das seis Estações da Cruz é representada por uma ferida de 4,5 centímetros no lado direito do corpo entre a quinta e a sexta costela. A ferida parece ter produzido uma boa quantidade de sangue, o que se adequa ao relato, no Evangelho de João, de uma ferida de lança da qual "sangue e água" imediatamente jorraram.
10. Não havia sinais de grandes danos às coxas e às pernas, o que sugere que as pernas não foram quebradas.

Os pontos enumerados anteriormente com a narrativa dos Evangelhos indicam que essa não era apenas uma vítima qualquer de crucificação. O jesuíta e historiador Herbert Thurston, convencido de que o Sudário fosse falso, escreveu: "... se essa não for a impressão de Cristo, ela foi pintada para parecer-se com ela. Essas características apreciadas, juntas, nunca foram exibidas por qualquer outra pessoa desde o início do mundo".[149]

Uma análise ainda mais profunda usando um dos instrumentos científicos mais modernos e atualizados foi possível só depois do estabelecimento de uma comissão para a investigação científica do Sudário. Em 1969, o cardeal Pellegrino de Turim nomeou especialistas científicos os quais, juntamente com um painel de peritos doutrinais, deveriam realizar um exame sistemático do Sudário. Inicialmente, o grupo foi composto por 11 especialistas, mas, no decorrer dos anos seguintes, as descobertas foram tão notáveis que institutos e universidades inteiros, e até a NASA dos Estados Unidos, envolveram-se na análise do Sudário.

Até então, a pesquisa havia se focado nas fotografias do Sudário, mas, em 1969, o Sudário pôde, enfim, ser examinado diretamente, durante um período de dois dias. Parece extraordinário, mas a comissão e sua tarefa foram mantidos em estrito segredo; os nomes dos membros somente foram publicados em 1976. Os resultados dessas primeiras experiências foram bem escassos. Foi tirada uma série de fotografias, e partes do Sudário foram examinadas com um microscópio com luz normal ultravioleta e infravermelha. Um relatório recomendava que uma futura pesquisa deveria cortar algumas pequenas amostras, as quais seriam submetidas a uma série de testes científicos.

O ex-rei da Itália, Umberto II de Savoia, que, naquela época ainda era dono do Sudário, concordou com os pedidos dos peritos. Em 1973, permitiu que o Súdario fosse examinado sistematicamente e testado durante três dias, depois do que ele foi apresentado na televisão para uma audiência de milhões de espectadores, enquanto o papa Paulo VI falou a seu respeito.

---

149. H. Thurston, "The Holy Shroud", em *The Month,* 101, 1903, p. 19.

Será que Jesus foi enterrado vivo?

Desde a década de 1950, um alemão chamado Hans Naber (mas também usando o nome de Kurt Berna e John Reban), autor especialista do Sudário, estava conseguindo certa fama produzindo publicações em um estilo sensacionalista. Ele declarou que o Sudário provava, sem sombra de dúvida, que Jesus não poderia estar realmente morto quando foi retirado da cruz, porque um corpo não continuaria a sangrar da maneira que evidentemente sangrou o corpo envolto no lençol do Sudário de Turim.[150] Naber disse que teve uma visão em 1947 em que Jesus apareceu e lhe pediu que testemunhasse ao mundo que o homem crucificado apenas aparentou estar morto, quando na realidade estava em uma espécie de transe do qual despertou depois de três dias.

A publicação dos resultados da pesquisa e das fotografias do Sudário finalmente deu a Naber a oportunidade de tentar provar suas teorias, e ele conseguiu reunir um grupo de reconhecidos peritos do Sudário prontos para apoiar sua hipótese.

Não é preciso dizer que as autoridades doutrinais não estavam nem um pouco a favor desse argumento – mas aconteceu que um dia, entre uma espetacular cobertura da imprensa, Naber revelou ter recebido uma carta de um anônimo membro do clero católico romano dizendo que não era possível, de um lado, ensinar que Jesus tinha morrido na Cruz para a salvação da humanidade e, por outro, reverenciar um Sudário que nunca envolveu um cadáver. O Vaticano sentiu-se na obrigação de fazer uma declaração oficial sobre o assunto e determinou, ao mesmo tempo, que devia ser encontrada uma solução radical e final a esse respeito.

Para o professor de Teologia Werner Bulst, as hipóteses de Naber eram "pura fantasia": Naber foi acusado de não saber o que estava falando e, além disso, pelo fato de ele não ter um "histórico científico".[151] Mas Naber não podia ser simplesmente ignorado, porque ele foi capaz de despertar o interesse mundial. No entanto, o antagonismo que Naber

---

150. J. Rebnan, *Christus wurde lebendig begraben*, Zurique, 1982.
151. W. Bulst, *Das Grabtuch von Turin,* Karlsruhe, 1978, p. 123.

provocou com sua persistência levou-o, finalmente, à sua ruína física, mental e financeira.

Em 1973, quando os últimos resultados da pesquisa apareceram, a impressão era de que as dúvidas espalhadas mundialmente por Naber haviam explodido. Afinal, é bem simples determinar a presença até de minúsculas quantidades de sangue por meio de métodos de análises químicas em um laboratório. O método mais comum é a chamada "reação do peróxido de hidrogênio": até os mínimos vestígios do pigmento vermelho de sangue, hemoglobina, liberam oxigênio do peróxido de hidrogênio que, por sua vez, faz com que o reagente básico incolor, a benzidina, seja oxidado tornando a solução azul. A hemoglobina e o produto de sua decomposição, o heme, são moléculas muito estáveis que podem continuar a reagir normalmente até mesmo depois de muitos séculos.

Diversos fios das várias áreas manchadas de sangue foram cuidadosamente retirados do material e examinados por dois laboratórios independentes, na Itália. O resultado pareceu ser um grande revés – todos os resultados dos testes provaram ser negativos. As manchas que pareciam ser sangue nada tinham de sangue!

As manchas de sangue nos pés (teria sido realmente sangue?), claramente, eram suficientes para confirmar a teoria de Naber, que sangue havia escorrido depois de Jesus ter sido retirado da cruz. Mas agora era muito mais fácil para todos os envolvidos declararem que o Sudário foi o trabalho de um falsificador engenhoso, não havendo, portanto, nenhuma necessidade maior em admitir que Jesus ainda estivesse vivo quando foi retirado da cruz.

A publicação do relatório da Comissão, em 1976, fez com que as notícias sobre a "falsificação" se espalhassem como fogo rasteiro. Entretanto, não foi publicado o fato de que não há substância conhecida que pudesse ter sido usada para esse tipo de falsificação e que o "heme", apesar de relativamente estável, perde sua estabilidade, decompõe-se e torna-se impossível de ser rastreado se for exposto a altas temperaturas – como foi o Sudário no incêndio de 1532.

Sobre o sangue ser autêntico ou não é uma questão que ainda permanece sem resposta desde as investigações de 1973. Em 1978, o

Sudário completou exatamente 400 anos de sua permanência em Turim e, para celebrar a ocasião, ele foi novamente exibido ao público. De 28 de agosto a 8 de outubro, mais de 3 milhões de peregrinos tiveram a oportunidade de apreciar a mais valiosa relíquia do mundo cristão, provavelmente a autêntica imagem de Jesus. Então, antes da noite do último dia, o manto foi removido de sua estrutura à prova de bala e estendido sobre um banco ajustável. Em uma sala do Palácio Real, a uma curta distância da catedral, duas equipes formadas por cientistas do mais alto renome estavam esperando para começar um programa de duas semanas de pesquisas. Um dos grupos era predominantemente europeu e incluía o especialista em microscopia de Turim, Giovanni Riggi, o patologista Baima Bollone, de Milão, o médico Luigi Gonella, de Turim, e o cientista forense Max Frei, de Zurique. O outro grupo consistia em 25 especialistas americanos dos campos da fotografia, espectroscopia, radiografia, tecnologia computadorizada, química orgânica e física, equipados com uma ampla gama de instrumentos sofisticados, alguns dos quais haviam sido construídos especialmente para a análise planejada do Sudário.

Durante os dias seguintes, por meio de um procedimento de trabalho moroso, mas rigoroso, uma grande quantidade de negativos fotográficos, tipos de fotografias especiais, gráficos e tabelas de dados foram preparados; tudo então foi avaliado com a ajuda de grandes computadores nos Estados Unidos. O Sudário foi antes dividido em uma grade de 60 seções individuais, a fim de realizar um estudo fotométrico preciso. Cada uma dessas partes, em seguida, foi cuidadosamente fotografada usando toda uma gama de filtros. Depois, os negativos serviram como base para várias experiências ópticas. No laboratório fotográfico da NASA, os valores tonais (claro-escuro) das fotografias foram digitalizados (convertidos em dados computadorizados), o que tornou possível ressaltar pequenas áreas de contraste na imagem, revelando detalhes precisos que, de outro modo, seriam invisíveis ao olho humano. O método até tornou possível reconstruir um relevo tridimensional, de tamanho real, do corpo na imagem. Se fosse uma falsificação, as proporções teriam apresentado resultados errados. Com base no relevo foi possível determinar a real altura e o peso do corpo: cerca de 1,80 metro de altura e 79 quilos de peso.

Também foi possível calcular a distância entre o corpo e o lençol em todos os pontos, determinando os valores com base nos tons. A impressão era mais escura em lugares de contato direto entre o corpo e o Sudário, e, quanto maior a distância entre o Sudário e o corpo, mais claro era o seu tom. Depois, os pesquisadores descobriram haver uma relação direta entre a imagem no Sudário e as distâncias entre o Sudário e o corpo: isso confirmou a antiga hipótese de que a imagem, de alguma forma, devia ter sido formada pelo contato com o corpo.

As investigações das fibras no microscópio eletrônico revelaram que a imagem não foi produzida por quaisquer partículas detectáveis de substância, mas que as fibras do Sudário, onde a imagem era visível, são, elas mesmas, escuras em sua superfície, diferentes daquelas em áreas sem imagem.

Uma das experiências realizadas diretamente no próprio tecido, a Espectroanálise de Fluorescência de Raios-X, finalmente, proporcionou a prova de que, de fato, as manchas derivam da presença de sangue. Nesse teste, uma parte do tecido foi submetida a uma alta dose de radiação por um período curto, e com isso induzida à fluorescência. Cada molécula fluoresce de seu próprio modo singular; a estrutura atômica de um material pode ser determinada a partir de seu espectro de fluorescência. As marcas mostraram grandes quantidades do elemento ferro, que é um importante constituinte do sangue, e, especificamente, da hemoglobina.

Para o químico americano dr. Walter McCrone, a própria presença de ferro era a prova de que o Sudário de Turim não poderia ser genuíno, como bem declarou publicamente na reunião anual da Associação Americana para o Avanço da Ciência, ao final de 1971, repetindo a mesma afirmação dali para a frente. Ele considerava o ferro nas marcas como indicação certa de que havia sido usada uma tinta contendo óxido de ferro – um tipo de tinta que somente foi inventado no século XIV. O dr. McCrone nunca viu o Sudário pessoalmente.

A hipótese da tinta foi refutada por um experimento diferente em que as partículas do Sudário foram tratadas com hidrazina e ácido fórmico vaporizado e, depois, submetidas à luz ultravioleta. Nessas condições, as moléculas de porfirina tornam-se vermelhas brilhantes, e a técnica mostrou que elas estavam presentes no Sudário. A porfirina é um precursor no metabolismo do heme e é um indicador adotado para a presença de sangue em casos nos quais o próprio heme foi destruído por uma alta temperatura.

Esse método de fotografia de fluorescência ultravioleta também provou haver dois tipos diferentes de áreas queimadas. Em 1532, o Sudário ardeu em seu cofre na capela do palácio de Chambéry, confinado em uma atmosfera contendo pouco oxigênio. A fluorescência avermelhada das marcas de queimaduras confirmou o fogo no cofre de prata, conforme é contado em sua história. Outras marcas de queimaduras apresentam uma fluorescência de cor diferente, sugerindo um segundo episódio desconhecido de queimaduras "a céu aberto". (Essa evidência também refuta a hipótese de que o corpo no Sudário, de alguma maneira, deixou sua imagem no pano por meio de algum processo de irradiação.)

Os experimentos dos pesquisadores americanos mostram que os diferentes graus de coloração sépia na imagem são resultado de uma mudança na estrutura química da celulose do tecido. Em experimentos de laboratório, foi possível simular as mesmas diferenças de coloração por meio de vários agentes oxidantes para decompor a celulose do tecido. A oxidação faz com que as imagens fiquem mais distintas com o envelhecimento.

Já em 1924, o biólogo francês professor Paul Vignon obteve um grande sucesso com seus experimentos com o que era chamado, na época, de "teoria vaporográfica". Vignon provou que um corpo suado colocado sobre um linho umedecido com uma mistura de óleo leve e tintura de aloé (*Aloe medicinalis*) produz a mesma coloração da encontrada no Sudário, porque o suor se decompõe para formar vapores de amônia que causam a ocorrência de um processo de oxidação na celulose. Essa coloração é mais forte no ponto de contato entre o lençol e o corpo, e torna-se mais fraca à medida que a distância entre o corpo e o lençol aumenta. (Isso também explica por que a impressão é parecida com um negativo fotográfico.) Vignon explicou que a impressão no lençol é causada principalmente pelos vapores de amônia liberados durante a evaporação de ácido úrico de um corpo febril. A solução de aloé e mirra acrescentada úmida ao tecido sofre uma reação e o carbonato de amônia é formado, e seus vapores colorem as fibras do tecido. E, na atmosfera úmida entre a pele e o lençol, o grau de coloração está em proporção direta à proximidade entre o corpo e o lençol.

A coloração das manchas de sangue que mais se destaca é o resultado de uma reação química mais forte. O Evangelho de João descreve como grandes quantidades de aloés foram usadas no enterro de Jesus: "José veio e retirou o corpo. Veio também Nicodemos, aquele que antes tinha ido até Jesus à noite; ele trouxe uns 30 quilos de mistura de mirra e aloés. Eles pegaram o corpo de Jesus e o envolveram em tecidos de linho com as especiarias, de acordo com os costumes judaicos (João 19:38-40).

Embora convincentes, os experimentos de Vignon tornaram-se alvo de severas críticas em 1933, pelo simples fato de que os sais do corpo e o calor do corpo, necessários para as reações químicas e para a evaporação, não poderiam estar presentes em quantidades suficientes em um cadáver. Apesar disso, foi determinado que misturas de aloés e mirra em condições úmidas podiam, de fato, criar impressões permanentes de um corpo sobre um tecido. Vignon mostrou que até a exposição mais breve, de 45 segundos, poderia deixar uma leve impressão, formando uma imagem positiva claramente reconhecível quando vista em um negativo fotográfico.

Provar que a impressão no Sudário era de origem vaporográfica colocaria um fim em praticamente todas as outras especulações, mas a Igreja Cristã se opôs a essa cômoda solução por causa de três pontos duvidosos:

(a) De acordo com os regulamentos rígidos aplicados em um enterro judaico ortodoxo, o corpo teria de estar física e ritualmente limpo antes de ser embalsamado. Nesse caso, essas manchas de sangue não deveriam existir.

(b) Se o corpo tivesse sido propriamente envolvido no Sudário, conforme prescrito, teria sido produzida uma impressão completa, porém falha e distorcida em toda a sua largura, bem diferente da impressão na superfície inferior plana, alterando completamente a imagem. Esse argumento pode ser seguramente rejeitado, porque o linho molhado enrijece; portanto, não se moldaria em torno de cada contorno do corpo, mas apenas o tocaria nas partes mais salientes.

(c) Cadáveres não suam nem emitem calor.

A teoria do professor Vignon, resultado de 46 anos de pesquisas, foi descartada com base nesta última objeção – porque cadáveres não suam. Contudo, se Jesus ainda estivesse vivo, a alta temperatura do corpo causada pelas suas feridas faria com que ele suasse mais copiosamente do que nunca!

A datação por radiocarbono de 1988

Hoje, existe um teste simples para determinar a idade de todos os materiais orgânicos por meio da medição dos níveis do radioisótopo carbono-14 (quimicamente o mesmo elemento que o carbono comum, C^{12}, mas com dois nêutrons adicionais no núcleo, o que torna o átomo tão instável que, depois de algum tempo, ele se decompõe radioativamente). Organismos vivos absorvem dióxido de carbono do ar, incorporando o carbono em sua estrutura. Quando a vida do organismo chega ao fim, o carbono radioativo continua a se decompor lenta e constantemente (à taxa de cerca de metade de todo o material, a cada 6 mil anos, sua "meia-vida"). Como a proporção do C^{14} na atmosfera é constante (reabastecido por irradiação do espaço), então o que deve ser feito é medir a proporção de C^{14} para C^{12} do que resta do velho material orgânico, fazer um simples cálculo em relação à meia-vida, e a idade do objeto arqueológico encontrado pode ser medida com uma precisão perto de 10%.

Entretanto, antes da década de 1980, uma grande amostra do material em análise foi necessária – e no processo ela foi completamente destruída pelo fogo – e nenhuma autoridade da Igreja iria permitir que a mais importante e santa relíquia da Cristandade fosse mutilada ou até mesmo visivelmente danificada dessa forma. Há alguns anos já é possível datar até as mais minúsculas quantidades de um material e, em abril de 1988, assim que Umberto II de Savoia foi persuadido pelo papa a legar o Sudário para a Santa Sé, o Vaticano (forçado a entrar em ação por causa das espetaculares publicações de Naber) ordenou um exame de radiocarbono do Sudário de Turim, na esperança de que isso viesse a demonstrar de forma definitiva se a relíquia era genuína ou não.

Três laboratórios especializados em datação de material arqueológico – em Zurique, Oxford e Tucson (Arizona) – receberam amostras do tamanho de um selo do Sudário de Turim. Seis meses depois, em outubro de 1988, o resultado sensacional foi anunciado ao público: o exame havia mostrado, sem dúvida, que o Sudário se originava na Idade Média (algo entre os anos 1260 e 1390).

Esse achado, que contradizia todos os resultados das pesquisas anteriores, logo despertou minhas suspeitas sobre os cuidados tomados no processo de datação por radiocarbono. Eu havia estudado a história do Sudário por muitos anos: sabia, com certeza, de muitas coisas que provavam vivamente que o lençol tinha existido antes da Idade Média. Eu tinha de verificar o procedimento do teste. Esse foi o início de um trabalho de investigação que durou três anos, levando-me a todos os lugares que participaram do teste de radiocarbono.

Na tentativa de rastrear pistas e descobrir mais a respeito das circunstâncias, descobri que uma grande série de contradições e inconsistências encobria como um véu o procedimento do teste. Logo ficou aparente que os cientistas que tomaram parte do teste estavam escondendo alguma coisa. Questionados sobre detalhes, eles ficaram presos em um emaranhado de contradições e até recorreram à falsificação ao perceberem que a versão oficial das etapas do procedimento estava ameaçada. O diretor da investigação, dr. Michel Tite, recebeu a doação de um milhão de libras esterlinas para um novo instituto de "amigos e patrocinadores" anônimos (ironicamente, dr. Tite recebeu o montante em uma Sexta-feira Santa!), e o cardeal Ballestrero, de Turim, de repente e inesperadamente, foi aposentado pouco depois da publicação dos resultados do teste e não estava disponível para proporcionar respostas sobre o assunto.

Finalmente, por meios escusos e com grande dificuldade, consegui obter fotografias muito ampliadas das amostras de tecido que os laboratórios haviam recebido para serem datadas. Fiz com que as fotografias fossem examinadas por vários institutos especializados nesse tipo de trabalho e comparei as imagens digitalizadas em um computador com uma fotografia de cada fragmento original obtido diretamente antes de ser cortado. Os resultados foram conclusivos: as peças de tecido datados nos laboratórios não poderiam ter feito parte do tecido original!

Continuando com minhas investigações, descobri que as amostras examinadas pela técnica do radiocarbono haviam sido tomadas de uma vestimenta guardada na Basílica de Saint-Maximin desde o ano 1296, no sul da França – a capa de São Luís de Anjou. Isso provou, em definitivo, que a datação do Sudário de Turim tinha sido manipulada: a ideia era apresentar a peça como uma falsificação medieval e, dessa forma, pôr um fim em todas as discussões sobre a questão de que Jesus teria sobrevivido à crucificação – discussões que estavam desestabilizando a Igreja Cristã em suas bases.

A história completa de minha exposição impactante a essa enorme fraude perpetrada contra o público pode ser encontrada no livro *A Conspiração de Jesus*,[152] que escrevi com o dr. Elmar R. Gruber.

A datação do radiocarbono, de 1988, tornou-se nada mais do que um atentado cínico de enganação criminosa. Tudo isso não prova que o Sudário tenha apenas 700 anos – de fato, a falsificação fraudulenta e intencional dos resultados dos testes ainda assim é mais uma prova de que o Sudário de Turim de fato é o sudário em que Jesus foi envolvido, e que Jesus ainda estava vivo quando foi "colocado nele para repousar".

---

152. Kersten and Gruber, *A Conspiração de Jesus*, obra citada.

"Morte" e "Ressurreição"

Dois enterros no Evangelho de João

(Muitas das ideias inseridas neste capítulo baseiam-se no trabalho de Elmar R. Gruber, conforme publicado em suas contribuições para o livro *A Conspiração de Jesus*, que escrevemos juntos.)

Vamos voltar, mais uma vez, àquela hora dramática da Sexta-feira Santa, quando Jesus foi pregado na Cruz e, no mesmo dia, rapidamente colocado na tumba.

A história da Crucificação nos é contada pelos três Evangelhos Sinóticos, pelo Evangelho de João e por vários textos apócrifos. Lendo os textos dos quatro Evangelhos paralelamente, o que é um grande esforço em si mesmo, é possível discernir toda uma série de pontos divergentes além de todos os demais concordantes – uma situação que torna difícil formar uma ideia clara e consistente dos fatos.

Em geral, é o Evangelho de João que apresenta a maior divergência dos outros três Evangelhos. Os Evangelhos de Mateus, Marcos e Lucas são, por esse motivo, descritos como "sinóticos", o que significa "do mesmo ponto de vista": os muitos pontos concordantes nos textos podem ser relacionados em uma ordem e comparados lado a lado – uma correlação que sugere que eles derivem, em essência, de uma e mesma fonte. O Evangelho de João não se enquadra nesse padrão. Apesar de o texto de João ter sido completado em Éfeso, ao final do primeiro século, e de ter sido o último dos quatro Evangelhos a ser escrito, é considerado o mais autêntico dos quatro Evangelhos. Em particular, ele inclui episódios que não ocorrem nos outros Evangelhos, tal como as Bodas de Canaã, a conversa com Nicodemos e a ressurreição de Lázaro. Suas descrições detalhadas e historicamente precisas dos aspectos topográficos (principalmente o *layout* e os pontos de referência de Jerusalém antes da Revolta do ano 66 d.C.) levam à conclusão de que o próprio João, ou o informante usando seu nome, estava presente pessoalmente nesses lugares na época de Jesus. O tom místico marcante e gnóstico de seu relato e o imediatismo de seu relacionamento pessoal com Jesus sugerem que João seja a testemunha mais confiável não só para os fatos, mas também para os ensinamentos de seu mestre.[153]

Lendo o texto, temos a impressão imediata de que estamos ouvindo o relato de um testemunho ocular. Enquanto os sinóticos, meramente, mencionam que Jesus foi sepultado de acordo com os costumes judaicos, João tenta apresentar o enterro no contexto da descoberta da roupa de sepultamento na manhã da Páscoa, como, de fato, vista por ele ou contada a ele em primeira mão. O professor italiano de literatura Gino Zaninotto destaca o fato em uma excelente peça de análise linguística – chegando à audaciosa conclusão de que João também foi testemunha ocular da "Ascensão".

No meio do Evangelho de João há uma história que, talvez, seja possível dizer que represente o ponto crucial de todo o Evangelho: o relato da volta à vida de Lázaro (João, 11:1-45) – um episódio que não aparece em qualquer outro Evangelho bíblico. Uma versão do fato, aparentemente, foi incluída em uma forma inicial no Evangelho de Marcos, mas depois foi retirada, sem dúvida por solicitação do bispo Clemente de Alexandria.[154]

A história de Lázaro é, para nós, de grande significado, porque, ao contá-la, João proporciona uma descrição detalhada dos costumes de sepultamento de sua época. Apesar de a narrativa ser ambígua em muitos pontos, com o resultado de que houve muitas interpretações diferentes, uma coisa ele afirma positivamente: Lázaro estava, de fato,

---

153. C. H. Dodd, *Historical Tradition in the Fourth Gospel,* Cambridge, 1963, p. 423; S. G. F. Brandon, *Jesus and the Zealots,* Manchester, 1967, p. 16.
154. H. Lincoln, M. Baigent e R. Leigh, *The Holy Grail and its Legacy.*

morto. Ele é descrito estando com as mãos e os pés amarrados, e em vestimenta de sepultamento, e a descrição no original grego inclui a palavra *keiriai* (traduzida para o inglês como *swathing bands* ["faixas de amarração"]). É aqui que nos deparamos com o primeiro problema de tradução: como nós entendemos "mãos e pés amarrados"? Sabemos que os judeus não amarram os membros dos mortos, exceto, talvez, para transportar o corpo para o túmulo.[155]

A palavra *keiriai* refere-se a faixas de linho compridas o suficiente para envolver o corpo todo. Portanto, não devemos interpretar essa passagem como se Lázaro estivesse somente com as mãos e os pés amarrados, mas o corpo todo estava enrolado com faixas de linho até os punhos e tornozelos, e é preciso então *excluir* "as mãos e os pés". De fato, se Lázaro tivesse os pés bem amarrados, seria difícil entender como ele poderia ter saído da tumba quando Jesus ordenou que saísse (João, 11:44). Além disso, Nonnos, o célebre poeta épico grego do final do período clássico, usou a mesma palavra em sua paráfrase do Evangelho de João, descrevendo Lázaro tendo sido "envolvido em faixas de linho da cabeça aos pés".

É interessante que João usa uma palavra bem diferente para os panos em que Jesus foi envolvido na tumba: *othonia,* o plural de *othonion,* sem referência a qualquer parte específica do corpo, e é muito mais equivalente ao termo genérico "panos" do que ao termo mais específico "faixas de amarração".

O rosto de Lázaro estava "envolto" (*peridedemenos*) com alguma coisa chamada *soudarion* (literalmente "um lenço com o qual secar o suor", em latim *sudarium*). Nesse caso, provavelmente foi usada uma faixa para segurar o queixo, amarrada em volta de sua cabeça para juntar a mandíbula inferior com a superior.

De novo, João encontra outras palavras ainda para descrever o sepultamento de Jesus. O rosto de Jesus não estava amarrado com um *soudarion,* mas envolto (*entetyligmenon*) com um lenço. De fato, ele diz claramente que o lenço foi colocado "sobre a cabeça" (*epi tes kephales*), ao que tudo indica para excluir outras alternativas, em particular que o lenço foi usado para manter a boca fechada. Em toda a literatura

---
155. G. Ghiberti, *La Sepoltura di Gesù*, Roma, 1982; p. 43.

sobre o Sudário de Turim – as obras de Barbet, Bulst e Currer-Briggs, por exemplo – há constantes referências à ideia de que uma faixa de amarração do queixo pode ser vista na imagem do Sudário.[156] Mas, na realidade, não há nenhum vestígio visível desse tipo de faixa. De alguma forma, ela teria deixado algum tipo de impressão no cabelo, na barba ou nas faces do rosto. Essa faixa de amarração do queixo é uma dessas excentricidades inseridas no folclore da imagem para que se torne a hipótese preferida de alguém.

Ao usar um vocabulário diferente para fatos distintos, parece que o autor do Evangelho de João tinha o propósito de marcar uma distinção entre o sepultamento de Lázaro e o de Jesus e, dessa forma, destacar as diferenças entre os dois incidentes que, superficialmente, eram semelhantes. Desse modo, ele torna bem claro para qualquer leitor atento o suficiente que os dois acontecimentos eram completa e fundamentalmente incomparáveis. A volta de Lázaro da morte à vida é descrita com palavras e imagens de tudo o que compunha um sepultamento normal de um morto. Entretanto, no caso de Jesus, tudo sugere que não tenha sido absolutamente um sepultamento normal.

Na tumba do Senhor

Vamos continuar nossa análise dessas diferenças. Lázaro veio à frente (*ex-elthen*), uma palavra usada para significar que ele saiu sem qualquer ajuda. Ele percorreu o caminho para fora da caverna, usada como tumba, e foi logo sendo liberado de suas faixas de linho para que ele pudesse se movimentar, de forma mais livre. Tipicamente, uma tumba judaica consistia em uma caverna escavada em uma colina rochosa em que eram escavados cubículos com 50 centímetros de largura, 80 centímetros de altura e dois metros de profundidade (*kôkim*, o plural de *kôk*). Os corpos enfaixados eram depositados nessas câmaras em comprimento com a cabeça na frente.[157] Toda indicação, explícita ou

---

156. P. Barbet, *Die Passion Jesu Christi in der Sicht eines Chirurgen*, Karlsruhe, 1953; W. Bulst e J. Pfeiffer, *Das Turiner Grabtuch und das Christus bild*, Frankfurt, 1987, p. 87f; N. Currer-Briggs, *The Holy Grail and the Shroud of Christ*, Maulden, 1984; p. 16.
157. P. G. Bagatti e J. T. Milik, *Gli scavi del 'Dominus flevit', la necropoli del periodo romano*, Jerusalém, 1958.

implícita, na narrativa apoia o entendimento de que o sepultamento de Lázaro foi um enterro definitivo.

Contudo, o sepultamento de Jesus é descrito de uma forma bem diferente. Jesus não foi depositado em um cubículo, cortado perpendicularmente na parede rochosa de uma tumba, mas foi deitado em uma superfície de pedra ou em uma superfície aberta. Na manhã da "ressurreição", Maria Madalena "viu dois anjos vestidos de branco", como eles são chamados, "um à cabeceira e outro aos pés, onde o corpo tinha sido deitado" (João, 20:12). Jesus não foi deitado longitudinalmente em um túmulo *kôk*, pois do contrário ninguém poderia sentar-se à cabeceira.

Nesse ponto, uma objeção possível é que Jesus poderia ter sido sepultado na chamada tumba Arcosol. A arquitetura dessa forma de tumba é caracterizada por uma grande abertura ou uma abóbada esculpida acima do solo na parede lateral de uma câmara funerária, acima de uma plataforma de pedra ou de uma cuba em formato de sarcófago. Nesse caso, seria bem possível para os "anjos" se sentarem nas duas extremidades de corpo. Mas as evidências arqueológicas opõem-se a isso. Tumbas Arcosol foram desenvolvidas apenas durante o início do período bizantino, cerca de 200 anos depois do sepultamento de Jesus. Antes disso, houve um curto espaço de tempo em que os romanos usavam tumbas de poço. Mas a estrutura de tumbas do tipo mais genérico e típico da época de Jesus era a tumba de câmara (*kôkim*) e, evidentemente, a tumba na qual Jesus foi colocado também era desse tipo de construção.

Chegava-se ao interior de uma tumba *kôkim* por uma entrada abaixo do nível do solo, muitas vezes fechada com uma pedra móvel. A tumba consistia em uma grande caverna principal, nos lados da qual eram esculpidas uma série de tumbas *kôkim* individuais. No centro da caverna havia uma depressão quadrada, no chão, que servia de área de drenagem. Em cada lado da depressão, e no mesmo nível da entrada, do lado externo, havia uma superfície sobre a qual um corpo podia ser deitado para ser lavado e untado.[158] Mesmo durante o dia, a caverna era

---

158. O único desenho correto da estrutura de uma tumba está descrito no Mishnah, em *Baba Bathra* 6,8.

tão escura que era preciso usar tochas colocadas em nichos: a lei judaica não permitia sepultamentos depois do pôr do sol nem antes da aurora.

João conta que o discípulo favorito de Jesus correu para o local da tumba (20:5) e "... inclinando-se, viu as faixas de linho no chão". Maria Madalena "inclinou-se para olhar dentro do túmulo" (João, 20:11) e viu os dois "anjos" no lugar onde Jesus havia estado. Duas conclusões podem ser derivadas dessas afirmações: uma é que o plano da tumba de Cristo, conforme reconstruído pelo Irmão Hughes Vincent, e muitas vezes reproduzido, é totalmente errado. Ele sugere que Jesus estivesse deitado em uma tumba Arcosol e em uma câmara que só é alcançada passando-se antes por outra câmara. Seria impossível ver o local onde Jesus estava deitado dando uma espiada pela porta de entrada.

A segunda conclusão é que essas afirmações apoiam a nossa ideia de que o sepultamento de Jesus não havia sido completado. Se ele já estivesse dentro de um túmulo *kôk,* o lugar tampouco seria visível da entrada da tumba. A luz que passa pela soleira da porta muito baixa só atinge o centro da caverna principal. Portanto, o corpo de Jesus só poderia estar localizado em algum lugar no meio da caverna, no lado próximo à depressão central, no chão, e, com certeza, não dentro de um túmulo *kôkim.* Agora vamos analisar mais de perto o texto grego de João: "Depois eles pegaram o corpo de Jesus e o envolveram (*edesan*) em faixas de linho (*othoniois*), com especiarias (*meta ton aromaton*) como os judeus costumam sepultar (*entaphiazein*)" (João, 19:40).

Por vários motivos, a interpretação dessa frase causou dificuldade considerável para vários comentaristas. O verbo *deo,* do qual *edesan* é um derivativo, em geral, significa "atar", "amarrar apertado". Porém, em geral, as coisas são amarradas com tiras de tecido (*spargana, keiriai*), com cordas (*desmoi*) ou com correias, e não com faixas. Savio evita o problema traduzindo *deo* como "envolver", em analogia com certos textos gregos em que a palavra é usada com a preposição *en.*[159]

Em Marcos, 15:46, o verbo usado é *eneileo,* uma palavra que, apesar de descrever Jesus coberto com um pano, também enfatiza que o corpo estava apertado dentro dele, feito quase como um pacote. Mas isso ainda não sugere um completo processo de bandagem como

---
159. P. Savio, *Ricerche storiche sulla Santa Sindone, Turim,* 1957. p. 33ff.

o usado para envolver uma múmia. O verbo *kateilisso* seria mais adequado para expressar o envolvimento de uma múmia egípcia e, em outra ocasião, a bandagem da ferida de um soldado grego, conforme utilizado, por exemplo, por Heródoto. Porém, um uso específo do verbo *eneileo*, em textos gregos antigos, tem a ver com uma maneira de preparar alimentos: primeiro "envolvendo-o" em folhas de figo.[160] A palavra foi evidentemente usada como termo preferido para descrever como o corpo de Jesus foi coberto, em específico, para fazer alguma referência à amarração apertada (talvez, porque as bandagens estivessem úmidas por causa das substâncias aromáticas absorvidas pelo pano).

Para justificar a terminologia incomum nessa descrição, vários comentaristas linguísticos sugeriram que o objetivo era fazer uso de algum processo de embalsamento. Eles se referem às centenas de libras (peso) de substâncias aromáticas providenciadas por Nicodemos: "Nicodemos veio também, aquele que antes tinha ido a Jesus à noite; ele trouxe umas cem libras (peso) de mistura feita de mirra e de aloés" (João, 19:39). Cem libras – 45 quilos – é um peso enorme de material relativamente leve! Se os aloés e a mirra estivessem secos ou na forma de pó, a quantidade perfazendo esse peso teria ocupado um palete inteiro de sacos, e Nicodemos precisaria de alguns assistentes para ajudar no transporte da carga. O transporte teria sido ainda mais difícil se as substâncias estivessem mergulhadas em vinho, vinagre ou óleo.

O teólogo Paul Billerbeck descreve o fato como se um embalsamento estivesse acontecendo, usando as substâncias aromáticas suspensas em óleo.[161] Mas textos rabínicos se referem apenas a untar as partes externas dos falecidos. A adição de especiarias não é mencionada em nenhum lugar, muito menos nessas quantidades: nunca fez parte dos

---

160. G. Zaninotto, *GV 20,1-8, Giovanni testimone oculare della risurrezione di Gesù?*, Sindon, 1, 1989, p. 148. Um trecho em *Acta Philippi* (143) é de especial interesse a respeito desse ponto: "Felipe pediu para ser enterrado em folhas de papiro e que nenhum lençol fosse colocado sobre seu corpo para que não fosse tratado da mesma forma que Cristo foi tratado, envolto em um Sudário" (*en sindoni eneilethe*).

161. O embalsamento de Jacó e o de José (Gênesis, 50:2-3,26) são exceções, representando o antigo costume egípcio.

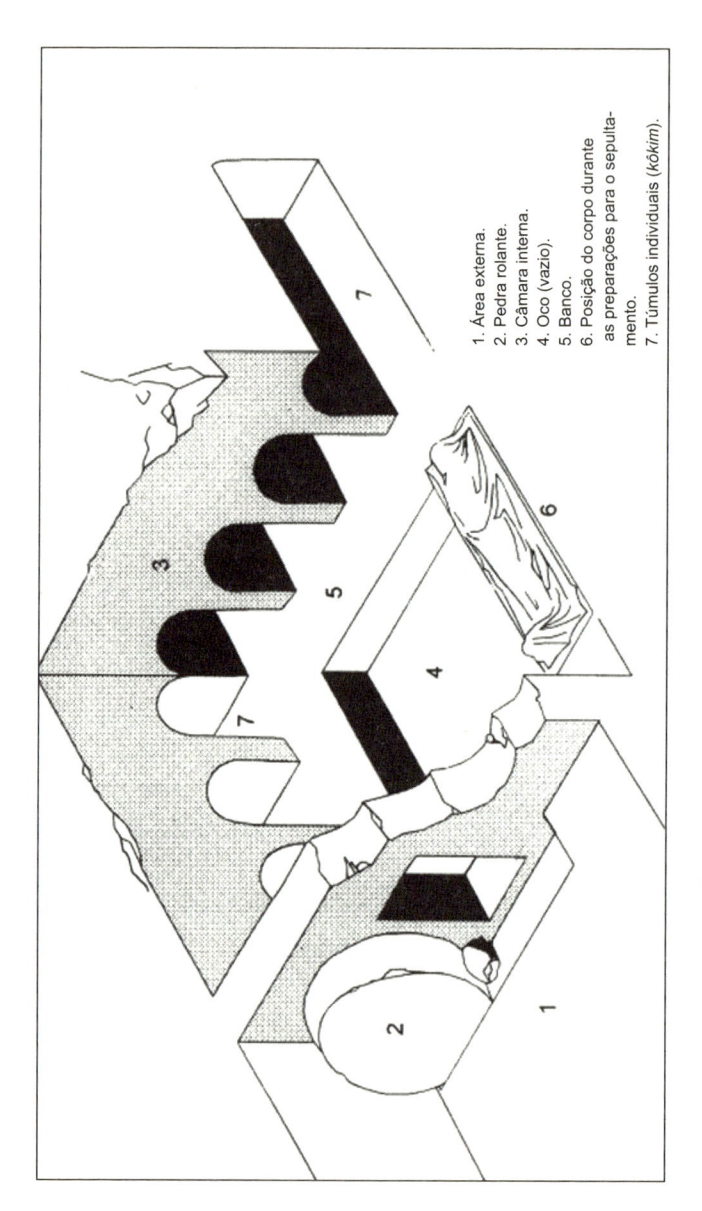

1. Área externa.
2. Pedra rolante.
3. Câmara interna.
4. Oco (vazio).
5. Banco.
6. Posição do corpo durante as preparações para o sepultamento.
7. Túmulos individuais (*kôkim*).

Reconstrução da estrutura de um túmulo *kôkim*.

costumes judaicos tampouco eram utilizadas no embalsamento.[162] De qualquer modo, não faria sentido realizar um embalsamento na forma como é descrito. Para evitar que os gases da decomposição inchassem e depois rompessem o corpo, as entranhas teriam de ser removidas por uma incisão, que era repulsiva para os judeus, tanto em termos estéticos quanto religiosos, e essas substâncias, caso fossem aplicadas, não teriam qualquer efeito para impedir maior decomposição. Muitas autoridades bíblicas, como consequência, acham essa passagem do Evangelho de João incompreensível e até espantosa. Um comentarista, Haenchen, pôde apenas concluir: "O autor desse versículo não tinha ideia do que eram os rituais de sepultamentos judaicos e nada sabia também a respeito dos processos de embalsamento".

Mas vamos fazer uma pausa para considerar o assunto. Já vimos que João faz uma distinção clara e deliberada entre o sepultamentos de Lázaro e o de Jesus, e é muito provável que escolhesse as suas palavras com a mesma deliberação cautelosa para revelar àqueles que pudessem ler nas entrelinhas uma situação que não é prontamente aparente em uma compreensão superficial do texto. O leitor atento já teria sido alertado sobre a maior diferença entre o sepultamento de Lázaro e o de Jesus – que o primeiro sepultamento havia sido completado, enquanto o segundo ficara inacabado. Mas por que os discípulos e seguidores de Jesus deram a seu amado mestre um sepultamento semiacabado depois de tanta pressa para levá-lo à tumba? Não faz absolutamente nenhum sentido.

Os comentaristas das Escrituras têm muita dificuldade com esse estranho "sepultamento" de Jesus. Muitas vezes, eles tentam desviar do assunto dizendo que o sepultamento de Jesus ocorreu em circunstâncias inadequadas: a proximidade do Sabá na madrugada da Sexta-feira Santa, um dia em que sepultamentos não eram permitidos, fez com que tudo fosse feito às pressas. O sepultamento de Jesus, portanto, foi realizado com tal rapidez que só permitiu os mínimos requisitos de costume dos rituais de sepultamentos, deixando o próprio sepultamento incompleto. Porém, essa ideia faz pouco sentido por uma série de motivos.

---

162. E. Haenchen, *Das Johannes-Evangelium: Ein Kommentar*, Tübingen, 1980, p. 556.

É preciso dizer que o sepultamento completo não era permitido no dia do Sabá. Contudo, o textos rabínicos não afirmam isso em termos específicos. Um texto diz que o sepultamento completo é permitido no Sabá como em qualquer outro dia; outro menciona que, nesses casos, o corpo deve ser primeiro coberto com areia para preservá-lo até o fim do Sabá, quando então o sepultamento pode ser completado.[163] Ao mesmo tempo, ao seguir Jesus, José de Arimateia e Nicodemos já tinham decidido abandonar sua anterior adesão aos costumes e tradição judaicos, portanto não é provável eles estarem particularmente preocupados em observar esses costumes quando se tratava de fatos e ações de importância tão grande.

Dessa forma, não havia nenhuma necessidade para um ritual de sepultamento às pressas, realizado simplesmente para seguir os costumes. Entretanto, há todas as indicações de que os seguidores de Jesus agiram com a máxima rapidez e a maior eficiência seguindo um plano bem articulado. Então, o que aconteceu, realmente, na caverna do túmulo?

Vamos ler novamente essa frase crucial à luz das conclusões a que já chegamos: "Depois, eles pegaram o corpo de Jesus e o envolveram em panos de linho com especiarias, do modo como os judeus devem ser sepultados". As especiarias eram aloés e mirra, isso nós sabemos. A mirra era usada como ingrediente de embalsamento pelos egípcios, mas ambos não faziam parte dos ritos de sepultamento dos judeus. Em vez de especiarias, os costumes judaicos prescrevem que o corpo do falecido deva ser lavado e untado, o cabelo cortado e penteado, e que o corpo deva ser vestido novamente e o rosto coberto com um pano. A lavagem do corpo era tão importante que tinha de ser feita mesmo no dia do Sabá.[164] Ainda assim, não existe menção de nada disso no Evangelho de João. Ele também não menciona o corpo ter sido untado. Em vez disso, conforme nos é contado, as mulheres vieram à tumba, no domingo, para untarem o corpo de Jesus. O que quer que José e Nicodemos estavam fazendo, não tinha nenhuma relação com os rituais de sepultamento judaico. João diz que eles sepultaram Jesus de acordo

---

163. Shabbat 23:5.
164. A. Dessy, *La sepoltura dei crocifissi*, Sindon, 1, 1989, p. 42.

com os costumes judaicos – e depois ele passa a descrever um sepultamento implicitamente contrário aos costumes.

Ora, por que ele iria fazer isso? É possível que João realmente desconhecesse os rituais funerários? É claro que ele os conhecia, pois descreveu um sepultamento padrão na história de Lázaro. Aqui também, assim como tivemos de discernir uma verdade mais profunda na comparação de diferenças nas descrições dos sepultamentos de Lázaro e de Jesus, temos de discernir a mensagem que João estava realmente tentando passar ao se contradizer de forma tão óbvia. Portanto, o que aconteceu naquela caverna se não se tratou de um sepultamento?

As misteriosas substâncias aromáticas

A característica mais inesperada de tudo o que está descrito em relação ao sepultamento e ao túmulo é a aplicação daquela quantidade extraordinária de ervas. Qual era o propósito de seu uso – pois nada tinham a ver com o sepultamento?

Contrariando o ponto de vista de alguns autores que afirmam que a espécie de aloé mencionada por João era *Aloe perryi*,[165] faz mais sentido presumir que as espécies usadas eram *Aloe vera*.[166] O *Aloe vera* é uma planta nativa da parte sudoeste da península arábica e da ilha de Socotra (por isso, ocasionalmente, é chamada de *Aloe soccotrina*), onde cresce com diversos outros tipos de aloé. Seu hábitat, no sudoeste da Arábia, não era longe da rota comercial que levava do sul da Arábia até o Mediterrâneo, nos tempos clássicos.

Uma planta carnuda e suculenta, podia facilmente sobreviver às longas viagens das caravanas e da rota comercial marítima sem secar, e sabe-se que existia um grande comércio de plantas do sudoeste da Arábia com negociantes da Palestina e áreas adjacentes. O aloé era usado na medicina e para fazer incenso desde o segundo e terceiro milênios a.C. Um gel pegajoso que escorria da planta era utilizado para vários propósitos

---

165. L. Boulos, *Medicinal Plants of North Africa*, Algonac, 1983, p. 128; J. A. Duke, *Medicinal Plants of the Bible*, Nova York, 1983, p. 19; H. N. Moldenke and A. N. Moldenke, *Plants of the Bible*, Nova York, 1952, p. 35. Além disso, G. W. Reynolds, *The Aloes of South Africa*, Johannesburgo, 1950, p. 394ff.

166. F. N. Hepper, *The Identity e Origin of Classical Bitter Aloes*, Palestine Exploration Quarterly, 120, 1988, p. 146-148.

na Antiguidade, principalmente para curar feridas, inflamações tópicas e queimaduras. O gel pode ser obtido raspando finas células da polpa das folhas (parênquima) das mais duras camadas externas. O exsudato amarelo resinoso que escorre das hastes cortadas seca para formar uma massa cerosa. Nos antigos mercados de ervas medicinais, essa massa era vendida com o nome de aloé amargo, um composto rico em fenóis, especialmente aloína.[167]

O segundo tipo de especiaria aplicado por Nicodemos foi mirra, uma resina derivada de arbustos do gênero das *Commiphora* que pertence à família das Burseraceae. A fragrância aromática da mirra tinha um papel importante nos rituais antigos da Índia e do Oriente. O óleo santo com que o tabernáculo e a arca dos antigos israelitas eram ungidos também continha mirra como uma das principais especiarias (Êxodo, 30:23). Registros do Antigo Egito descrevem como a mirra veio da lendária terra de Punt (provavelmente localizada na costa do que hoje é a Somália). Hipócrates louvou o poder desinfetante da mirra. Ela era usada desde tempos antigos para tratar feridas. Na Idade Média, a mirra era considerada extremamente importante no tratamento da peste e outras formas de doenças infecciosas.

As duas substâncias, aloé e mirra, eram normalmente utilizadas no tratamento de grandes áreas de tecidos lesados pela facilidade de serem compostos como unguentos e tinturas. Alguns especialistas alegam que os judeus muitas vezes misturavam mirra com láudano, a resina das estevas (espécie de *Cistus,* não confundir com o láudano opiato).[168] A mistura era usada especialmente para emplastros e bandagens.[169] É evidente que essas misturas representam os meios universalmente confiáveis de conseguir a mais rápida e efetiva cura de feridas, em combinação com a maior proteção possível contra a infecção, na época de Jesus.

Não há nenhuma dúvida de que Nicodemos adquiriu uma quantidade realmente impressionante de ervas altamente medicinais específicas,

---

167. D. Grindlay e T. Reynolds, "O Fenômeno do Aloe Vera: uma Revisão das Propriedades e Usos Modernos do Gel do Parênquima da Folha", *Journal of Ethnopharmacology*, 16, 1986, p. 117-151.
168. Moldenke e Moldenke, *Plants of the Bible*, obra citada.
169. A. W. Anderson, *Plants of the Bible*, Nova York, 1957.

com o único objetivo de tratar as feridas no corpo de Jesus. Essas especiarias não poderiam ter outra função.

A percepção revela, gradualmente, que o estilo de escrever de João foi encriptado com muito cuidado tanto para revelar muita coisa a respeito de um fato de importância ímpar para os leitores que gostem de solucionar enigmas criptográficos, quanto para ocultar essas mesmas informações dos olhos das pessoas que não têm conhecimento suficiente para decifrá-las. Jesus não foi descrito sendo sepultado – ele não podia ser sepultado – porque ele não morreu na Cruz!

O autor do Evangelho de João, que foi testemunha ocular dos acontecimentos na tumba de Jesus (ou conseguiu os detalhes por alguém que esteve presente) e também foi completamente instruído por José de Arimateia e por Nicodemos, escreveu de forma a informar quem conseguisse ler nas entrelinhas o que realmente ocorreu durante e imediatamente depois da crucificação. Ele deixa bem claro, portanto, que, embora todos os indícios exteriores de que um sepultamento judaico comum estivessem visíveis, de fato, nos bastidores, aconteceram esforços para "trazer Jesus de volta à vida" na privacidade da caverna do túmulo, sob a direção de José e de Nicodemos. E os amigos leais a Jesus não tentaram o feito por meio de um milagre como aqueles que ele mesmo realizava, mas aplicando a arte da cura médica.

Crucificação: os fatos médicos

Os fatos ocorridos na caverna da tumba, não longe do local da execução, devem ser interpretados como uma tentativa, por parte de membros de uma comunidade essênia, de tratar de Jesus gravemente ferido com ervas medicinais. Por que Marcos empregaria o verbo *eneileo* agora se torna claro: a palavra era geralmente usada em relação ao cozimento de alimentos embrulhados em folhas, como já vimos. Para tratar Jesus, os terapeutas, é evidente, envolveram-no todo com um emplastro composto por uma grande quantidade de ervas, de maneira bem apertada, a fim de promover uma exsudação cujo efeito todo não estaria longe de um método culinário. A expressão de João, *edesan othoniois* ("e envolveu-o em vestimentas de linho"), deve ser vista, nesse contexto, com seu verdadeiro significado para ser reconhecida. A intenção deles não era só uma simples cobertura ou envoltura, mas também uma verdadeira bandagem em tiras, que envolveu o corpo inteiro de maneira bem apertada. Dioscórides, o médico cílice do primeiro século d.C., também usava tanto ervas *deo* quanto *eneileo* para designar uma envoltura em panos de linho.[170]

Está claro que não havia qualquer intenção de sepultar Jesus. Pelo contrário, ele deveria ser levado para um lugar seguro onde pudesse "descansar em paz" enquanto se recuperava. Qual lugar melhor para alguém "descansar em paz" do que a tumba de uma pessoa que se acreditava morta? É claro que nada nos é dito sobre a lavagem do cadáver, um procedimento tão importante nos sepultamentos judaicos. José não lavou Jesus porque ele não estava morto. De qualquer forma, em termos médicos, lavar o corpo, com certeza, não seria uma boa ideia. O ato de lavar o corpo teria apenas feito com que as feridas secas começassem a sangrar de novo. José e Nicodemos devem ter aplicado alguma solução de ervas no corpo com o máximo cuidado para ter certeza de que isso não ocorreria. Diante de tantas conclusões radicais, é justo imaginar como é possível para uma pessoa sobreviver a uma crucificação.

A morte na Cruz era considerada pelos romanos o pior e mais apavorante método de execução. Cícero chamou a crucificação de "a mais horrível e repulsiva forma de pena capital". Os cidadãos romanos eram sentenciados a essa pena somente em casos excepcionais e, em geral, tratava-se de pessoas da mais baixa classe social. Porém, em territórios ocupados pelos romanos, a crucificação era tanto um meio de execução como de dissuasão, mantendo os rebeldes em potencial dóceis e submissos. A Palestina sempre foi um viveiro notório de fervor nacionalista. Entre a época dos Macabeus, em 167 a.C., e Bar Kochba, em 134 d.C., houve um total de 62 episódios de revolta, guerra e manifestações contra a dominação de invasores infiéis; primeiro pelos gregos e depois pelos romanos. Todos, menos um desses distúrbios, começaram

---

170. A. Feuillet, *The Identification and the Disposition of the Funerary Linens of Jesus' Burial According to the Fourth Gospel*, SSI, 4, 1982, p. 18; Zaninotto, *Sudário*, obra citada, p. 160. J . Blinzler foi o primeiro a levantar e indicar a questão: J. Blinzler, *Das Turiner Grablinnen und die Wissenschaft*, Ettal, 1952. Em Mateus e Lucas, o verbo *eneileo* sugere que o "peso" da envoltura era moderado ao usar o verbo *entylisso*, que significa meramente "envolto".

na Galileia – a região do lar de Jesus. Portanto, não surpreende o fato de as crucificações serem ocorrências quase rotineiras.

A crucificação era estranha aos judeus. Para eles, o meio lícito de pena capital era por apedrejamento, na fogueira, decapitação e estrangulamento. Contudo, de acordo com a Lei Mosaica, somente era permitido enforcar um criminoso depois de ter sido executado "sobre madeira", como castigo e humilhação adicionais: "Pois aquele que é enforcado é amaldiçoado por Deus" (Deuteronômio, 21:23). Portanto, a crucificação de um criminoso não tinha, sob nenhuma circunstância, permissão para violar os preceitos do Sabá, cujo início é representado pelo crepúsculo do dia anterior, ou seja, o Dia da Preparação.

A fim de evitar provocar um distúrbio civil pior, os romanos procuravam não ofender os sentimentos religiosos dos judeus. Quando a sentença de morte oficial foi pronunciada *ibis in crucem* ("você irá para a cruz"), foi tomado todo o cuidado para que a execução fosse completada antes do Sabá.

Portanto, apelou-se para acontecer na maior pressa, por ter ocorrido no Dia da Preparação. Tudo tinha de terminar antes do crepúsculo. Acontece que não foi fácil de organizar, porque a característica especial

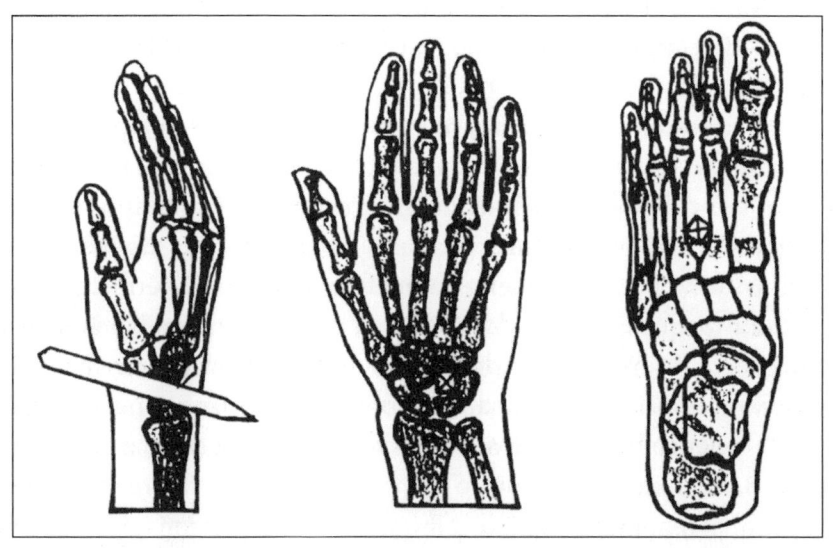

Pregos através das mãos e dos pés não danificam necessariamente os ossos ou qualquer veia. Sem algum tipo de analgésico, essas feridas seriam certamente muito doloridas, mas não fatais.

da crucificação era de que sua tortura agonizante aumentasse com o passar do tempo. Ela era feita de modo a prolongar a dor e o sofrimento do culpado, em geral, por um período de alguns dias até ele, por fim, morrer.

Havia uma variedade considerável na estrutura da cruz e em como a vítima seria presa a ela. Se o peso do corpo todo da pessoa fosse suspenso apenas pelos pulsos, a morte ocorreria em cinco ou seis horas por causa da sufocação, e não por perda de sangue ou outra causa qualquer. Nessa postura extrema, a respiração é reduzida tão severamente, que o corpo não é mais suprido de oxigênio. Depois de um período relativamente curto, a vítima perde os sentidos e a cabeça, pendendo para a frente, como consequência, reduz ainda mais o suprimento de ar.[171] Para evitar essa morte "fácil", muitas vezes, uma pequena cruz de madeira chamada *suppedaneum* era fixada à viga vertical da cruz na qual a vítima podia apoiar-se até suas forças não aguentarem mais. Essa peça não deve ser imaginada como uma tábua curta pregada na cruz em ângulo, como nas cenas de crucificação pintadas na arte bizantina. O *suppedaneum* era uma pequena viga horizontal sobre a qual a vítima podia ficar de pé.

Não é sem razão que as pinturas mais antigas mostram a pessoa crucificada em pé, por exemplo, na crucificação "simulada" da Capela Palatina.

A fixação na cruz era por amarração com cordas ou com pregos atravessando mãos e pés. A pessoa crucificada podia retardar sua morte com seu próprio esforço ao suportar seu peso com seus braços no ponto de fixação ou com suas pernas e pés apoiados no *suppedaneum*. Às vezes, uma peça de madeira para sentar (*sedile*) também era fixada na altura adequada, o que aliviava a dor, mas prolongava ainda mais a agonia. Como Sêneca, o filósofo pessoal de Nero, escreveu em uma carta: "A vida da pessoa sentenciada a esse castigo desvanece gota a gota".

Os Evangelhos relatam que Jesus foi pregado na cruz na sexta hora (meio-dia) e rendeu seu espírito na nona hora (cerca de três da tarde). À noitinha, o homem tomado como morto foi removido da cruz. Essa

---

171. H. Mödder, *Die Todesursache bei der Kreuzigung*, em Stimmen der Zeit, 144, 1948, p. 50-59; F. T. Zugibe, *Death by Crucifixion*, Canadian Society of Forensic Science Journal, 17, 1984.

morte inesperadamente rápida na cruz preocupou até o próprio Pilatos: é óbvio que, extremamente surpreso, ele perguntou ao chefe centurião se tudo estava em ordem (Marcos, 15:44). Essa mesma preocupação e surpresa estão em evidência até hoje. Muitas autoridades, especialmente peritos médicos, empreenderam muitas experiências e pesquisas procurando uma explicação para essa "morte" rápida suspeita de Jesus. Nenhum autor considerou um problema de resolução fácil. A ideia mais comum é que o tratamento duro imposto a Jesus antes da crucificação deve ter sido o responsável. Ele tinha sido minado tão severamente em sua condição física que sucumbiu à tortura da crucificação após um curto espaço de tempo. Mas essas explicações são um tanto frágeis.

É preciso lembrar que, de modo diferente da comunidade monástica estritamente ascética dos essênios, Jesus não era um asceta frágil,[172] mas relativamente alto, forte e robusto (de acordo com o Sudário, cerca de 1,82 metro de altura e 79 quilos), um homem em pleno vigor. Depois de uma noite de maus-tratos, ele ainda falou de uma forma muito inteligente no tribunal, no dia seguinte; obviamente, ele estava de plena posse de suas faculdades mentais, o que não seria possível em um estado de exaustão. Além disso, Jesus foi ajudado por Simão de Cirene do fardo de carregar a cruz em grande parte do percurso, cerca de 550 a 650 metros, desde o *Praetorium* de Pilatos até o local da execução.

O fato de Simão de Cirene ter ajudado Jesus foi considerado por muitos comentaristas uma prova de que Jesus estava muito debilitado e sem condições de suportar a cruz. Isso também foi investigado. Quanto à flagelação, Jesus foi tratado como qualquer outro condenado. Todo sentenciado à morte por crucificação tinha de passar primeiro por um tipo de tortura. De acordo com a Lei Judaica, 39 chicotadas era o máximo que podia ser administrado; um terço das quais no peito ou na parte da frente e o resto nas costas. O sacerdote aplicava esse castigo na sinagoga com um chicote de três tiras de pele bovina. É claro que não é mencionado quantas chicotadas foram aplicadas em Jesus, mas sua descrição a ser fixado na Cruz no Evangelho de Pedro, conta que ele "ficou em silêncio, como se não sentisse dor". É provável que durante

---

172. "O Filho do Senhor veio, comendo e bebendo, e dizem: Olhem para esse homem comilão e bebedor de vinho..." (Mateus, 11:19).

seu treinamento, Jesus tenha se tornado adepto na arte de dominar a dor por meio da meditação, como os iogues da Índia. Exercícios que proporcionam essa habilidade são praticados por um grande número de seitas religiosas no Oriente: esses exercícios foram cientificamente investigados e estão bem documentados.

Na maioria dos casos, os braços da vítima eram antes fixados ao *patibulum* (a trave transversal da cruz) que ela, em seguida, tinha de carregar em seus ombros até o local da execução. O peso dessa cruz variava entre 18 e 30 quilos, de modo que era necessária uma força extraordinária para poder carregar esse grande peso. Os relatos dos Evangelhos dizem que Jesus só foi pregado na cruz no local de execução. Ele foi deitado nu no chão, onde seus pulsos foram pregados ao *patibulum,* e o *patibulum* foi pregado na trave vertical (*stipes*). E, então, toda a construção, com ele já na cruz, foi levantada na posição vertical.

Não é estranho o fato de a morte de outras vítimas levar mais tempo do que no caso de Jesus, considerando seu físico forte e bem treinado. Na autobiografia de Flavius Josephus, cujos escritos nos contam muito a respeito dos costumes e acontecimentos na Palestina na época de Jesus, há uma passagem esclarecedora a respeito de um homem crucificado que se recuperou depois de ser retirado da cruz:

> Fui enviado por Titus César com Ceralius e mil cavaleiros para uma cidade chamada Thecoa para verificar se um campo militar podia ser montado ali. Em minha volta, vi muitos prisioneiros que haviam sido crucificados e reconheci três deles como antigos colegas meus. Muito sensibilizado e com as lágrimas aos olhos fui até Titus e contei-lhes a respeito dos três colegas. Imediatamente, ele ordenou que eles fossem retirados da cruz e tratados da melhor forma para que se recuperassem. Mas dois vieram a falecer enquanto estavam sendo tratados pelo médico; o terceiro sobreviveu e se recuperou.[173]

É difícil entender como Jesus rendeu sua alma tão cedo e isso "com um forte grito", um gesto de despedida que, para os peritos médicos, é tanto incompreensível quanto espantoso. Entretanto, um estudo mais

---
173. Flavius Josephus, *Vita IV*, 75.

profundo mostra que essa também era uma indicação significativa de que Jesus estava inconsciente quando foi retirado da Cruz.

A maneira como os dois homens crucificados morreram ao seu lado é descrita em detalhes no Evangelho de João:

> Os judeus, portanto, porque era o Dia de Preparação, para que os corpos não ficassem na cruz no sábado (porque o dia do sábado era um grande dia), os judeus pediram a Pilatos que mandasse quebrar as pernas dos crucificados e os tirasse da cruz. Os soldados vieram e quebraram as pernas do primeiro, e do outro dos crucificados com Jesus.
> (João, 19:31-32).

Portanto, os dois criminosos crucificados com Jesus que, com certeza, sofreram o mesmo tipo de maus-tratos que ele, ainda estavam vivos. Suas pernas foram quebradas para que não pudessem mais suportar o peso do corpo e, assim, sufocarem dolorosamente até a morte, em poucas horas.

"Porém, chegando a Jesus, viram que estava morto. Por isso, não lhe quebraram as pernas" (João 19:33). Esse é um comportamento muito estranho, senão inexplicável, por parte dos soldados romanos. Por que esses soldados calejados não quebraram também as pernas de Jesus para terem certeza de que ele estava morto? A interpretação escritural – que a palavra do profeta tinha de ser cumprida (Êxodo, 12:46) ("... nem lhe quebrareis osso algum") – não ajuda em nada. Por outro lado, a questão a ser feita é o que esses brutamontes estariam pensando, naquele momento, para poupar Jesus da crueldade de costume. Com razão, eles devem ter tido suas dúvidas quanto à morte de Jesus e devem ter, no mínimo, visto sua forma inconsciente com ceticismo. Caso contrário, nem se dariam ao trabalho de fincar a lança lateralmente nele. Com certeza, era esperado que esses soldados brutalizados quebrassem as pernas de todos os homens crucificados, para terem certeza que estivessem todos mortos. A essa altura, além disso, Jesus tinha sido tratado, aparentemente, até com um desprezo maior do que o normal, sofrendo socos no rosto, sendo-lhe ofertado um cetro e uma coroa de espinhos, a título de zombaria. Por que essa repentina mudança de tratamento, esse tratamento "privilegiado" e irracionalmente compassivo?

Os Evangelhos não proporcionam resposta consistente a essa pergunta. O único ponto de concordância é sobre a morte de Jesus à nona hora, emitindo um forte grito, enquanto os crucificados próximos a ele continuavam com seus sofrimentos. De acordo com João, 19:34, um dos soldados espetou o lado de Jesus com sua lança, e sangue e água escorreram da ferida. Lucas e Mateus em nada contribuem para esse cenário, pois nenhum dos dois menciona o acontecimento. Entretanto, Marcos nos deixa uma pista interessante (Marcos, 15:44-45). Pilatos, surpreso pelo fato de Jesus já estar morto, convoca o centurião que confirma sua morte, e Pilatos, então, libera o corpo de Jesus. O centurião, que obviamente, verificou a morte de Jesus e ficou satisfeito, é o mesmo que, comovido pelos eventos durante a crucificação, louva Jesus como o verdadeiro Filho de Deus (Marcos, 15:39; Mateus, 27:54; Lucas, 23:47). Quem era esse centurião?

Na literatura apócrifa que diz respeito a Pilatos, esse centurião chamava-se Longinus, o capitão da guarda responsável pela crucificação. E, de acordo com uma tradição testemunhada pelo próprio Gregório de Nissa, Longinus, posteriormente, tornou-se bispo de sua terra natal, a Capadócia. Essa "mudança interior" pode significar que ele tivesse alguma ligação com Jesus e seus seguidores antes da crucificação, e até pode ter sido um admirador secreto de Jesus. Muitos dos problemas acerca dos eventos da crucificação seriam resolvidos na hora. José de Arimateia, Nicodemos e Longinus, o centurião, estavam entre os seguidores secretos de Jesus. Influentes em sua posição e categoria, eles seriam informados com antecipação suficiente sobre aonde o advento público sedicioso de Jesus levaria. José era muito respeitado como membro do Sinédrio Judaico. Desde o século II a.C., o sinédrio havia sido o Alto Conselho supremo, com autoridade sobre todos os assuntos de Estado em que a religião judaica estivesse envolvida, inclusive poder judicial. Ele consistia em 70 membros sob a presidência do sumo sacerdote.

Nicodemos, que fora iniciado por Jesus, na sombra da noite (João, 3:1-22), também era um conselheiro judeu. Graças aos seus ofícios, sem dúvida, José e Nicodemos tinham sido bem informados sobre a hora e o local da execução e, assim, foram capazes de planejar o resgate do mestre. Há um eco quanto à informação antecipada dada a Nicodemos que pode ser encontrado em uma lenda medieval bem venerada que faz parte das histórias dos santos: ela conta como Nicodemos, em uma carta enviada a Maria Madalena, avisa Jesus sobre um ataque pelos judeus quando ele estava em Efraim (João 11:53-54).[174]

José e Nicodemos sabiam que a crucificação em si não poderia ser evitada. Contudo, se eles conseguissem retirar Jesus da cruz quanto antes e tudo fosse providenciado, como planejado, seria possível mantê-lo vivo e provavelmente ele teria sido capaz de continuar sua missão disfarçado. Era crucial para toda a operação que os apóstolos não fossem envolvidos. Eles estavam escondidos com medo de serem perseguidos. Nenhuma ação seria tomada contra os respeitados conselheiros José e Nicodemos, tampouco contra o centurião. Portanto, havia pouco tempo para realizar esse intento com sucesso.

A ferida lateral e a bebida potente

Vamos voltar à estocada da lança no lado de Jesus. Uma boa análise ao grego original revela que o verbo usado para descrever a estocada do soldado, *nyssein*, tem os significados de: picar, perfurar, e não se aplica realmente à estocada com plena força, menos ainda penetração profunda. Na *Vulgata* (a tradução da Bíblia para o latim conhecida mundialmente), o verbo usado é *aperire,* uma tradução imprecisa, basicamente, significando "abrir". Contudo, o significado fundamental, o significado pretendido é, de novo, algo diferente. A ação era um procedimento que serviria como uma espécie de "confirmação oficial" de morte: se o corpo não apresentasse reação a uma pequena estocada, podia-se admitir que a pessoa estava morta. Provavelmente, foi o próprio centurião mencionado nos Evangelhos, Longinus, que realizou o teste. Certamente, a intenção não

---

174. Pedro de Natalibus, *Catalogus Samnctorum*, Lyon, 1508, Pedro de Natalibus baseia suas afirmações em João de Damasco.

era dar uma estocada mortal; afinal, acreditava-se que Jesus já estivesse morto e com tanta convicção que suas pernas foram deixadas intactas. De qualquer forma, um soldado experiente dificilmente teria a intenção de matar ferindo a lateral, pois para matar teria de ser um golpe frontal, atingindo o coração. Os soldados romanos desse dia geralmente usavam o tipo de lança chamada *hasta* ou *pilum*, de lâmina fina e pontiaguda, com comprimento de 25 a 40 centímetros, alargando-se pouco antes do cabo. Tal como um estilete, a lâmina só servia para provocar uma ferida superficial, para ver se o crucificado mostrava alguma reação.

As autoridades escriturais acham difícil explicar o escorrimento de sangue e água. Alguns só podem ver como um milagre, considerando como a circulação para na morte. Outros atribuem mais importância à interpretação simbólica dos elementos sangue e água. Explicações científicas também foram levantadas, principalmente para o efeito de que a "água" era, de fato, soro de sangue, que se separa à medida que o sangue coagula. Mas a decomposição do sangue dessa maneira só começa, no mínimo, seis horas depois da morte!

Mas não devemos descartar essa passagem do Evangelho de João, considerando-a sem importância. Pelo contrário, devemos presumir que o nosso informante, testemunha ocular, quisesse dar uma ênfase especial ao sangue e à água, pois a frase que segue essa passagem reza: "Aquele que viu dá testemunho, e seu testemunho é verdadeiro; ele sabe que fala a verdade, para que vós, também, acrediteis". (João, 19:35). Isso é crucial e se encaixa perfeitamente com o que já sabemos sobre o estilo de escrever de João – uma representação em dois níveis, por assim dizer: uma descrição exterior óbvia para leitores sem discernimento e uma série de referências enigmáticas espalhadas pelo texto para os leitores que sabem ler nas entrelinhas e descobrir por si mesmos.

A ênfase especial colocada com tanta evidência no testemunho de sangue e água, que escorreram da lateral de Jesus, tinha justamente o propósito de tornar claro que ele ainda estava vivo.

Mesmo tendo se passado muito tempo até o descobrimento da natureza circulatória do sistema sanguíneo humano, era senso comum na época de Jesus o fato de que cadáveres não sangram e que soro sanguíneo não está presente nas feridas de um corpo que acaba de falecer.

O próprio Orígenes (185-254), que acreditava que Jesus estivesse morto, no momento em que sangue e água escorreram da ferida, sentiu-se na obrigação de afirmar que cadáveres não sangram.

Os termos *sangue e água* aparecem como uma expressão idiomática em outras línguas. Na ornamentada língua árabe, por exemplo, ela é usada para enfatizar a força de um fato. Na língua inglesa moderna, podemos dizer que alguém deu "seu sangue" ao realizar um grande esforço (sem significar que sangue realmente saia pelos poros da pele), mas o equivalente alemão é "suar sangue e água", *Blut und Wasser schwitzen*. Então, pode muito bem ser que essa mesma expressão usada para descrever uma ferida queira apenas significar que uma considerável quantidade de sangue era visível. Jesus estava apenas aparentemente morto. A quantidade de sangue perdida e a ênfase colocada nele, ao afirmar que era uma observação testemunhal, foram planejadas para apontar para o fato em si.

Uma vez confirmada a morte pelo centurião, tudo o que tinha de acontecer havia sido com cuidado arranjado antecipadamente por José e seu assistentes. Mas o homem de Arimateia iniciara os preparativos necessários com bastante antecedência.

A primeira ação empreendida pelo abastado José foi comprar um jardim na vizinhança imediata do local da crucificação.[175] Com sábia previsão, ele decidiu mandar escavar um novo túmulo na rocha da propriedade – um lugar onde um suposto corpo morto pudesse ser levado rapidamente para efeito de segurança. Era essencial que o túmulo não tivesse sido usado até então: colocar Jesus num túmulo em que outros já estivessem enterrados daria motivos a fortes objeções legais e morais, pois a presença do corpo de um criminoso executado, normalmente, seria considerada uma afronta aos corpos dos fiéis que já se encontravam no túmulo. Não haveria qualquer objeção a um enterro em um túmulo vazio, em especial, uma vez que, como Josephus informa, os criminosos políticos executados pelos romanos – como foi o caso de Jesus – tinham assegurado o direito a um enterro honrado, enquanto isso era negado

---

175. B. Bagatti e E. Testa, *Il Golgota e la Croce*, Jerusalém, 1978, p. 24. O Evangelho Apócrifo de Pedro chama o local onde a tumba foi escavada de "Jardim de José'.

aos criminosos comuns.[176] Naturalmente, José de Arimateia não podia dizer que estava ocupado preparando um túmulo para Jesus. Portanto, os Evangelhos mencionam que José levou o corpo de Jesus para ser sepultado no novo jazigo de sua própria família.

A passagem do Evangelho que diz tratar-se de um túmulo para o uso do próprio José tinha a intenção de ser considerada, literalmente, pelos leitores sem discernimento que não pensariam duas vezes a respeito.[177] De fato, a nova tumba construída no jardim perto do Gólgota não era absolutamente destinada para os mortos, nem para José, tampouco para sua família. Ela tinha sido preparada apenas como precaução prática, para evitar transportar Jesus, gravemente ferido, para muito longe, caso conseguissem tirá-lo da cruz a tempo. Enquanto isso, os perseguidores de Jesus estariam satisfeitos, pensando que ele estava morto e sepultado.

O fato de que a crucificação foi realizada no Dia de Preparação, seguramente, foi uma vantagem, porque significava que eles poderiam apressar o "sepultamento" sem gerar suspeitas. É claro que eles tiveram de se certificar de que Jesus parecesse ter morrido. Isso também não poderia ser deixado por conta da sorte.

Os Evangelhos contam outra coisa que aconteceu pouco antes de Jesus ser descrito "morrendo na Cruz":

> Havia ali uma jarra cheia de vinagre. Amarraram em um ramo de hissopo uma esponja embebida de vinagre e a levaram à sua boca. Quando Jesus já tinha recebido o vinagre, ele disse: "Está consumado". E, inclinando a cabeça, entregou o espírito.
> (João, 19:29-30).

Como pôde Jesus (aparentemente) morrer logo após tomar a bebida amarga? Seria realmente vinagre que ele tomou? Um dos costumes judaicos era oferecer à pessoa condenada à morte vinho

---

176. Flavius Josephus, *A Guerra dos Judeus*, IV, 5:2.
177. Pelo menos uma autoridade escritural também acha extremamente estranho que José mandasse construir seu próprio túmulo perto do local da execução: Haenchen, *Das Johannes Evngelium*, obra citada, p. 564.

misturado com mirra ou incenso, a fim de aliviar a dor por meio de seu leve efeito narcótico.

Uma passagem no *Talmude* afirma: "Àquele a caminho da execução foi dado um pedaço de incenso em uma taça de vinho para ajudá-lo a adormecer" (Sanh. 43a). Mas não há nenhuma menção nos Evangelhos sobre uma taça de vinho aromatizado. Todos os evangelistas concordam que era um líquido de gosto muito amargo. Em latim, "vinagre" é *acetum*, intimamente relacionado com a antiga raiz *ac* – "picante" e "ácido" . Os soldados romanos não só permitiram que a bebida fosse dada a Jesus, mas também um deles até ajudou Jesus a tomá-la (Mateus 27:48; Marcos, 15:36; Lucas, 23:36 João, 19:29).

Vamos verificar mais precisamente como isso aconteceu. A esponja foi oferecida a Jesus em um ramo de hissopo. O hissopo é uma planta com ramos fracos, dificilmente apropriados para suportar uma esponja molhada. Até mesmo um feixe de ramos de hissopo não teria rigidez suficiente para que isso fosse possível, apesar de Jesus na cruz, possivelmente, não estar a uma grande altura do solo. Em algumas cruzes, o condenado era fixado com os pés pouco acima do solo e, nesse caso, a esponja não teria de ser muito erguida para ser oferecida. Mas, talvez, o instrumento usado para oferecer o "vinagre" a Jesus foi sujeito a um simples erro linguístico – *hyssos*, "uma lança curta", tem sido, durante todo esse tempo, interpretado como *hyssopos*, "hissopo". É um soldado quem oferece a esponja a Jesus, de acordo com os autores sinóticos, e, portanto, é mais do que meramente possível que um erro verbal tenha ocorrido. Podemos até supor que foi o próprio centurião Longinus quem teria erguido a esponja até a boca de Jesus com sua lança.[178]

A bebida com vinagre é mencionada na narrativa de João de uma forma que parecesse que o vinagre foi levado para o local da crucificação com esse objetivo. Ele fez parte dos preparativos de José, Nicodemos e do centurião para a realização de seu plano. O que era o líquido amargo, realmente, nós só podemos tentar adivinhar. Naqueles tempos, havia um

---

178. Mas João possivelmente fez referência a Cristo como o símbolo do próprio Cordeiro Pascal. O hissopo teve um importante papel no ritual da comemoração da primeira Páscoa (Êxodo, 12:22). Em Marcos, o trecho correspondente diz que a esponja de vinagre ficou presa em uma haste (*kalamos*). Será que João usou *hissopo* como substituto de *kalamos*?

amplo sortimento disponível de analgésicos e substâncias narcóticas: a arte da cura nesse período era excelente no que diz respeito às misturas com diferentes efeitos no corpo. Talvez a bebida fosse um vinho amargo em que havia sido adicionada certa medida de ópio. O poder sedativo e analgésico excepcional do ópio bem conhecido dos judeus até na época pré-cristã. O ópio é a forma seca do suco leitoso conseguido por meio de "cabeças de sementes" imaturas de uma espécie de papoula (*Papaver somniferum*). Essa papoula era muito comum na Palestina. Portanto, é certamente possível que Jesus tenha ingerido ópio dissolvido em algum líquido enquanto estava na cruz.

O efeito narcótico do ópio é tão forte que pode levar a um estado de completo torpor no qual uma pessoa não tem nenhuma sensação externa. O principal alcaloide no ópio (seu constituinte mais ativo) é a morfina, um sedativo e narcótico poderoso que pode reduzir a respiração. Um segundo alcaloide no ópio, a papaverina, não possui qualquer efeito analgésico, mas é um excelente relaxante muscular.

Em combinação e com outras substâncias farmacêuticas, soluções de opiáceos não são difíceis de ajustar para se ter qualquer efeito específico. De fato, esse coquetel de drogas teria sido ideal para os propósitos de José e de seus colegas; Jesus não apenas recebeu os melhores analgésicos: a dose foi programada para fazer com que ele perdesse a consciência em um curto espaço de tempo e o corpo ficasse totalmente inerte na cruz, aparentando estar morto. A aparência de morte súbita foi destacada pelo fato de o ópio reduzir e desacelerar a frequência cardíaca, reduzindo a respiração a um grau extraordinariamente baixo e tornando o corpo totalmente inerte. E, mesmo assim, administrado na dosagem correta, como era de conhecimento dos essênios terapeutas, ele não representava um perigo real para o coração – pelo contrário, ele até o beneficiava.

Por outro lado, é possível que a suposta bebida de vinagre contivesse ingredientes ativos das bebidas sagradas dos indianos e persas, Soma e Haoma, respectivamente. O culto persa de Mitras incluía um sacrifício de Haoma, muito semelhante à missa cristã (santa comunhão ou eucaristia). O professor Seydel escreve:

> A forma do sacrifício de Haoma era idêntica à dos sacrifícios persas comuns para os mortos. Pequenos pedaços redondos de pão, do tamanho de uma moeda táler, eram oferecidos e consumidos com a bebida Haoma: originalmente, Haoma é o suco pressionado da planta *soma (Asclepias acida),* com o qual os arianos védicos borrifavam o fogo do sacrifício. Era considerado um símbolo da vida divina, uma bebida dos deuses e a bebida da imortalidade...[179]

Soma, a bebida sagrada da Índia, possibilitava ao adepto entrar em um estado de morte aparente por vários dias para, em seguida, despertar em um estado exultante que durava mais alguns dias. Nesse estado de êxtase, uma "consciência superior" falava por intermédio do adepto e ele tinha poderes visionários. Além do *Asclepias acida,* o Soma também devia conter maconha (*cannabis indica*) – pelo menos, a tradição diz que tinha maconha na bebida de Zoroastro. Imagens de *Asclepias acida* são encontradas inscritas nos túmulos dos primeiros cristãos, nas catacumbas de Roma, apresentadas como uma variedade que dá frutos mais alongados – uma variedade não encontrada em qualquer outro lugar da Europa.

Um equivalente europeu de *Asclepias acida* (que na realidade é uma serralha), em muitos aspectos, é a "celandrina" (*Vincetoxicum hirundinaria*). Sua eficácia como antídoto contra o veneno é demonstrada pelo seu nome latim: *vince-toxicum,* que, literalmente, significa "vencer o veneno". Dioscórides, o médico e farmacologista grego do primeiro século, chamava a planta de "estranguladora de cachorros" em seu livro *Materia Medica,* e escreveu que as folhas misturadas com carne podiam matar cachorros, lobos e raposas (*Mat. Med.* 4,80). Entretanto, o veneno também podia ser usado como antídoto para picadas de animais venenosos (*Mat. Med.* 3,92). Um livro de referência botânica escrito em 1563 (Mattioli, p. 337) também elogia a celandrina: "Essa é uma esplêndida raiz contra todos os venenos, de substância e qualidade consumadas, por isso é chamada de *Vince-toxicum* em latim – ou seja, vencedora de todos os venenos. Ela também é usada contra a peste e,

---

179. R. Seydel, *Das Evangelium von Jesus*, Leipzig, 1882, p. 273.

tomada com vinho, provoca um suadouro profuso". Suor abundante e boca seca (observe: "Eu estou com sede", João, 19:28) são sintomas típicos de envenenamento. Na Suíça, a celandrina é chamada de "erva-mestre" e, na Áustria, de "erva judaica" ou "erva de cruz branca". Esses nomes poderiam vir de uma memória antiga ecoando o uso da planta mais importante historicamente?

Uma poção mágica cuja propriedade é colocar uma pessoa em um estado parecido com a morte de longa duração não é algo desconhecido, e até relativamente comum em histórias e literatura. O melhor exemplo é o romance *Romeu e Julieta*. Em todos os casos, a "morte" em causa é um estado parecido com o coma, em que todos os sinais vitais, como a respiração, frequência cardíaca e pulso não são mais percebidos.

Caso Jesus tivesse ficado perto de sufocar na cruz – virtualmente, todos os peritos forenses assumem ter sido sufocação a causa da morte de Jesus –, o grito alto que ele deu antes de "morrer", como mencionado especificamente pelos três evangelistas sinóticos, teria sido praticamente impossível. Uma pessoa que estivesse se sufocando e sem fôlego não teria condição nem sequer de sussurrar inaudivelmente. Mas Jesus gritou e João relata: "Quando Jesus já tinha recebido o vinagre, ele disse: 'Está consumado'. E, inclinando a cabeça, entregou o espírito" (João, 19:30). Jesus foi capaz de dizer essas palavras logo que tomou a bebida e sentiu seu efeito narcótico aumentando. Ele foi capaz de falar por estar perto não da morte, mas de um estado de quietude profunda e induzida.

Vestígios no Sudário

Vamos agora comparar o que nos foi contado nos relatos dos Evangelhos com o que sabemos a respeito da impressão do corpo no Sudário de Turim. Há manchas de sangue no Sudário. Se um cadáver tivesse sido enterrado no pano de linho, o enterro não foi realizado de acordo com a Lei Judaica, porque o corpo então primeiro teria de ser lavado com água quente.

A posição peculiar do corpo também é notável. Em um livro que repudia a autenticidade do Sudário de Turim, Joseph Blinzler argumenta que é "... dificilmente concebível que os discípulos colocassem as mãos em posição tão imprópria e impraticável, como é visto na imagem do Sudário de Turim, ao sepultarem o Messias".[180] Além do fato de ninguém jamais ter dito que os discípulos estivessem no sepulcro, deve ser observado que a posição do corpo de Jesus adequa-se precisamente com a posição dos esqueletos enterrados no cemitério da comunidade monástica essênia na época, em Qumran, perto do Mar Morto. "A posição dos corpos em seus túmulos é geralmente idêntica... Como regra geral, o corpo está na posição supina, a cabeça para o sul e as mãos são cruzadas sobre o abdômen ou colocadas ao lado do corpo".[181]

Supõe-se que o corpo de Jesus tenha ficado pendurado na cruz durante três horas. Se isso ocorreu, as consequências podem ser descritas com absoluta certeza. De acordo com todas as autoridades médicas modernas, o *rigor mortis* teria começado a se instalar cerca de 30 minutos depois da morte. Os músculos do corpo teriam ficado completamente rígidos e imóveis entre três e seis horas, dependendo da temperatura do ambiente – quanto mais alta a temperatura do local, tanto mais rápida é a rigidez. O *rigor mortis* é causado por processos bioquímicos complexos, mas é centrado principalmente no declínio nos níveis da composição da energia metabólica, ATP (Trifosfato de Adenosina), depois da parada cardíaca. Toda a musculatura do esqueleto torna-se completamente rígida, independentemente de qualquer posição que o corpo assumiu na morte, e somente quando o *rigor mortis* relaxa e desaparece – depois de quatro a sete dias – a posição do corpo pode ser alterada.

Na hora em que Jesus perdeu a consciência na cruz, seu corpo inclinou-se para a frente. Seu peso, antes suportado principalmente por suas pernas fixadas pelos pregos em seus pés, teria sido assumido por seus braços, seguros pelos pregos em seus pulsos. Suas pernas, assim, teriam dobrado agudamente nos joelhos. Sua cabeça teria caído para a frente, seu queixo apoiando-se no alto do esterno. E, depois de três ou quatro horas que o corpo teria ficado na cruz, ele teria assumido sua posição rígida. Contudo, uma olhada de perto para a impressão das costas do corpo no Sudário revela imediatamente que o corpo todo de

---

180. J. Blinzler, *Das Turiner Grablinnen und die Wissenschaft*, obra citada, p. 31.
181. H. Bardtke, *Die handschriftenfunde am Toten Meer*, Berlim, 1958, p. 42.

Jesus foi deitado, bem plano, sobre o lençol. As pernas estão retas e não dobradas, e os braços estavam evidentemente móveis quando foram posicionados (ou haveria uma tendência de se separarem para ficarem na posição em que estiveram na cruz).

Alguns comentaristas do Sudário sugeriram que, provavelmente, os braços foram amarrados juntos nos pulsos. Porém, qualquer corda ou faixa teria escondido o sangramento nos pulsos, que pode ser visto muito bem no pano. Monsenhor Giulio Ricci, um membro do Centro para a Pesquisa do Sudário, em Roma, tem uma solução individual para o problema: ele adota que o próprio Sudário foi amarrado com cordas por fora de maneira apertada, em volta do cadáver enrijecido e dobrado de forma grotesca.[182] Mas essa explicação não faz, absolutamente, nenhum sentido, pois a impressão mostra claramente que o Sudário foi de início estendido, reto, tanto embaixo como em cima do corpo. Do contrário, grandes distorções na largura seriam aparentes (tornando o escaneamento computadorizado impossível).

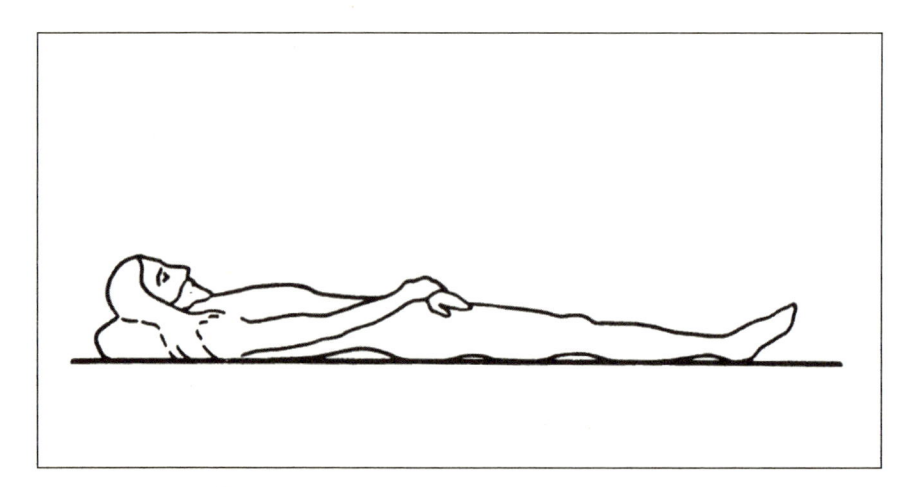

O corpo está deitado bem plano sobre uma superfície reta, e a cabeça apoiada com um pequeno travesseiro improvisado com panos.

---

182. G. Ricci, *Kreuzweg nach dem Leichentuch von Turin*, Roma, 1971, p. 68ff.

O fato de que, é óbvio, não havia nenhum *rigor mortis* quando Jesus foi removido da cruz é prova suficiente de que ele não estava morto. E evidência ainda mais coerente é proporcionada pelas manchas de sangue visíveis no Sudário.

Dois escorrimentos de sangue podem ser claramente distinguidos. Primeiro, há vestígios do sangue que saiu quando Jesus foi pregado na cruz. Segundo, há vestígios de sangue novo, que escorreu do corpo quando Jesus já estava deitado horizontalmente no lençol!

Primeiro, vamos às manchas de sangue na cabeça: as pontas agudas da massa de espinhos pressionada zombeteiramente na cabeça de Jesus teriam deixado minúsculos furinhos, pequenos, mas penetrantes na pele fina da cabeça. Enquanto a "coroa de espinhos" estava na cabeça, os espinhos selaram razoavelmente as pequenas feridas (diâmetro entre um e dois milímetros). A pequena quantidade de sangue que conseguiu escorrer dos furos causados pelos espinhos coagulou imediatamente e formou crostas no cabelo, e esse é o caso em todas as pequenas feridas. Mas, atrás da cabeça, a imagem mostra claramente muitos rastros de sangue de um tamanho maior e escorrendo em todas as direções. Esse sangue, é claro, caiu sobre o lençol quando o corpo foi deitado, pouco depois de os espinhos terem sido removidos. As veias na pele fina da cabeça são numerosas, mas muito pequenas e bem supridas de sangue, desde que o sistema circulatório permaneça intacto. Em uma pessoa morta, assim que o coração para de funcionar, o sangue é retirado das veias capilares, logo abaixo da superfície da pele, tornando a pele "pálida como a de um cadáver", e não há mais como sair sangue dessas feridas minúsculas, porque a coagulação do sangue intravascular começa imediatamente.

Na imagem de Jesus no Sudário é visível uma grande mancha de sangue na fronte, no formato de um 3 invertido. Esse formato incomum só pode ser formado se a cabeça estiver ligeiramente levantada e o corpo na posição horizontal (algum tipo de travesseiro provavelmente foi colocado atrás da cabeça, já que ele está deitado de costas). O fluxo lento de sangue, então, escorre para uma ruga da fronte onde se acumula aos poucos e, à medida que mais sangue escorre da ferida, ele passa a escorrer para a ruga seguinte, também na fronte. Essa ferida na fronte, também causada pela coroa de espinhos, localiza-se no ponto mais alto do corpo. Mesmo se fosse possível o sangue escorrer de ferimentos grandes de um cadáver, em certas condições, não seria possível, em qualquer circunstância, que escorresse da parte mais alta da fronte. Esse sangramento somente é possível se o sistema circulatório estiver completamente em funcionamento.

As mãos estão na mesma altura do chão que a fronte, uma em cima da outra. Aqui, é particularmente evidente como sangue novo escorreu sobre o Sudário além do sangue já seco. Três rastros de sangue podem ser claramente detectados nos pulsos, escorrendo em direções diferentes. A simples medida de ângulos proporciona indicações inequívocas de como esses rastros se originaram. A mão esquerda está sobre a direita e cobre a ferida do prego; portanto, os cálculos envolvem apenas a ferida visível da mão esquerda. Quando o prego atravessou o pulso, algum sangue escorreu para o sulco entre os músculos tensionados ao longo do antebraço e ao final caiu verticalmente, por gravidade. Esses pequenos rastros verticais são quase paralelos. A partir de sua direção, podemos calcular o ângulo dos braços em relação à trave horizontal da cruz: era de cerca de 20 graus. Isso também torna possível o cálculo da diferença de altura entre a postura ereta e a postura flácida do corpo na cruz.

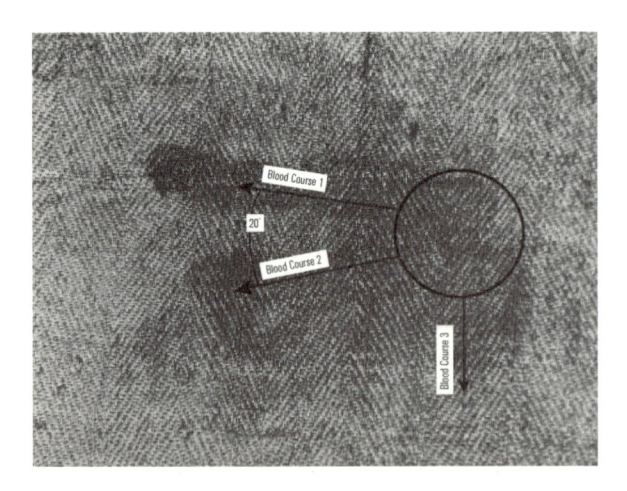

As feridas nas mãos: os rastros de sangue 1 e 2 estão bem secos (com as bordas bem nítidas) e originadas durante a própria crucificação; mas o rastro 3 foi formado somente depois que o corpo foi colocado na posição horizontal.

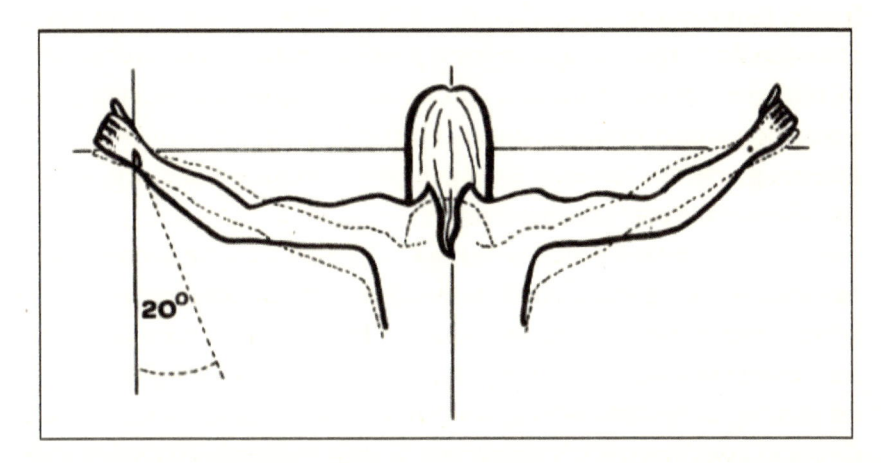

Como o corpo estava aprumado, quando consciente, mas flácido quando inconsciente, duas posições diferentes notáveis podem ser matematicamente definidas pelo cálculo dos ângulos dos rastros de sangue nas mãos e nos braços.

Porém, em relação à posição dos braços, ainda fica uma questão muito curiosa. Dois dos principais rastros de sangue confirmam o ângulo dos braços de quando Jesus estava na cruz, mas o terceiro rastro, a partir do mesmo ponto de origem, é distintamente visível no Sudário em um ângulo totalmente diferente, e isso não foi mencionado nos estudos de quaisquer dos comentaristas do Sudário mais reconhecidos. De fato, eles mantiveram o silêncio a esse respeito – e não é de se admirar: o formato e a direção do terceiro rastro de sangue provam que só poderiam ter sido formados depois que os pregos foram retirados das feridas. A remoção dos pregos nos punhos fez com que as feridas voltassem a sangrar, e o sangue espalhou-se pela mão mantida plana. Além disso, é claramente visível que as bordas do terceiro rastro de sangue são menos definidas do que aquelas dos outros dois rastros, indicando que os primeiros dois rastros já tinham secado e foram umedecidos de novo pelos aloés no lençol, enquanto o sangue novo do terceiro rastro está cercado por bordas de soro aquoso. Essas bordas de soro são formadas pela atividade da fibrina, fator de coagulação presente em sangue novo, e só aparecem quando o sangue é acumulado em uma superfície com uma inclinação rasa, onde não pode escorrer livremente. Enquanto Jesus esteve preso à cruz, o sangue podia escorrer das feridas, deixando rastros de sangue coagulado sem quaisquer bordas de soro e com limites claramente definidos.

No Sudário, o braço direito parece um pouco mais longo do que o esquerdo. Essas pequenas distorções na imagem frontal mostram que o lençol não ficou esticado por todo o corpo. Como o lençol se adaptou ao formato curvo do corpo, a ferida lateral também deixou uma impressão clara. Na visão frontal, perto dos remendos das áreas queimadas, existem rastros nitidamente definidos de sangue originados pela ferida lateral e que coagularam na cruz.

Paralelamente com a ferida lateral, um rastro de sangue evidente escorre de modo transversal pelas costas. Esse sangue tem uma aparência bem diferente do sangue da frente do corpo. De novo, há margens de sangue claras cercadas por margens de soro aquoso, um sinal seguro de que esse também foi sangue que escorreu enquanto o corpo estava deitado no lençol. O sangue – e há uma quantidade considerável dele – só poderia ter escorrido no Sudário quando o corpo já havia sido disposto horizontalmente. Senão, uma trilha de sangue levaria em direção à parte de baixo do abdômen. Esse sangue, com certeza, vem do ferimento lateral. Com Jesus deitado no tecido medicinal, a incisão lateral começou a sangrar de novo. Naturalmente, o fluxo de sangue não escorreu por todo o corpo, mas tomou o caminho mais curto, por gravidade, para a superfície sobre a qual o corpo estava deitado, embaixo do braço direito, para acumular-se nas costas e no arco da região lombar.

Agora, vamos ver o que os peritos têm a dizer sobre essa mancha. Se os braços do corpo estão levantados na posição da crucificação, a ferida lateral move-se para cima com uma boa margem. Entretanto, os cientistas do East Midlands Forensic Laboratory consideram muito improvável um golpe de lança no local da ferida lateral tocar o coração. Eles não veem qualquer ameaça à vida, mesmo se a ponta da lança penetrasse a alguma profundidade. A lança só teria perfurado a membrana que reveste a cavidade do peito fazendo com que "sangue e água" escorressem para fora, um fluido pleural que se acumulara entre os pulmões e a parede do peito durante o tratamento violento.[183]

Quanto à ferida lateral em Jesus, alguém certa vez perguntou ao dr. W. Bonte, um especialista forense e diretor do Instituto para a Medicina

---
183. R. Hoare, *The Testimony of the Shroud*, Londres, 1978, p. 53.

Forense da Universidade de Dusseldorf, se o sangue poderia escorrer de uma ferida aberta entre a quinta e a sexta costelas, dez centímetros à direita do centro de um cadáver deitado sobre as suas costas, sem aplicar pressão mecânica externa. A ferida, inicialmente, foi infligida enquanto o corpo estava ereto e, mais tarde, deitado de costas. Para garantir uma opinião imparcial, não foi informado ao perito de qual "caso criminal" se tratava. A resposta apresentada pelo perito forense é extremamente informativa:

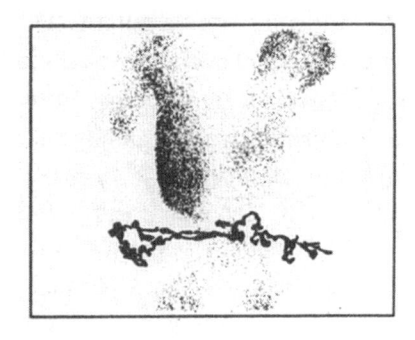

Sangue acumulado no arco lombar entre o meio das costas e as nádegas. O sangue somente poderia ter fluído depois de o corpo haver sido disposto horizontalmente.

1. Sangue flui espontaneamente da ferida de um cadáver somente se:
a) a abertura da ferida estiver localizada em uma área em que o sangue estivesse acumulado (hipóstase), como pode ser evidente pela descoloração da pele (*livor mortis*); ou
b) a abertura da ferida leva a uma cavidade preenchida de sangue, o sangue ainda está líquido (pelo menos em parte) e o nível da cavidade é verticalmente mais alto do solo do que a abertura da ferida.
2. Porém, de acordo com a descrição, a abertura da ferida estava localizada na frente direita da parede torácica, cerca de dez centímetros à direita da linha de centro. Com o cadáver na posição supina, isso corresponde exatamente ao ponto mais alto do cadáver.

Portanto, nenhuma das duas condições é satisfeita:

a) a abertura da ferida não estava em uma área de hipóstase; e
b) o sangue não poderia ter escorrido para fora da ferida na cavidade torácica direita, porque primeiro ele teria de subir contra a pressão do fluido. O mesmo é válido para outras possíveis fontes de sangramento (pulmão, veias do pulmão, câmaras cardíacas).
3. Portanto, considero uma evacuação espontânea pós-morte de sangue da abertura de uma ferida nesse local estar fora de questão.
4. Por outro lado, um escoamento de sangue na quantidade descrita, com a direção do fluxo, estaria em concordância com a suposição

de que a pessoa em questão ainda estivesse viva no momento. Não é incomum encontrar, na prática da medicina forense, que sangue flua de uma abertura de ferida no exato local aqui apontado e na direção do fluxo descrita, de uma vítima ainda viva, deitada de costas. Isso é especialmente verdadeiro se veias arteriais maiores forem perfuradas e se a pressão sanguínea proporcionar a necessária *vis a tergo* (força de baixo) para que a coluna sanguínea se levante contra a pressão hidrostática.[184]

Essa resposta de um perito que não estava a par do objeto sensível sobre o qual estava dando sua opinião é notável em muitos sentidos. A resposta mostra que uma análise imparcial dos fatos leva a resultados bem diferentes dos apresentados por pessoas que queiram usar o Sudário para provar que Jesus morreu.

Quando Karl Herbst informou depois ao professor Bonte sobre o verdadeiro objeto de sua respeitável opinião, sua resposta foi clara: "Eu não quero revisar meu raciocínio anterior. Em minha opinião, tudo sugere que a circulação não havia parado. É claro, concordo com professor Bollone, que um escorrimento de sangue de uma ferida por um golpe de lança no peito pode ocorrer durante o transporte de um cadáver em algum tipo de forma passiva. Mas, no caso, seria preciso perguntar se o corpo estava envolto no Sudário quando o transporte começou. E, se esse for o caso, nenhum vestígio 'estático' e padrão de impressão teria sido formado, o que sempre permite um alinhamento topográfico direto com um corpo na posição supina. Eu, pelo contrário, teria esperado muitos vestígios de contatos por atrito, em um arranjo mais aleatório, irregular e espalhado. Para mim, o padrão encontrado sugere que a pessoa em questão foi envolta no lençol apenas no sepultamento e isso, talvez, deitando o corpo horizontalmente sobre o lençol e colocando a outra metade do mesmo sobre o corpo. Não posso entender como uma emissão passiva de maiores quantidades de sangue poderia ocorrer durante essa operação de envolver o corpo".

Também é evidente um sangramento grave das feridas causadas pelo prego nos pés. Na imagem de trás está claro que o sangue da ferida escorre até os calcanhares, ali se acumulando e, por causa do sangue novo que ainda está sendo bombeado, escorre para o lençol, à direita.

---

184. Carta de 6 de março de 1990.

O rastro de sangue, com 17 centímetros de comprimento, é interrompido porque o sangue se depara com uma dobra do lençol antes de continuar escorrendo, à direita. A última parte desse rastro de sangue pode ser encontrada na parte mais afastada do Sudário, onde uma ponta do lençol está sobre a outra, de modo que o sangue novo acabou manchando os dois lugares. Novamente, o fato de que o sangue simplesmente não pode escorrer assim de um cadáver que esteve morto por várias horas. O coração e as funções circulatórias ainda estavam intactos, embora a respiração pudesse estar muito reduzida.

A hemorragia na região dos pés mostra o fluxo de sangue novo bem claramente. Movimentos corporais realizados enquanto o corpo estava sendo deitado fizeram com que as feridas sangrassem novamente e o sangue espalhou-se em todas as direções. A impressão escura dos rastros de sangue não deixa dúvidas de que esse sangue manchou o lençol somente depois do sepultamento. Como o tecido estava impregnado de aloés resinosos, nos pontos onde tocava a pele, o sangue não podia ser absorvido pelo lençol, mas espalhou-se por sua superfície.

Determinar a morte clínica ainda hoje representa uma dificuldade para os médicos. O uso de remédios modernos, por exemplo, pode induzir a um coma tão profundo a ponto de facilmente serem feitos falsos diagnósticos. Um método bem conhecido para determinar a morte consistia em fazer uma pequena incisão no calcanhar ou no pulso. Se houvesse fluxo de sangue arterial, o sistema circulatório ainda estaria funcionando. Cadáveres não sangram!

Os rastros de sangue nos pés mostram muito bem como o sangue se espalhou por todas as direções na superfície do Sudário, depois de o corpo haver sido removido da cruz.

No caso de Jesus, havia um total de 28 feridas que continuaram sangrando depois de ele ser retirado da cruz. Isso prova que ele não podia estar morto quando seu corpo foi disposto no sepulcro.

A tumba da pedra aberta

A partir do momento em que viu Jesus pender inconsciente na cruz, José apressou-se para conseguir a liberação do corpo quanto antes. Ele exerceu toda a sua influência sobre Pilatos para conseguir a liberação imediata. Uma autoridade escritural até sugere que o abastado José pagou um alto valor em propina para acelerar os procedimentos.[185] Com certeza, isso é inconcebível. Contudo, José não podia perder tempo e quaisquer meios seriam justificados para ele, caso pudessem abreviar o processo burocrático. Os homens crucificados com Jesus tiveram suas pernas quebradas, mas, no caso de Jesus, o centurião apenas verificou com sua lança se ele estava morto. Pilatos liberou o "corpo" e, imediatamente, José e Nicodemos tiraram Jesus da cruz e levaram-no para a tumba na rocha, ali perto.

No recesso da caverna foram iniciados os preparativos para a recuperação de Jesus colocado em uma saliência no meio do piso. A bebida com ópio ajudou-o a dormir profundamente, sem sentir dor. Ele foi envolvido em uma grande quantidade de ervas medicinais para que suas feridas se curassem mais rápido. Porém, José e Nicodemos sabiam que não podiam manter Jesus na tumba por muito tempo. Os judeus eram extremamente desconfiados e já temiam que os seguidores de Jesus pudessem roubar o corpo para, assim, fingir que havia acontecido uma ressurreição milagrosa.

De acordo com Mateus (27:62-66), eles pediram a Pilatos que designasse alguém para guardar a tumba. Eles não podiam formar uma guarda no sepulcro por ser o dia do Sabá. Quanto mais tempo passasse, tanto mais difícil seria para tirar Jesus dali sem serem observados. Não é possível, nesse espaço de tempo, dizer se um guarda romano foi, de fato, designado para guardar a tumba, embora Mateus (ele apenas) assim afirme. Entretanto, é bem possível que a passagem tenha sido colocada

---

185. J. S. Kennard, *The Burial of Jesus*, JBL 74, 1955, p. 238.

no texto para adicionar um efeito dramático à aparição do anjo. O desejo premente dos judeus de ter um guarda para vigiar um cadáver deve ter sido considerado bizarro pelos romanos, e é muito improvável que concordassem com esse pedido.

Portanto, durante o Sabá, pelo menos, a equipe teve tempo para cuidar de Jesus. Entretanto, assim que estivesse em condições, ele teria de ser transferido rápido para outro lugar para evitar problemas com as autoridades judaicas.

Quando as mulheres foram à tumba com os óleos para ungir o corpo, no primeiro dia da semana, elas encontraram a pedra rolada para o lado e a tumba vazia. Vamos ver o que os relatos dos Evangelhos dizem. Lucas (24:1-5) escreve:

> No primeiro dia da semana, bem de madrugada, as mulheres foram ao túmulo, levando as especiarias que tinham preparado e algumas outras. E elas encontraram a pedra do túmulo removida. E elas entraram, e não encontraram o corpo do Senhor Jesus. Nisso, dois homens com vestes resplandecentes pararam perto delas. E quando elas ficaram com medo e olhavam para o chão, eles lhes disseram: "Por que procurais entre os mortos aquele que está vivo?".

A versão de Marcos: (16:4-6):

> E, quando elas olharam, perceberam que a pedra já tinha sido removida: pois ela era muito grande. Entraram, então, no sepulcro e viram um jovem sentado do lado direito, vestido em uma roupa longa branca. E ficaram muito assustadas. Mas o jovem lhes disse: "Não vos assusteis! Procurais Jesus, o Nazareno, aquele que foi crucificado? Ele ressuscitou! Não está aqui! Vede o lugar onde o puseram!".

Depois da assim chamada "ressurreição", dizem que Jesus estava constantemente atravessando portas trancadas e aparecendo, para a surpresa de seus seguidores (João, 20:19-26). Portanto, é lícito perguntar por que essa grande pedra havia sido rolada para o lado da entrada da tumba, do próprio lugar onde dizem que essa milagrosa "ressurreição" aconteceu? Teria sido um milagre muito mais surpreendente se a pedra tivesse de ser removida para que as mulheres entrassem com os óleos para a unção e só então descobrissem que Jesus havia desaparecido da câmara selada. A tumba aberta é evidência de que alguém teve de agir rápido para tirar Jesus de lá. Amigos essênios, obviamente, ainda estavam na tumba – os homens de Lucas com seus trajes brilhantes, o jovem Marcos com as vestimentas brancas. A túnica branca brilhante implica que fossem essênios. Provavelmente, Jesus havia sido removido pouco tempo antes. Como o festival da Páscoa sempre coincide com a Lua Cheia, foi fácil viajar à luz da Lua. Talvez os essênios que ficaram para trás ali estivessem para recolher os últimos itens e fechar a tumba. As mulheres chocadas receberam respostas claras dos essênios para as suas perguntas: Jesus havia se erguido de novo e, portanto, não se encontrava mais lá – ou seja, havia se recuperado de seu coma induzido. O texto de Lucas é ainda mais claro: "Por que vocês estão procurando o vivo entre os mortos?". Isso não nos obriga a acreditar que Jesus estava vivo e que foi possível salvá-lo? Não é essa uma mensagem clara que recebemos dessas passagens dos Evangelhos?

João, que não narra o episódio com as mulheres no sepulcro, relata em detalhes um fato que parece ter acontecido antes da chegada delas (João, 20:1-18). Maria Madalena chega ao sepulcro bem cedo, de manhã, quando ainda está escuro, e vê a pedra rolada de lado. Chocada, ela corre para Simão Pedro e João e, chorando, conta que alguém devia ter levado o Senhor da tumba. Quando os dois chegam à tumba, eles olham para dentro e veem apenas as faixas de linho no chão; não há nenhum vestígio de Jesus. Maria Madalena, chorando na frente da tumba, pergunta ao jardineiro se ele levou o corpo embora. Quando o suposto jardineiro a ela se dirige pelo nome, ela percebe que é Jesus.

É notável o fato de Maria Madalena confundir Jesus com o jardineiro. É esse o que ressuscitou em glória – uma figura irreconhecível por uma de suas companheiras mais próximas fazendo-a pensar que fosse o jardineiro? O que provavelmente aconteceu é que ele estava sendo levado para fora da tumba no momento em que Maria Madalena apareceu. Para não atrair atenção, eles o disfarçaram de jardineiro. Devem até ter dado uma ferramenta de jardim para Jesus enfraquecido se apoiar ao andar. Todos esses fatores levaram à confusão. Além disso, jardineiros têm sua pele bronzeada em um tom de marrom-escuro por estarem sempre expostos ao sol. O rosto de Jesus estava inchado pelos ferimentos, e a solução de aloés e mirra deixa uma coloração marrom característica. Com certeza, foi por isso que Maria Madalena não reconheceu seu mestre nessa hora escura da madrugada, e não porque ele se mostrasse em um corpo "transfigurado" como "aquele que ressuscitara".

O Evangelho apócrifo de Pedro descreve como o guarda na tumba viu três homens surgirem do sepulcro, "dois deles suportando o outro"! Será que uma pessoa ressuscitada em glória precisaria desse apoio? É claro que não – mas uma pessoa ferida que precisasse ser levada para um lugar seguro e que acabara de despertar de um coma necessita de apoio!

Depois de relatar esses fatos, os Evangelhos, nas passagens a respeito de Jesus, tornam-se escassos e menos confiáveis, pois, dali para a frente, estão misturados com o mito da "ressurreição" e em uma interpretação teológica em que Jesus corresponde ao Cristo ressuscitado. Contudo, uma coisa é certa: Jesus esteve com seus discípulos de novo, por um tempo, talvez em Jerusalém, mas principalmente na Galileia.

Bem poucas conclusões precisas podem ser extraídas sobre o que aconteceu durante o período depois do desaparecimento de Jesus do sepulcro, porque as descrições apresentadas são muito confusas. Quanto ao que se disse a respeito dos três dias entre a crucificação e o reaparecimento, isso é mera correspondência a um período místico que tinha uma função nos mitos de ressurreição mais antigos. Jesus pode muito bem ter sido cuidado por um período mais longo até que, gradualmente, ele começou a se mostrar de novo aos seus seguidores. Em todo caso, essas reuniões parecem ter sido sempre de curta duração e em segredo. É claro que ele não podia mostrar-se publicamente, do contrário seria preso de novo. Sua aparência parece ter sido muito afetada pelas suas feridas – o inchaço de seu rosto deve ter durado um bom tempo –, pois até seus amigos tiveram dificuldade em reconhecê-lo quando o viram.

Ao considerar os aparecimentos de Jesus para os seus seguidores, é essencial sempre ter em mente que eles estão registrados e escritos de uma forma que se adeque à teologia de sua "ressurreição", como foi desenvolvida depois do acontecimento. Todo o Capítulo 21 do Evangelho de João, que contém o aparecimento de Jesus nos arredores do Mar de Tiberíades, é trabalho de um autor que não escreveu o resto, e só foi incluído no capítulo. O capítulo parece ter sido escrito por João, o sacerdote, e ter sido incluído nos escritos de João, o discípulo favorito, por conta de seus nomes idênticos.[186]

Logo depois da crucificação, os discípulos de Jesus saíram para voltar às suas funções anteriores. Simão Pedro, Tomé, Natanael de Canaã e os filhos de Zebedeu voltaram à pesca (João, 21:2). Eles somente se entusiasmaram de novo quando Jesus lhes disse que os encontraria na Galileia (Mateus, 28:10).

Suas reuniões com seus companheiros de viagem são apresentadas como "aparecimentos", porque disseram que Jesus entrava em seu ambiente por meio de portas trancadas – e, no entanto, a corporalidade física de Jesus é, ao mesmo tempo, enfatizada. Os discípulos ficaram surpresos, pois a maioria ainda não tinha sido informada a respeito da operação resgate engendrada por José e Nicodemos, que não pertenciam ao seu círculo. A última coisa que os Evangelhos contam sobre Jesus, pouco antes de sua partida da Palestina,[187] é seu esforço contínuo para explicar aos discípulos, de uma vez por todas, que ele sobrevivera à crucificação e se recuperara. Mas, no início, os discípulos pensaram que ele fosse um fantasma:

> E ele lhes disse: "Por que estais perturbados, e por que essas dúvidas nos vossos corações? Vede minhas mãos e meus pés, sou eu mesmo; apalpai e vede: um espírito não tem carne nem ossos, como vedes que tenho". E, dizendo isso, mostrou-lhes as mãos e os pés. Mas eles ainda vacilavam, embora transbordassem de alegria, e Jesus lhes perguntou: "Tendes aqui alguma carne?".

---

186. Cf. R. Thiel, *Jesus Christus und die Wissenschaft*, Berlim, 1938: p. 100f.
187. Na chamada "Ascensão", Jesus evidentemente se retirou da área onde estivera trabalhando e, possivelmente, viajou até a Índia.

Então ofereceram-lhe um pedaço de peixe assado". Ele tomou e comeu à vista deles.

(Lucas, 24:38-43)

Jesus está ávido para demonstrar aos seus seguidores que seu corpo é mesmo de natureza terrena, tal como havia sido anteriormente. Enfatiza sua presença física permitindo que eles o toquem e comendo com eles, e afirma explicitamente que não é um fantasma. Para provar que seu corpo não foi "transformado" de nenhum jeito, ele também mostra as marcas de suas feridas e até pede ao "descrente Tomé" para tocar a ferida lateral com sua mão. Mais tarde, ele se revela aos 11 enquanto estavam sentados à mesa, e critica sua falta de fé e obstinação em não acreditar naqueles que o haviam visto recuperado(!) (Marcos, 16:14). O fato de Jesus estar ali em pessoa não era o resultado de qualquer erro administrativo, de truques ou de ilusão; seu corpo é tão humano quanto o deles; não está transfigurado, tampouco é o de uma projeção astral ou de um espírito – essa é a mensagem que ele tenta que os discípulos aceitem.

"Ressuscitado" ou "Ressurgido"?

Uma comparação do vocabulário do Evangelho de João e dos Evangelhos Sinóticos permite uma reconstrução bem detalhada dos eventos. Na borda, ao redor da depressão central no chão da caverna-tumba, estavam estendidos vários lençóis (*othonia*) feitos de uma peça de linho (*sidon*) não tingida (*kathara*). Sobre esses lençóis, foi estendida outra faixa de linho (Sudário). Uma solução de ervas medicinais, aloés e mirra, foi aplicada no corpo nu de Jesus inconsciente que, depois, foi deitado sobre o lençol. A extremidade do lençol foi dobrada para cobrir o corpo. Assim, o corpo inteiro foi coberto (*entylisso*). A quantidade de substâncias aromáticas no lençol (cerca de 45 quilos!) tornou a gigantesca bandagem tão espessa que o corpo ficou firme e completamente envolvido (*eneiles*), como em uma manta pesada.

Se agora lermos novamente a passagem do Evangelho de João que detalha os eventos acerca da descoberta da tumba vazia (João, 20:1-18), tendo em mente a reconstrução como delineada até aqui, o significado pleno torna-se automaticamente claro.

Primeiro Maria Madalena corre até Simão Pedro e o discípulo favorito de Jesus e, empolgada, conta que alguém havia retirado o corpo de Jesus do sepulcro. O que ela não diz é que, de alguma forma, o corpo havia sido roubado: sua declaração é neutra sobre a questão de como Jesus poderia ter desaparecido do sepulcro. Tampouco nos dizem por que Maria Madalena foi à tumba tão cedo de manhã, quando ainda estava escuro. João não diz que ela queria ungir o corpo, como afirmam os Evangelhos Sinóticos de que esse era o caso com as mulheres descritas. Ao falar com Pedro e João, ela simplesmente diz: "Eles tiraram o Senhor do sepulcro...". É como se as pessoas com quem estivesse falando soubessem quem "eles" eram.

Com base nessa primeira frase, outra reconstrução de eventos é possível e plausível. Durante a noite, quando o pacote de ervas medicinais estava em mãos, José e Nicodemos visitaram alguns dos seguidores de Jesus. Em particular, eles se aproximaram de Maria Madalena, Simão Pedro e João, que podiam ser considerados companheiros íntimos. Eles resumidamente explicaram aos três o papel que eles mesmos desempenharam e que estavam tentando salvar a vida de Jesus, ajudados por amigos essênios. No caso de seus esforços obterem sucesso, seus surpresos ouvintes poderiam ter esperanças de novo. Independentemente do que acontecesse, Jesus teria de ser levado o mais rápido possível do local inseguro onde estava para outro lugar mais garantido, longe dos olhos atentos dos sacerdotes de Jerusalém. Dizer mais seria colocar tudo em risco. Afinal, era bem possível um dos apóstolos ser preso e acabar delatando tudo sob tortura, e traindo seus planos.

Surpresa e não acreditando no que acabara de ouvir, Maria Madalena não pôde se segurar por muito mais tempo. Ela se dirigiu para o sepulcro para ver por si mesma se José contara a verdade. Ali, ela encontra a pedra rolada longe da entrada e, imediatamente, corre de volta para os outros dois para informar o que tinha acontecido. Como José havia dito, "eles" – ele e seus assistentes – tinham removido Jesus da tumba.

Ela logo acrescentou: "e nós não sabemos para onde eles o levaram". Se ela estivesse falando sobre o roubo do túmulo, essa observação adicional não teria feito qualquer sentido. A vítima de um roubo, é óbvio, não espera saber para onde as coisas roubadas foram levadas. É evidente que ela está se referindo aos essênios que, depois de esperarem o máximo que podiam, ainda estavam sob a cobertura da noite, já haviam dado os primeiros passos para levar Jesus embora.

Agora era a vez de os dois discípulos ficarem impressionados e dirigem-se para a tumba correndo. João, o mais jovem, chega primeiro à entrada e olha para dentro com cuidado. Mas o ingênuo Pedro entra diretamente na caverna e olha em volta. Ele nota uma pilha de lençóis amassados e, em separado, cuidadosamente dobrado o lençol de cura que José tinha mencionado. Porém, nesse ponto, João aventura-se a entrar na tumba e, conforme diz o relato, "ele viu e acreditou".

Essa passagem muito interessante é normalmente tomada como base para a doutrina cristã da Ressurreição. A ação de "ver e acreditar" dessa forma – uma ação que ocupa um importante lugar na teologia Joanina –, em geral, é interpretada como conferindo realidade imediata e absoluta para a Ressurreição de Jesus. Ao mesmo tempo, de acordo com o autor do Evangelho, só o discípulo favorito "viu e acreditou"; Pedro simplesmente "viu". O versículo seguinte fornece a solução: "Pois eles ainda não conheciam as Escrituras, de que ele deve ressurgir dos mortos".

É possível alegar que, na época em que o Evangelho de João estava sendo escrito, a doutrina da Ressurreição, conforme formulada por Paulo (principalmente no Capítulo 15 de sua Primeira Carta aos Coríntios), era já comumente aceita pelos primeiros cristãos. Portanto, teria sido natural que o autor do Evangelho, que obteve os seus fatos como (ou de) uma testemunha ocular, estava preocupado em apresentar os acontecimentos de uma forma que fosse teologicamente correta. E, assim, ele perdoa Pedro por não acreditar imediatamente depois de ver o que ele viu, porque, afinal, ele desconhecia o texto bíblico no qual a Ressurreição havia sido prevista.

Todavia, devemos lembrar que os escritos de João estão, na maior parte, em dois níveis diferentes: um óbvio e outro críptico. Nesse caso, então, ele não está realmente falando sobre a morte e ressurreição, mas a respeito do resgate de Jesus. Portanto, vamos dar uma olhada brevemente naquela passagem escritural que os discípulos desconhecem.

Não é fácil identificar. A maioria das autoridades escriturais concorda que, de acordo com Atos, 2:25-28, deve ser o Salmo, 16:8-11. Esses versículos do Salmo rezam:

> Sempre tenho o Senhor diante de mim. Com ele à minha direita, não serei abalado.
> Por isso meu coração se alegra e no íntimo exulto; mesmo meu corpo repousará tranquilo, porque tu não me abandonarás no sepulcro, nem permitirás que o teu santo sofra decomposição.
> Tu me farás conhecer a vereda da vida, a alegria plena da tua presença, à tua direita há prazeres para sempre.

É essa a Ressurreição prometida, conforme elucidada pela autoridade escritural? Por mais que se tente, é impossível discernir aqui qualquer menção à Ressurreição. Pelo contrário, a precondição para a Ressurreição, como enfatiza Paulo, é a morte. É possível usar o adjetivo "ressuscitado" somente para descrever uma pessoa que já morreu. É nessa base que o cristão reza no Credo, Jesus morreu e, então, "ressuscitou dos mortos". Mas o Salmo fala mais de salvar da morte. Pedro interpreta mal ao referir-se a ele enquanto explica o segredo do Pentecoste como a promessa de ressurreição (Atos, 2:25-28). Talvez isso tenha relação com sua descrença quando viu os lençóis de linho na tumba, porque ele permaneceu leal à tradição mística da Ressurreição. Considerando os fatos como eles são, o "ver e acreditar" do discípulo favorito só pode ser compreendido como sendo sua crença no que José de Arimateia lhes disse. O discípulo favorito viu que ninguém estava sepultado na tumba, e os lençóis separados confirmaram para ele a afirmação de que Jesus ainda estava vivo. Ele então não acreditou na Ressurreição, mas no resgate de Jesus! Essa é a chave para essa passagem da Bíblia.

É possível que a noção de Ressurreição, na Bíblia, derive de uma tradição consciente desses esforços para curar Jesus. O trabalho fascinante do linguista e teólogo Günter Schwarz revelou uma visão nova e interessante sobre o assunto. Os termos "levantar" e "voltar à vida" encontrados nas traduções da Bíblia, no aramaico original, derivam, como o dr. Schwarz prova, de uma raiz verbal que significa "ressuscitar"![188]

Schwarz explica:

> A evidência linguística é conclusiva: não "ressurreição", mas "ressuscitação" é o único significado possível para ambas as palavras aramaicas, uma das quais Jesus deve ter usado. Refiro-me aos termos sinônimos *achajuta* e *techijjuta*. As duas palavras derivam do verbo *chaja*, "viver", e, consequentemente, significam – repito – "ressuscitação", e nada mais.[189]

Essa descoberta é sensacional e, ao mesmo tempo, empresta um significado aos textos bíblicos, o que está em perfeita concordância com nossa análise, até aqui. Até a palavra no Novo Testamento grego não corresponde, no significado de sua raiz, nem ao conceito original aramaico nem ao significado de "ressurreição" como é definido no uso cristão: *anhistemi* significa "despertar", "acordar" (transitivo) e "levantar" (intransitivo); *anastasis* significa "elevar-se". Apenas pela interpretação cristã posterior, a palavra *anhistemi* é usada para significar "surgir dos mortos" (transitivo) e "ressuscitar dos mortos" (intransitivo), e *anastasis* "ressurreição".[190]

À luz do que sabemos agora, vamos analisar de novo as passagens em Marcos e Lucas nas quais é contado às mulheres na tumba o desaparecimento de Jesus pelos homens vestidos de branco. Marcos escreve: "Ele lhes falou: 'Não tenhais medo. Buscai Jesus de Nazaré, que foi crucificado. Ele ressuscitou, já não está aqui. Eis o lugar onde o depositaram'". (Marcos, 16:6 comparável com Mateus, 28:6, embora ali os

---

188. G. Schwarz, "Anhistemi" und "anastasis" em den Evangelien, em *Biblische Notizen, Beiträge zur exegetischen Diskussion*, 10, 1979, p. 35-40.

189. G. Schwarz, *Tod, Auferstehung, Gericht und ewiges Leben nach den ersten drei Evangelien*, Via Mundi x, 55, 1988.

190. Cf. G. Schwarz, *Wenn die Worte nicht stimmen: Dreissig entstellte Evangelientexte wiederhergestellt*, Munique, 1990, p. 56ff. Como a tradição obviamente confundiu "ressuscitação" com "ressurreição", não é possível definir o significado exato dos textos bíblicos.

acontecimentos sejam colocados em um cenário um pouco dramatizado, envolvendo um anjo que realiza magia teatral, um terremoto e guardas da tumba petrificados.) A pergunta seca dos homens trajados de branco, em Lucas, indagando "por que buscam uma pessoa viva entre os mortos?" (24:5), é bem clara. Jesus vive, é resgatado, ele não tem nada mais a ver com o sepulcro, os vivos andam entre os vivos. Ele tinha ido na frente para a Galileia, onde os seus seguidores poderiam vê-lo novamente.

Nós já vimos como Jesus tinha grande dificuldade para convencer os discípulos de sua presença na carne. Há dois motivos para isso: primeiro, a maioria dos discípulos não tinha sido avisada sobre a tentativa de ressuscitação e, portanto, estava convencida de que olhava para um cadáver reanimado ou um espírito. E, segundo, a suposta morte de Jesus por crucificação marca o ponto a partir do qual a história termina e a teologia cristã (a doutrina da Ressurreição) começa. A vida de Jesus como indivíduo humano chega ao fim, nesse ponto, quando então é substituída, dando início à história do Cristo – a realidade miticamente glorificada.

Depois da Crucificação

Paulo encontra Jesus em Damasco

Depois de recuperar-se da provação de sua crucificação, Jesus saiu de cena e escondeu-se. Ele não podia mais ensinar em público, pois seus perseguidores logo o reconheceriam e não o deixariam escapar uma segunda vez. Ele teve de se afastar imediatamente da ameaça representada por seus inimigos: "Ele os levou para Betânia e, erguendo as mãos, os abençoou. Enquanto os abençoava, separou-se deles e foi arrebatado ao céu. Depois de o terem cultuado, voltaram para Jerusalém com grande júbilo" (Lucas, 24:50-52).

    Para imaginar a cena da despedida, a melhor forma é reconstruir os acontecimentos no próprio lugar onde ocorreram. Saindo de Jerusalém, o caminho para Betânia sobe íngreme pelas trilhas mais ao sul da cadeia de montanhas, que inclui o Monte das Oliveiras até o "Pico da Ascensão". Uma pessoa que chega ao topo e desce pelo outro lado é logo perdida de vista.

    Mas existe uma testemunha ocular que testemunha que Jesus não desapareceu de uma vez por todas, uma pessoa cujo testemunho não pode ser descartado como uma invenção, pois se trata de Paulo. Embora não estivesse presente como testemunha nos fatos depois da crucificação, ele se encontrou com Jesus algum tempo depois da "Ascensão" – um encontro que mudaria toda a sua vida.

Paulus (Saulus) tinha sido um dos mais fanáticos oponentes do movimento da Nova Aliança. Ele podia até ter ouvido rumores do fato de que Jesus, embora dado como morto, continuava sua atividade às escondidas. "Enquanto isso, Saulo, ainda fazendo ameaças e matança contra os discípulos do Senhor, apresentou-se ao alto sacerdote e pediu-lhe cartas para as sinagogas de Damasco, para que, se ele os encontrasse em seu caminho, fossem homens ou mulheres, os prendesse e levasse a Jerusalém" (Atos dos Apóstolos, 9:1-2).

Depois de intensa pesquisa, o psiquiatra Wilhelm Lange-Eichbaum[191] foi capaz de fazer uma descrição detalhada da personalidade de Paulo em sua bem conhecida obra *Genius, Madness and Fame*. Paulo era frágil, despretensioso e de estatura um pouco baixa, mas, ao mesmo tempo, seu temperamento era austero, ascético, impetuoso e impulsivo. O zelo que ele demonstra na perseguição aos cristãos compensava seus próprios sentimentos de inadequação.

A característica mais atraente do Paulinismo é sua noção de redenção e libertação das tensões internas (particularmente as necessidades sexuais e o medo da morte). Paulo tinha uma enorme energia e um ego correspondente. Ele sofria duramente de crises de ausência e de variações de humor e culpava os demônios por elas. Comentadores recentes mostraram que a causa do que ele frequentemente descrevia como um "espinho na carne" (2 Coríntios, 12:17. Cf. Gálatas, 6:17), não era epilepsia, como foi sugerido, mas provavelmente (e tragicamente) era sua própria homossexualidade. O problema provocava nele uma forte aversão ao sexo e à própria sexualidade, uma disposição fundamental para seu desenvolvimento de uma doutrina ascética de casamento, que se tornou central para as noções de mulheres e de sexualidade que dominaram as atitudes cristãs a partir de então até hoje. Jesus, por outro lado, tinha uma atitude aberta, quase "moderna", para com as mulheres. Em contraste com a visão misógina da sociedade contemporânea, ele tinha discípulas mulheres às quais ensinava da mesma forma que aos homens. A tradição apócrifa diz que Maria Madalena era especialmente próxima a ele, e uma das mais íntimas e a mais fiel entre seus seguidores. Os quatro Evangelhos da Bíblia também afirmam que ela foi a primeira pessoa a ver Jesus depois da crucificação. Porém, Paulo fornece

---

191. W. Lange-Eichbaum, *Genie, Irrsinn und Ruhm*, Munique, 6ª edição, 1967, p. 496ff.

sua própria lista das pessoas que viram o Cristo ressuscitado: a lista não inclui Maria Madalena, mas apenas homens.

A incrível experiência pela qual Paulo passou perto de Damasco não foi uma simples visão (nem mesmo uma alucinação causada por um ataque epilético, como sugerido muitas vezes):

> Durante a viagem, estando já perto de Damasco, subitamente o cercou uma luz resplandecente vinda do céu.
> Caindo por terra, ouviu uma voz que lhe dizia: "Saulo, Saulo, por que me persegues?".
> Saulo disse: "Quem és, Senhor?". Respondeu ele: "Eu sou Jesus, a quem tu persegues. Duro te é recalcitrar contra o aguilhão".
> Então, trêmulo e atônito, Saulo disse: "Senhor, que queres que eu faça?". E o senhor lhe respondeu:
> "Levanta-te, entra na cidade. Aí te será dito o que deves fazer".
> (Atos dos Apóstolos, 9:3-6)

Agora, Damasco ficava no centro da Síria onde os judeus haviam sido odiados desde o levante dos Macabeus (165 a.C.) e onde o centro espiritual da Ordem Essênia coincidia de estar, à época. Talvez Saulo tenha participado de um ritual de iniciação e ficou "cego" durante três dias (Atos, 9:8-9) pela bebida Soma.

Sosiano Hiérocles era um oficial romano importante; governador da Fenícia, Líbano, Bitínia e Egito, ele também era, à época, considerado um dos perseguidores mais brutais das primeiras comunidades cristãs. Em seu livro *To the Christians,* ele escreve: "Depois de fugir [!] dos judeus, Cristo reuniu 900 homens, todos ladrões".[192] Já mencionamos em algum lugar a que tipo de pessoas termos como "bandidos" e "ladrões" eram, em geral, aplicados por parte de indivíduos que falavam o latim. É bem possível que a comunidade essênia em Damasco tivesse 900 membros.

Paulo foi batizado e introduzido nos ensinamentos por Ananias, um seguidor de Jesus que vivia em Damasco. De acordo com Atos 9, o próprio Jesus pediu que Ananias visitasse Saulo, mas no início ele foi bem relutante por conhecer sua fama de perseguidor.

---

192. Lactantius, *Institutiones* 5:3.

Jesus descartou essa objeção com as palavras: "Vai, porque este homem é para mim um instrumento escolhido, que levará meu nome para os gentios, os reis e os filhos de Israel. Eu te mostrarei quanto ele terá de padecer pelo meu nome" (Atos dos Apóstolos, 9:15-16).

Dali por diante Paulo se tornaria o mais fanático proclamador da nova fé. Ele sentiu o fascínio da personalidade de Jesus e reconheceu imediatamente o mais amplo significado da tarefa que o Nazareno lhe havia confiado. Com um zelo ainda maior do que o desempenhado em sua perseguição a Jesus e a seus seguidores, Paulo assumiu a tarefa de disseminar sua própria interpretação do novo ensinamento. O encontro entre Jesus e Paulo em Damasco aconteceu cerca de dois anos depois da crucificação. A 300 quilômetros ao norte de Jerusalém, Jesus dever ter se sentido relativamente a salvo do alcance de seus inimigos na comunidade essênia.

A jornada para o Paraíso

Desde que uma comunidade religiosa aceitasse o culto do estado romano, Roma tolerava o exercício de outras práticas religiosas. Mas os judeus tinham privilégios especiais e eram isentos da obrigação de participar do culto do Estado. A primeira expansão da Nova Aliança ocorreu sob a proteção dos regulamentos de isenção judaica. Porém, quando se tornou claro para os romanos que os seguidores de Jesus tinham pouca ligação com o Judaísmo e, além disso, estavam entre os agitadores políticos, os cristãos (como ficaram conhecidos coletivamente) perderam os seus direitos à tolerância e a hostilidade foi então abertamente manifestada. No início, as comunidades cristãs foram perseguidas pelo Sistema do Estado Romano só na região, acusadas de serem perturbadoras da paz. Uma perseguição geral controlada pelo estado só começou na segunda metade do século III.

Logo depois da crucificação, a animosidade dos judeus em Jerusalém forçou os primeiros cristãos a expandir sua missão universal para se dirigirem ao território mais amplo do Império Romano.

Em Damasco, na época, Jesus pôde desfrutar do benefício da proteção da comunidade essênia. A cerca de cinco quilômetros de Damasco, há um lugar que ainda é chamado de Mayuam-i-Isa, "o lugar onde Jesus viveu". O historiador persa Mir Kawand cita diversas fontes que afirmam que Jesus viveu e ensinou nesse lugar depois da crucificação.

Os seguidores do "novo ensinamento" continuaram crescendo em número, mas não por causa dos esforços pessoais de Jesus. Contudo, rumores sobre a presença de Jesus em Damasco – rumores que Paulo tivera a incumbência de verificar – teriam se tornado cada vez mais substanciais e, aos poucos, deve ter ficado mais e mais perigoso para o Nazareno continar vivendo na província romana da Síria.

Tradições persas contam como, quando Jesus estava em Damasco, ele recebeu uma carta do rei de Nísibis, na Ásia Menor, em que o rei pedia a Jesus para ir curá-lo de certa doença. Jesus, então, enviou seu discípulo Tomé à frente, com a mensagem de que ele mesmo iria em seguida. E, pouco depois, ele viajou para Nísibis com sua mãe Maria. No *Jami-ut-Tawarik,* o erudito persa Fakir Muhammad conta que o rei já havia sido curado por Tomé antes de Jesus chegar a Nisibis com seu grupo. Imam Abu Jafar Muhammad escreveu em sua famosa obra *Tafsir-Ibn-ki-Jarir at-Tabri* que a estada de Jesus em Nísibis veio a representar um grande perigo para o Nazareno e que ele apareceu em público arriscando sua vida.[193]

As ruínas do palácio real em Nísibis, hoje Nusaybin. A fronteira entre a Síria e a Turquia passa pelo sítio das escavações.

---

193. Vol. 3, p. 197ff.

De Nísibis, Jesus foi primeiro para noroeste. Em todo caso, o apócrifo Atos de Tomé conta que Jesus visitou a corte do rei de Andrapa, onde ele apareceu de repente durante as festividades do casamento da princesa. Andrápolis ficava na Paflagônia (hoje Iskilip, no extremo norte da Anatólia) e havia pertencido à província romana de Galáctia desde o ano 7 a.C. As festividades do casamento na corte real foram o cenário de uma reunião para o apóstolo Tomé e seu mestre, pois, ao que parece, eles tinham viajado separadamente.

Jesus designou Tomé para ir à Índia.

Mas ele não quis ir para lá dizendo não poder viajar em virtude da fraqueza da carne. "Como posso eu, um judeu, viajar e pregar a verdade para o povo da Índia?" E, enquanto refletia sobre o que tinha dito, o Senhor apareceu-lhe à noite e disse-lhe: "Não tenha medo, Tomé. Vá para a Índia e pregue a palavra lá, pois minha Graça está com você". Mas ele não quis obedecer e disse: "Mande-me para qualquer lugar que você queira, mas em outro lugar qualquer! Pois não irei à Índia". (*Actae Thomae*, I).[194]

As ruínas do palácio real em Andrapa, hoje Iskilip, na Turquia.

---

194. Henneckc-Schneemel cher, *Neutestamentliche Apokryphen*, vol. II, p. 299ff.

De acordo com o Atos de Tomé, então, Jesus vendeu o relutante Tomé como escravo para o mercador indiano Abban, que fôra encarregado pelo rei Gundafor (Gondafares) de procurar-lhe um carpinteiro. (Descobertas de moedas antigas confirmam que o rei indo-partiano Gundafor estava de fato no trono durante o primeiro século.) Jesus assinou um contrato com Abban e "negociou o valor de três libras de prata não cunhada". Essa história incomum presumidamente indica que a viagem de Tomé para a Índia foi paga por Jesus e que, dessa forma, Jesus se assegurava de que Tomé chegasse ao seu destino.

Tal como o Evangelho apócrifo de Tomé, os Atos de Tomé são de origem síria e podem ser rastreados na tradição até a atividade missionária do próprio Tomé em Edessa. A tradição também considera que durante o século IV, muito depois da morte do apóstolo, perto de Madras, no sul da Índia, seus restos mortais foram levados de volta para Edessa. Os Atos de Tomé e o Evangelho de Tomé estão intimamente relacionados. Ambos são obras esotéricas dos gnósticas escritas em aramaico sírio (siríaco) e usados no início de século III pelos últimos maniqueístas gnósticos (Mani nasceu em 217). Um "Evangelho de Tomé" foi mencionado e citado, pela primeira vez, por Hipólito (Ref. V 7,20) em seu relato sobre os "Naassenos", por volta de 230 d.C.

O nome do apóstolo Dídimo Judas Tomé significa "Judas, o Gêmeo" (grego *didymus*, aramaico *toma*, os dois significam "gêmeo") e pode muito bem indicar um relacionamento bem próximo com Jesus. Em textos cópticos, pode se trocar a palavra "gêmeo" por (e, portanto, são sinônimos) "amigo e companheiro". Os Atos de Tomé dizem que Tomé teve o privilégio de saber dos segredos mais profundos de Jesus. No Capítulo 39, o apóstolo é chamado por seu título especial, "Gêmeo de Cristo, apóstolo do Altíssimo e iniciado, participante do conhecimento da palavra oculta de Cristo, 'tu que recebeste os seus pronunciamentos secretos'"; e, em outra versão, "você que recebeu a Palavra secreta do Doador de Vida e que recebeu os Mistérios ocultos do Filho de Deus".[195] Assim, Tomé é o guardião (o significado raiz de "Nazareno") das palavras secretas de Jesus reveladas unicamente a ele.

---

195. Cf. *Neutestamentliche Apokryphen*, vol. I, p. 199ff.

No Evangelho de Tomé (nos textos gnósticos coptas de Nag Hammadi) há a seguinte passagem:

> Jesus disse a seus discípulos: "Quero que vocês me comparem com alguém e me digam com quem me pareço". Simão Pedro lhe disse: "Você é como o mensageiro justo"; e Mateus disse: "Você é como um homem que é um filósofo sábio"; e Tomé disse: "Mestre, minha boca é totalmente incapaz de dizer com quem Você é parecido". Jesus disse: "Eu não sou seu mestre. Como vocês beberam, ficaram intoxicados pela fonte borbulhante que eu lhes dei". E ele o chamou e afastou-se um pouco do grupo, e lhe disse três palavras. Quando Tomé voltou junto aos seus companheiros, eles perguntaram o que lhe havia dito. E ele respondeu: "Se eu contar a vocês uma das palavras que ele me disse, vocês começarão a me apedrejar e um fogo sairá das pedras e queimará todos vocês".
>
> (Logion, 13)[196]

Evidentemente, Tomé penetrou nas dimensões mais profundas do conhecimento e agora parecia até igualar-se a Cristo.

Conversas entre os apóstolos têm um grande papel nos Atos de Tomé. Há muitas descrições de rituais de iniciação que incluem elementos sacramentais. O recém-convertido era "confirmado" pela unção com óleo e pela participação da Eucaristia. Só era consumido pão nessa Missa ou Eucaristia (ou Santa Comunhão), pois o cálice costumava conter apenas água. Na segunda parte dos Atos de Tomé, o rei indiano Misdai diz que óleo, água e pão eram elementos da "magia" dos apóstolos. O iniciado era chamado de servente ou empregado de Deus, dizia-se de ele participar do Poder de Deus e, dali por diante, era considerado um membro do rebanho. Tornar-se "servente" ou "empregado" "no Poder de Deus" explica como Tomé pôde ser "vendido como escravo" para alguém chamado Abban (*Abba*, "Pai").

A elevação de Irmão Comum da ordem essênia para Nazareno, ordem superior, era confirmada pela unção da cabeça com óleo consagrado e, depois, a unção no corpo nu do iniciado.

---

196. *Neutestamentliche Apokryphen*, vol. I, p. 206ff.

Os nazarenos deviam ser muito parecidos. Todos vestiam túnicas brancas iguais e usavam cabelo e barba no mesmo estilo. Portanto, é possível que o termo "gêmeo", quando aplicado a Tomé, fosse simples alusão à semelhança na aparência externa entre os dois homens. Relatos de erro de identidade nos *Atos de Tomé* parecem uma comédia de erros, embora Tomé fosse dez anos mais jovem do que Jesus.

Na noite de seu casamento, o rei de Andrapa levou o apóstolo Tomé até o quarto nupcial para que convertesse os recém-casados. Depois de Tomé rezar com o casal, todos se retiraram do quarto.

> Mas depois que todos saíram e as portas foram fechadas, o noivo levantou a cortina do quarto nupcial para chamar sua noiva. E ele viu o Senhor Jesus falando com a noiva, parecendo Judas Tomé, que tinha acabado de abençoá-los e saíra pela porta. O noivo disse a Jesus: "Mas você não acabou de sair do quarto? Como você conseguiu entrar de novo?". E o Senhor respondeu: "Eu não sou Judas Tomé, eu sou o irmão dele". E o Senhor sentou-se sobre a cama pedindo que se sentassem no sofá e continuou dizendo: "Lembrem-se, meus filhos, o que meu irmão lhes disse e para quem ele os recomendou...".
>
> (*Actae Thomae, 11-12*).[197]

O capítulo anterior (Capítulo 8) descreve o encontro entre Tomé e uma mulher hebreia que tocava flauta durante as festividades do casamento. Desde a queda do reino de Israel (722 a.C.), provavelmente, existiam comunidades israelitas espalhadas pelo Oriente Médio. É possível que, enquanto viajava sempre em direção a leste, Jesus sempre foi capaz de encontrar uma boa recepção entre os Filhos de Israel exilados ou, no mínimo, com simpatizantes dos israelitas. Em Pártia (hoje Iraque e Irã) havia colônias israelitas importantes, de acordo com o Livro de Ester. Mais tarde, as comunidades israelitas formaram uma aliança para opor uma forte resistência à invasão do imperador Trajano, por volta de 115 d.C.

---

197. *Neutestamentliche Apokryphen*, vol. II, p. 303.

Muitos nomes de lugares ao longo da Rota da Seda sugerem uma conexão com Jesus ou Maria, especialmente em postos de parada. Perto de Éfeso, na costa oeste do que hoje é a Turquia, por exemplo, existe uma "Casa de Maria". Talvez Jesus e sua mãe tenham passado um tempo nesse lugar antes de continuar a viagem para o leste.

Uma série de documentos históricos refere-se à passagem de Jesus pela Pérsia. O nome e título de Jesus variam de país para país e são sempre adaptados de linguagem para linguagem, conforme as condições e tradições locais. Em lugares onde Jesus permaneceu mais tempo, nomes locais têm mais possibilidades de terem sido preservados ao longo dos anos. Afinal, parece que mais de 16 anos se passaram depois da Crucificação de Jesus, antes de ele chegar à Caxemira com os seus seguidores.

Em Pártia, Jesus foi evidentemente conhecido pelo nome de Yuz Asaf. O significado do nome consta do *Farhang-i-Asafia*, uma obra antiga que reconta a história da Pérsia, que relata que Jesus (*Hazrat Issa*[198]) curou alguns leprosos, os quais, dali por diante, passaram a ser chamados de *Asaf* – (os purificados) –, tendo sido tratados de seus males. *Yuz* significa "líder", portanto Yuz Asaf pode ser interpretado como "líder dos curados", um título comum para Jesus e, provavelmente, fazendo alusão à sua missão de limpar os "espíritos impuros" e conduzir todos de volta para a fé verdadeira. É possível que Jesus fosse capaz de se movimentar com maior segurança e despistar seus perseguidores com mais facilidade assumindo um novo nome – afinal, os sacerdotes persas não deviam ter esquecido da sua visita anterior ao seu país.

De acordo com as tradições, o profeta entrou no território pelo oeste. Suas palavras e ensinamentos, não diferentes dos de Jesus Cristo em conteúdo, também dizem que ele residiu em Mashag onde visitou a tumba de Shem, o filho de Noé (*Jami-ut-Tawarik*, vol. II). Diversos manuscritos que dizem como Yuz Asaf pregou em toda a Pérsia (Irã moderno) e converteu um grande número de pessoas foram preservados. Detalhes de seus ensinamentos (tal como indica o *Ahwali-Ahaliau-i-Paras*, de Aga Mustafai) confirmam repetidamente que Yuz Asaf e Jesus eram um e o mesmo homem.

---

198. "Jesus Reverenciado" em árabe.

O poeta oficial na corte de Akbar, o imperador mogol da Índia, chamou Jesus de *Ai Ki Nam-i-to Yus o Kristo,* ou "Vós, cujo nome é Yuz ou Cristo". Apesar de o título grego *Christos* ter assumido várias formas derivativas que ficaram consagradas em várias línguas do Ocidente, no Oriente o nome Yuz Asaf foi preservado no decorrer dos séculos.

Nomes de lugares que, aparentemente, comemoram a presença e a atividade de Jesus também são encontrados no Afeganistão e no Paquistão modernos. Por exemplo, existem duas planícies que têm o nome do profeta Yuz Asaf, no leste do Afeganistão, perto das cidades Gazni e Jalalabad, cuja tradição afirma que uma vez Jesus esteve lá.

Depois, há a presença de Jesus e de Tomé em Taxila (hoje no Paquistão), na corte do rei Gundafor durante o 26º ano de seu reinado (47 d.C.), conforme registrado nos Atos de Tomé. O rei pede a Tomé que construa um palácio magnífico, mas o apóstolo, em vez da construção, distribuiu o dinheiro entre os necessitados. Tomé agradece a Jesus pela oportunidade de prestar serviço:

> "Eu lhe agradeço, Senhor, de todas as formas que eu posso, você que morreu por um curto período de tempo [!], que eu possa viver eternamente em Você; e pelo fato de me vender, para libertar muitos outros por meu intermédio". E ele nunca parou de ensinar e aliviar os perturbados, dizendo: "O Senhor lhe dá isso e assegura que todos recebam alimento. Pois ele é o provedor dos órfãos e das viúvas, e oferece o dom da tranquilidade e da paz a todos aqueles que estão perturbados".
>
> (*Actae Thomae,* 19)[199]

Por fim, o próprio rei foi convertido; para marcar o evento, recebendo um "palácio no céu!"! Tomé iniciou Gundafor e seu irmão Gad, "confirmou" os dois pelo batismo com água, ungindo-os com óleo e celebrando a Eucaristia. Assim, ele os conduziu como ovelhas no rebanho do Senhor. "Pois ouvimos dizer que o Deus que vocês cultuam reconhece suas ovelhas pelo seu selo." Na conclusão do ritual da

---

199. *Neutestamentliche Apokryphen,* vol. II, p. 316.

iniciação, o próprio Jesus apareceu e disse: "A paz esteja com vocês, Irmãos" (*Actae Thomae*, 27).[200]

E o texto continua, "E [Tomé]... tomou pão, óleo, vegetais e sal, abençoou-os e os distribuiu para a congregação. Ele mesmo continuou seu jejum, pois o Dia do Senhor estava raiando".

Aparentemente, Jesus não residia o tempo todo na corte do rei, embora voltasse para lá regularmente. De qualquer forma, na noite seguinte ele visitou de novo Tomé, que o esperava, e lhe disse:

> Tomé, acorde cedo, abençoe a todos e, depois da oração e veneração, siga o caminho a leste por duas milhas e ali lhe mostrarei a minha glória. Pelo trabalho que você está para começar, muitos buscarão refúgio em mim, e você triunfará sobre o mundo e sobre o poder do inimigo.
>
> (*Actae Thomae*, 29)[201]

No local descrito por Jesus, o apóstolo encontrou um menino que parecia estar morto. Ele o trouxe de volta à vida, na presença de alguns espectadores. O jovem, que é descrito como "bonito", disse a Tomé que ele tinha visto Jesus: "Pois vi esse homem, em pé ao seu lado, e ouvi o que ele disse a você: 'Eu hei de realizar muitos milagres por seu intermédio e há grandes obras que realizarei por meio de você...'".[202]

A pista seguinte para a estrada percorrida por Jesus a caminho do Oriente está localizada em uma pequena cidade chamada Mari, 70 quilômetros a leste de Taxila. Nessa estância serrana em local idílico (antes chamada Murree, nos mapas ingleses), na fronteira com a Caxemira, uma tumba tem sido preservada e honrada desde há muito tempo, do qual ninguém se lembra, cujo nome é Mai Mari da Asthan, "O Lugar do Repouso Final da Mãe Maria".

Quando Jesus chegou ali com seu grupo, sua mãe devia estar com mais de 70 anos e, sem dúvida, cansada depois da longa viagem. Como não há evidência de uma tumba de Maria em nenhum outro lugar, é

---

200. *Neutestamentliche Apokryphen*, vol. II, p. 319.
201. *Neutestamentliche Apokryphen*, vol. II, p. 320
202. *Neutestamentliche Apokryphen*, vol. II, p. 322.

possível que Maria tenha sido enterrada nesse local. Com certeza, Jesus não teria seguido viagem sem ela, deixando-a para trás totalmente desprotegida e à mercê de seus inimigos.

Como muitos túmulos na região da Caxemira, esse está alinhado em uma orientação leste-oeste, enquanto, em áreas de cultura islâmica, as tumbas estão sempre orientadas no sentido norte-sul. A tumba de Maria está situada no Pindi Point, uma montanha fora da pequena cidade, e é reverenciada pela população islâmica como a tumba da mãe de Jesus. (Pela tradição muçulmana, Jesus ou Issa é reverenciado como um dos maiores profetas.) Hoje o local pertence a uma zona de exclusão militar em virtude de sua proximidade da linha de cessar-fogo.

A área ao redor de Mari era hindu na época de Cristo. Mas os hindus normalmente cremam seus mortos e espalham as cinzas; somente monges (*sadhus*) e santos são enterrados. Como o túmulo data da época pré-islâmica (portanto, hindu), a pessoa ali enterrada deve ter sido considerada uma pessoa santa.

Quando as hordas islâmicas invadiram e seguiram para o norte da Índia, no século VIII, e parte da população nativa foi convertida, os conquistadores destruíram muitos dos lugares de veneração dos "infiéis". Contudo, o santuário na tumba de Maria foi deixado intacto, provavelmente porque os muçulmanos foram capazes de reconhecer a posição especial da tumba, o que indicava que o santuário era de uma pessoa dos "Povos do Livro" – cristãos ou judeus –, povos que eles respeitavam.

Em 1898, o exército britânico construiu uma torre de vigia bem próxima ao monumento, mas isso não impediu que inúmeros peregrinos visitassem o santuário sagrado. Depois, em 1917, foi expedida uma ordem por um capitão Richardson para derrubar a tumba, para manter os peregrinos longe da zona militar. Fortes gritos de protesto da população fizeram com que os oficiais locais interviessem e a destruição do santuário foi parada antes de ser concluída. A luta pela tumba de Maria está toda registrada nos arquivos da administração local, arquivados com a data de 30 de julho de 1917. A tumba foi restaurada em 1950 e logo depois a torre de vigia foi removida. Hoje a tumba está "decorada" com o mastro de um transmissor de televisão.

Uma estrada asfaltada vai de Mari, ao longo de um cenário montanhoso arborizado, a Srinagar, a capital da Caxemira, a 170 quilômetros de distância; cerca de 40 quilômetros ao sul de Srinagar, entre os vilarejos de Naugam e Nilmag, em um amplo vale aberto, encontra-se o Yus-Marg, o "Prado de Jesus", local onde Jesus pregava – assim dizia a tradição das tribos de pastores conhecidas como o Bani-Israel, os "Filhos de Israel", que, dizem, se instalaram na área desde o ano 722 a.C.

Os Atos de Tomé continuam contando como o apóstolo Tomé viveu durante um período como um missionário na corte do rei indiano Misdai, ao sul da Índia, onde ele, de novo, conseguiu muitos seguidores e converteu um grande número de pessoas. No fim, ele caiu em desfavor do monarca e enfrentou o destino de um mártir. Quando Marco Polo voltou para a Europa, em 1285, depois de uma permanência de 25 anos no Extremo Oriente, ele trouxe informações sobre as massas de cristãos vivendo na costa do sul da Índia, os quais veneravam a tumba do apóstolo Tomé e usavam uma terra tingida com o sangue do mártir para realizar curas de fé.

A Tumba de Maria, mãe de Jesus, em Mari, Paquistão.

DEPOIS DA CRUCIFICAÇÃO

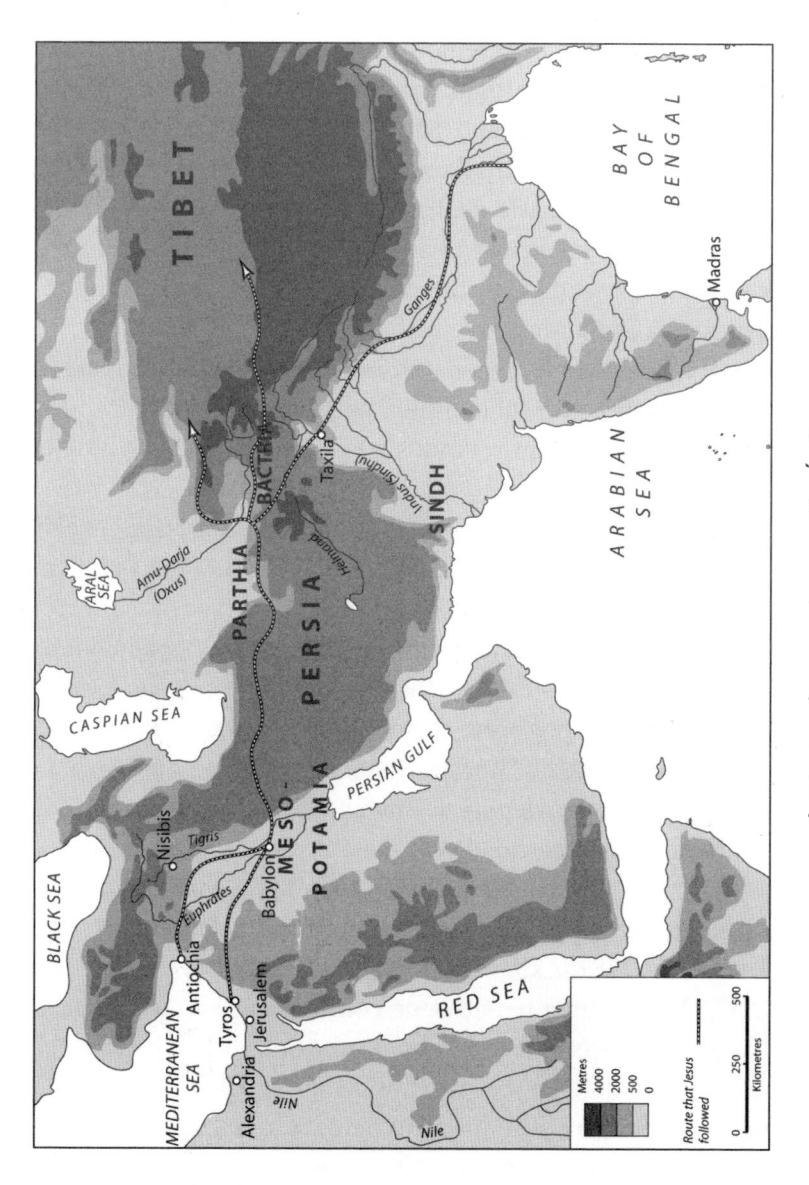

A rota que Jesus percorreu até a Índia.

O famoso viajante veneziano encontrou também cristãos na costa de Malabar, do lado oeste do sul da Índia (hoje Kerala), que se denominavam "cristãos de Tomé". Sua forma de Cristianismo "poderia ser rastreada até um período bem remoto", segundo anotou Marco Polo.

Mas existem documentos anteriores que demonstram a presença de cristãos na Índia.[203] Tertuliano lista a Índia entre os territórios "regidos" pelo Cristianismo. Efraim da Síria, (cerca de 306-373 d.C.) conta sobre a atividade missionária de Tomé na Índia, e Anórbio (cerca de 305 d.C.) também menciona a Índia entre os países cristãos. E um dos dignitários participante do Concílio de Niceia tinha o título de bispo de toda a Pérsia e da Índia Maior.

A tumba do apóstolo Tomé é reverenciada pelos cristãos até hoje na cidade de Mylapore no sul da Índia, perto de Madras, apesar de dizerem que seus ossos foram retirados e levados para Edessa há muito tempo, no início do século IV.

Em 1900, em um jornal inglês foi publicado um pequeno artigo que atraiu a atenção de todo mundo teológico. A notícia dizia que, entre as ruínas da cidade indiana de Fatehpur Sikri (não longe de Agra, a cerca de 175 quilômetros ao sul de Délhi), encontraram gravado em uma parede um provérbio de Jesus totalmente desconhecido no Ocidente cristão. Fatehpur Sikri, por breve período, foi a capital do Império Mogul, na Índia, no reinado do Grande Mogul Akbar (1542-1605), para ser abandonada alguns anos depois de sua construção. O Grande Mogul fez sua entrada triunfal na cidade em maio de 1601 e, para comemorar o evento, fez com que essa inscrição de Jesus fosse gravada no portão principal sul (Buland Darwaza) da mesquita principal da cidade. Quase 20 anos antes, em 1582, Akbar havia apregoado um monoteísmo racional (Din-i-Ilahi) em uma tentativa de combinar as várias religiões da Índia. Ele estudou profundamente o Hinduísmo, o Parsismo e o Jainismo, e aprendeu o que pôde dos Evangelhos cristãos com os jesuítas portugueses que viveram em sua corte. Seu plano era unir a Índia, que, na época, estava dividida entre facções religiosas, em uma religião única, com base nos princípios essenciais de todos os ensinamentos. Akbar

---

203. J. Jeremias, ensaio em *Nachrichten aus der Akad. d. Wiss. Göttingen, I. Phil.-Hist. Kl.*, 1953; p. 95ff.

deve ter selecionado essa inscrição específica de Jesus por ela lhe parecer a melhor formulação possível de suas ideias, senão dificilmente ele teria dado essa ênfase à inscrição de Jesus.

As palavras estão inscritas do lado esquerdo do arco enorme, na saída do recinto da mesquita pelo portão principal, com a referência à ocasião que estava sendo comemorada e a data:

Jesus (que a paz esteja com ele) disse: "O mundo é uma ponte. Atravesse-a, mas não se acomode nela!".

Em outro lugar, acima do arco da ala norte da mesquita (Liwan), está presente a mesma inscrição, mas colocada de outra forma: "Jesus (que a paz esteja com ele) disse: 'O mundo é uma casa repleta de soberba. Ouça meu aviso e não construa nele!'".

O ágrafo gravado em uma parede do palácio do rei Akbar
em Fatehpur Sikri, perto de Agra.

Os missionários portugueses não poderiam ter dito a Akbar sobre esse ágrafo (grego "não escrito": o termo técnico para palavras de Jesus que não constam dos Evangelhos), pois esse dito não pode ser encontrado em qualquer texto cristão. Tampouco estão incluídas na volumosa *Vida de Jesus* que o jesuíta Jerome Xavier escreveu para Akbar. Portanto, é bem possível que o ágrafo derive, de fato, dos primeiros cristãos de Tomé. As palavras iniciais dos ditos, uma frase introdutória que é sempre a mesma, também são encontradas nos escritos islâmicos posteriores de Jesus, que levou muitos orientalistas a inferirem que a expressão chegou à Índia pelo Islã. Mas esse não precisa ser o caso, pois existe concordância evidente entre esses ditos e os bem mais antigos de Jesus no Evangelho de Tomé apócrito, tanto na forma quanto no conteúdo. O Evangelho de Tomé agora está acessível em sua totalidade graças às descobertas sensacionais em Nag Hammadi, em 1945. O "Evangelho" não é uma narrativa coerente como os Evangelhos bíblicos, mas uma coleção de 114 expressões de Jesus (*Logia*), em uma ordem arbitrária. A maioria das *Logia* é iniciada pela mesma fórmula: "Jesus disse...".

O Evangelho de Tomé começa dizendo o que é: "Essas são as palavras secretas que Jesus disse quando estava vivo e que Dídimo Judas Tomé escreveu. E ele (Jesus) disse: "Aquele que vier a compreender essas palavras não experimentará a morte".[204]

Mesmo que não fosse possível provar que o apóstolo Tomé visitou a Índia, existe evidência considerável de atividade missionária por toda a região muito antes da conquista maometana. Dizem que Pantainos de Alexandria havia descoberto o Evangelho de Mateus em aramaico em suas viagens missionárias pela Índia, por volta de 180 d.C.

O jornal *Chronicle de Seert* (seção 8, parágrafo 5) noticia que o bispo Davi de Basra (um contemporâneo do Papa Metropolitano, falecido em 316 d.C.) foi para a Índia e ali pregou com grande sucesso.

Em 335 aproximadamente (como relatado mais tarde por Filostorge, antes de 433 d.C.), o imperador Constantino enviou o bispo Teófilo para a Índia a fim de reformar a liturgia e o ritual de culto da Igreja naquele país.

---

204. Hennecke-Schneemelcher, *Neutestamentliche Apokryphen*, vol. I, p. 199ff.

No fim do século IV, Simeão da Mesopotâmia menciona o martírio de "bárbaros" indianos por sua fé cristã.

Por volta de 490 d.C., o bispo Ma'an da Pérsia enviou seus escritos para a Índia (conforme o jornal *Chronicle of Seert,* II seção 9).

E, por fim, Cosmas Indicopleustes deixou-nos o registro de uma viagem à Índia feita por volta de 525 d.C., com detalhes geográficos precisos. Ele encontrou cristãos na ilha de Sri Lanka e na costa ocidental, em Male, onde é cultivada a pimenta (ou seja, Malabar), e no lugar chamado Kalliana (Kalian, perto de Mumbai), e ele afirma que Kalliana tinha um bispo que esteve na Pérsia.[205]

Apesar de ser evidente que Jesus era conhecido na Índia muito antes da chegada do Islã, os textos a seu respeito no Alcorão são reveladores. O Alcorão diz que Jesus não morreu na cruz, mas sobreviveu à tentativa de execução e, em seguida, viveu em um "vale feliz".

O "verdadeiro" Jesus no Islã

Issa, o nome geralmente usado para Jesus no Islã, deriva do siríaco *Yeshu*. O motivo de os relatos do profeta Issa serem tão comuns no Alcorão, provavelmente, é para corrigir a imagem "distorcida e deturpada nos escritos de seus seguidores". O Islã considera Jesus como o último grande profeta antes de Muhammad. Até dizem que ele profetizou a vinda do "maior de todos os profetas":

> Muitas coisas ainda tenho a dizer-vos, mas não as podeis suportar agora. Porém, quando ele, o Espírito da Verdade, vier, guiar-vos-á para que conheçam toda a verdade, porque ele não falará por si, mas dirá o que ouvir, e anunciar-vos-á as coisas que virão. Ele me glorificará, porque receberá do que é meu, e vo-lo anunciará.
> (João, 16:12-14)

Muhammad considerava-se o prometido "Espírito da Verdade" e, portanto, sentia que sua missão era reinterpretar o ensinamento de

---
205. Cf. J. Jeremias, *Nachrichten*, obra citada, p. 99f.

Jesus e reabilitar o homem depois de sua suposta e vergonhosa morte na cruz. Depois de ser aliviado da humilhação da morte pela crucificação, Jesus foi incorporado na estrutura islâmica como aquele que veio para preparar o caminho de Muhammad. Ao mesmo tempo, "O Messias, o filho de Maria, foi um Mensageiro; outros Mensageiros (como ele) haviam existido antes" (Alcorão, 5,76).

Sobre a missão de Jesus, o Alcorão diz: "Em verdade Nós (ou seja, Deus) demos para Moisés a Escritura Sagrada e enviamos outros mensageiros para o seguirem e Nós demos a Jesus, filho de Maria, sinais visíveis e o fortalecemos com o Espírito Santo" (Alcorão, 2,87).

O Alcorão, claramente, rejeita a afirmação da teologia cristã de que Jesus era homem e Deus:

> Povo do Livro, não transgrida os limites de sua religião e fale somente a verdade sobre Alá. O Messias, Jesus filho de Maria, era apenas um mensageiro de Deus e (a observância de) sua Palavra que Ele enviou a Maria, o dom da Graça d'Ele. Portanto, acreditem em Deus e em seus Mensageiros e não digam: (existem) "Três". Abstenham-se, e será melhor para vocês. A verdade é que Deus é um só Deus. É muito aquém de sua santidade que Ele tivesse um filho!
> (Alcorão, 4, 172)

E em outro lugar:

> ... eles imitam os infiéis do passado. Que Deus os confunda! Como se desviam! Eles veneram os seus rabinos e seus monges em vez de Deus, e o Messias, filho de Maria, quando ainda não lhes foi ordenado servir apenas ao Deus único. Não há mais divindade além d'Ele! Glorificado seja acima dos que eles divinizam em vez d'Ele!
> (Alcorão, 9, 30-31)

O Alcorão claramente afirma que Jesus não morreu na cruz e que os judeus foram enganados:

> Eles negaram a verdade, e disseram uma falsidade monstruosa contra Maria. Eles declararam: "Nós matamos o Messias, Jesus, filho de Maria, o Mensageiro de Deus". E eles nem o mataram,

nem o crucificaram, senão que isso lhes foi simulado. E aqueles que discordam dele tiveram dúvidas sobre sua morte; o que sabiam sobre a morte eram meras conjecturas... em verdade, Deus o elevou à Sua presença. Ele é poderoso e sábio .

(Alcorão, 4, 156-157)

A palavra em árabe para "crucificar" aqui indica, com clareza, "morto por crucificação". Mas essa passagem mostra que, no Alcorão, uma crucificação sem a morte do crucificado não está fora de questão. E, além disso, na época em que o Alcorão foi escrito, os próprios judeus parecem ter ficado em dúvida sobre se Jesus realmente morreu na cruz.

O Alcorão também não evita dar uma resposta para a questão de para onde Jesus foi depois da crucificação: "Fizemos com que o filho de Maria e sua mãe dessem um sinal à humanidade, e os abrigamos na encosta de uma colina tranquila perto de uma fonte de água fresca" (Alcorão, 23, 51). É impressionante como a Caxemira se enquadra perfeitamente nessa descrição. Em outra tradução, o local nas montanhas é até chamado de "vale verde".

De acordo com Mirza Ghulam Ahmad (fundador do movimento de reforma islâmico Ahmadiya, nascido em Qadian, no Punjab, em 1835), o Alcorão confirma a verdade de que Jesus foi salvo da morte na cruz, e com isso de um destino amaldiçoado que seria indigno dele.

Uma ou duas passagens nos Evangelhos parecem também confirmar a sobrevivência de Jesus da Crucificação. Jesus fez uma declaração comparando-se a Jonas que sobreviveu depois de ser engolido por uma baleia e depois reapareceu. Se Jesus estivesse deitado morto em seu sepulcro, não haveria qualquer paralelo a ser levantado entre os dois fatos. "Pois assim como Jonas permaneceu três dias e três noites na barriga da baleia, assim também o Filho do homem passará três dias e três noites no seio da terra" (Mateus, 12:40).

Para a seita Ahmadiya (ainda uma forma popular do atual Islã), a superação do tormento da crucificação de Jesus é o cumprimento de profecias do Velho Testamento. Por exemplo, Isaías, um "verdadeiro servo" de Deus: "foi arrebatado da terra dos vivos: pela transgressão de meu povo ele foi atingido?... Ainda sim, aprouve ao Senhor feri-lo, ele o pôs para sofrer; quando fez de sua alma uma oferenda pelos pecados... ele prolongará seus dias, e a alegria do Senhor prosperará em suas mãos" (Isaías, 53:8, 10). "Cortado da terra dos vivos" e algumas outras referências podem ser interpretadas como morte, embora o Livro do profeta Isaías não mencione, em qualquer lugar, que o prometido servo do Senhor acabasse morrendo.

Até as profecias do Salmo 34 nada dizem sobre a morte de um futuro Messias: "Muitas são as aflições do homem correto, mas o Senhor o livrará de todas elas" (Salmos, 34:19). Portanto, Deus dificilmente teria planejado que Jesus morresse vergonhosamente na cruz. Do ponto de vista árabe tradicional, um homem só é amaldiçoado se ele afastar Deus de seu coração, "tornar-se impuro", e não tiver nenhum amor a Deus. É privado da misericórdia divina para todo o sempre e está esvaziado de todo o conhecimento de Deus; se ele, como Satã, estiver repleto do veneno da falsidade e não for atingido por nenhum raio da luz do amor, e se vier a rejeitar todo relacionamento com Deus e estiver cheio de ressentimento, ódio e inimizade para com Deus, isso fará com que Deus se torne seu inimigo e se afaste dele com desgosto! Mirza Ghulam acreditava que os cristãos nunca foram conscientizados sobre o horror e a vergonha ligados à pena de ser "amaldiçoados na madeira" ou não teriam tornado a morte na cruz um traço tão importante de sua devoção ao virtuoso Jesus.

Alguns especialistas modernos das filosofias orientais são de opinião de que a verdade acerca de Jesus e sobre sobre seus ensinamentos, de certa forma, tem sido mais bem preservada pelo Islamismo do que pelo Cristianismo. Dizem que a Arábia ficou cristã na época. O cristão Muhammad tentou com sua mensagem proteger o ensinamento original de Jesus contra as distorções crescentes, mas sua mensagem também foi distorcida depois de sua morte como os ensinamentos de Jesus foram distorcidos antes.[206]

Jesus na Caxemira

Se, de fato, Jesus viveu na Caxemira por tempo considerável – se, em outras palavras, a tradição estiver correta em asseverar que, por fim, ele morreu em Srinagar com a idade de 80 anos –, então deve ser possível encontrar alguma

---

206. G. Lüling, *über den Ur-Quran*, Erlangen, 1977; *Die Wiederentdeckung des Propheten Muhammad*, Erlangen, 1981.

evidência na literatura da Índia Antiga de como ele passou os últimos 30 a 40 anos de sua vida.

O problema é que os autores na Índia, naquela época remota, recusavam-se a permitir que a influência externa afetasse sua própria cultura, mesmo ao se referirem a fatos históricos. Um exemplo disso é a total ausência de relatos contemporâneos ou até mesmo descrições de Alexandre, o Grande, impondo incursões militares na Índia. Os especialistas em História Indiana concordam que não houve qualquer história escrita sistemática na Índia antes da expansão do Islã.[207]

As narrativas antigas dos hindus são chamadas "Puranas" (significa *antigo* em sânscrito). A partir do quinto ou quarto século a.C., até o século XVII d.C., elas se ampliaram constantemente pelo acréscimo de outras "histórias".[208] Atualmente, a coleção conta com 18 volumes, todos escritos em sânscrito, a antiga línguagem sagrada da Índia. O nono volume, chamado *Bhavishyat Maha-Purana*, escrito entre o terceiro e o sétimo século d.C., contém um suplemento que descreve como Jesus chegou à Índia. A descrição é tão clara que não dá margem a dúvidas a respeito de quem ela queira se referir.

O Purana conta que israelitas foram viver na Índia e, depois, nos versículos 17-32, descreve o aparecimento de Jesus:

> Shalivahana, neto de Vikramaditya, chegou ao poder. Ele derrotou as hordas invasoras de chineses, partos, citas e bactrianos. Ele estabeleceu uma fronteira entre os arianos e os mlecchas (os não hindus), e ordenou a esses últimos que se retirassem para o outro lado do Indo. Um dia, Shalivahana, o Senhor dos Shakas, chegou a uma montanha nevada. Ali, na Terra do Huna, o poderoso rei viu um homem simpático sentado na montanha. Ele era branco e usava roupa branca. O rei perguntou ao homem santo quem ele era e o homem disse: "Saiba que sou Ishaputra (em sânscrito, 'Filho de Deus'), nascido de uma virgem, proclamador dos ensinamentos dos bárbaros (*Mlecchas*), que possuem a verdade".

---

207. Cf. H. Glasenapp, *Die Literaturen Indiens*, Stuttgart, 1961, p. 129-135.

208. H. R. Hoffmann, *Kalacakra Studies* I, em *Central Asiatic Journal*, vol. 13, 1969, p.52-73; vol. 15, 1972, p. 298-301.

"A quais ensinamentos você se refere" retrucou o rei. O outro respondeu: "Ao final do Satya Yuga,[209] a Idade de Ouro, apareci como masiha (o Messias), na depravada terra dos incrédulos. A deusa Ishamasi também apareceu diante dos bárbaros (*dasyu*) em uma forma terrível. Fui levado à sua presença como qualquer incrédulo e alcancei a função de Messias (masiha-tva). Ouça, ó rei: eu levei a religião aos incrédulos. Depois da purificação do espírito e a limpeza do corpo impuro, e depois de buscar refúgio nas orações do *Naigama*, o homem virá a venerar o Eterno. Por meio da verdade, da meditação e do recolhimento do espírito, o homem encontrará seu caminho para Isha (sânscrito para Deus), que mora no centro da Luz, que permanece tão constante quanto o sol e dissolve todas as coisas transitórias para sempre. Foi assim que Ishamasi foi destruída e a forma de Isha foi revelada no coração sempre puro e concedendo felicidade, e fui chamado Isha-Masiha". Depois de ouvir essas palavras, o rei fez uma reverência diante do mestre dos bárbaros e deixou-o seguir viagem para sua terrível terra.[210]

O "mestre dos descrentes" refere-se a si mesmo como Isha-Masiha. A palavra sânscrita *Isha* significa "Senhor" e é usada para "Deus". *Masiha* corresponde à palavra "Messias". Assim, *Isha-Masiha* significa "o Senhor, o Messias". Em outro lugar, o homem vestido de branco se autodenomina *Isha-Putra*, "Filho de Deus", e diz que nasceu de uma virgem (em sânscrito *kumari*). Como não existe lenda comparável antes dessa na literatura indiana, a pessoa descrita só pode ser Jesus. A "deusa Ishamasi" parece ser uma expressão generalizada para representar o "mal" e os maldosos: o nome não é encontrado em nenhum outro lugar na literatura. A palavra *Naigama*, evidentemente, é o nome de alguma escritura sagrada, mas também não há nenhuma referência a ela em qualquer outro lugar. Alguns tradutores presumem que se refira aos *Vedas*.

---

209. Primeira e melhor das quatro idades (*yuga*).
210. Citado na tradução de A. Hohenberger, *Das Bhavishyapurana*, em *Münchenber Indologische Studien* 5, Wiesbaden, 1967, p. 17f.

Uma passagem do *Bhavishyat Maha-Purana* (conforme mostrada em uma edição recente), em que é mencionada a residência de Jesus na Caxemira.

De acordo com o professor Hassnain, o rei Shalivahana reinou, no período Kushan, de 49 a 50 d.C. Outros comentaristas colocam o início do Shaka ou da Era Shalivahana em 78 d.C.

As únicas "montanhas nevadas" na Índia encontram-se na cadeia do Himalaia. Estudiosos do assunto ainda não conseguiram localizar a "Terra do Huna" com precisão, mas ela deve estar na região do Himalaia Ocidental, em algum lugar entre as encostas do Punjab e da montanha Kailash, no Tibete ocidental, perto da fronteira com a Índia; essa grande área também inclui Ladakh.

Outra evidência de que Jesus visitou a região do Himalaia é dada por um túmulo mencionado pelo pintor Nicholas Roerich em *The Heart of Asia*, publicado em 1930. O túmulo fica no norte de Ladakh, nas cercanias do Turquestão oriental, hoje a província chinesa de Sinkiang (Xinjiang), a quase dez quilômetros da cidade de Kashga, e dizem pertencer a certa Maria que estava entre os seguidores de Jesus. O Evangelho apócrifo de Felipe menciona três mulheres que não saíam do lado de Jesus depois da Crucificação. As três chamavam-se Maria: sua mãe, sua irmã (talvez a esposa de Cléopas) e Maria Madalena, "chamada de sua companheira". A confirmação de que esse túmulo perto de Kashgar pertence realmente a uma das três Marias poderia estar baseada em fatos.

Durante os últimos anos de sua vida na Índia, Jesus não teria permanecido no mesmo lugar, mas teria se movimentado de um lugar para outro como um pregador itinerante até que sua saúde o permitisse. Entretanto, existem muitas indicações de que ele sempre voltava para a Caxemira.

Cerca de 60 quilômetros a sudeste de Srinagar e a apenas 12 quilômetros de Bijbihara, o local onde se encontra a "Pedra de Moisés", fica Aish-Muqam, uma caverna que se estende 12 metros para dentro da montanha, na entrada da qual foi erigido um santuário magnífico. Na construção sagrada há o relicário de Zainuddin Wali, um santo islâmico, que viveu na caverna durante o governo do sultão Zainul Abidi Badshah (1408-1461).

O bem mais precioso desse santo era um cajado que lhe havia sido dado pelo xeique Nur Din Wadi. O cajado ainda está nesse lugar, considerado uma relíquia valiosa, muito bem vigiada pelos atendentes do túmulo que sempre o mantêm coberto com um pano verde. Quando os fiéis da região percebem estar ameaçados por alguma emergência, especialmente por uma epidemia, eles fazem uma peregrinação para Aish-Muqam, confiantes de serem ajudados pelo poder milagroso do cajado. Esse cajado marrom-escuro tem um comprimento de 2,3 metros e uma espessura de 25 milímetros; ele é feito de madeira de oliveira e é conhecido como o "Cajado de Moisés" ou o "Cajado de Jesus". Aqueles que reverenciam essa relíquia acreditam que o cajado pertenceu primeiro a Moisés, que o usou em sua viagem para Caxemira, e, mais tarde, foi usado por Jesus como símbolo de sua herança mosaica. Antes o cajado estava guardado no quartel Khangahi Muhalla de Srinagar, até encontrar um lugar mais digno em Aish-Muqam.

Dizem que o nome *Aish-Muqam* refere-se a Jesus: *Aish* deriva da palavra Isha ou Issa e *muqam* significa "lugar de repouso". Isso sugere que a caverna isolada poderia ter servido como um local onde Jesus podia se retirar de vez em quando para dedicar-se a uma silenciosa meditação. É claro que nada mais existe para provar a verdade dessa tradição.

O chamado cajado de Moisés.

Mas existe evidência da presença de Jesus na Caxemira que é muito mais sólida do que a mera tradição oral: são os testemunhos em pedra que sobreviveram às vicissitudes dos séculos, mais ou menos intactos, como tesouros arqueológicos. Uma dessas peças lapidares de testemunho da presença de Jesus na Caxemira é uma inscrição no Takht-i-Suleiman, o "Trono de Salomão", cuja história é narrada pelo Mullah Nadiri, um historiador que viveu durante o governo do sultão Zainul Abidin.

Em sua *História da Caxemira* (*Tarikh-i-Kashmir*), escrita em 1413, ele conta que o Templo de Salomão (que, no início da era cristã, já tinha mais de mil anos) foi restaurado por um arquiteto persa por ordem real, durante o reinado de Gopadatta, filho de Rajah Akh. Os hindus observaram que o persa era um "bárbaro" adepto de uma religião estrangeira. Durante o trabalho de restauração, quatro citações foram inscritas ao lado dos degraus que levam à entrada principal:

Maimar een satoon raj bihishti zargar, sal panjab wa chahar.
"O construtor dessas colunas é o mais humilde Bihishti Zargar, no ano 54."

Een satoon bardast khwaja rukun bin murjan.
"Khwaja Rukun, filho de Murjan, fez com que essas colunas fossem construídas."

Dar een wagat yuz asaf dawa-i-paighambar-imikunad. Sal panjab wa chahar.
"Nessa época, Yuz Asaf anunciou sua missão profética. No ano 54."

Aishan yuzu paighambar-i-bani israil ast.
"Ele é Jesus, profeta dos filhos de Israel."

Mullah Nadiri continua:

Na época do reinado de Gopadatta, Yuz Asaf veio da Terra Santa para esse vale e anunciou que ele era um profeta. Ele enfatizou ao máximo a piedade e a virtude, e proclamou que ele mesmo era a mensagem, que ele vivia em Deus dia e noite e que tornara Deus acessível ao povo da Caxemira. Ele chamava as pessoas para si, e o povo do vale acreditava nele. Quando os hindus foram até

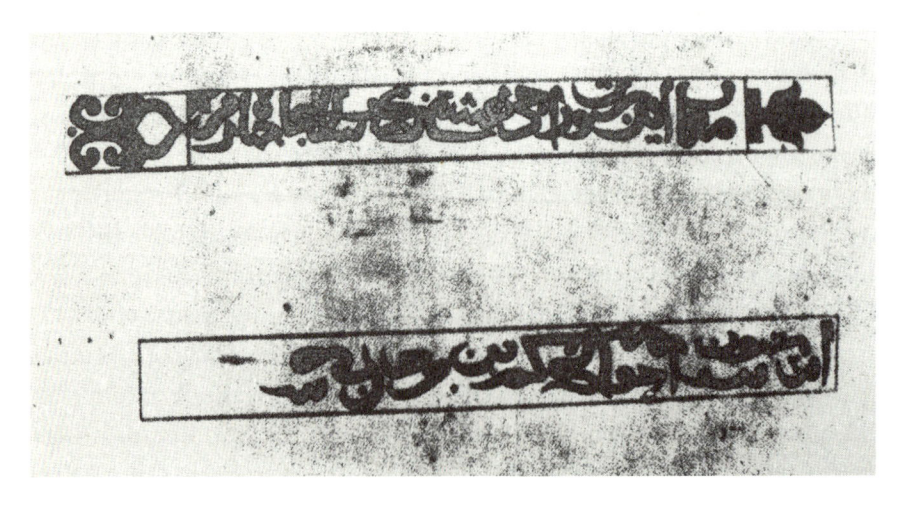

A inscrição no "Trono de Salomão", na cidade de Srinagar.

Gopadatta com indignação, pressionando-o para que desse um jeito nesse homem, Gopadatta mandou-os embora.

Também li em um livro hindu que esse profeta é realmente Hazrat Issa,[211] o Espírito de Deus (a paz de Deus e sua bem-aventurança estejam com ele), e ele adotou o nome de Yuz Asaf. O verdadeiro conhecimento está com Deus. Ele passou sua vida nesse vale. Depois de seu falecimento, seu corpo foi colocado para descansar em Mohalla Anzimarah. Também dizem que a luz da profecia emana da tumba desse profeta. O rei Gopadatta reinou 60 anos e dois meses antes de morrer. Depois dele, seu filho Gikaran assumiu o trono e governou durante um período de 58 anos.[212]

O rei Gopadatta governou a Caxemira a partir do ano 53. O ano apresentado no texto como sendo o ano 54 do reinado do rajá Gopadatta, pelos cálculos modernos, era o ano 107 d.C. Assim, o reinado do rajá enquadrar-se-ia no reinado do grande rei Kanishka da dinastia Kushan. O texto não indica se Jesus ainda estava vivo nessa época.

Não menos de 21 referências foram encontradas em textos antigos que dão testemunho da estada de Jesus na Caxemira. O testemunho geográfico é dado pelos nomes das muitas cidades e lugares na Caxemira. Por exemplo:

Aish-Muqam	Yus-Marg
Arya-Issa	Yusnag
Issa-Brari	Yusu
Issa-eil	Yuzu-dha
Issah-kush	Yuzu-dhara
Issa-mati	Yuzu-gam
Issa-Ta	Yuzu-hatpura
I-yes-Issa	Yuzu-kun
I-yes-th-Issa-vara	Yuzu-maidan
Kal-Issa	Yuzu-para
Ram-Issa	Yuzu-raja
Yus-mangala	Yuzu-varman

---

211. "Jesus Reverenciado" em árabe.
212. *Tarikh-i-Kashmir*, p. 69.

Na época em que Jesus vivia na Caxemira, o "Vale Feliz" era o centro de um grande ressurgimento religioso, cultural, intelectual e político. O reino da Caxemira era o centro do enorme império indo-cita, governado pelo grande rei Kanishka I (78-103 d.C.) da dinastia Kushan. Um estadista excelente e um governante bom e sábio, Kanishka tentou unir a confusa mistura de raças em seu país por meio de uma política de tolerância e generosidade. A harmonia conjunta das filosofias indiana e grega chegou a um ápice na cultura de Gandhara. O centro acadêmico desse encontro de culturas foi a antiga Universidade de Taxila, que já era mundialmente conhecida.

Kanishka viu no Budismo a matriz perfeita para a realização de suas ideias, e buscou conselho e instruções entre os monges budistas. Entretanto, ele ficou desanimado ao perceber que os ensinamentos de Buda tinham sido fragmentados em tantas escolas e seitas. Seguindo o conselho do filósofo Parshwa, Kanishka convocou o Conselho de Haran (Harwan na Caxemira) visando restaurar a unidade da comunidade religiosa fragmentada por um processo de escrutinização e formalização de textos budistas. Depois de mais de 300 anos, aconteceu outro Concílio Budista – o Quarto – com a participação de 1.500 estudiosos e monges. Esse Concílio ajudou a estabelecer o novo Mahayana como religião popular. Os sacerdotes de Hinayana não queriam perder seus privilégios e tentaram uma última oposição ao Concílio. Mas eles não conseguiram convencer a maioria e, finalmente, o Mahayana foi confirmado como religião independente, abrindo o caminho para a salvação de todas as pessoas.

A atual versão do *Lalitavistara* – o texto budista que apresenta grandes semelhanças com o Novo Testamento – também data do Concílio de Haran.

A localização de Haran, a apenas 12 quilômetros de Srinagar, permite a especulação de que o mesmo Jesus poderia ter estado presente nessa reunião importante; ele pode até ter tido um papel proeminente nela.

Kanishka ficou tão impressionado com os resultados do Concílio a ponto de ele mesmo converter-se ao Budismo e transferiu a administração de seu reino para a comunidade dos monges budistas, cujo líder espiritual era o grande Nagarjuna, o filósofo mais influente do Budismo Mahayana.

Mais uma pista para a residência de Jesus na antiga Caxemira é dada pelo texto de *Rajá Tarangini*, uma história da Caxemira escrita em versos sânscritos por Pandit Kalhana, no século XII. Essa obra é um dos mais antigos registros genuinamente históricos na literatura da Índia. O *Rajá Tarangini* contém inúmeras lendas e histórias transmitidas pela tradição oral desde tempos antigos. Entretanto, muitas dessas narrativas foram ricamente embelezadas no decorrer do tempo, tornando impossível reconhecer os fatos históricos. A obra conta a história de um homem santo chamado Isana que realizava milagres muito semelhantes aos de Jesus. Além disso, dizem que Isana salvou Vazir, um influente homem de Estado, da morte na cruz e o trouxe de volta à vida. Depois, Vazir tornou-se o governador da Caxemira, função que desempenhou durante 47 anos. De acordo com Kalhana, Isana foi o último reformador da Caxemira e viveu e trabalhou no primeiro século d.C. É provável que o homem-Deus Isana não fosse ninguém além de Issa-Jesus.

A tumba de Jesus em Srinagar

Durante a Idade Média, a história de Barlaam e de Josafá era um tema literário familiar aos eruditos. Havia uma grande variedade de traduções e versões da história em toda a Europa e no Oriente Próximo, mas a história original foi atribuída a São João de Damasco (João Damasceno), um árabe cristão distinto que viveu em Jerusalém por volta do ano 700. A história, também conhecida em alguns países como "O Príncipe e o Dervixe", pode ser resumida rapidamente.

Abaner, um poderoso rei da Índia, é informado por um astrólogo que seu lindo e virtuoso filho Josafá iria se converter do Islã para o Cristianismo. A fim de evitar a realização dessa profecia, o rei ordenou que se construísse um palácio magnífico para o príncipe crescer e ser educado, completamente isolado do mundo exterior. Apesar das medidas tomadas por seu pai, um dia Josafá viu um homem cego. Em outra ocasião, ele encontra um velho e, finalmente, vê um corpo sem vida. Como no palácio o príncipe estava sempre cercado de gente jovem e bonita, esses encontros foram, para ele, experiências novas e permitiram que seus olhos se abrissem para as realidades da vida humana. No fim, ele encontra Barlaam, o asceta, que o converte ao Cristianismo. Embora o rei procurasse de todas as formas convencê-lo a não aderir a essa nova fé, oferecendo-lhe até metade de seu reino, Josafá renuncia às riquezas do mundo, retira-se em solidão e passa o restante de sua vida como um eremita piedoso.

Essa história tocante e charmosa é de uma verdade tão profunda que Barlaam e Josafá foram canonizados como mártires pela Igreja Católica Romana em 1583 sendo-lhes dado um dia de festa no calendário litúrgico. No dia 27 de novembro, a legenda no calendário litúrgico é a seguinte: "Na Índia, na fronteira com a Pérsia, Santos Barlaam e Josafá. Suas maravilhosas obras foram descritas por São João de Damasco". Levou um século para finalmente descobrirem que a história nada mais é do que uma variante da lenda da criação real do príncipe Sidarta que o levou a renunciar à sua família e aos seus bens, para sair em busca da Iluminação. O nome Josafá soa tão judeu que ninguém duvidaria de sua origem hebraica. Mas, de fato, o nome remonta, sem dificuldade, a uma fonte totalmente diferente. O nome grego "Joasaph" traduzido por João Damasceno deve ter sido uma tentativa para traduzir o nome árabe Judasaf que, por sua vez, foi emprestado do caxemir Yudasaf. Contudo, as formas em caxemir e árabe contêm erros ortográficos: as letras J e B são idênticas em siríaco, árabe e persa, e Judasaf corresponde, de fato, ao nome original de Budasaf – uma palavra tão reconhecível quanto *Bodisatva*, um "ser Iluminado", um Buda em processo de criação.

O nome Barlaam, de som exótico, também remonta a uma série de línguas até chegar à sua verdadeira origem. Em árabe, *Balauhar* significa o mesmo que o nome sânscrito de *Bhagvan*, "o Exaltado", ou seja, "Deus". As origens linguísticas de Judasaf-Budasaf agora tornam claro que o profeta islâmico Yuz Asaf, na verdade, era um Bodisatva.

Um Bodisatva é caracterizado por sua compaixão envolvente e infinita. Ele assume o sofrimento de todos os seres, conduzindo-os para a libertação. Seu único objetivo é salvar todos os seres da miséria da ignorância, mesmo que isso signifique ele mesmo assumir toda a culpa.

Jesus também seguiu esse ideal com intransigência, aceitando a responsabilidade por todos os pecados do mundo para, finalmente, permitir-se ser pregado na cruz como um "cordeiro de sacrifício". Todas as características de um Bodisatva também são encontradas em Jesus.

A incorporação da compaixão infinita no Budismo é Avalokiteshvara, cujo nome deriva de *Ishvara* ("Senhor governante") e *ava-lokita* ("[aquele] que olha [para o mundo] com compaixão"). Avalokiteshvara possui poderes imensos e miraculosos, o que lhe possibilita superar todas as dificuldades e perigos. Desde o início do século II, Avalokiteshvara foi muitas vezes representado nas artes visuais com marcas nas superfícies de suas mãos e pés, simbolizando a Roda da Doutrina Budista. Muitos comentaristas ocidentais reconheceram os estigmas de Jesus nesses sinais da roda, vendo-os como prova de que Avalokiteshvara e Jesus eram uma só e a mesma pessoa.

Quando o importante Quarto Concílio da Caxemira aconteceu em Haran, perto de Srinagar, sob os auspícios de Kanishka, o Grande, Jesus – se estivesse vivo – teria mais de 80 anos. Nós até sugerimos que ele tenha participado desse evento, pois ele passaria a ter um grande significado para o mundo budista, como um santo altamente venerado – uma sugestão para a qual, admitidamente, não existe nenhuma prova, embora os fatos conhecidos permitam liberdade para essa especulação. De qualquer maneira, as reformas introduzidas pelo Concílio estavam em completo acordo com os ensinamentos de Jesus.

Fátima, a filha de Maomé, citou que o Profeta afirmara o fato de Jesus ter vivido até a idade avançada de 120 anos.[213] É verdade que não existe nenhuma evidência arqueológica que apoie essa afirmação, mas essa idade avançada parece não ser incomum entre os santos que praticavam esse estilo ascético de vida, o que significa que o corpo físico é totalmente controlado pelo espírito. Há muitos relatos sobre homens santos do Tibete que chegaram a viver 130, 150 anos, e até mais.

O historiador xeique Al-Sa'id-us-Sâdiq, que viveu até o ano 962 d.C. no Khorasan (Irã), conta sobre as duas viagens de Jesus à Índia e sobre o final de sua vida como Yuz Asaf, na Caxemira, em sua famosa obra *Ikmâl-ud-Dîn*. Esse livro foi reeditado no Irã em

---

213. Fonte: *Kans-ul-Ammal*, vol. II, p. 34.

1883 e, mais tarde, traduzido para o alemão pelo famoso especialista em Oriente, Max Müller. O livro contém uma parábola de Yuz Asaf, quase idêntica a uma constante do Novo Testamento:

> Que todas as pessoas ouçam as minhas palavras: um agricultor dirige-se ao seu campo para semeá-lo. Chegam então os pássaros e comem as sementes. Outras sementes caem pelo caminho. E, olhem, algumas sementes caem na rocha onde não há terra e acabam definhando. Algumas caem entre espinheiros e não conseguem crescer. Entretanto, as sementes que caem em terra fértil germinam e produzem bons frutos. O semeador é o sábio e as sementes são as suas palavras de sabedoria. As sementes comidas pelos pássaros são como as pessoas que não entendem as palavras. As sementes que caem na rocha são as palavras de sabedoria que entram por um ouvido e saem pelo outro. As sementes que caem entre os espinheiros são aquelas pessoas que ouvem e enxergam, mas não agem de acordo. Mas as sementes que caem em terra fértil são como aqueles que ouvem as palavras de sabedoria e agem de acordo.[214]

Uma versão árabe da história de Barlaam e Josafá, *The Book of Balauhar and Budasaf* (O Livro de Baluhar e de Budasaf), páginas 285-286, publicado em Mumbai, conta como Yuz Asaf morreu:

> E ele chegou à Caxemira, a região mais afastada dentre as regiões onde ele ministrou e onde sua vida chegou ao fim. Ele saiu deste mundo e deixou sua herança a certo discípulo chamado Ababid, que lhe havia prestado assistência; tudo o que ele fez foi perfeito. E ele o advertiu dizendo-lhe: "Eu encontrei um santuário digno e o decorei, colocando nele lâmpadas para os que estivessem morrendo. Consegui reunir um rebanho com características autênticas, um rebanho que estava disperso e para o qual fui enviado. E agora poderei respirar em minha ascensão do mundo, libertando o espírito do meu corpo. Atenda às ordens que lhe foram dadas, não se desvie do caminho da verdade, mas mantenha-se firme nele com gratidão, e possa Ababid ser um

---

214. *Ikmâl-ud-Dîn*, p. 327; cf. Mateus, 13:1-23; Marcos, 4:1-20; Lucas, 8:4-15.

bom líder". Então ele pediu que Ababid arrumasse o lugar para ele, esticou suas pernas e deitou-se. Com sua cabeça para o norte e seu rosto para o leste, ele faleceu.[215]

A tumba do profeta Yuz Asaf está localizada no meio da velha Srinagar, Anzimar, no bairro de Khanyar. O edifício construído mais tarde em volta da tumba é chamado de Rozabal ou Rauza Bal. *Rauza* é um termo usado para distinguir a tumba de uma personalidade célebre: um personagem da nobreza, um homem de posse ou um santo religioso.

No centro da cidade velha de Srinagar, encontra-se o edifício conhecido como Rozebal, construído sobre o local onde está enterrado Yuz Asaf, o qual, conforme a evidência eminentemente sugere, era o próprio Jesus.

---

215. Citado de D. W. Lang, *The Wisdom of Balahar*, Nova York, 1957, p. 37.

Dentro do edifício da tumba há um santuário de madeira.

A lápide está coberta com um pano grosso.

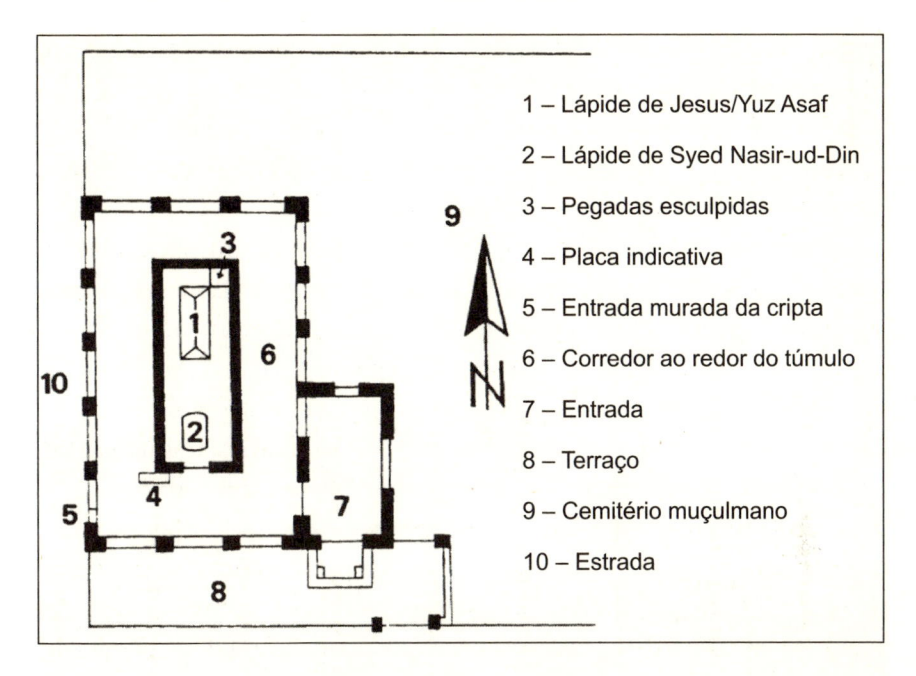

1 – Lápide de Jesus/Yuz Asaf
2 – Lápide de Syed Nasîr-ud-Din
3 – Pegadas esculpidas
4 – Placa indicativa
5 – Entrada murada da cripta
6 – Corredor ao redor do túmulo
7 – Entrada
8 – Terraço
9 – Cemitério muçulmano
10 – Estrada

Planta da tumba de Jesus.

O edifício é retangular e foi acrescentada a ele uma pequena entrada. Acima da entrada da própria câmara mortuária está cinzelada uma inscrição que declara que Yuz Asaf entrou no vale da Caxemira há muitos séculos, e que sua vida foi dedicada a manifestar a verdade. Há duas tumbas diferentes no chão da câmara mortuária mais interna, cercada por um parapeito de madeira em que foram acrescentadas barras fortes, cobertas com tecido pesado. A lápide maior é de Yuz Asaf, a menor é do santo islâmico Sayed Nasîr-ud Din, que foi enterrado ali, mais recentemente, no século XV.[216]

As duas lápides têm alinhamento norte-sul, seguindo o costume islâmico. Como também é comum para túmulos islâmicos na Índia, essas lápides são apenas sinalizadores: os túmulos de verdade estão localizados em uma cripta abaixo do chão do edifício. Uma pequena abertura permite ao visitante olhar para dentro da câmara mortuária

---

216. Recentemente, a tumba foi reformada e modificada várias vezes. De certa forma, isso provavelmente levou também a uma alteração das estruturas, mas como a Caxemira esteve "fora de limites" desde 1989 por causa dos contínuos tumultos e atividades de guerrilha, não temos informações confiáveis a respeito das presentes condições da tumba. Uma parte da grade do portão foi vendida a um visitante, em 1989, mas hoje ela está comigo.

embaixo. O sarcófago contendo os restos mortais de Yuz Asaf está com alinhamento leste-oeste, de acordo com o costume judeu.

Essa é uma prova clara de que Yuz Asaf não pode ter sido um santo islâmico. E, entre os hindus e os budistas, só os ascetas (*sadhus*) são enterrados (em geral os cadáveres são incinerados). Portanto, aqui se encontra uma pessoa que foi reverenciada como um santo mesmo antes da chegada do Islã, quando a Caxemira era Budista Mahayana e Hindu Tântrica. A etimologia do nome Yuz Asaf mostrou que pode ter derivado de *Bodisatva*. Isso significa que a pessoa ali enterrada foi reverenciada em épocas pré-islâmicas como um futuro Buda e que, de acordo com a lenda, veio do Ocidente. Seu túmulo está alinhado no sentido leste-oeste, de acordo com o costume hebraico.

Tudo isso não prova que ali se encontram os restos mortais de Jesus, o Nazareno. Contudo, os muitos fatores que indicam uma íntima conexão entre o Budismo Mahayana e as origens do Cristianismo, a evidência literária e histórica de que Jesus sobreviveu à crucifixão e as referências igualmente substanciais a Jesus ter passado os últimos anos ou décadas de sua vida na Índia, em particular na Caxemira, juntos, parecem justificar a suposição de o corpo de Jesus estar de fato enterrado em Rozabal.

A lápide é uma espécie de memorial, cuja finalidade é indicar a localização do sarcófago em uma cripta abaixo do piso.

Sempre foi um costume tradicional os parentes e simpatizantes acenderem e colocarem velas em volta das lápides. Quando, há um tempo, as camadas de cera acumuladas durante séculos foram retiradas, descobriu-se algo sensacional: um par de pegadas esculpidas na pedra. Na Ásia, essa era uma prática tradicional bem difundida em santuários de santos. Junto a esse achado havia também um crucifixo e um rosário. As pegadas tinham por objetivo indicar a identidade do falecido, como se fosse uma impressão digital.[217]

As pegadas estilizadas dentro do edifício do túmulo, onde eram colocadas velas acesas.

Tal como as suásticas nas pegadas do Buda, as pegadas de Yuz Asaf possuem uma marca de identificação específica e inconfundível. O escultor do relevo mostrou claramente as cicatrizes das feridas da crucificação.

A posição das feridas até mostra que o pé esquerdo foi pregado sobre o direito, um fato confirmado pelas manchas de sangue no Sudário de Turim. Como a crucificação era desconhecida como forma de condenação à morte na Índia, não é apenas possível, como trambém provável, que o corpo de Jesus está realmente ali enterrado.

Muitas obras antigas literárias da Caxemira testemunham o fato de que Yuz Asaf e Jesus são uma e a mesma pessoa. Um velho manuscrito descreve o santuário como o túmulo de Issa Rooh-Allah ("Jesus,

---

217. De acordo com Aziz Kashmiri, editor do jornal *Roshni*, publicado em Sriagar, as impressões foram descobertas em 1958 pela sra. Ketkar, filha do ajudante de lorde Kitchener.

o Espírito de Deus", o Espírito Santo).²¹⁸ Milhares de fiéis fazem peregrinações até esse túmulo – não somente muçulmanos, mas também hindus, budistas e cristãos. A verdadeira importância desse santuário modesto foi preservada na memória dos descendentes dos antigos israelitas que até hoje chamam o santuário de "a tumba de Hazrat Issa Sahib", a tumba do Senhor Jesus.

Nesse molde de gesso das "pegadas", as feridas causadas pela crucificação são facilmente reconhecíveis pelas inflamações em formato de lua crescente embaixo dos artelhos.

---

218. Citado de M. Yasin, *Mysteries of Kashmir*, Srinagar, 1972.

Documentos muito antigos afirmam que uma proteção, já no ano 112 d.C., havia sido construída sobre a cripta. Desde aquela época, a tumba tem sido cuidada pela mesma família, com o ofício de conservadora, tarefa passada por várias gerações Em 1766, foi concedida a essa família uma comenda oficial confirmando a importância desse local sagrado. No decreto formal emitido pelo Grande Mufti (ou "Mestre da Lei Religiosa Islâmica"), Rahman Mir escreveu: "Aqui repousa Yuz Asaf, que reconstruiu o Templo de Salomão na época do rei Gopadatta, e aqui veio, na Caxemira, na qualidade de profeta. Ele ensinou as pessoas, declarou sua unidade com Deus e foi um legislador para o povo. Desde então, sua tumba foi honrada por reis, oficiais de Estado, altos dignitários e o povo em geral".

Visitei Srinagar em 1984 como membro de uma delegação de especialistas e de jornalistas, e nossa equipe foi formalmente recebida pelo governador do Estado de Jammu e da Caxemira, dr. Faruk Abdullah. Nessa ocasião, disse ao dr. Abdullah que ficaria muito interessado e grato se o sarcófago pudesse ser aberto e examinado. Algum tempo antes, eu havia transferido um valor considerável de dinheiro – totalizando muitos milhares de marcos alemães, uma generosa doação de uma leitora da primeira edição deste livro – aos administradores da tumba e para o financiamento da obra de renovação que já estava em progresso; assim, achei oportuno sugerir a abertura da tumba. Imediatamente, o governador Abdullah empenhou-se em providenciar todos os arranjos necessários para a remoção da selagem e inspeção da câmara mortuária, e até nos assegurou a proteção policial para o caso de ataques físicos por parte de fundamentalistas fanáticos.

Na noite anterior à data programada para a abertura da tumba, aconteceu um tiroteio na cidade velha de Srinagar que resultou na perda de sete vidas. O chefe de polícia pediu que interrompêssemos a nossa operação, temendo uma escalada dos distúrbios e dizendo que ele não poderia mais garantir a nossa segurança.

Durante a década de 1960, ocorreu desaparecimento inexplicável de um pelo da barba do profeta Maomé, considerada a mais sagrada relíquia islâmica do país, e que estava guardado na mesquita Hazratbal de Srinagar. O fato levou a uma rebelião pública na Caxemira que durou semanas. O povo do vale considerou o governo central, em Délhi, responsável: a agregação da Caxemira à União Indiana, em 1948, nunca foi aceita por grande parte da população (predominantemente islâmica) e isso fez com que o vale feliz se tornasse um ponto crônico de tumultos.

Diante dessa sensibilidade religiosa potencialmente explosiva, infelizmente fomos forçados a adiar para alguma data posterior a operação que havíamos planejado.

E, desde aquele tempo (maio de 1993), ainda não foi possível fazer com que o sarcófago fosse aberto e estudado. Desde o verão de 1989, uma situação equivalente a uma guerra civil desenvolveu-se na Caxemira por causa de atividades de vários grupos de guerrilha. Todas as viagens turísticas para o vale foram interrompidas indefinidamente. A área da cidade velha de Srinagar onde a tumba está situada é o esconderijo central dos insurgentes que, em sua maior parte, se escondem enquanto o exército indiano revista cada rua e beco. Sinto muito, mas devo desaconselhar qualquer visita à tumba até as coisas melhorarem na Caxemira. Por enquanto, não há nenhum indício positivo a esse respeito. Em todo caso, diante do fato de o local da tumba estar próximo ao Rio Jhelum, ela deve ter sido inundada muitas vezes durante os últimos 2 mil anos. Portanto, não se deve esperar muito quando o sarcófago for aberto.

Jesus ou Paulo?

Muitos fiéis cristãos podem protestar em relação aos argumentos que aqui apresento, que eu estaria roubando do Cristianismo um elemento essencial, o qual, por si só, pode proporcionar esperança e refúgio: redenção do pecado (que causa sofrimento ao mundo) pela morte sacrificial vicária de Jesus Cristo na cruz para todos os que reconhecem seu ensinamento. Mas é precisamente essa a forma da doutrina da salvação, no Cristianismo tradicional, que se baseia quase exclusivamente no trabalho de Paulo e que nunca fora ensinada por Jesus. Paulo ensinava que toda a função de Jesus estava centrada em seu sacrifício e que, pelo derramamento de seu sangue, ele tinha absolvido os fiéis de seus pecados e os tinha libertado do caos e da dominação de Satã. De fato, Paulo não transmite uma sílaba sequer dos ensinamentos diretos de Jesus em suas epístolas, tampouco conta uma única de suas famosas parábolas. Pelo contrário, ele cria sua própria filosofia com base em seu próprio entendimento (ou incompreensão) dos ensinamentos de Jesus.

Paulo insiste que por conta do pecado de Adão todas as pessoas estão sujeitas à ira de Deus desde o princípio (veja Efésios, 2:3) e estão perdidas sem exceção (Romanos, 5:18; 1 Coríntios, 15:18), pois todos são vítimas do pecado (Romanos, 3:9; Gálatas, 3:22; Colossenses. 2:14). Deus fez seu julgamento de condenação contra todo o povo (Romanos, 5:16).

Das boas-novas trazidas por Jesus, Paulo transformou-as em sombrias e ameaçadoras, declarando-se o único capaz de mostrar o caminho para evitá-las. E esse caminho seria a salvação da humanidade pela morte sacrificial de Cristo: "Portanto, assim como a falta de apenas um acarretou a condenação para todos os seres humanos, do mesmo modo, pela honradez de apenas um, o presente gratuito foi dado para todos os homens para justificação da vida". E na carta aos Colossenses, ele descreve Jesus como: "Anulando os escritos das ordenanças que eram contra nós, e as tiraram do caminho, pregando-as em sua cruz" (Colossenses, 2:14).

Mas o que é terrível sobre a doutrina da salvação, de acordo com Paulo, é sua atitude no sentido de que o indivíduo nada pode contribuir para sua salvação nesta vida miserável: nem por suas boas obras, nem por qualquer mudança de estilo de vida, independentemente do quanto melhore, um indivíduo pode justificar ser salvo, reconciliado com Deus (cf. Romanos, 3:24, 9:16; Coríntios, I 1:16).

De acordo com Paulo, é exclusivamente a graça de Deus que nos leva à salvação: "É pela graça que fostes salvos, mediante a fé. E isso não vem de vós: é dom de Deus! Não vem das obras, de modo que ninguém pode se vangloriar" (Efésios, 2:8-9).

Segundo Paulo, uma pessoa pode ser salva pelo simples ato do batismo, tornando-se, assim, filho de Deus e um ser totalmente novo. Toda alegação de colaborar com a salvação por esforço próprio deve, de acordo com seus ensinamentos, ser considerada como menosprezo pelo sacrifício de Jesus, como uma tentativa de salvar a si que só pode falhar. Por outro lado, toda pessoa, independentemente de quão exemplar tenha sido sua vida, nesse esquema, deve se considerar perdida se falhar em aceitar o sacrifício na cruz para si, pessoalmente, como sua completa salvação. Essas ideias são completamente estranhas a Jesus.

A maioria dos cristãos é de opinião que a grandeza e a singularidade do Cristianismo são desestabilizadas com esse tipo de ensinamento. E, no entanto, ele prova ser uma ficção, bem alheia às ideias de Jesus. Nem mesmo uma pista dessa chamada doutrina cristã da salvação pode ser encontrada, seja no Sermão da Montanha – a quintessência da mensagem de Jesus –, seja na Oração do Senhor (o Pai-Nosso) ou nas tradicionais parábolas contadas por Jesus.

Jesus não estava preocupado em estabelecer uma filosofia que pudesse se basear em sua vida e em sua mensagem, destinada a libertar as pessoas de seus sofrimentos de existência terrena – na realidade, ele vivia o que ensinava. Tolerância o tempo todo, cuidado para com o bem-estar e benefício dos outros (humanos e animais), dando e compartilhando; generosidade ao ajudar os demais a carregarem o fardo de seu sofrimento, um amor universal e incondicional para todos – esse é o caminho da perfeição que Jesus demonstrou em sua vida.

Apêndice

Tabela Cronológica
O Oriente Médio
a.C.

c. 1750	Abraão sai de Haran com sua tribo
c. 1730	Tribos hebraicas viajam para o Egito, conduzidas por José
c. 1550	Fim do governo dos Hyksos: início da opressão
c. 1250	Moisés; o Êxodo do Egito
c. 1200	Assentamento na Palestina
965-926	Rei Salomão
Depois de 926	Divisão em Reino Norte de Israel e o Reino Sul de Judá
c. 870	O Profeta Elias
722	Sargon II da Assíria conquista Israel; as dez tribos de Israel desaparecem para sempre
c. 590	Possível referência pelo profeta Ezequiel ao Templo na Caxemira
587	Fim do Reino de Judá Exílio na Babilônia (duração cerca de 50 anos)
7	Nascimento de Jesus
4	Morte de Herodes, o Grande

d.C.

6	Arquelau é deposto; Jesus no Templo com 12 anos
6-c. 30	Primeira viagem de Jesus à Índia
c. 30	Volta da Índia e entrada em Jerusalém
31	João Batista é executado
33	Crucificação de Jesus
c. 35	Paulo encontra-se com Jesus em Damasco e é convertido
c. 36	Jesus com o rei de Andrapa
Pós-36	Jesus em Edessa e com o rei de Nísibis

Índia
a.C.

c. 2500	Cultura do Indo (Harappa)
c. 1300	Compilação dos *Vedas*
Século VI	As "Tribos Perdidas de Israel" se estabelecem ao norte da Índia
563-483	Gautama Sidarta Sakyamuni, (o) Buda
Século V	A primeira escrita dos sutras budistas
c. 250	O imperador indiano Ashoka manda missionários budistas até Marselha (Roquepertuse)
Século I	O Budismo Mahayana moldado na ideia do Salvador (Bodisatva)

d.C.

Antes de 50	Jesus permanece na cidade universitária de Taxila (Punjab); ele aparece na corte do governante indo-parto, Gundafor.
c. 50	Jesus na corte do rei local Gopananda (Gopadatta), reinou aproximadamente entre 49-109
pós-50	Jesus viaja como pregador itinerante, com o nome de Yuz Asaf, para Caxemira e regiões vizinhas

pós-70   Jesus encontra-se com o rei local Shalivahana
78   Inscrição no Templo de Salomão, em Srinagar
c. 78-103   Reino do rei Kanishka
c. 80   Quarto Concílio Budista em Haran (Harwan), na Caxemira
pós-80   O corpo de Jesus é sepultado em Srinagar

Os *Neophils* (Neófilos)

Não há paz mundial sem paz religiosa
Não há paz religiosa sem diálogo entre as religiões!
Não há diálogo entre as religiões sem o conhecimento de suas próprias tradições!

– Credo do teólogo reformista alemão,
professor Hans Küng

Realmente, uma religião organizada só faz sentido se ela for capaz de libertar as pessoas de seu sofrimento terreno e, consequentemente, conduzi-las à paz interna e externa. Entretanto, se a crença ameaça o fiel com a danação eterna e agonia infinita, é lógico levar uma vida cheia de opressão e medo, o que, inevitavelmente, resulta em desordem e agressão.

Praticamente, todas as guerras, agora, podem ser atribuídas a conflitos religiosos: há medo em todos os lugares por causa de um ultrajante e cego fundamentalismo (terrorismo), ambição desenfreada, corrupção, fraude, violência, egoísmo, homicídio e selvageria. As alegações éticas e morais do Ocidente, derivadas das religiões abraâmicas – Judaísmo, Cristianismo e Islã –, desafortunadamente falharam.

Os profundos conflitos entre essas diferentes crenças remetem a conteúdos totalmente irracionais, sem qualquer sustentação e dogmas que se contradizem.

Os cristãos perseguiram os judeus durante séculos, alegando que eles mataram o filho de Deus e, por outro lado, os judeus consideram os cristãos uma seita renegada que acredita em um falso Messias. Além disso, os muçulmanos consideram os cristãos infiéis, porque eles seguem seu profeta Maomé, que não quis reconhecer Jesus no mesmo patamar de Deus, e por acreditarem que o profeta Ishva/Isha/Jesus morreu na cruz. A mesma crítica aplica-se, igualmente, ao contrário.

Mas hoje, a partir da perspectiva de uma exploração forense, independente, não dogmática e científica das respectivas histórias religiosas, essas acusações mútuas são consideradas totalmente sem base e infundadas. As religiões estabelecidas, infelizmente, quase completamente desprovidas de qualquer evidência histórica, foram usadas, por longos períodos de tempo, para perpetuarem tradições que apenas servem para manter suas próprias estruturas de poder. Imagine a seguinte situação: medicina, tecnologia e jurisdição da ciência permanecem inalteradas por milhares de anos! No campo da história da religião, nós simplesmente consideramos essa situação ou esses fatos como certos automaticamente, sem nem sequer pensar.

Desde a criação das igrejas, a pesquisa e o ensino relacionados às religiões abraâmicas estão exclusivamente nas mãos de seus representantes e de seus "fiéis". Como essas comunidades, com base em seus mitos e lendas autocriados, têm uma estrutura de poder hierárquico, elas naturalmente não têm nenhum interesse na pesquisa genuína e imparcial. Pelo contrário, aflitas, elas tentam evitar esse tipo de pesquisa e suprimi-la de maneira efetiva. Porém, hoje, em todo o mundo, as pessoas sofrem dramaticamente de perda da ética e da moralidade. E agora, no início de uma nova era, chegou a hora de, definitiva e efetivamente, quebrar esse monopólio. Só estabelecendo a verdade histórica será possível a convergênguia das várias religiões. É como está escrito no Evangelho de João: "A verdade vos libertará!".

Enquanto bilhões de dólares são desperdiçados em todo o mundo em projetos de pesquisa sem importância, não existe o mínimo apoio público para a exploração das bases de nossa cultura e civilização porque, é claro, os detentores do poder não se interessam por nenhuma mudança na estrutura tradicional.

Por outro lado, existe no mundo um grupo de pessoas que está interessado no progresso mental e se compromete por ele. Infelizmente, para esses "buscadores de luz", sua rede de trabalho é pobre e há uma falta de comunicação entre seus membros e participantes.

Assumi a responsabilidade de organizar um fórum para essas pequenas comunidades de pesquisadores que estão abertas a novos *insights* e mudanças nos campos da filosofia, da teologia e da história. Esse fórum lhes dará a oportunidade para compartilharem seus pontos de vista mutuamente. Estabelecidos em todos os continentes, esses grupos auto-organizados denominam-se "Escola dos Novos Filósofos", nome que, abreviado, resulta em "*Neophils*" (Neófilos).

Os leitores interessados em entrar em contato, peço que escrevam em inglês, exclusivamente pela Internet, para o nosso site <www.Mitreya.net>.

Holger Kersten

Bibliografia

Abbot, S. *The Fourfold Gospels.* Cambridge, 1917.
Abdul Hag Vidyarthi, M. *Rohi Islam.* Lahore, 1966.
Abdul Qadir bin Qazi-ul Qazzat Wasil Ali Khan. *Hashmat-i-Kashmir*, MS. n. 42, Asiatic Society of Bengal, Calcutta.
Ackermann, H. *Entstellung und Klärung der Botschaft Jesu.* Göttingen, 1961.
Albright, W. F. *The Archeology of Palestine.* London, 1951.
Allegro, J. M. *The Dead Sea Scrolls and the Christian Myth.* Newton Abbey, 1979.
_____. The Treasure of the Copper Scroll. The opening and decipherment of the most mysterious of the Dead Sea Scrolls. A unique inventory of buried treasure. London, 1960.
Allen, Bernard M. *The Story behind the Gospels.* Methuen, London, 1919.
Anderson, A. W. *Plants of the Bible.* New York, 1957.
Ansault, Abate. *La Croix avant Jésus-Christ.* Paris, 1894.
Anselme, P. *Histoire de la Maison royale de France.* Paris, 1730.
Aron, R. *Jesus of Nazareth: The Hidden Years*, (tr.) 1962.
Assemani, J. S. *Bibliotheca Orientalis Clementino-Vaticana.* Rome, 1719.
Augstein, R. *Jesus Menschensohn.* Hamburg, 1974.
Augustine. *De moribis ecclesiae catholicae*, I, 34, Migne, PL 32.

At-Tabri, Iman Abu Ja'far Muhammad. *Tafsir Ibn-i-Jarir-at-Tabri.* Cairo.

BAGATTI, B.; Testa, E. *Il Golgota e la Croce.* Jerusalem, 1978.

Baigent, M.; Leigh, R. *The Private Jesus.*

Barber, M. "The Templars and the Turin Shroud", *Shroud Spectrum International,* 1983.

Barbet, P. *Die Passion Jesu Christi in der Sicht des Chirurgen.* Karlsruhe, 1953.

Bardtke, H. *Die Handschriftenfunde am Toten Meer.* Berlin, 1952.

_____. *Die Handschriftenfunde am Toten Meer: Die Sekte von Qumran.* Berlin, 1958.

_____. *Die Handschriftenfunde in der Wüste Juda.* Berlin, 1962.

Barth, F. *Die Hauptprobleme des Lebens Jesus.* Gütersloh, 1918.

Barth, M. *Israel und die Kirche im Brief an die Epheser* (Theologische Existenz heute, N.F., no. 75). Munich, 1959.

_____. *Jesus, Paulus und die Juden.* Zurich, 1967.

Barthel, M. *Was wirklich in der Bibel steht.* Dusseldorf, 1980.

Bartscht, G. *Von den drei Betrügern.* Berlin, 1960.

Basharat, Ahmad. *The Birth of Jesus.* Lahore, 1929.

Bauer, F. C. *Kritische Untersuchungen über die Kanonischen Evangelien.* Tübingen, 1847.

Bauer, M. *Anfünge der Christenheit. Von Jesus von Nazareth zur frühchristlichen Kirche.* Berlin, 3ed., 1960.

Bauer, W. *Rechtgläubigkeit und Ketzerei im ältesten Christentum. Beitrage zur Historischen Theologie* 10, 1934.

Baus, K. *Von der Urgemeinde zur frühchristlichen Grosskirche.* Freiburg, 3. ed, 1973.

Bell, Major A. W. *Tribes of Afghanistan.* London, 1897.

Bellew, H. W. *The New Afghan Question,* or *Are the Afghans Israelites?* Simla, 1880.

_____. *The Races of Afghanistan.* Calcutta, n.d.

Ben-Chorin. *Bruder Jesus, der Nazarener in jüd.* Sicht. Munich, 1967.

Bengalee, Sufi Matiur Rahman. *The Tomb of Jesus.* Chicago, 1946.

Bergh von Eysinga, G. A. van den. *Indische Einflüsse auf evangelische Erzählungen.* Göttingen, 1904.

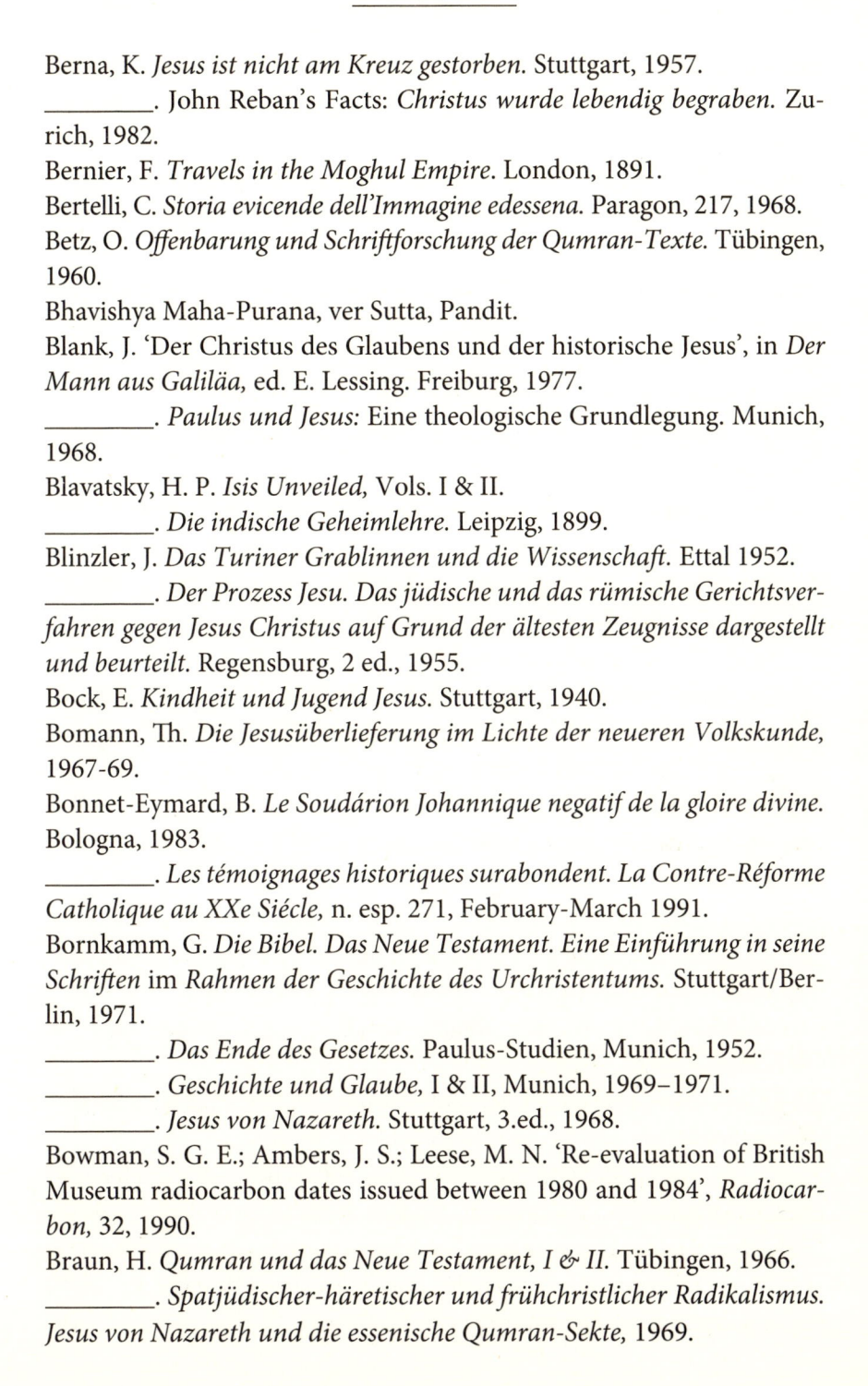

Berna, K. *Jesus ist nicht am Kreuz gestorben*. Stuttgart, 1957.

_____. John Reban's Facts: *Christus wurde lebendig begraben*. Zurich, 1982.

Bernier, F. *Travels in the Moghul Empire*. London, 1891.

Bertelli, C. *Storia evicende dell'Immagine edessena*. Paragon, 217, 1968.

Betz, O. *Offenbarung und Schriftforschung der Qumran-Texte*. Tübingen, 1960.

Bhavishya Maha-Purana, ver Sutta, Pandit.

Blank, J. 'Der Christus des Glaubens und der historische Jesus', in *Der Mann aus Galiläa*, ed. E. Lessing. Freiburg, 1977.

_____. *Paulus und Jesus:* Eine theologische Grundlegung. Munich, 1968.

Blavatsky, H. P. *Isis Unveiled*, Vols. I & II.

_____. *Die indische Geheimlehre*. Leipzig, 1899.

Blinzler, J. *Das Turiner Grablinnen und die Wissenschaft*. Ettal 1952.

_____. *Der Prozess Jesu. Das jüdische und das rümische Gerichtsverfahren gegen Jesus Christus auf Grund der ältesten Zeugnisse dargestellt und beurteilt*. Regensburg, 2 ed., 1955.

Bock, E. *Kindheit und Jugend Jesus*. Stuttgart, 1940.

Bomann, Th. *Die Jesusüberlieferung im Lichte der neueren Volkskunde*, 1967-69.

Bonnet-Eymard, B. *Le Soudárion Johannique negatif de la gloire divine*. Bologna, 1983.

_____. *Les témoignages historiques surabondent. La Contre-Réforme Catholique au XXe Siécle*, n. esp. 271, February-March 1991.

Bornkamm, G. *Die Bibel. Das Neue Testament. Eine Einführung in seine Schriften* im *Rahmen der Geschichte des Urchristentums*. Stuttgart/Berlin, 1971.

_____. *Das Ende des Gesetzes*. Paulus-Studien, Munich, 1952.

_____. *Geschichte und Glaube*, I & II, Munich, 1969–1971.

_____. *Jesus von Nazareth*. Stuttgart, 3.ed., 1968.

Bowman, S. G. E.; Ambers, J. S.; Leese, M. N. 'Re-evaluation of British Museum radiocarbon dates issued between 1980 and 1984', *Radiocarbon*, 32, 1990.

Braun, H. *Qumran und das Neue Testament, I & II*. Tübingen, 1966.

_____. *Spatjüdischer-häretischer und frühchristlicher Radikalismus. Jesus von Nazareth und die essenische Qumran-Sekte*, 1969.

Bréhier, L. *L'église et l'orient au moyen age: Les Croisades.* Paris, 1928.
Brown, R. E. *The Gospel According to John,* The Anchor Bible. London 1978.
Bruhl, Revd J. H. *The Lost Ten Tribes, Where are They?* London, 1893.
Bryce, J.; Johnson K. *A Comprehensive Description of Geography.* London, 1880.
Bulst, W. *Das Grabtuch von Turin. Zugang zum historischen Jesus?* Der neue Stand der Forschung. Karlsruhe, 1978.
_____. New problems and arguments about the pollen grains', *Shroud Spectrum International,* 27, 1988.
_____. Betrug am Turiner Grabtuch. *Der manipulierte Carbontest.* Frankfurt, 1990.
_____; Pfeiffer, H. *Das Turiner Grabtuch und das Christusbild,* Vol. I. Frankfurt, 1987; Vol. II, 1991.
Bultmann, R. *Geschichte der synoptischen Tradition.* Göttingen, 1957.
_____. *Das Evangelium des Johannes,* übers. u. erklärt. Göttingen, 1950.
_____. *Die Theologie des Neuen Testamentes.* Tübingen, 1977.
_____. *Exegetica. Aufsätze zur Erforschung des Neuen Testaments,* selected, introduced and ed. by Erich Dinkler. Tübingen, 1967.
_____. *Jesus Christus und die Mythologie.* Tübingen, 1958.
_____. *Das Urchristentum im Rahmen der antiken Religionen.* Zurich, 1949. Burdach, K. *Der Gral.* Darmstadt, 1974.
Burrows, M. *The Dead Sea Scrolls,* with translations by the author. London 1956.
_____. *More Light on the Dead Sea Scrolls* and new interpretations with translations of important recent discoveries. London, 1958.
Campenhausen, H. von. *Der Ablauf der Osterereignisse und das leere Grab.* Heidelberg, 1958.
_____. *Aus der Frühzeit des Christentums,* Studien zur Kirchengeschichte des ersten und zweiten Jahrhunderts. Tübingen, 1963.
_____. *Die Entstehung der Christlichen Bibel* (Beiträge zur Historischen Theologie, n. 39). Tübingen, 1968.
Carmichael, J. *The Death of Jesus.* London, 1963.
_____. *Steh auf und rufe Seinen Namen. Paulus, Erwecker der Christen und Prophet der Heiden.* Munich, 1980.

Chadurah, Khwaja Haidar Malik. *Waquiat-i-Kashmir* or *Tarikh-i-Kashmir*. Lahore.
Chandra Kak, Ram. *Ancient Monuments of Kashmir*. New Delhi, 1971.
Chevalier, U. *Le Saint Suaire de Turin est-il l'original ou une copie?* Chieri, 1899.
Cohn, H. *The Trial and Death of Jesus*. London, 2.ed, 1972.
Cole, Major H. H. *Illustrations of Ancient Buildings in Kashmir*. London, 1869.
Crispino, D. 'The Charny Genealogy', *Shroud Spectrum International*, 37, 1990.
Currer-Briggs, N. *The Holy Grail and the Shroud of Christ*. Maulden, 1984.
D' Arcis, P. 'Memorandum an Clemens VII', in Thurston, H. 'The Holy Shroud and the Verdict of History', *The Month*, 101, 1903.
Damian of the Cross. 'The tomb of Christ from archaeological sources', *Shroud Spectrum International*, 17, 1985.
Danielov, Jean. *Qumran und der Ursprung des Christentums*. Mainz, 1959.
Dautzenberg, Gerhard. *Der Jesus-Report und die neutestamentliche Forschung,*Müller. Würzburg, 1970.
Deissmann, A., *Paulus,* Tübingen, 1911.
Deschner, K. *Abermals krähte der Hahn*. Reinbek, 1978.
Dibelius, M. *Die Formgeschichte des Evangeliums*. Tübingen, 1919.
_____. *Botschaft und Geschichte. Gesammelte Aufsätze, I & II*. Tübingen 1953-56.
Dietz, M. *Die Zeugnisse heidnische Schriftsteller des zweiten Jahrhunderts über Christus*. Sigmaringen, 1874.
Divyanand, Swami. *Jesus überlebte die Kreuzigung*. Herrischried, 1987.
Dobschütz, E. V. *Christusbilder*. Untersuchungen zur christlichen Legende. Leipzig, 1899.
Docker, M. A. *If Jesus Did Not Die on the Cross:* A Study in Evidence. London, 1920.
Doughty, Marion. *Through the Kashmir Valley*. London, 1902.
Drews, A. *Die Christusmythe*. Jena, 1910.
Drower, E. S. *The Mandaeans of Iraq and Iran*. Their cults, customs, magic legends and folklore. Leiden, 1962.

_____. *The Secret Adam.* A study of Nasoraean Gnosis. Oxford, 1960.

_____. *Water into Wine.* A study of Ritual Idiom in the Middle East. London, 1965.

Dubarle, A. M. *Histoire ancienne du Linceul de Turin jusqu'au XIIIe siècle.* Paris, 1985.

_____. *La date des premières brûlures observées sur le Linceul de Turin.* Lecture at the International Symposium La Sindone le Icône. Bologna, May 1989.

Duke, J. A. *Medicinal Plants of the Bible.* New York, 1983.

Dummelow, Revd J. R. *Commentary on the Holy Bible.* London, 1917.

Dutt, Jagdish Chandra. *The Kings of Kashmir.* Calcutta, 1879.

Eckert, W. P., et al. *Antijudaismus im Neuen Testament? Exegetische und systematische Beiträge.* Munich, 1967.

Edmunds, A. J. *Buddhist and Christian Gospels.* Philadelphia, 1908-1909.

_____. *Gospel Parallels from Pali Texts.* Chicago 1900–1901.

_____. Eifel, E. J. *Three Lectures on Buddhism.* London, 1873.

_____. *Handbook of Chinese Buddhism.* Tokyo, 1904.

Eliot, Sir H. N. *History of India as Told by its Own Historians,* 8 vols. Calcutta, 1849.

Enrie, G. *La Santa Sindone rivelata della fotografia.* Turin, 1933.

Epstein, L. M. *Sex Laws and Customs in Judaism.* New York, 1948.

Faber-Kaiser, A. *Jesus Died in Kashmir.* London, 1978.

Farquhar, Dr J. N. *The Apostle Thomas in South India.* Manchester, 1927.

Ferrari, K. *Der Stern der Weisen.* Vienna, 1977.

Ferrier, J. E. *History of the Afghans.* London, 1858.

Feuillet, A. 'The identification and the disposition of the funeral linens of Jesus' burial according to the Fourth Gospel', *Shroud Spectrum International,* 4, 1982.

Fiebig, P. *Die Umwelt des NT.* Göttingen, 1926.

Filas, F. L. *The dating of the Shroud of Turin from coins of Pontius Pilate.* Youngtown, 1982.

Finkel, A. *The Pharisees and the Teacher of Nazareth*. A study of their background, their halachic and midrashi teachings. The similarities and differences. London, 1964.

Flusser, D. 'The Last Supper and the Essene', in *Immanuel*. Jerusalem 1973.

————. Jesus und die Synagoge', in *Der Mann aus Galiläa*, ed. E. Lessing. Freiburg, 1977.

————. *Jesus* – in Selbstzeugnissen und Bildern dargestellt. Hamburg, 1978.

Frei, M. 'Identificazione e classificazione dei nuovi pollini della Sindone', in *La Sindone, Scienza e Fede*. Bologna 1983.

————. 'Nine years of palinological studies on the Shroud', *Shroud Spectrum International*, 3, 1982.

George de Nantes. 'Le trois substitutions du docteur Tite', *La Contre-Réforme Catholique au XXe Siècle*, Numéro Spécial 271, February-March 1991.

Ghulam Ahmad, Hazrat Mirza. *Jesus in India*, Rabwah, Pakistan, 1962.

————. *Masih Hindustan mein*. Qadian, Pakistan, 1908.

Gilbert, R.; Gilbert M. M., 'Ultraviolet-visible reflectance and fluorescence spectra of the Shroud of Turin', *Applied Optics*, 19, 1980.

Gillabert, E. *Paroles de Jésus et Pensée Orientale*. Montélimar, 1974.

Glasenapp, H. von. *Die nichtchristlichen Religionen*. Frankfurt. 1957.

Goddard, D. *Was Jesus Influenced by Buddhism?* Thetford, Vermont, 1927.

Goeckel, H. *Die Messias-Legitimation Jesu. Er überlebte Golgatha*. Mainz, 1982.

Goldstein, M. *Jesus in the Jewish Tradition*. New York, 1959.

Govinda, A. *The Way of the White Clouds*. London, 1966.

Grabar, A. *Christian Iconography, A Study of its Origins*. Princeton, 1980.

Graetz, H. *Geschichte der Juden von den ältesten Zeiten bis auf die Gegenwart. Aus den Quellen neubearbeitet, III & IV*. Leipzig, 1888 ff.

Grant, M. *Jesus*. London, 1977.

————. *Jesus*. Bergisch Gladbach, 1979.

————. *The Jews in the Roman World*. London, 1973.

————. *Saint Paul*. London, 1976.

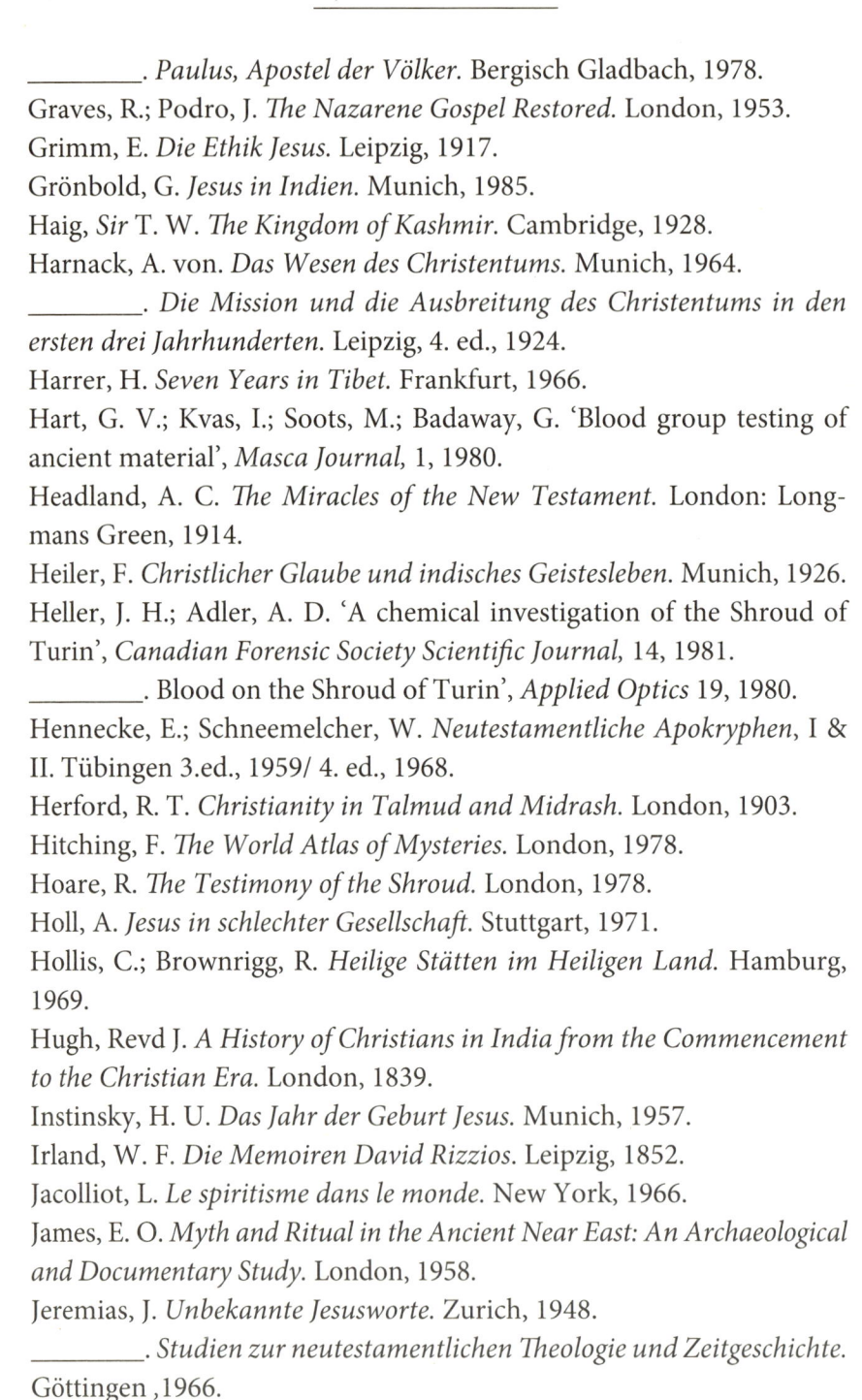

_____. *Paulus, Apostel der Völker.* Bergisch Gladbach, 1978.
Graves, R.; Podro, J. *The Nazarene Gospel Restored.* London, 1953.
Grimm, E. *Die Ethik Jesus.* Leipzig, 1917.
Grönbold, G. *Jesus in Indien.* Munich, 1985.
Haig, Sir T. W. *The Kingdom of Kashmir.* Cambridge, 1928.
Harnack, A. von. *Das Wesen des Christentums.* Munich, 1964.
_____. *Die Mission und die Ausbreitung des Christentums in den ersten drei Jahrhunderten.* Leipzig, 4. ed., 1924.
Harrer, H. *Seven Years in Tibet.* Frankfurt, 1966.
Hart, G. V.; Kvas, I.; Soots, M.; Badaway, G. 'Blood group testing of ancient material', *Masca Journal,* 1, 1980.
Headland, A. C. *The Miracles of the New Testament.* London: Longmans Green, 1914.
Heiler, F. *Christlicher Glaube und indisches Geistesleben.* Munich, 1926.
Heller, J. H.; Adler, A. D. 'A chemical investigation of the Shroud of Turin', *Canadian Forensic Society Scientific Journal,* 14, 1981.
_____. Blood on the Shroud of Turin', *Applied Optics* 19, 1980.
Hennecke, E.; Schneemelcher, W. *Neutestamentliche Apokryphen,* I & II. Tübingen 3.ed., 1959/ 4. ed., 1968.
Herford, R. T. *Christianity in Talmud and Midrash.* London, 1903.
Hitching, F. *The World Atlas of Mysteries.* London, 1978.
Hoare, R. *The Testimony of the Shroud.* London, 1978.
Holl, A. *Jesus in schlechter Gesellschaft.* Stuttgart, 1971.
Hollis, C.; Brownrigg, R. *Heilige Stätten im Heiligen Land.* Hamburg, 1969.
Hugh, Revd J. *A History of Christians in India from the Commencement to the Christian Era.* London, 1839.
Instinsky, H. U. *Das Jahr der Geburt Jesus.* Munich, 1957.
Irland, W. F. *Die Memoiren David Rizzios.* Leipzig, 1852.
Jacolliot, L. *Le spiritisme dans le monde.* New York, 1966.
James, E. O. *Myth and Ritual in the Ancient Near East: An Archaeological and Documentary Study.* London, 1958.
Jeremias, J. *Unbekannte Jesusworte.* Zurich, 1948.
_____. *Studien zur neutestamentlichen Theologie und Zeitgeschichte.* Göttingen ,1966.

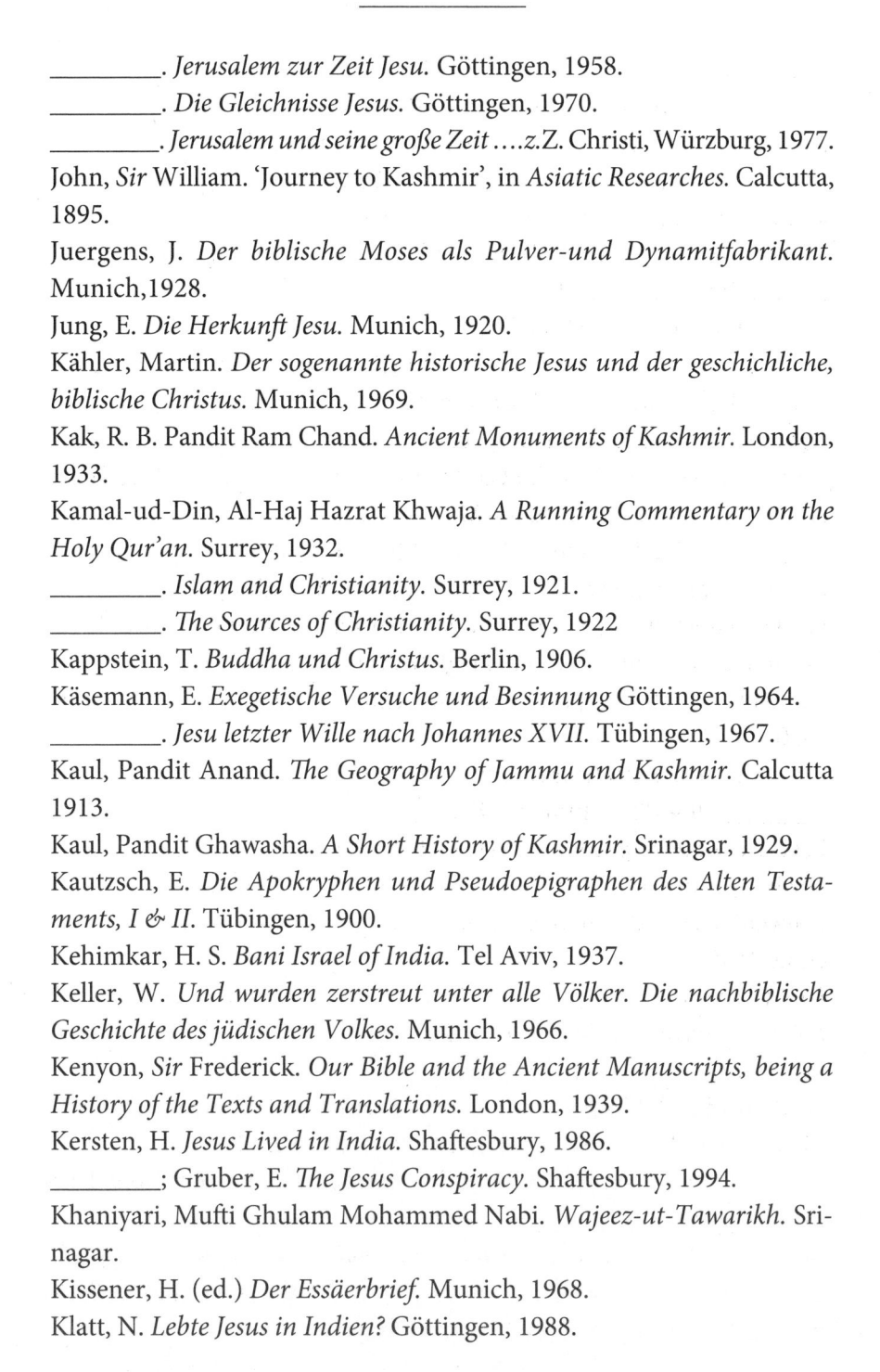

_____. *Jerusalem zur Zeit Jesu.* Göttingen, 1958.

_____. *Die Gleichnisse Jesus.* Göttingen, 1970.

_____. *Jerusalem und seine große Zeit ....z.Z. Christi,* Würzburg, 1977.

John, Sir William. 'Journey to Kashmir', in *Asiatic Researches.* Calcutta, 1895.

Juergens, J. *Der biblische Moses als Pulver-und Dynamitfabrikant.* Munich,1928.

Jung, E. *Die Herkunft Jesu.* Munich, 1920.

Kähler, Martin. *Der sogenannte historische Jesus und der geschichliche, biblische Christus.* Munich, 1969.

Kak, R. B. Pandit Ram Chand. *Ancient Monuments of Kashmir.* London, 1933.

Kamal-ud-Din, Al-Haj Hazrat Khwaja. *A Running Commentary on the Holy Qur'an.* Surrey, 1932.

_____. *Islam and Christianity.* Surrey, 1921.

_____. *The Sources of Christianity.* Surrey, 1922

Kappstein, T. *Buddha und Christus.* Berlin, 1906.

Käsemann, E. *Exegetische Versuche und Besinnung* Göttingen, 1964.

_____. *Jesu letzter Wille nach Johannes XVII.* Tübingen, 1967.

Kaul, Pandit Anand. *The Geography of Jammu and Kashmir.* Calcutta 1913.

Kaul, Pandit Ghawasha. *A Short History of Kashmir.* Srinagar, 1929.

Kautzsch, E. *Die Apokryphen und Pseudoepigraphen des Alten Testaments, I & II.* Tübingen, 1900.

Kehimkar, H. S. *Bani Israel of India.* Tel Aviv, 1937.

Keller, W. *Und wurden zerstreut unter alle Völker. Die nachbiblische Geschichte des jüdischen Volkes.* Munich, 1966.

Kenyon, Sir Frederick. *Our Bible and the Ancient Manuscripts, being a History of the Texts and Translations.* London, 1939.

Kersten, H. *Jesus Lived in India.* Shaftesbury, 1986.

_____; Gruber, E. *The Jesus Conspiracy.* Shaftesbury, 1994.

Khaniyari, Mufti Ghulam Mohammed Nabi. *Wajeez-ut-Tawarikh.* Srinagar.

Kissener, H. (ed.) *Der Essäerbrief.* Munich, 1968.

Klatt, N. *Lebte Jesus in Indien?* Göttingen, 1988.

Klausner, J. *Jesus von Nazareth*. Berlin, 1930.
Klijn, A. F. J. *The Acts of Thomas*. Leiden, 1962.
Konzelmann, G., *Aufbruch der Hebräer*. Munich, 1976.
Kosmala, H. *Hebräer, Essener, Christen*. Leiden, 1959.
Kroll, G. *Auf den Spuren Jesu*. Leipzig, 1974.
Kühner, H. 'Die Katharer', in Schultz, H.-J. (ed.), *Die Wahrheit der Ketze*. Stuttgart, Berlin, 1968.
Kung, H. *Christ Sein*. Munich, 1974.
La Santa Sindone. Ricerche e studio della commissione di esperti nominata dall' Arcivescovo di Torino, Car. Michele Pellegrino, nel 1969. Appendix to Rivista diocesana Torinese. Turin, 1976.
'La traque des faussaires', *La Contre-Réforme Catholique au XXe Siécle*, Numéro Spécial 271, February-March, 1991.
Lang, D. W. *The Wisdom of Balahar*. New York, 1957.
Lange, J. *Das Erscheinen des Auferstandenen*. Würzburg, 1973.
Lange-Eichbaum, W.; Kurth, W. *Genie, Irrsinn und Ruhm*. Munich, 1967.
Lawrence, *Sir* Walter. *The Valley of Kashmir*. London, 1895.
Lehmann, J. *Jesus-Report, Protokoll einer Verfälschung*. Düsseldorf, 1970.
_____. *Die Jesus GmbH*. Düsseldorf 1972.
_____. *Buddha*. Munich, 1980.
Levi. *The Aquarian Gospel of Jesus Christ*. London, 1964.
Lewis, Spender, H. *The Mystical Life of Jesus*. California, 1929.
Loewenthal, Revd I. *Some Persian Inscriptions Found in Kashmir*. Calcutta, 1895.
Lloyd Davies, M.; Lloyd Davies, T. A. 'Resurrection or Resuscitation?' *Journal of the Royal College of Physicians of London*, 25, 1991. Lohse, E. *Die Texte aus Qumran*. Kosel, 1964.
Lord, Revd J. H. *The Jews in India and the Far East*. Bombay, 1907.
Maier, J. *Die Texte vom Toten Meer, I & II*. Munich, 1960.
_____. *Jesus von Nazareth in der talmudischen überlieferung*. Darmstadt 1978.
Maloney, P.*The Shroud of Turin; Traits and Peculiarities of Image and Cloth Preserved in Historical Sources,* lecture at the International Symposium La Sindone le Icone. Bologna, May 1989.

Marxsen, W. *Einleitung in das* NT. Munich, 1964.

_____. *Die Auferstehung Jesu als historisches und theologisches Problem.* Munich, 1965.

McCrone, W. 'Light microscopical study of the Turin Shroud I-III', *The Microscope,* 28, 1980; 29, 1981.

Mensching, G. *Leben und Legende der grossen Religionsstifter.* Darmstadt, 1955.

_____. *Buddha and Christus.* Stuttgart, 1978.

Merrick, Lady Henrietta S. *In the World's Attick.* London, 1931.

Messina, R.; Orecchia, C. 'La scritta in caratteri ebraici sulla fronte dell'uomo della Sindone: Nuove ipotesi e problematiche', *Sindon,* 1, 1989.

Mir Khwand, Rauzat-us-Safa. *Arbuthnot.* London, 1891.

Mödder, H. 'Die Todesursache bei der Kreuzigung', *Stimmen der Zeit,* 144, 1948.

Moore, G. *The Lost Tribes.* London, 1861.

Mozundar, A. K. *Hindu History* (3000 BC to 1200 AD). Dacca, 1917.

Mumtaz Ahmad Faruqui, Al-Haj. *The Crumbling of the Cross.* Lahore, 1973.

Murphy, H. *Sai Baba.*

Naber, Hans ver Berna, Kurt.

Narain, A. K. *The Indo-Greeks.* Oxford, 1962.

Nazir Ahmad, Al-Haj Khwaja. *Jesus in Heaven on Earth.* Lahore, 1973.

Nestle, Wilhelm. *Krisis des Christentums.* Stuttgart, 1947.

Noelinger, Henry S. *Moses und Agypten.* Heidelberg, 1957.

Notovitch, N. *La Vie inconnue de Jesus-Christ,* 1894.

_____. *The Unknown Life of Jesus Christ,* tr. from French by Violet Crispe, London, 1895, with added Note to the Publishers by Notovitch.

Nyawang, Lobsang Yishey Tenzing Gyatso (XIV Dalai Lama). *My Land and My People.* New York, 1962.

O'Rahilly, A. 'The Burial of Christ', *Irish Ecclesiastical Record,* 59, 1941.

Overbeck, F. *Christentum und Kultur.* Basel, 1919.

Pagels, E. *The Gnostic Gospels.* London, 1979.

Pannenberg, W. *Grundzüge der Christologie.* Munich, 1964.

Pesch., R. *Jesu ureigene Taten?* Freiburg, 1970.

Potter, C. F. *The Lost Years of Jesus Revealed.* Greenwich, Conn., 1958.
Prause, G. *Herodes der Grosse, König der Juden.* Hamburg, 1977.
Pryse, J. M. *Reinkarnation im NT.* Interlaken, 1980.
Raes, G. *Rapport d'analyse du tissu, in La Santa Sindone,* 1976.
Rahn, O. *Kreuzzug gegen den Gral.* Stuttgart, 1974.
Ramsay, Sir William. *Was Christ Born in Bethlehem?* London, 1905.
Rangacharya, V. *History of Pre-Musulman India.* Madras, 1937.
Rapson, Prof. E. J. *Ancient India.* Cambridge Cambridge University Press, 1911.
Rau, Wilhelm *Indiens Beitrag zur Kultur.* Wiesbaden, 1975.
Ray, H. C. *The Dynastic History of Northern India,* 2 vols. Calcutta, 1931.
Ray, Dr. Sunil Chandra. *Early History and Culture of Kashmir.* New Delhi, 1969.
Reilson, Col. W. 'History of Afghanistan', *J. Ryland's Library Bulletin,* 1927.
Ricci, G. *Kreuzweg nach dem Leichentuch von Turin* Rome, 1971.
Riggi di Numana, G. *Rapporto Sindone* (1978/1987). Milan, 1988.
_____. *Prélèvement sur le Linceul effectué le 21 avril 1988,* lecture at the Symposium Scientifique International de Paris sur le Linceul de Turin, September 1989.
Rihbani, A. *Morgenländische Sitten im Leben Jesu.* Basel, 1962.
Ristow, H.; Matthiae, K. *Der geschichtliche Jesus und der kerygmatische Christus.* Berlin, 1961.
Robertson, J. M. *Die Evangelienmythen.* Jena, 1910.
Rockhill, W. W. *The Life of Buddha.* London.
Rodgers, Robert William. *A History of Ancient India.* London, 1929.
Rose, Sir G. H. *The Afghans: The Ten Tribes and the Kings of the East.* London, 1852.
Runciman, S. *Geschichte der Kreuzzüge.* Munich, 1968.
Scavone, D. C. 'The Shroud of Turin in Constantinople: The Documentary Evidence', *Sindon* 1, 1989.
Schelkle, K. H. *Die Gemeinde von Qumran und die Kirche des NT, Die Welt der Bibel.* Düsseldorf, 1960.
_____. *Die Passion Jesu in der Verkündigung des NT.* Heidelberg, 1949.
Scheuermann, O. *Das Tuch.* Regensburg, 1982.

Schoeps, H. J. *Aus frühchristlicher Zeit, religionsgeschichtliche Untersuchungen.* Tübingen, 1950.

Schrage, W. *Das Verhältnis des Thomas-Evangeliums zur synoptischen Tradition und zu den koptischen Evangelien-übersetzungen. Zugleich ein Beitrag zur gnostischen Synoptikerdeutung.* Berlin, 1964.

Schröder, H. *Jesus und das Geld.* Karlsruhe, 1979.

Schubert, K. *Die Gemeinde vom Toten Meer.* Munich, 1958.

_____. *Der historische Jesus und der Christus unseres Glaubens.* Vienna and Freiburg, 1962.

_____. *Vom Messias zum Christus.* Vienna and Freiburg, 1964.

_____. *Jesus im Lichte der Religionsgeschichte des Judentums.* Vienna, 1973.

Schulz, P. Ist *Gott eine mathematische Formel?* Reinbek bei Hamburg, 1977.

_____. *Weltliche Predigten.* Reinbek bei Hamburg, 1978.

Schuré, E. *The Great Initiates,* 1927.

Schwalbe, L. A.; Rogers, R. N. 'Physics and Chemistry of the Shroud of Turin: A summary of the 1978 investigation', *Analytica Chimica Acta,* 135, 1982.

Schwarz, G. '*Anhistemi* and *Anastasis* in den Evangelien', Biblische Notizen, *Beiträge zur exegetischen Diskussion,* 10, 1979.

_____. 'Tod, Auferstehung, Gericht und ewiges Leben nach den ersten drei Evangelien', *Via Mundi,* 55, 1988.

_____. *Wenn die Worte nicht stimmen: Dreissig entstellte Evangelientexte wiederhergestellt.* Munich, 1990.

Schweitzer, A. *Geschichte der Leben-Jesu-Forschung.* Tübingen, 1951.

Schweizer, E. *Jesus Christus im vielfaltigen Zeugnis des Neuen Testaments.* Munich and Hamburg, 1968.

Seydel, R. *Das Evtmgelium von Jesus in seinem Verhältnis zu Buddha-Sage und Buddha-Lehre.* Leipzig, 1882.

Shams, J. D. *Where did Jesus Die?* London 1945.

Smith, R. G. *Early Relations between India and Iran.* London, 1937.

Smith, V. A. *The Early History of India.* Oxford, 1904.

Sox, D. H. *The Shroud Unmasked.* London, 1988.

Speicher, G. *Doch sie können ihn nicht töten.* Düsseldorf, 1966.

Sri Yukteswar. *The Holy Science.* Los Angeles, 1949.

Stauffer, Ethelbert. *Jesus, Gestalt und Geschichte*. Berne, 1957.

Strack, H. L.; Billerbeck, P., *Kommentar zum NT aus Talmud und Midrasch*, I-V. Munich, 1956.

Strauss, D. F. *Das Leben Jesu, kritisch bearbeitet*. Tübingen, 1835.

Stroud, William. *On the Physical Cause of Death of Christ*. London: Hamilton and Adams, 1905.

Sutta, Pandit. *Bhavishya Mahapurana* (MS in State Library, Srinagar). Bombay, 1917.

Tamburelli, G.; Oliveri, F. *Un nuovo processamento dell'immagine Sindonica*. Papers of the 3rd National Congress of Sindonology, Trani, 13-14. October, 1984.

Testore, F. *Le Saint Suaire: Examen et prélèvements effectués le 21 avril 1988*, lecture at the Symposium Scientifique International de Paris sur le Linceul de Turin. September, 1989.

Thiel, R. *Jesus Christus und die Wissenschaft*. Berlin, 1938.

Thomas, P. *Epics, Myths and Legends of India*, 13. ed. Bombay, 1973.

Thurston, H. 'The Holy Shroud and the Verdict of History', *The Month*, 101, 1903.

Tribbe, F. C. *Portrait of Jesus?*, New York, 1983.

Tyrer, J. 'Looking at the Turin Shroud as a Textile', *Textile Horizons*, December 1981.

Vial, G. 'Le Linceul de Turin: étude technique', *CIETA Bulletin*, 67, 1989.

Vielhauer, P. *Geschichte der urchristliche Literatur. Einleitung in das NT, die Apokryphen und die Apostolischen Väter*. Berlin, 1975.

Vigne, G. T. *A Personal Account of a Journey to Chuzin, Kabul*. London, 1840.

Vignon, P. *Le Linceul du Christ: étude scientifique*. Paris, 1902.

_____. 'Sur la formation d'images negatives par l'action de certaine vapeurs', *Comptes rendus hebdomadaires de séances de l'Académie des Sciences*, 134, 1902.

Vögtle, A. *Exegetische Erwägungen über das Wissen und Selbsbewußtsein Jesu*. Freiburg im Breisga, 1964.

Waddell, L. A. *Lhasa and its Mysteries*. New Delhi, 1975.

Walsh, J. *Das Linnen*. Frankfurt, 1965.

Warechaner, J. *The Historical Life of Christ*. London, 1927.

Watzinger C. *Denkmäler Palästinas, Eine Einführung in die Archäologie des Heiligen Landes. I. Von der Anfängen bis zum Ende der israelitischen Königzeit. II. Von der Herrschaft der Assyrer bis zur arabischen Eroberung.* Berlin, 1911.

Weidinger, E. *Die Apokryphen: Verborgene Bücher der Bibel.* Augsburg, 1990.

Weinreb, F. *Das Buch Jonah.* Zurich, 1970.

Wheeler, M. *Alt-Indiaen.* Köln, 1959.

Wildengren, G. *Die Religionen Irans.* Stuttgart, 1965.

Wilcox, R. K. *Das Turiner Grabtuch.* Düsseldorf, 1978.

Williams, *Sir* Monier. *Buddhism.* New York, 1889.

Wilson, H. H. *History of Kashmir,* in *Asiatic Researches.* Calcutta, 1841.

Wilson, Ian. *The Turin Shroud.* London 1978.

Wilson, W. R. *The Execution of Jesus.* New York, 1970.

Wolff, J., *Narrative of a Mission to Bokhara.* London, 1845.

Wright, D. *Studies in Islam and Christianity.* Woking, Surrey, 1943.

Wuenshel, Edward. *Self Portrait of Christ.* New York, 1954.

Yadin, Y. *Bar Kochba.* Hamburg, 1971.

_____. *Masada. Der letzte Kampf um die Festung des Herodes.* Hamburg, 1972. Yasin, Mohammed. *Mysteries of Kashmir.* Srinagar, 1972.

Younghusband, *Sir* F. *Kashmir.* London, 1909.

Zahrnt, H. *Es begann mit Jesus von Nazareth, Zur Frage des Historischen Jesus.* Stuttgart, 1960.

Zaninotto, G. GV 20, 1-8. 'Giovanni testimone oculare della risurrezione di Gesù?', *Sindon,* 1, 1989.

_____. *L'Immagine acheropita delss. Salvatore nel Sancto Sanctorum di Roma,* lecture at the International Symposium La Sindone le Ieone. Bologna, May 1989.

Zimmermann, H. *Jesus Christus: Geschichte und Verkündigung.* Stuttgart, 1973.

Zimmern, H. *Zum Streit um die 'Christus Mythe'.* Berlin, 1910.

Zöckler, Otto (ed.). *Die Apokryphen des Alten Testaments.* Munich, 1891.

Zugibe, F. T. *Death by Crucifixion, Canadian Society of Forensic Science Journal,* 17, 1984.

_____. *The Cross and the Shroud: A Medical Inquiry into the Crucifixion.* New York, 1988.

Créditos das Ilustrações

Pintura da Capa: Karl Kaefer, 2005
Páginas 35, 38, 58, 59, 61, 64, 65, 78, 79 (acima), 80, 82, 91, 279, 280, 291, 309, 314: Holger Kersten
Páginas 33, 79 (abaixo), 82, 91, 92, 94, 299, 301, 302: Prof. F. M. Hassnain
Páginas 77, 78, 79 (acima) 310, 312, 313: Eberhard Mörck
Página 66: Arquivos do Museu do Egito, Cairo.
Página 70: Escultura de Michelangelo, S. Pedro in Vincoli, Roma
Página 113: Desenho de A. D. Thomas, 1947
Página 115: Museu Borély, Marselha
Página 117: Ars Mundi
Página 121: Pintura multiforme por Friedrich Hechelmann de *Euch ist heute der Heiland geboren*, Deutsche Bibelgesellschaft, Stuttgart, 1992
Páginas 198, 199: Giuseppe Enrie, 1934
Página 207: Escultura de mármore (século III), Museus do Vaticano, Roma

ÍNDICE REMISSIVO

A

Aarão 71, 137
Ababid 308, 309
Abaner 305
Abban 281, 282
Abdullah, Dr Farooq 315
Abgar (Ukkama) 202, 203, 204, 205
Abhedananda 34
Abraão 63, 64, 66, 67, 76, 84, 86, 154, 319
Affghaun 90
Aggai 204, 205
Akbar 285, 290, 291, 292
Alexandre III 29
Alexandre, o Grande 29, 119, 297
Ali 24, 53, 117, 156, 158, 270, 297, 327
Allbright 128
Amal 93
Amasis I 73
Amiano Marcelino 45
Ammonius Sakkas 172
Ananda 144, 171
Ananias 277
André 145

Aristóteles 73, 119
Arjuna 186
Arquelau 109, 136, 188, 320
Asheria 93
Ashoka 111, 112, 116, 320
Asita 146
Atanásio 205
Attai 93
Augusto 44
Avalokiteshvara 307

B

Baal 76, 93
Baco 70, 72, 186
Bala 93
Ballestrero 225
Barbet 216, 230, 328
Bar Kochba 240, 341
Barlaam 305, 306, 308
Baroche 211, 213
Barrabás 190
Bera 93
Berna 218, 329, 337
Billerbeck 233, 340
Biruni 92
Blinzler 240, 254, 255, 329
Bolingbroke 51
Bollone 220, 262
Bonte 260, 262
Bornkamm 46, 329
Brama 118, 180
Brunton 177
Bryce 90, 330
Buda 6, 19, 22, 23, 25, 26, 27, 56, 58, 106, 112, 113, 114, 115, 118, 120, 125, 132, 141, 143, 144, 145, 146, 147, 148, 149, 150, 151, 152, 164, 170, 171, 172, 177, 184, 304, 306, 312, 313, 320
Bultmann 48, 49, 52, 330
Bulwer-Lytton 182
Burnes 90

C

Caifás 193, 194, 195
Caspari 35
Celso 45, 142
Ceralius 244
César 138, 244
Cesário 100
Cícero 240
Cipriano 44
Ciro II 84
Cláudio 43
Constantino 155, 203, 215, 292
Cosmas Indicopleustes 293
Curcuas 208
Currer-Briggs 230, 331

D

Dalai Lama 22, 23, 27, 53, 54, 101, 102, 103, 104, 105, 106, 107, 337
Dass 180
Davi 80, 81, 83, 188, 189, 292
Davi de Basra
   de Charnay
     de Clari
       de Molay 292
Deissmann 51, 331
Devadatta 148
Douglas 32, 33, 182
Douglas-Home 182
Dungsey Rinpoche 55

E

Efraim da Síria 290
Elijah/Elias 166
Enrie 215, 332, 343
Ermiah 90
Esaú 67
Estêvão 209

Estêvão III 209
Eulalios 205
Eusébio 140, 169, 202, 203
Ezequiel 94, 95, 154, 319

F

Fakir Muhammad 279
Felipe, o Belo 142, 213, 233, 299
Félix 127
Fichte 51
Filo de Alexandria 169
Flinders, Petrie 71
Francke 57
Frei 200, 201, 220, 333, 348

G

Gabba 93
Gad 285
Gaddi 93
Gani 93
Gaspar 100
Gasque 35
Gengis Khan 90
Gervásio de Tilbury 209
Gfrörer 133, 349
Gomer 89, 93
Gondafares 281
Gonella 220
Gopadatta 82, 301, 302, 303, 315, 320
Graetz 127, 333
Gregório, Arquidiácomo de Constantinopla 173, 175, 209, 246
Gregório de Nissa 173, 175, 209, 246
Gregório I 175
Grenfell 48
Grimm 52, 334
Gruber 9, 201, 211, 214, 226, 227, 335
Gundafor 281, 285, 320

H

Habacuque 129
Haenchen 235, 250
Harding 131
Harrer 101, 334
Harvey 33
Hassnain 57, 60, 61, 108, 299, 343
Hedin 37
Herbst 262
Hércules 185
Hermes Trismegisto 138
Herodes Antipas 188, 193, 195
Herodes, o Grande 42, 43, 48, 97, 99, 100, 106, 107, 108, 109, 136, 137, 168, 187, 188, 193, 195, 319, 338, 341
Hipócrates 238
Hipólito 281
Hiram 81
Hita 106, 107
Hitching 182, 334
Humboldt 85

I

Imam Abu 279
Inocêncio II 211
Ireneu 45, 48, 142
Isaías 114, 128, 129, 295, 296
Issa 22, 23, 24, 25, 26, 31, 34, 284, 287, 293, 300, 303, 305, 313, 314

J

Jacó 43, 63, 64, 67, 73, 76, 233
Jairo 162
Jeremias 49, 167, 290, 293, 334
Jeremias, Joachim 49, 167, 290, 293, 334
Jeroboam 83
Jerome 165, 292
João Batista 39, 43, 120, 125, 126, 127, 134, 136, 145, 158, 164, 166, 167
João de Damasco 247, 305, 306

João Paulo II 214
Joasaph 306
Johnson 90
Josafá 305, 306, 308
José de Arimateia 194, 196, 202, 236, 239, 246, 250, 272
José, filho de Jacó 66, 67, 101, 107, 109, 194, 196, 202, 223, 233, 236, 239, 240, 246, 247, 249, 250, 251, 252, 264, 268, 270, 271, 272, 319
José, Pai de Jesus 66, 67, 101, 107, 109, 194, 196, 202, 223, 233, 236, 239, 240, 246, 247, 249, 250, 251, 252, 264, 268, 270, 271, 272, 319
Josephus 43, 44, 119, 125, 127, 131, 134, 135, 137, 187, 244, 249, 250
Josué 63, 80, 86, 93, 124
Judas 147, 148, 187, 281, 283, 292
Juergens 71, 335
Justiniano 6, 173, 174, 175, 205, 206
Justiniano I 205
Justiniano II 206
Justus de Tiberíades 44

K

Kalhana 305
Kanishka 114, 116, 303, 304, 307, 321
Kansa 184, 185
Kant 51
Käsemann 335
Kashyapa 89
Kawand 279
Kepler 97
Kewtsang Rinpoche 103
Khwaja Rukun 302
Klatt, Dr Norbert 38, 335
Krishna 6, 146, 180, 183, 184, 185, 186
Kush 54, 88
Kys 90

L

Lange-Eichbaum 276
Lázaro 228, 229, 230, 231
Lêntulo 127
Lessing 51, 329, 333
Lobsang Tsewang 104
Longinus 246, 247, 251
Lucas 39, 44, 46, 47, 53, 108, 130, 134, 147, 152, 153, 155, 158, 166, 167, 168, 188, 189, 190, 192, 194, 195, 196, 203, 227, 240, 246, 251, 265, 266, 269, 273, 274, 275, 308
Luís de Anjou 226
Luís de Saboia 214
Lutero 130

M

Ma'an 293
Maitreya 57, 58
Manes 67, 68
Mani 281
Ma'nu 203, 204, 205
Manu 67, 68, 85, 86, 126
Ma Pufang 106
Marcos 44, 46, 47, 114, 123, 128, 134, 136, 151, 162, 163, 168, 188, 189, 190, 191, 195, 196, 227, 228, 232, 239, 243, 246, 251, 265, 266, 269, 273, 308
Mares Salomonis 205
Maria Madalena 231, 232, 247, 266, 267, 270, 276, 277, 300
Maria, Mãe de Jesus 4, 107, 133, 209, 231, 232, 247, 266, 267, 270, 276, 277, 279, 284, 286, 287, 288, 294, 295, 299, 300
Marx 32, 33, 37, 56, 57
Mateer 81
Mateus 44, 46, 47, 97, 99, 106, 107, 109, 125, 127, 132, 141, 143, 148, 153, 154, 158, 164, 166, 167, 168, 173, 177, 182, 188, 189, 190, 194, 196, 227, 240, 243, 246, 251, 264, 268, 273, 282, 292, 295, 308
Mattioli 253
McCrone 221, 337
Melchior 100

Merrick 34, 35, 337
Meyer 165
Minos 68
Misdai 282, 288
Moisés 5, 25, 44, 63, 67, 68, 69, 70, 71, 72, 73, 74, 75, 76, 77, 78, 79, 80, 87, 95, 294, 300, 301, 319
Montefiore 153
Moore 91, 337
Muhammad, Abu Jafar 156, 279, 293, 294, 296, 328, 348
Muhammad Fakir 156, 279, 293, 294, 296, 328, 348
Muhammad (Maomé) 156, 279, 293, 294, 296, 328, 348
Müller 31, 32, 33, 34, 81, 157, 308, 331
Mustafai 284

N

Naber 218, 219, 225, 337
Nabucodonosor 83, 84, 90
Nadiri 301, 302
Nagarjuna 305
Nagasena 116
Napoleão II 182
Natanael 123, 124, 147, 268
Nath, Chetan 38, 39
Nestle 50, 337
Nimrod 165
Noé 84, 85, 88, 284
Nonnos 229
Notovitch 5, 21, 22, 23, 24, 25, 26, 27, 28, 29, 30, 31, 32, 33, 34, 35, 36, 37, 38, 52, 54, 56, 87, 337

O

Origen 45, 100, 142
Osel 106, 107
Osíris 118
Overbeck 51, 337

P

Padmasambhava 54, 57, 82
Pantainos 169, 292
Papa, Metropolitano 292
Parshwa 304
Paulo VI 4, 5, 7, 16, 30, 31, 46, 49, 50, 51, 123, 126, 155, 158, 159, 171, 214, 217, 271, 272, 275, 276, 277, 278, 279, 316, 317, 320
Paulo, XIX 4, 5, 7, 16, 30, 31, 46, 49, 50, 51, 123, 126, 155, 158, 159, 171, 214, 217, 271, 272, 275, 276, 277, 278, 279, 316, 317, 320
Pedro 30, 145, 149, 150, 158, 162, 167, 193, 243, 247, 249, 266, 267, 268, 270, 271, 272, 282, 343
Pelágio I 175
Pelágio II 175
Pellegrino 217, 336
Peychaud 37
Pia 214, 215
Pilatos 43, 48, 122, 190, 193, 194, 195, 196, 243, 245, 246, 264
Pitágoras 119, 138, 164
Platão 119, 139, 164
Plínio, o mais Jovem 43, 127, 130, 136, 179
Plínio, o mais Velho 43, 127, 130, 136, 179
Plutarco 164
Polo 288, 290
Pryse 176, 338

R

Raes 200, 338
Rahman Mir 315
Rama, Swami 72, 73, 182
Ramsés II 67
Razu 57
Reban 218, 329
Rehoboam 83
Renan 27
Ricci 256, 338
Richardson 287
Riggi 220, 338

Riley 90
Robertson 124, 125, 338
Roerich 34, 299
Rossetti 182
Rotelli 27, 30
Ruskin 182

S

Sai Baba 182, 337
Sakyamuni (Buda) 57, 112, 172, 184, 320
Salomão 59, 81, 82, 83, 90, 188, 210, 301, 302, 315, 319, 321
Samuel 80
Sang Bibi 76
Saulo 49, 276, 277
Savio 232
Schelling 51
Schnabel 98
Schwarz 190, 273, 339
Schweitzer 41, 42, 52, 133, 339
Sêneca 242
Set 118
Seydel 253, 339
Shalivahana 297, 299, 321
Shem 284
Shiva 39, 87, 118, 171, 180, 183
Simeão 146, 147, 293
Simeão da Mesopotâmia 293
Singh, Ranjit 36, 37
Sócrates 119
Sosiano Hiérocles 277
Suetônio 43, 179

T

Tácito 43, 179
Tadeu (Addai) 203, 204
Teófilo 292
Tertuliano 44, 290

Tertullus 126
Thackeray 182
Thubten Yeshe 106, 107
Thurston 217, 331, 340
Tiago 168, 169
Tibério 43
Timóteo 50, 130
Timóteo I 130
Tite 225, 333
Tito 50, 117
Togarmah 89
Torres 106
Trajano 283
Twain 182

U

Ukkama 202, 203, 204
Umberto II 214, 217, 225
Utnapishtim 85

V

Vazir 305
Vespasiano 179
Vigne 90, 340
Vignon 207, 222, 223, 224, 340
Virgílio 164, 175

W

Weinreb 165, 341
Wilson 201, 203, 205, 207, 208, 209, 341
Wolff 89, 90, 341
Wuenschel 207

X

Xavier 292

Y

Younghusband 37, 341
Yukteswar 181, 339
Yuz Asaf 284, 285, 302, 303, 306, 307, 308, 309, 311, 312, 313, 315, 320

Z

Zacarias 166
Zainuddin Wali 300
Zaninotto 228, 233, 240, 341
Zaratustra (Zoroastro) 73, 145
Zopa 107

Índice de Lugares

A

Abarim, Montes 74, 75, 76
Afeganistão 36, 81, 90, 91, 116, 285
África do Norte 165
Agra 32, 290, 291
Agurn 93
Aham-Sharif 75, 76
Aish-Muqam 300
Aitmul 78
Ajanta 116
Ajas 93
Albordj 73
Alexandria 44, 45, 107, 108, 119, 120, 121, 127, 140, 141, 169, 170, 172, 188, 228, 292, 348
Amariah 93
Amdo 103, 105, 106
Amonu 93
Amritsar 36
Anatólia 156, 157, 158, 165, 280
Andrápolis 280
Antioquia 202
Anzimar 309
Anzimarah 303

Aror 93
Ásia Menor 12, 155, 156, 165, 201, 279
Atenas 119
Áustria 254
Auth Wattu 78
Awantipur 93
Ayat-i-Maula (Aitmul) 78

B

Babilônia 72, 83, 84, 90, 95, 319
Balkh 90
Balpura 93
Baluchistão 36
Beas 88
Belém 83, 97, 123
Benares 25
Berlim 12, 32, 81, 159, 197, 255, 268
Betânia 275
Beth-peor 74, 75, 76, 77, 78, 93
Bijbihara 77, 79, 95, 300
Birsu 93
Bitínia 179, 277
Bokhara 89, 341
Bombaim 53
Buth 76

C

Cabul 81, 91
Cafarnaum 44, 123
Cairo 197, 328, 343
Calcutá 34
Camuliana 206
Canaã 63, 67, 80, 228, 268
Cáucaso 30
Cesareia 190, 202
Chaglamsar 57
Chambéry 197, 214, 222

Chenab 88
China 33, 90, 105, 106, 139
Chuzin 90, 340
Constantinopla 164, 173, 174, 175, 204, 205, 206, 207, 208, 209, 210, 211, 348
Corinto 119, 202
Crotona 138
Curdistão 156

D

Damasco 7, 50, 123, 141, 247, 275, 276, 277, 278, 279, 305, 306, 320, 349
Darjeeling 55
Dharamsala 53
Dokham 103

E

Edessa 6, 158, 201, 202, 203, 204, 205, 206, 208, 209, 281, 290, 320
Éfeso 202, 227, 284
Efraim 189, 247, 290, 347
Egito 6, 30, 53, 64, 66, 67, 68, 70, 72, 73, 94, 107, 109, 112, 118, 119, 129, 165, 170, 171, 203, 238, 277, 319, 343
Ellora 116
Eski-Charran (Harran) 64
Espanha 107
Esparta 119
Estados Unidos 60, 217, 220
Estrada Real 202
Etiópia 12, 88, 119
Eufrates 98, 119

F

Fatehpur Sikri 290, 291
Fenícia 277
Flandres 211
França 197, 201, 210, 213, 226

G

Galileia 48, 109, 118, 122, 123, 125, 187, 201, 241, 267, 268, 274
Ganges 113, 116, 126, 149
Getsêmani 193
Ghent 200
Ghore 90
Gólgota 250
Goshen 67, 73
Govardhana 146
Granada 107
Grécia 31, 112, 164, 186

H

Haran 63, 64, 65, 67, 93, 95, 114, 116, 143, 304, 307, 319, 321
Harran 64
Harwan 93, 114, 304, 321
Hasba 75
Hasbal 75, 77
Hazratbal 315
Hemis 24, 27, 32, 33, 34, 35, 37, 38, 54, 55, 56, 136
Heshbon 74, 75, 77
Hildesheim 197
Himalaya 34

I

Índia 1, 3, 6, 9, 11, 12, 13, 14, 18, 21, 23, 27, 30, 31, 34, 36, 37, 38, 39, 53, 55, 58, 59, 61, 62, 64, 67, 68, 71, 72, 74, 81, 83, 84, 85, 86, 87, 88, 89, 91, 92, 101, 105, 107, 108, 111, 112, 116, 118, 119, 120, 121, 125, 126, 133, 138, 139, 141, 143, 147, 150, 163, 164, 167, 169, 170, 172, 177, 180, 185, 200, 202, 238, 244, 253, 268, 280, 281, 285, 287, 288, 289, 290, 292, 293, 297, 299, 300, 305, 306, 307, 311, 312, 313, 320
Indus (Sindh) 86, 87, 88
Inglaterra 12, 34, 92, 211
Irã (Persia) 31, 83, 86, 157, 283, 284, 307
Iraque 283
Iskilip 280

Israel 6, 25, 63, 68, 69, 73, 74, 78, 80, 83, 84, 89, 90, 92, 101, 109, 113, 122, 125, 128, 137, 142, 145, 147, 166, 167, 189, 278, 283, 288, 302, 319, 320, 328, 335
Itália 138, 201, 214, 217, 219

J

Jagganath 25
Jalalabad 285
Jambunada 146
Jammu 59, 315, 335
Japão 60, 139
Japhia 124
Jebel Musa 73
Jericó 74, 120, 130, 133, 136, 189
Jerusalém 26, 39, 47, 50, 81, 83, 97, 99, 100, 106, 107, 108, 119, 120, 123, 128, 129, 131, 137, 138, 152, 155, 163, 168, 188, 189, 190, 191, 192, 193, 203, 228, 230, 249, 267, 270, 275, 276, 278, 305, 320
Jhelum 75, 78, 88, 95, 316
Jordão 74, 127, 134, 145
Judá 83, 319
Judeia 12, 81, 97, 109, 118, 122, 136, 187

K

Kailasa 35
Kailash 299
Kalliana 293
Kangan 87
Karachi 87
Karakorum 54, 92
Kashgar 300
Kashmir (Caxenira) 30, 34, 89, 301, 303, 314, 327, 331, 332, 334, 335, 336, 338, 341
Kerala 81, 290
Kerch 28
Khangahi Muhalla 300
Khanyar 309

Kiev 27
Kopan 107
Kukar Nagh 95
Kumbum 103, 104
Kush 54, 88, 350

L

Ladakh 5, 21, 23, 30, 31, 32, 34, 35, 36, 37, 52, 54, 57, 58, 82, 87, 136, 299
Lahore 36, 327, 328, 331, 337
Leh 23, 24, 34, 35, 37, 54, 56, 57
Lhamoi Latso 102
Lhasa 23, 27, 34, 56, 101, 102, 103, 104, 105, 106, 340
Líbano 156, 200, 277
Lirey 214
Lombardia 211
Londres 24, 31, 35, 82, 89, 90, 91, 92, 104, 164, 197, 201, 203, 260

M

Macedônia 119
Madras 4, 281, 290, 338
Mahisamandala 114
Malabar 290, 293
Marbour 34
Marcotis 120
Mari 286, 287, 288
Marselha 114, 115, 320, 343
Martand 94, 95
Mar Vermelho 72, 73
Mashag 284
Mateyan 37
Mathura 184
Mayuam-i-Isa 278
Mesopotâmia 64, 67, 84, 88, 200, 293, 354
Moab 74, 75, 76, 77
Mowu 76
Mulbek 57, 58

Muqam-i-Musa 77
Murree 286
Mylapore 290

N

Nag Hammadi 142, 171, 282, 292
Naugam 288
Nazaré 24, 41, 45, 109, 122, 123, 124, 273
Nebo, Mount 74, 75, 76, 77, 87
Nepal 23, 26, 107
Niceia 152, 290
Nilmag 288
Niltoop 76
Nísibis 279, 280, 320
Nusaybin 158, 279

O

Oxford 31, 225, 332, 337, 339

P

Paflagônia 280
Palestina 17, 26, 34, 47, 73, 74, 83, 84, 117, 119, 125, 126, 133, 152, 156, 163, 164, 188, 195, 200, 201, 202, 215, 237, 240, 244, 252, 268, 319
Pamir 37
Paquistão 36, 86, 87, 88, 91, 285, 288
Paris 27, 28, 30, 36, 37, 156, 197, 202, 207, 210, 213, 327, 330, 332, 338, 340
Pataliputra (Patna) 111, 152
Peloponeso 211, 213
Pequim 37
Pérsia 26, 30, 31, 37, 83, 101, 165, 186, 284, 290, 293, 306
Pindi Point 287
Pisgah (Pishnag) 74, 75, 77
Pondicherry 36
Punjab 25, 36, 88, 295, 299, 320

Q

Qadian 295, 333
Quetta 36
Qumran 6, 100, 122, 128, 131, 134, 135, 136, 137, 138, 141, 142, 188, 255, 328, 329, 331, 336, 338

R

Rajagriha 151
Rajpura 95
Ravi 88
Rawalpindi 36, 37
Roma 31, 43, 111, 137, 155, 156, 159, 170, 172, 174, 186, 187, 190, 194, 202, 210, 211, 229, 253, 256, 278, 341, 343
Roquepertuse 114, 115, 320
Rota da Seda 91, 112, 202, 284
Rozabal 309, 312
Rússia 28, 31

S

Samaria 83, 109
Seert 292, 293
Selêucia 130
Sera 103
Shadipur 78
Simla 36, 328
Sinai 71, 73
Sind 25, 78, 87
Sinkiang 116, 299
Sippar 98
Síria 112, 156, 158, 200, 277, 279, 290, 347
Sirkap 91, 92
Socotra 237
Somália 238
Sonamarg 87
Sopore 75
Spitok 38
Sri Lanka 72, 112, 114, 146, 170, 293

Srinagar 7, 21, 36, 37, 53, 57, 58, 59, 60, 61, 62, 64, 65, 75, 77, 78, 79, 82, 83, 87, 93, 94, 95, 114, 288, 296, 300, 302, 304, 305, 307, 309, 314, 315, 316, 321, 335, 340, 341
Suíça 58, 254
Sunapaortha 144
Susa 202
Sutlej 88
Syed Bladur Sahib 95

T

Tabriz 83
Takht-i-Suleiman 82, 83, 301
Taktser 103, 105
Tarshish 81
Taxila 91, 92, 285, 286, 304, 320
Templecombe 211
Thecoa 244
Tiberíades 44, 268, 350
Tibete 22, 33, 34, 53, 55, 56, 82, 86, 101, 103, 104, 106, 135, 139, 299, 307
Tiro 81
Trans-Himalaia 37
Travancore 81
Troyes 213
Tucson 225
Turfan 116
Turin 201, 203, 206, 207, 209, 218, 256, 328, 330, 331, 332, 333, 334, 336, 337, 338, 339, 340, 341
Turquestão 89, 116, 299
Turquia 156, 158, 159, 201, 279, 280, 284

U

Ur 84, 296
Urfa 201

X

Xinjiang 299

Y

Yonarattha 114
Yus-Marg 288

Z

Zurique 165, 218, 220, 225

MADRAS® Editora — CADASTRO/MALA DIRETA

Envie este cadastro preenchido e passará a receber informações dos nossos lançamentos, nas áreas que determinar.

Nome _____
RG _____ CPF _____
Endereço Residencial _____
Bairro _____ Cidade _____ Estado ____
CEP _____ Fone _____
E-mail _____
Sexo ❑ Fem. ❑ Masc.   Nascimento _____
Profissão _____ Escolaridade (Nível/Curso) _____

Você compra livros:
❑ livrarias ❑ feiras ❑ telefone ❑ Sedex livro (reembolso postal mais rápido)
❑ outros: _____

Quais os tipos de literatura que você lê:
❑ Jurídicos ❑ Pedagogia ❑ Business ❑ Romances/espíritas
❑ Esoterismo ❑ Psicologia ❑ Saúde ❑ Espíritas/doutrinas
❑ Bruxaria ❑ Autoajuda ❑ Maçonaria ❑ Outros:

Qual a sua opinião a respeito desta obra? _____
_____

Indique amigos que gostariam de receber MALA DIRETA:
Nome _____
Endereço Residencial _____
Bairro _____ Cidade _____ CEP _____

Nome do livro adquirido: ***Jesus Viveu na Índia***

Para receber catálogos, lista de preços e outras informações, escreva para:

MADRAS EDITORA LTDA.
Rua Paulo Gonçalves, 88 – Santana – 02403-020 – São Paulo/SP
Caixa Postal 12183 – CEP 02013-970 – SP
Tel.: (11) 2281-5555 – Fax.:(11) 2959-3090
www.madras.com.br

MADRAS Editora

Para mais informações sobre a Madras Editora,
sua história no mercado editorial
e seu catálogo de títulos publicados:

Entre e cadastre-se no site:

www.madras.com.br

Para mensagens, parcerias, sugestões e dúvidas, mande-nos um e-mail:

marketing@madras.com.br

SAIBA MAIS

Saiba mais sobre nossos lançamentos,
autores e eventos seguindo-nos no facebook e twitter:

@madrased

/madraseditora